张振犁 编著

孟宪明 朱淑君 统纂

中原神话通鉴

ZHONGYUAN SHENHUA TONGJIAN

·第二卷·

河南大学出版社
HENAN UNIVERSITY PRESS

·郑州·

目 录

五、洪水（人祖） …………………………………………………（359）

188. 阴阳石［巩义市］……………………………………………（359）
189. 洪水后兄妹结婚［新密市］……………………………………（361）
190. 两兄妹［商丘市］………………………………………………（363）
191. 姐弟俩［开封市］………………………………………………（366）
192. 捏泥人［新密市］………………………………………………（368）
193. 百家姓的来历［通许县］………………………………………（369）
194. 拼磨成亲［新密市］……………………………………………（372）
195. 磨沟［登封市］…………………………………………………（374）
196. 乾坤造世［杞县］………………………………………………（377）
197. 狮子眼红［杞县］………………………………………………（378）
198. 洪水泡天［桐柏县］……………………………………………（380）
199. 人的起源［南阳县］……………………………………………（381）
200. 兄妹祖先［南召县］……………………………………………（382）
201. 姐弟俩［南召县］………………………………………………（384）
202. 血缘配［西峡县］………………………………………………（385）
203. 人的来历［平舆县］……………………………………………（388）
204. 兄妹通婚［南阳县］……………………………………………（390）
205. 两兄妹［社旗县］………………………………………………（392）
206. 我们的祖先［内乡县］…………………………………………（394）
207. 兄妹成婚［新野县］……………………………………………（396）
208. 鹿鸭媒［桐柏县］………………………………………………（398）
209. 兄妹神婚［舞阳县］……………………………………………（400）
210. 洪水滔天［舞阳县］……………………………………………（401）
211. 夫妻为啥称姊妹［平顶山市］…………………………………（403）
212. 造人［舞阳县］…………………………………………………（405）
213. 滚磨合婚［新安县］……………………………………………（406）

214. 鸳混鸯乱［新安县］……………………………………………（407）
215. 小磨湾的来历［安阳县］………………………………………（408）
216. 合磨成婚，捏泥成人［卢氏县］…………………………………（410）
217. 捏土造人［安阳县］……………………………………………（411）
218. 鸡的来历［汤阴县］……………………………………………（413）
219. 洪水灭世［濮阳县］……………………………………………（414）
220. 花花和良诚［新蔡县］…………………………………………（415）
221. 葫芦哥哥和妹妹［濮阳市］……………………………………（417）
222. 造泥人［新蔡县］………………………………………………（418）
223. 洪水遗民再殖人类［清丰县］…………………………………（419）
224. 人身上的泥为啥洗不完［淇县］………………………………（421）
225. 石狮子做媒［武陟县］…………………………………………（422）
226. 姐弟婚姻［禹州市］……………………………………………（423）
227. 滚磨成亲［禹州市］……………………………………………（425）
228. 玉人和玉姐［正阳县］…………………………………………（427）
229. 人主［正阳县］…………………………………………………（430）
230. 人是泥人［固始县］……………………………………………（432）
231. 蒸面人［桐柏县］………………………………………………（434）
232. 天塌地陷［正阳县］……………………………………………（435）
233. 泥人［驻马店市］………………………………………………（437）
234. 泥巴人［淮滨县］………………………………………………（438）
235. 姐弟成亲［信阳市］……………………………………………（439）

六、有巢氏　燧人氏　神农氏 ……………………………（442）

236. 有巢氏打鹰追虎［荥阳市］……………………………………（442）
237. 有巢氏造屋［武陟县］…………………………………………（444）
238. 燧人氏击石取火［商丘市］……………………………………（445）
239. 龙虫、虎虫、凤凰虫［淮阳县］…………………………………（448）
240. 神农播五谷［沁阳县］…………………………………………（449）
241. 神农种五谷［淮阳县］…………………………………………（452）
242. 五谷台［淮阳县］………………………………………………（453）
243. 乳血育五谷［商城县］…………………………………………（456）
244. 神农降牛［豫中一带］…………………………………………（459）
245. 镢头沟传奇［沁阳县］…………………………………………（460）

246. 铲草兴锄［桐柏县］…………………………………………（462）
247. 神农涧［温县］…………………………………………………（463）
248. 神农氏尝百草［郏县］…………………………………………（464）
249. 神农尝百草［登封市］…………………………………………（467）
250. 神农采药到百泉［辉县］………………………………………（469）
251. 神农鞭药［淮阳县］……………………………………………（471）
252. 神农和花蕊鸟［沁阳县］………………………………………（472）
253. 神农十二经脉［沁阳县］………………………………………（473）
254. 黄花菜［淮阳县］………………………………………………（479）
255. 九子长明灯［社旗县］…………………………………………（480）
256. 神农与财主［舞阳县］…………………………………………（481）
257. 神农爷与桐柏山［桐柏县］……………………………………（483）

七、炎帝与黄帝 ……………………………………………………（484）

258. 三帝下凡［新密市］……………………………………………（484）
259. 黄帝与炎帝［新密市］…………………………………………（487）
260. 有熊氏的来历［新密市］………………………………………（489）
261. 访贤［新密市］…………………………………………………（494）
262. 阪泉之战［扶沟县］……………………………………………（496）
263. 力牧驯兽战炎帝［新密市］……………………………………（498）
264. 双龙寨的传说［新密市］………………………………………（500）
265. 炎黄二帝石［登封市］…………………………………………（502）
266. 炎黄和睦草［新密市］…………………………………………（504）

八、黄帝与嫘祖世系 ………………………………………………（506）

267. 黄帝出世［新郑市］……………………………………………（506）
268. 黄帝选妻［新郑市］……………………………………………（510）
269. 轩辕故里［新郑市］……………………………………………（512）
270. 黄帝降生［新密市］……………………………………………（515）
271. 嫫母发明火药［新郑市］………………………………………（516）
272. 旱芭和嫫女［桐柏县］…………………………………………（517）
273. 九龙朝凤［新密市］……………………………………………（518）
274. 嫘祖养蚕［范县］………………………………………………（520）
275. 嫘祖访玉仙［巩义市］…………………………………………（521）

276. 蚕神献丝［荥阳市］……………………………………（523）

277. 黄帝三女冢［新郑市］…………………………………（530）

278. 鸳鸯石［新郑市］………………………………………（532）

九、黄帝　蚩尤　刑天 ……………………………………（535）

279. 黄帝战蚩尤［新密市］…………………………………（535）

280. 黄帝初战蚩尤［新郑市］………………………………（541）

281. 黄帝大战涿鹿［新郑市］………………………………（543）

282. 魑魅、魍魉［新郑市］…………………………………（544）

283. 女魃战雨师［新郑市］…………………………………（546）

284. 雷泽取兽骨［新郑市］…………………………………（548）

285. 东海捉夔牛［新郑市］…………………………………（551）

286. 夔鼓败蚩尤［新郑市］…………………………………（554）

287. 玄女救黄帝［新密市］…………………………………（556）

288. 玄女庙［新郑市］………………………………………（558）

289. 玄女学飞刀［新郑市］…………………………………（559）

290. 指南车破雾［新郑市］…………………………………（561）

291. 轩辕方［新郑市］………………………………………（563）

292. 黄帝巧摆八卦阵［河北涿鹿］…………………………（564）

293. 风后八卦阵［新密市］…………………………………（566）

294. 摩旗山［新密市］………………………………………（569）

295. 绵羊救驾［新密市］……………………………………（571）

296. 撤兵岭［新密市］………………………………………（572）

297. 蚂蚁山和蚁蜂店［确山县］……………………………（574）

298. 黄帝避难上七旗［河北涿鹿］…………………………（575）

299. 春节的来历［濮阳市］…………………………………（577）

300. 黄帝斩刑天［新郑市］…………………………………（577）

301. 黄帝平魔的传说［新密市］……………………………（579）

十、黄帝治国修城 ……………………………………………（582）

302. 轩辕黄帝管中原［济源市］……………………………（582）

303. 轩辕尊号［新郑市］……………………………………（585）

304. 八大酋长比武［新密市］………………………………（586）

305. 黄帝西泰山会诸侯［新郑市］…………………………（589）

306. 黄帝治国［新郑市］……………………………………………（593）
307. 双洎河的传说［新郑市］………………………………………（595）
308. 玄嚣执法的传说［新郑市］……………………………………（597）
309. 风后岭［新郑市］………………………………………………（599）
310. 力牧台［新密市］………………………………………………（601）
311. 鸟柏［新郑市］…………………………………………………（604）
312. 素女与大鸿［新密市］…………………………………………（605）
313. 贾鲁河的传说［新密市］………………………………………（608）
314. 杀身祭天的传说［新郑市］……………………………………（610）
315. 黄帝修城（一）［新密市］……………………………………（613）
316. 黄帝修城（二）［新密市］……………………………………（614）
317. 黄帝修城（三）［新郑市］……………………………………（616）
318. 黄帝城（一）［新郑市］………………………………………（618）
319. 黄帝城（二）［新郑市］………………………………………（619）
320. 黄帝城的来历［河北涿鹿］……………………………………（622）
321. 黄水河的传说［新郑市］………………………………………（623）

十一、黄帝、仓颉与文化创造………………………………………（625）

322. 木杵石臼的传说［新郑市］……………………………………（625）
323. 黄帝造车轮［新郑市］…………………………………………（627）
324. 常先造鼓［新郑市］……………………………………………（628）
325. 兄弟献弓［新郑市］……………………………………………（629）
326. 陶正宁封［新郑市］……………………………………………（630）
327. 来集与牛集［新密市］…………………………………………（632）
328. 牛庄与马庄的故事［新郑市］…………………………………（634）
329. 娄底村的来历［灵宝县］………………………………………（635）
330. 造物神种玉菱［新密市］………………………………………（636）
331. 凤凰台与凤台仙大米［新郑市］………………………………（638）
332. 杜康献酒［新郑市］……………………………………………（639）
333. 黄帝的长寿秘方［新郑市］……………………………………（641）
334. 黄帝与节节草［新密市］………………………………………（643）
335. 山药改名［沁阳市］……………………………………………（644）
336. 门神的传说［新郑市］…………………………………………（645）
337. 门神［社旗县］…………………………………………………（647）

338. 异草计历 …………………………………………（649）
339. 黄帝访仓颉的传说［新郑市］……………………（650）
340. 仓颉造字（一）［新郑市］…………………………（653）
341. 仓颉造字（二）［虞城县］…………………………（654）
342. 仓颉造字（三）［项城市］…………………………（657）
343. 仓颉造字（四）［开封市］…………………………（658）
344. 仓颉造字（五）［武陟县］…………………………（661）
345. 仓颉造错字［清丰县］………………………………（662）
346. 仓颉四只眼［新郑市］………………………………（663）
347. 仓颉奶奶［南乐县］…………………………………（665）
348. 黄姑仙岛的传说［新密市］…………………………（671）

十二、黄帝访道 ……………………………………………（674）

349. 黄帝修德观问道的传说［新密市］…………………（674）
350. 黄帝炼仙丹［新密市］………………………………（677）
351. 玉皇大帝强占修道洞［新密市］……………………（679）
352. 黄帝寻访大隗真人［新密市］………………………（681）
353. 轩辕黄帝拜三皇［新密市］…………………………（683）
354. 黄帝拜三皇［新密市］………………………………（685）
355. 黄帝登嵩山拜华盖［登封市］………………………（687）
356. 黄帝访广成子［新密市］……………………………（689）
357. 散驾村［禹州市］……………………………………（691）
358. 娘娘蛋儿坡［禹州市］………………………………（692）

十三、黄帝祭天升天 ………………………………………（694）

359. 黄帝祈天［新密市］…………………………………（694）
360. 长水［洛宁县］………………………………………（695）
361. 洛出书［巩义市］……………………………………（696）
362. 黄帝升天［新郑市］…………………………………（698）
363. 黄帝岭［灵宝市］……………………………………（699）
364. 阌莲九孔［灵宝市］…………………………………（706）
365. 黄帝乘龙升天［郏县］………………………………（707）
366. 轩辕黄帝骑黑龙升天［新密市］……………………（708）
367. 奶头山［新密市］……………………………………（709）

368. 龙须草［安徽西部一带］……………………………………（710）
369. 黄帝坟的传说［新郑市］……………………………………（711）

十四、黄帝神话遗迹 ……………………………………（716）

370. 天仙庙与白松楼［新密市］…………………………………（716）
371. 仓王［新密市］………………………………………………（718）
372. 黄鹿坡［新密市］……………………………………………（719）
373. 黄鲤鱼报恩记［新密市］……………………………………（721）
374. 黄帝四十五里军马营［新郑市］……………………………（722）
375. 观兽台［新郑市］……………………………………………（723）
376. 自然山黄帝饮马泉［新郑市］………………………………（724）
377. 黄帝避暑宫［新密市］………………………………………（726）
378. 黄帝与白蝙蝠［新密市］……………………………………（727）
379. 白龙潭与黑龙潭［新郑市］…………………………………（728）
380. 具茨山上黑龙潭［新密市］…………………………………（731）
381. 黄帝三女儿梳妆台［新郑市］………………………………（732）

五、洪水（人祖）

188. 阴 阳 石［巩义市］

中岳嵩山北麓有座老庙山，老庙山里有条河谷叫洪荒沟，洪荒沟底有两块比碾盘还大的圆形石块叠摞在一起，当地群众叫它"阴阳石"。说起这阴阳石来，还有个神奇的故事哩。

传说很古很古的时候，洪荒沟外有兄妹二人，每天都一块上山放牛、砍柴。每逢上山，他们都要路过金狮岭。金狮岭上，有个石头狮子，成年累月蹲在路畔，瘦骨嶙峋，孤孤单单。兄妹二人很可怜它，每天都要把自己带的干粮分一半给石狮子吃。说来也奇怪，只要他们把干粮凑近石狮子嘴边，那石狮子就会慢慢地张开嘴把干粮吞咽进肚里去。就这样暑往寒来，春夏秋冬，从没有间断过。

有一天，兄妹二人又路过金狮岭，当他们再一次把干粮放进石狮子嘴里准备离开时，突然，那石狮子像人一样张口说话了，声音如同洪钟，和善而又亲切。石狮子说："你们兄妹二人的心肠太好了，我一定要报答你们。你们听着，不久，尘世上就要遭受一场大劫难，谁也无法幸免。不过，我可以搭救你们，以后上山，你们要注意我的眼睛，如果哪一天我的眼睛变红了，那就是说尘世上的大劫难就要来临，到那时，你们赶快到我身边来，我会搭救你们。千万要记住。"兄妹俩听了，又惊奇，又害怕，想再问得清楚些，但石狮子再也不说话了。

以后，兄妹俩照样上山放牛、砍柴，照样分出干粮喂石狮子吃。但多了一件事，就是每天都要仔细看看石狮子的眼睛红不红，这样又过了一些日子。突然有一天，兄妹俩在上山的路上，听到一种令人不安的声音，这声音铺天盖地而来，像风雨飒飒，像波涛滚滚，像狂飙怒卷，像熔岩奔突，霎时间，天变黄了，地变黑了，宇宙间笼罩着恐怖。兄妹俩慌忙朝金狮岭跑去，远远就看见石狮子的眼睛红得像两盏灯。他们还没跑到跟前，石狮子就急忙说："快，快爬进我肚里去!"说着，便把大嘴张开。兄妹俩刚爬进去，石狮子便把嘴合上了。

兄妹俩在石狮子肚里，一点也不知道外面发生的事情。这里又舒服，又暖和，还放着不少吃的东西，仔细一看，原来全是他们俩每天喂给石狮子的干粮。等到饿了,他们就拿块干粮吃。也不知道又过了多少日子,直到把干粮吃完了,才听见石狮子说:"尘世上的劫难已经过去了,你们俩出来吧!"兄妹俩赶忙从石狮子嘴里爬了出来。四下一看,世界全变了,就像大水冲过,就像大火烧过,所有的生物都灭绝了,像混沌初辟,地老天荒。兄妹俩看到这一片凄凉的景象,忍不住哭了起来——这可怎么生活啊!

石狮子说:"好心的兄妹,不要哭。现在尘世上只有你们兄妹二人了,要战胜灾难,生活下去。但是更重要的,还是繁衍子孙,让人类复兴旺盛起来,你们兄妹应该成个家。"这一说,兄妹二人都不同意,亲兄妹怎么能够结婚呢?石狮子理解他们的心情,想了想,又说:"这东西两座山上,各有一块碾盘般的大圆石头,你们兄妹各上一座山头,把石头滚下洪荒沟底。如果两块石头合在一起,你们就结婚,石分阴阳,人做父母。如果石头合不到一块,那就只好让人类灭绝了。怎么样?"

兄妹俩只好答应了。

兄上东山,妹在西山,果然找到两个形状相同的大圆石头,妹呼哥,哥喊妹,两山呼应,便同时把石头推下沟底,那两块巨石像用绳子牵着一样,呼隆隆一声响,滚落沟底,一上一下正好合在一起。

于是,兄妹二人便在洪荒沟底盖了石屋,成了亲,并且用石头锻造了刀、斧、镰、锄等各种工具,开始了艰难的原始生活,生儿育女,繁衍后代。据说,这兄妹二人便是现代人类的始祖。后来,他们的后代多了,便禁止兄妹通婚,并制订了婚礼,使原始时代的血缘婚进一步发展到族外婚。

直到如今,在老庙山的洪荒沟底,那合在一起的两块巨石还在,人们都把这两块石头叫作"阴阳石"或者"父母石"。

采录整理:石栏

【点评】

本篇是流传在中岳嵩山北麓巩义市的"洪水后遗民再殖人类"神话遗存珍品。它是原始形态的神话,是河洛文化的标志之一。

其中主要特色:①属"灾难首发型"。②主人公为兄妹。③灾难来时天塌地陷。④洪荒沟金狮岭的石狮保护兄妹避灾,钻入狮子肚里(狮子眼红,灾难降临),世界像大水冲过,大火烧过,地老天荒。⑤石狮让兄妹结婚,二人疑虑,滚石成亲。⑥兄妹在洪荒沟底盖起石屋,结为夫妻。造石斧、石镰、石刀等。⑦兄妹二人生儿育女,传宗接代。人多了,才禁止兄妹婚,进入族外婚。⑧兄妹二人为中原人类始祖。

图 5.188.1　浮戏山中伏羲女娲合婚的阴阳石（1992 年程健君摄）

⑨洪荒沟底的两大巨石仍摞在一起。后人叫"阴阳石"，也叫"父母石"。

在此类神话中，中原地区多为滚磨成亲。石磨出现较晚（春秋）。而此篇则为兄妹滚石头，当然要原始得多。

特别值得注意的是，中岳嵩山古老，是河洛文化的中心地区。故在六千五百年前，这里已是中国原始文化的发祥地。因此，此类神话的原始文化信息也特别珍贵。这在中原地区是独有的。与此相近似的是，在巩义黄河北岸，伏羲、女娲的兄妹婚也是滚石片，在嵩山余脉东的密县此类神话也是滚石片。这些证明：嵩山体系神话的古老，在中原是特有的。

189. 洪水后兄妹结婚［新密市］

老早以前，有个村庄，住着许多农民，庄上有座小学校，门口立着个大青石狮子。孩子们上课下课常围着大狮子蹦来跳去，连先生们也跟着学生一块围着做游戏。

有这么一对兄妹二人也在这所学校念书，学习很好，心又善良、诚实，又长得好看，先生和学生们都很喜欢他们俩。妹妹很淘气，哥哥也不打她，常逗着和她玩，有时候俩人就在石狮子下面玩石子儿，妹妹好动，常常在狮子头上摸来摸去，动动这儿，又摸摸那儿。

有天放学，妹妹忽然发现石狮子的眼睛通红，嘴也很热，叫哥哥过去看看，哥一看，马上惊奇起来。石狮子今天怎么会这样呢？哥想多喊几个伙伴儿来看看，刚要去喊，狮子就说话了："别叫人，你们看，天这么热，看样子要下雨了，你俩在我下面躲躲雨吧！"于是两人很相信地在下面站着，不一会儿，天就下起雨来，还有闪电，妹妹很害怕,两人就挤在一处不说话,等了一会儿,雨还不停,哥就说:"咱们没带雨伞,咋回家呀?"妹说:"咱俩跑回去吧!"狮子听见了,说道:"也好,你们跑回去吧!不过,我想告诉你俩一个事儿,可千万别告诉别人,要不,你们会死的。你们看,天要下大雨了,要下七天七夜,马上这个庄子就要被淹了,你们回家后,多做些干粮,把你家的大槐树砍了,做条小木船,钻进去,再把盖儿盖上,然后等雨停了,再出来,记好。"

俩人吓坏了,赶快回家,把一切都弄好了,然后吃了一顿好饭,钻进了船里,把盖盖好,躺在里面听外面的雨水声,妹妹一直都怕,躺在哥哥身边一动不动,还不住地哭。

过了好长时间,妹妹心慌,要哥哥把盖子打开看看,哥想反正船不晃了,在里边又难受,于是就打开盖子,一看,周围全是水,村也没有,船在水中央漂着,妹妹提醒哥哥注意别掉进水里,哥说:"妹妹,咋办?"妹说:"再瞅瞅找找,看看有没有山顶,哥让船又漂了一会儿,忽然看到远处有一个小山尖,就划着船过去了。

白天玩,可到了晚上,四面一点声音都没有,妹妹又害怕了,哭起来,哥说:"我也没办法,等水下去了再回家吧!"妹妹听着想着就不再哭了。

又过了几天,水下去多了,山变得又大了,俩人在上面乱跑着玩儿,哥说:"妹妹,你看就咱俩,以后咋办哩?"妹说:"咱的庄子和家呢?""都被水冲没了,我们没家了,什么都没了,这儿又没别人。"妹又说:"就是的,就咱俩,又不兴结婚。""就咱俩又没别人,谁也不知道,结婚又咋了?""我不愿意。"妹妹嘟哝着嘴说。哥又说:"好吧,咱俩试试看,从山上滚石片儿,要是滚不到一块儿,就不结婚,滚到一块儿,就结婚,咋样?"妹妹说:"好哩!"马上就跑到了山上。

俩人看着从山上滚下去的石片,妹说"滚不到一块",哥说"那不一定"。最后,石头还是"啫"的一声滚到了一起,妹妹马上红起脸说道:"这真没办法。"哥说:"看,就说会滚到一起吧,你不信?"抱起妹妹又说道:"我赢了,我赢了!"

自此以后,兄妹在一起共同生活,生儿育女,天下的人就多起来了。

讲述人:杨战军之母,已故
采录人:杨战军
采录时间:1989年12月15日
采录地点:密县城关乡东瓦店村

【点评】

此传说流传在中岳嵩山东麓地区密县一带,是洪水后遗民再殖人类神话遗存的珍品之一。它是河洛文化区的重要原型神话信息之一。

其中的重要特征:①属"灾难重演型"兄妹婚神话。②主人公为两兄妹,上学学生。③灾难原因是下七天七夜大雨,淹没世界。④保护神石狮子,要兄妹二人把一棵大槐树伐掉做一船,上边盖一盖子,备好干粮。洪水到时,躲进去,用盖子盖好。洪水下去,落在一山头上。⑤洪水过后,二人出来。哥哥提出结婚。二人从山头上向下滚石片。合一起,结合。⑥不需媒人介绍,指点。⑦婚后生儿育女。⑧此篇婚仪简单。

值得特别注意的是:兄妹坐木船避灾与沁阳的伏羲、女娲相同,都很接近于《圣经》中的"诺亚方舟",这是东西方洪水神话的偶然巧合,也符合生活逻辑,原人造船是很普遍的。特别是从自议结婚婚仪,到用滚石片来占卜完婚,在中原是带有普遍性的方式。但多为滚磨,而滚石片更加原始。

190. 两兄妹[商丘市]

很久很久以前,有兄妹二人,住在一座山下。家门前有一头大青石狮子,是兄妹俩最要好的伙伴。白天,兄妹俩常守在狮子旁,跟狮子一块玩耍;晚上,狮子为他们当哨卫,壮胆子。一来二去,兄妹俩和狮子的交情很是深厚。

一天,兄妹俩又来到狮子跟前。哥哥抓着狮子一跃跳在狮子背上。狮子的嘴一张一合的。妹妹看到这情形,赶忙招呼哥哥:"哥哥,快下来,看狮子都不高兴啦!"哥哥跳下来,见真个是。忙问:"狮子,是不是累了?"狮子不吭声,嘴还是一张一合的。妹妹说:"一定是狮子饿了。"妹妹连忙跑回家拿来馍馍,填到狮子嘴里。狮子嘴一合,脖子一伸,咽了。哥哥也赶紧跑回家拿来馍馍,填进狮子嘴里。狮子嘴一合,脖子一伸咽了。狮子吃了兄妹俩的馍,真的又像原先那样安详地立着,一动也不动。

从那儿以后,兄妹俩每天来找狮子玩,都要带来些馍馍,给它吃。狮子吃饱了,兄妹俩才玩。

一天,两天,一个月过去了。哥哥从没有忘记每天给狮子送馍馍吃。

一月,两月,一年过去了。妹妹也从没忘记每天给狮子送馍馍吃。

一年、两年过去了,兄妹俩也长成大人了。可是他们还是没有忘记给狮子送馍馍吃。

这天,兄妹俩又来找狮子玩。他们把带来的馍送给狮子,狮子怎么也不张嘴。

哥哥问:"狮子,是不是渴了?"

妹妹问:"是不是病了,狮子?"

一问,狮子不吭声;再一问,狮子流下泪来。

这一哭,兄妹俩可就慌了神儿,一起叫道:"狮子哥,狮子哥!俺们又不曾委屈你,你倒是说话呀!"

狮子收住了泪,非常沉重地对兄妹俩说:"小弟弟,小妹妹,告诉你们一个不幸的消息。这世界原是一万八千年要混沌一次的。每次混沌,都是天地相合,万物俱灭呀。再过三天,正好又是一万八千年。"

这一说,兄妹俩更慌张了。他们一起请求狮子帮助拿拿主意。狮子说:"好弟弟,好妹妹,别着急,等到那一天,你们来找我,我自有办法。"

兄妹俩提心吊胆地等到第三天,正中午时,果然平地卷起大风,天霎时昏暗了下来,接着,便是电光闪闪,雷声隆隆,倾盆大雨下将起来。哥哥妹妹冒雨来到狮子跟前。狮子正焦急地等着他们,一见,忙说:"快,我张开嘴,你们快跳进来吧。"兄妹纵身跳进狮子的嘴里,又从嘴里来到肚子里。在肚里,他们才发现平日送给狮子吃的馍全存放在这里,完完整整,没有坏一点。

离开人间,是多么痛苦啊!过了些天,兄妹俩真有点急了。乡亲们的下落怎样?他们会遇到危险吗?兄妹俩恨不得快些知道个究竟。

等了十天,哥哥终于耐不住了。他请求狮子放他出去看看。狮子说:"不行!现在正是天塌地陷,山崩塌,水倒流,连我都有点站不稳呢!"哥哥用耳朵贴着狮子肚皮听听,真听到一种"隆隆"的声音,也就不说啥了。

又过了十天,妹妹也有些待不住了。她请求狮子放她出去瞧瞧。狮子说:"快了!如今混天老祖正在补天,混地老祖正在修地。"妹妹只好耐住性子等下去。

七七四十九天过去了。这天,狮子才告诉哥哥和妹妹:"混天老祖和混地老祖已把天地修好了,世上太平了,你们出来吧。"兄妹俩重新回到世上。一看,天还是过去的天,地还是过去的地,可是没有了村庄,没有了乡亲。他们成了世界上最孤独的人了。

兄妹俩从山上割来些黄草,从树上折些枝枝杈杈,搭成棚子,这是他们的房子。

又过了些年,兄妹俩都长成大人了。也不知为什么,他们都感到有些忧虑和愁闷,又感到像是有些话应该彼此讲讲。

哥哥想:"眼下这世上只有自己和妹妹,要是不跟妹妹结合,过后不是没有人了吗?"又一想:"不行,她是我的妹妹,我咋好张口呢?"

妹妹想:"这种生活也真是太单调了,要是能跟哥哥结合就好了。"又一想:"不行,他是我的哥哥,我咋好张口呢?"

最后还是哥哥先向妹妹说了。妹妹答道:"那就先问问那头石狮子的意思吧。"

兄妹俩来找大青石狮子。狮子想了想说:"这样吧,你们各背一扇磨盘,各立一个山头,让磨盘从山上滚下,要是两扇磨合在一块,你们就结婚。"

兄妹俩都觉着狮子的办法可行。哥哥背了一扇石磨,来到东边一座山头上;妹妹也背了一扇石磨,来到西边一座山头上,两人约好同时放。只见两个圆圆的磨盘顺着山坡,骨碌碌滚了下去,"叭"一声,正好合在一起。

从此,兄妹俩结为夫妻,生儿育女。后人就尊他们为自己的祖先。有人说,这兄妹俩为了使人类更快地繁衍起来,还从河上挖来好多黄胶泥,用来捏成泥人。有一天,一大批泥人才晒个半干,忽然天上长出乌云,一会就下起雨来。兄妹俩一个用簸箕往屋里端,一个用扫帚扫。结果,泥人不是胳膊被碰掉,就是腿被弄断,再不就是眼睛被搠瞎。所以,后来世上就有了残废的人。又因为人都是用泥巴捏成的,所以现在人们每次洗脸总要洗掉些泥土。还有人说,现在有的地方还保留着古时候留下的石刻画像,上面那个背着磨盘的男人就是哥哥,另一个是妹妹,也背着一扇磨盘。

讲述人:王金合,90多岁,文盲,农民
采录人:定翔
采录整理:定翔　王树林
采录时间:1981年2月
流传地区:商丘、开封等地

【点评】

本篇是流传在商丘、开封地区的"洪水后遗民再殖人类"神话。它是具有相当代表性的遗存之一。

它的特点:①属"灾难首发型"。②主人公为兄妹,住小山村。③灾难为洪水、天塌地陷(混沌,天地相合,世界毁灭)。④保护神石狮子,兄妹送馍,钻它肚子里避难。⑤外面山崩地裂,水倒流。妹妹要出来时,石狮相告:"混天老祖在补天,混地老祖在补地。"正是《淮南子》中说:"二神混生,经天营地。"可见,这是中原最古老的神话之一。⑥世界造好了,兄妹出来,家乡、村庄消失了。用黄草、树叉搭草棚,生活。⑦兄妹议婚,二人有顾虑。问青石狮子,狮子让二人滚磨占卜"测天意"。结果,石磨滚到山下合在一处,二人结合。⑧婚后的生殖意识:男女交配生育后代;又捏泥人,不用巫术手段便可活起来。⑨后人尊兄妹为祖先。在古代的画像中还留有男、女背石磨的图象。足见其影响之深。

总之,本篇是中州文化区的典型神话之一,有一定的科学研究价值。

191. 姐 弟 俩 [开封市]

传说,天与地是九千九百九十九年一离合,要有一次天塌地陷。

在很古的时候,有姐弟俩,弟弟在学校上学。放学回来,半路上都要在一尊石狮子上爬上爬下,玩一阵子再回家。

一天中午,弟弟放学回家,又在石狮子身上爬上爬下,突然,石狮子说话了:"小孩儿,我给你说个要紧事儿。"弟弟东找西瞧不见人,低头发现石狮子的嘴在动,就说:"是你说话吗?"石狮子又说:"我九千九百九十九年说一次话。咱俩经常在一起玩,你每天回家吃饭,咋不想想我也要吃饭呢?""你也会吃饭啊?真稀奇。"弟弟说。"我咋不会吃饭呢?你每顿饭捎给我捎个馍,夹点菜,填到我嘴里中不中?""中。"弟弟满口应承。"这事可不能对别人说呀,千万得保密。"弟弟说:"保证不露出去。"

弟弟回家吃罢饭,随手又拿了一个馍,夹上菜就走了。来到石狮子前,石狮子果然张开嘴把馍菜吞下去了。弟弟和石狮子玩了一会就上学去了。一连三天,姐姐看出蹊跷,就追问弟弟:"你每天捎个馍给谁吃呀?"弟弟说:"我自己吃呀。"说着就又拿馍菜去了。姐不信,悄悄跟着弟弟,发现弟弟把馍菜喂了石狮子,非常奇怪。回家后就问弟弟,弟弟见姐知道了真情,只得说了实话。姐一听,就对弟弟说:"这样吧,你每顿也替我捎个馍给石狮子吧。"

从此,弟弟每顿总是拿两个馍和菜给石狮子,一连送了九十九天。到百日这天,石狮子又开口说话了:"小孩儿,你听我说,今天正当午时,只要看见正北方黑云升腾,大风刮起,你就赶快和你姐来见我,我有大事相告。"

弟弟听罢石狮子的嘱咐,就不去上学了。他在姐姐身边玩,眼睛注意着北方。将近午时,只见北方乌云翻滚,狂风大作,鸡飞狗跳,蛤蟆乱叫。弟弟知道不好,赶快拉住姐姐的手说:"姐,快!石狮子说天一变就叫咱俩到他身边去,有大事给咱说。"姐弟俩跑到石狮子面前,只听石狮子说:"孩子们,这世界今天就到头了,天地要合拢,万物将毁尽。你俩赶快从我口里钻进肚里去,里边有我给你们存放的吃食,啥时候我叫出来,你俩再出来。"说完张开大口,让姐弟俩钻了进去。这时,只听外边轰轰隆隆,咔里咔嚓,响个不住,天塌地陷了。

姐弟俩在石狮子肚里,饿了就吃他们平时送进石狮子肚子里的馍菜,困了就睡一阵子。也不知过了多少个日夜,馍吃完了,石狮子张口说:"孩子们,出来吧。"

姐弟俩出来后,只见荒野一片,没边没沿,人烟绝迹,天无飞鸟,地无走兽。只有灰蒙蒙的天,黄澄澄的地。姐姐说:"现在,天底下只剩咱姐弟俩啦,我嫁不出去,你也成不了家,将来老了,绝了子孙,无人养活咱,可咋办呀?"弟弟说:"是要绝后了。"这时,姐姐红着脸吞吞吐吐地向弟弟说:"为了不绝后代,咱姐弟俩就只好成家了。""不行呀!姐弟成婚没有这个规矩呀!"姐姐又说:"这样吧,咱俩从山上滚下两块磨扇,两扇合在一起,咱俩就成一家;要是分成两处,咱姐弟俩就绝了此念,听天由命了。"姐姐说罢望着弟弟,弟弟低头说:"那就让上天决定吧。"

姐弟俩各背一扇石磨,从山上一齐向山下滚去。两扇石磨滚呀滚呀,一直滚到山脚下。姐弟俩下山一看,石磨正好合在一起。姐弟俩成了家,养儿育女,繁衍后代。

石狮子仍然卧在那里不动,不说话,也不吃食。姐弟俩为了报答石狮子的恩情,逢年过节,都为石狮子送去贡品,放鞭炮,在一起玩一阵。玩着玩着,石狮子也舞动起来。后来慢慢成为习俗。这就是今天"玩狮子"的来历。

讲述人:李合义,47岁,粮店工人
采录整理:王雅湘

【点评】

本篇是流传在中原开封地区的"洪水后遗民再殖人类"型神话遗存。它是近于原始形态的珍品。

其中的主要特点:①属"灾难重演型"。每九千九百九十九年一次,天地一离合,天塌地陷。②主人公姐做家务,弟上学。③灾难原因神秘,可能与宇宙周期覆灭的远古原人信仰有关。④保护神为石狮子。它在九千九百九十九年混沌时,说一次话,保护人类不毁灭。保护方式是让二人送馍菜,藏在它的肚子里避灾。⑤灾后,姐弟送的馍吃完了,二人出来。⑥议婚由姐姐提出,弟起初不同意,姐让滚石磨,合一起结婚(占卜"测天意")。⑦婚后生儿育女,与现在的生殖观念相同。⑧后人尊姐弟为人祖。逢年过节,供奉石狮子。⑨舞狮习俗。中原腹地嵩岳、开封一带每逢年节,必舞狮。其起源就在于此神话的姐弟为感谢石狮子,去上贡品,放鞭炮,与石狮一起玩。石狮也起舞。狮舞即由此沿袭下来。为何这一习俗在这一地区如此集中,根源就在于此。探索到舞狮民间艺术的源起,意义重大。这是关于人们对创世人祖尊崇的大事,而不只是艺术问题。

因此,那种认为狮子来自西域,中国不产狮子的看法,根据不足。实际,在《山海经》中的"狻猊"就是狮子。大量此类神话亦可作证。

192. 捏 泥 人 [新密市]

天地相合以前，也是一个世界。天地相合了，天昏地暗呐。原来，一个妮儿和一个孩儿是姊妹们。俩人在寺院上学哩。寺院门口有个石狮子。它说："恁来时，天天来给我捎个馍。"

俩人天天给石狮子捎一个馍，石狮子吃了。捎得天数不少了，天地该相合了。弟弟说："天昏地暗哩，咱俩就去找石狮子。"

姐弟俩一起寻它去了。石狮子说："天地要相合了，老厉害。恁拱到我的肚里来吧！我一张嘴，恁就拱我肚里吧。"

石狮子一张嘴，他俩就拱到狮子肚里了。

天地成一体了。姊妹俩就在狮子肚里吃他们送的馍。

馍吃清了，天地相合也过去了，水下去了。石狮子就把他俩吐出来了。

一吐吐出来了，四外都没人哪，咋办哩。

后来，世上光剩他姊妹俩啦，没一个人哪。他姐想与弟弟二人结婚呐。她弟弟不愿意。

他姐说："世上没人哪，过一场咋办哩。"

她弟说："咱就滚磨成亲吧！你站在这山上，我站在那山上，咱就往下滚两扇儿磨，会碰到一头咱们就成亲，碰不到一头儿就不成亲。""中。"

他站在这山尖上，她站在那山尖上。两扇儿磨都往下轳轮。一轳轮下来了，合到一头儿了。只该成亲了。

人根之祖，从那儿，他俩里繁（奋音）腾开咱这人。

后来，老天爷跟老佛爷他们说："人真（阵音，这样）稀，得生法叫他们配合。"

老佛爷说："叫好的配好的，赖的配赖的，穷的配穷的，富的配富的。"

老天爷说："穷的配穷的叫他怎过哩！赖的配赖的，好的会寻赖的？"

老佛爷就叫兄妹俩把好些泥人捏捏晒晒，晒干了就是人。

正晒哩，天下雨了。

老佛爷怕泥人淋了，就撮到一头（块）儿了，好赖也分不清了。还是这样混杂在一起，赖的也寻好的，好的也寻赖的。

以前就是娃娃媒，说啥是啥。生下来，半生儿就寻下了。一寻寻下了就不兴变了。常常很好的一个姻（妻）子，寻个赖汉子；很好一个汉子，寻个赖姻子。只要传了期儿，赇跟人家过了。离婚，没那事。

讲述人:张振恒
录音:程健君　张振犁
采录时间:1983年11月30日
采录地点:密县超化乡堂沟村

【点评】

本篇是流传在中岳嵩山东麓密县的"洪水后遗民再殖人类"神话遗存的名篇之一。其中保存了民间神话的语言风格。

其中的主要信息:①属"灾难重演型",灾前已是文明世界。②主人公为姐弟,上学。③保护神是石狮子。二人送馍。灾难来时,天地相合。让二人钻石狮肚里。④灾后姐弟议婚。姐提出,弟弟让滚磨。⑤婚仪简单,二人生育,开始繁衍人类,有了世界。⑥姐弟生人稀少。老佛爷让姐弟生的人,好的配好的,赖的配赖的,富配富,穷配穷。⑦老佛爷让姐弟捏泥人,晒干,也是人。下雨了,姐弟往一处扫,有了残疾人。人也混乱了,好赖分不清。结果世界上好男配赖女,赖男配好女,不公平了。

此篇值得注意的有两个问题:一是当时人们的生殖意识二元化,男女交配生人与捏泥人并存,都是人类生存、发展之根。二是人的质量和结合的意图,全由老佛爷、老天爷做主。因此,显示出佛教道教化的严重渗入和原始神话被改造的痕迹。这一问题在中原神话中基本成了普遍现象,必须分清原委。

193. 百家姓的来历[通许县]

很早以前,在通许县境住着一户人家。家有父母和两个孩子,共四口人。大孩子是个小妮,二孩子是个小子。在两个孩子该上学读书的时候,父母不知得了啥病先后都死了,两个小孩没办法,就被另一户人家收养起来了。天长日久,这一家的人看两个孩子聪明伶俐又孝顺听话,就叫他们上学念书。

在姐弟俩天天上学的路上,有一条河,河上有一座桥,他们天天从这过。有一天他们走到桥边,不知为啥,那座桥轰隆一声突然塌了。姐弟没办法,急得哭起来。姐姐哭着说着,他们家爹妈都死了,在邻居家吃饭还叫上学念书等等。哭的人没意,可是在桥下的一只大老鳖,听了姐弟俩的哭诉动了心,于是就浮到水面爬到河边,问姐弟俩哭啥哩,姐姐说:"俺爹娘都死了,邻居把俺收留,还叫俺上学念书,这桥一塌俺咋过河去念书哩!"这时那个老鳖想了想就说:"这样吧,恁俩来回上学时,就到我的脊背上,我把恁俩驮过去。"姐姐说:"你来回驮俺,可叫咋报答你哩!"那老鳖说:"那没啥,只要恁俩一天给我拿个馍让我吃就中了。"就这样姐弟俩一天给老鳖拿个馍,老鳖一天来回驮他们过河。

一直到姐弟俩给老鳖拿到第一百个馍的时候,姐弟俩看巧走到河边,天忽地一下变了,又刮大风又下大雨。姐弟俩正急得没法时,那个老鳖爬到河边对他们说:"眼看天要塌地要陷了。"姐弟俩一听又急得大哭起来,说:"那咋办呀,对你的恩情俺还没报哩,就要死了,俺对不住你呀!"老鳖说:"别说恁些了,恁俩赶快钻到我肚子里吧。我是不怕哩!"姐弟俩没办法,就从老鳖嘴里钻到老鳖肚子里,刚钻到老鳖肚子里,就听轰隆轰隆一阵大响,天塌地陷了。

姐姐和弟弟两个人不知在老鳖肚子里有多长时间了。这一天他们在肚里饥了,想吃东西,可是到那里弄哩。姐姐正发愁哩,就听弟弟说:"姐,看这里有一堆馍。"姐姐一看,呀!真的。弟弟数数看,一百个。这时姐姐心想,咋有一百个馍呀!俺不是也为老鳖拿一百个吗?姐姐心里一动,就仔细地看看那些馍。呀!咋还有一块半拉馍呀!她拿起一看,这上边沾的有泥,还有抠过的几个手指印,这时姐姐又想到,有一天她从家给老鳖拿馍,不慎掉在地下,拿起一看有一半沾了很多泥,她怕带泥让老鳖吃了不好,就把沾泥的一半掰掉,干净的一半填到老鳖嘴里,沾泥的一半她用手把泥抠抠,有的泥没抠掉就又填到老鳖嘴里啦。一看手指抠的印,和自己抠的一样,这时她又一想,啊!这是神仙搭救俺的呀。她正想把这些给弟弟说说哩,一看弟弟正拿着那馍大口大口地吃哩。

不知道又过了多长时间,在那一百个馍他们吃完的时候,老鳖又对他姐弟说话了。老鳖说:"馍吃完了,没饭了。恁俩也出来走吧!"说完老鳖把嘴一张开,姐弟俩就从嘴里爬了出来。睁眼一看,呀!外边没有一个村庄,没有一点动静,只有一眼望不到边的荒草,再回头看看老鳖也没影了。

上哪哩?姐弟俩又发起愁来。这时弟弟用手一指前边说:"前边有座山,咱先到那山上吧。"他们也不管路不路,只管蹚着齐腰深的荒草向山走去。

姐弟俩正往前走着,忽然从后面传来了叫他们的声音,扭头一看,只见一个男不男女不女的人叫他们。那人说:"恁两口子上哪去呀?"姐弟俩一听这话气哩没法说,姐姐说:"你这个人说话咋恁不填唤人哩,俺们是姐弟俩,你咋说俺们是两口子哩!"只听那个人又说:"恁是两口子。"说到这,他指指一旁的那盘石磨说:"要不信,咱就把这盘磨弄到山上,从山上把两扇磨往山下轱辘,轱辘到山下边,要是两扇磨能严严实实地合到一起,恁俩就是两口子。要合不在一起,就不是。"说完,那个人就把石磨弄到山上放好,叫姐弟俩一人往下轱辘一扇。姐弟俩一齐把磨往山下一推,只见那两扇磨,一会儿离开,一会儿又合在一起。这样反复多次,到山下边,被一块石头一挡,只听"啪"的一声,两扇磨真的停住合在一起了,合得严严实实的。

这时,那个人又对姐弟俩说:"看见了吧,恁两口子就是两口子。听我的话,从今儿个起,恁俩赌当两口子在一起过了。"说完,一滚眼球儿那个人没影了。

没办法,姐弟俩在一起过了。开头时,都不好意思,后来时间长了,并且那时世上也没有其他的人,只有他们姐弟俩,慢慢地就当两口子过起来了。

后来又不知过了多少天,姐姐身上怀孕了,怀孕整整三年,一天她生一个圆轱辘的肉蛋子。弟弟一看是个那,气得不得了,抓住就埋了。不知又过了多长时间,姐姐又怀孕了,还是整整三年,生下来,又是一个圆轱辘的肉蛋子,弟弟又要掂住去埋哩。当他到半路时,听到肉蛋子里有叫他的声音。他把耳朵贴在肉蛋子上仔细一听,听见里面有孩子在叫他。说:"爹爹,别把我们埋了呀,我们是你的儿子呀!你打开看看就知道了。"弟弟心里闷得慌,就又把肉蛋子掂回家,同着姐姐一同把那肉蛋子打开一看,里面整整有一百个男孩儿。姐弟俩就把小孩养活起来。可是奶水不够吃,他们就打了半碗面糊喂他们,那半碗面糊也真稀罕,咋着也喂不完。喂着喂着姐弟俩就商量起来了,姐姐说:"以前你埋的那个肉蛋子里不知道是啥?能也是小孩吗?"弟弟说:"我去把那个肉蛋子再扒出来,拿回来咱打开看看到底里面是啥。"说完,弟弟就去把那个肉蛋子扒出来,又掂回家了。姐弟俩把肉蛋子打开一看,呀!里面整整有一百个小女孩。个个还都是活蹦乱跳的。虽说都活着,可是因为那个肉蛋子埋的时间长了,就有些发臭的气味。后来人们说小闺女是臭妮子,想来可能就是因为这吧!

姐弟俩把一百个男孩和一百个女孩慢慢都养活大了,到了成家的年龄,姐弟俩就让一个男的配一个女的,让他们结为夫妻。都配完了,姐弟俩就对他们说:"你们已经都成夫妻了,都走吧,去生儿育女吧!"从这以后,一对夫妻生的孩子就是一个姓,慢慢就成百家姓了。

讲述人:连金新,男,25岁,初中毕业,农民
采录人:连海志,男,23岁,初中毕业,农民

【点评】

本篇是流传在中原开封地区通许县的"洪水后遗民再殖人类"型神话遗存的珍品。它虽然语言不够朴素、简明,却比较接近原始形态,有科学研究价值。

其中的主要特点:①属"灾难重演型"。②主人公为姐弟。父母死后,被邻人收养,上学。③灾难原因:天塌地陷。④灾难前,河中一老鳖驮姐弟过河上学,姐弟送

馍一百天。灾难来时,让二人钻肚子里避灾、吃馍。一百天后,灾过去,老鳖离去。⑤姐弟去山顶的路上,一不男不女的异人,称姐弟为夫妻。⑥议婚中,异人让二人滚磨,占卜"天意",磨合一起,他说:"你们本来就是两口子"。可见,当时仍属族内婚向族外婚过渡,仍适应旧的族内婚观念。⑦姐弟结婚后的生殖观念为男女交配生人。

值得注意的是,以往学界普遍认为中原洪水兄妹婚后繁衍人类,除男女生人外,同时存在捏泥人的方式。而西南少数民族多为生肉团,后剁为肉末,撒树上,变为各族人。现在中原同样存在生肉蛋的神话,姐姐怀孕三年生一肉蛋,里面有百女,又生一肉蛋,里有百男,后结为百对夫妻,才有了中原的百家姓。(泌阳盘古兄妹也如此。另在豫中还有一肉团中生一男一女,或七男七女的。可见中原生子女的方式是多元的。)

194. 拼磨成亲[新密市]

很久以前,荟萃山下住着姐弟俩。爹娘早死了,姐弟俩在一起过日子。姐姐每天在家做饭,兄弟上学。在学堂大门口,有个大石狮子。弟弟上娃每天都爬到石狮子身上玩。有一天石狮子突然开口对上娃说:"上娃,我已经九千九百九十九年没吃过东西了,肚里饿得慌,你每天上学来能给我拿两张馍吃吗?"上娃点点头:"中呀。"

晚上回到家里,上娃把石狮子对他说的话给姐姐说了。姐姐从此每天都多烙两张馍,让上娃给石狮子吃。这天上娃刚把两张烙馍递到石狮子嘴里,石狮子又说:"上娃,你回家对你姐姐说,今天夜里打三更,你两个来这里,我张开嘴,你俩爬进我的肚里,天要塌地要陷了,记住了没有?"上娃点点头说:"记住了。"

上娃回家后,又把石狮子的话对姐姐学了一遍。姐姐一看天色不早,就和上娃一块离开了家,来到石狮子跟前。石狮子早已张开了大嘴。上娃与他姐姐就爬到石狮子身上,钻进了石狮子肚里。

果然,天交三更时分,狂风大作,打雷闪电,一声震天巨响,天塌地陷,日月星辰什么都看不见了,天地间一片混沌。

上娃和他姐姐在石狮子肚里,每天靠吃过去他们给石狮子吃,但石狮子给他们存下的烙馍过日子。也不知过了多久,存在石狮子肚里的烙馍眼看就要吃完了,突然石狮子又说话了:"上娃,世上的大灾难过去了,你们姐弟俩可以出来了。"说着石狮子张开大嘴,上娃和姐姐相继爬了出来。

上娃姐弟俩从石狮子肚里爬出来以后,见世界上什么都变了,到处一片荒凉,啥东西都没有了。上娃和他姐姐哭了。

石狮子见上娃姐弟哭得很伤心,就说:"你们不要哭了,如今世界上只有你们两个人,就赶快成亲吧。要不,以后世界上就没人了。"

姐姐听说,要让她与弟弟成亲,脸早红了,说啥也不愿意。上娃也不愿意。石狮子说:"让你们姐弟成亲,是老天爷的意思。你俩好好想想吧?"

上娃不信,问石狮子:"石狮子,你说这是老天爷的意思,谁能作证哩?"

石狮子说:"如今世界上就你们姐弟俩,谁能见证呢?"石狮子想了想,又说,"这样吧,你们如果不信我的话,前边不远有一盘石磨,你们姐弟俩每人抱一扇到荟萃山顶上,然后一齐往下放。到山下如果两扇磨拼在了一起,说明我的话是真的,你俩就成亲。两扇磨如果拼不到一块,就说明我说的是瞎话,你俩就不成亲。"

于是,上娃和他姐各抱了一扇磨爬到了荟萃山顶。上娃喊了声"一二",姐弟俩同时一松手,两扇磨就滚下了山。最后在离石狮子不远处,"哐咚"一声拼在了一起。上娃姐弟俩见两扇磨拼在了一起,只好成亲了。

从此,上娃姐弟俩就在拼磨的地方住了下来。几十年以后,他们俩生了子,子又生孙,子子孙孙传了下来。在拼磨这个地方,逐渐形成了一个大村子。这个村子的名字就叫拼磨。后人又把它改成了平陌,流传至今。人类也从此开始,一代一代地繁衍,世界上的人才慢慢地多了起来。

讲述人:张铁健,原平陌乡宣传委员,已退休
采录整理:李改玲
流传地区:新密市荟萃山一带

【点评】

本篇是流传在中岳嵩山东麓新密市荟萃山一带的"洪水后遗民再殖人类"神话重要遗存。它比较接近原始形态,有一定研究价值。

其中反映了以下信息:①属"灾难重演型"。②主人公为姐弟,弟上学,姐做家务。③灾难原因:九千九百九十九年混沌一次,天塌地陷。④保护神石狮子,要求送馍,让二人钻它肚子里避灾。⑤灾后议婚,全由石狮子指点,这是"老天爷的意思"。滚磨可以作证。⑥姐弟在荟萃山上向下滚石磨,落在今天的平陌(原叫拼磨,地名确凿)。这里慢慢成一大村子。证明此神话的可信性和神圣性。从此又有了人类。⑦此时生殖意识已无捏泥人、造人的观念,全由男女交配生人。

值得注意的是,"平陌"地名的演变与远古中原部族史有密切关系。据当地传

说,这一带原很荒凉,属嵩山区原始森林地带,叫"虎岭",狼虫虎豹出没无常。荟萃山也十分古老。姐弟在此滚磨成亲,符合此地实际情况。神话中有黄帝战胜野兽恶魔的记载,所以此地又叫"平魔"。再后来,这里随着农业开发,又叫"平陌"了。

195. 磨　沟[登封市]

　　嵩山东麓有个磨沟村。天地相合以前,这里住着一户善良的人家,老夫妻俩生了一对挨肩孩子,姐姐叫桑桑,弟弟叫昌昌,在桑桑十七岁、昌昌十五岁那年,母亲去世了。剩下父子三人过日子,爹终日在地里做活,桑桑在家里缝衣做饭,昌昌去南沟口外奶奶庙上学。这座奶奶庙不大,三间大殿,里头敬的是老奶奶。东西两厢房是学堂,邻近村的小孩子都在这里上学读书。庙门外边有一对青石雕刻的石龟,左边是公石龟,右边是母石龟。

　　昌昌上学很用功,别人没来他先到,别人走了他还在。有一天后响,同学们都走了,只剩昌昌在用功,做完功课天已经麻糊眼了。他出来庙门,正低着头往前走,忽然听到背后有喊叫声。

　　"昌昌,你过来。"

　　昌昌回过头来一看,不是人喊,是庙门左边的石龟在叫,问道:"你喊我弄啥哩?"

　　石龟祈求说:"我肚老饥,你明日上学,给我捎个馍吃吧!"

　　"中!"昌昌答应了石龟的要求。

　　"昌昌,你也给我捎个馍吃吧?"右边的石龟说。

　　"中!"昌昌也答应了。

　　从第二天起,昌昌每天来上学,都给两个石龟各捎一个馍吃。每当昌昌拿着馍快走到石龟跟前的时候,两个石龟都伸着脖子张着嘴在等着,昌昌走到石龟跟前,把馍往石龟嘴里一扔,石龟"咣当"就把嘴合住了,整整捎了九十九天。昌昌一共给两个石龟捎了一百九十八个馍。就在这九十九天的后半响,天昏地暗,山摇地动。昌昌还像往常一样,最后一个走出了庙门,他一看两个石龟的眼红得像灌了血一样。

　　左边的石龟说:"昌昌,你明日一早让你姐烙了馍,赶快到这里来。"

　　昌昌不解其意,问道:"为啥?"

　　"到时候你就知道了。"石龟不敢泄露天机,又嘱咐说,"这一回,你无论如何要听我的话啊!"

　　"中。"昌昌答应了。右边的石龟说:"昌昌,你每天给俺俩捎的馍是谁烙的?"

"是俺姐。"

"明日一早,也叫你姐跟你来。"

"中",昌昌答应后,回家了。

第二天一早,爹起身做活去了,桑桑按照弟弟说的烙熟了两个馍,姐弟俩拿上,便向庙门前跑来,昌昌前头跑,桑桑后头追。快走到庙门外的时候,只听石龟喊道:"昌昌,快,赶快钻到我肚子里来,天地快要相合了。"昌昌一听说天地快要相合,吓得也不顾后边追赶的姐姐,"嗖"的一声可钻到左边石龟肚子里去了,石龟"咣当"把嘴合住了。

石龟说天地相合的话桑桑也听见了,心里很害怕。这时候她看见刚出来的日头乱跳,山岭乱摇,正愁着没办法哩,门右边的石龟喊道:"桑桑,你快进我肚子里!"

桑桑还在犹豫,石龟催促道:"桑桑,你快点吧,马上天鼓就要响了,快往我肚里钻吧。"

桑桑着急忙慌地钻进石龟肚子里,石龟"咣当"也把嘴合住了。

昌昌和桑桑在石龟肚里整整藏了九十九天,终日像冬眠一样,昏昏沉沉,吃了睡,睡了吃,九十九天,各吃了石龟肚里的九十九个馍。外面发生了什么变化,他们不知道。到一百天头上,石龟又开口说话了:"昌昌!桑桑!天地开了,还剩下一个馍,快吃了出来吧。"

昌昌和桑桑像睡了大觉醒来,从石龟肚里爬出来一看,天还是那样蓝,地还是那样黄,就是人不见了,房没有了,昌昌和桑桑问石龟道:"世上的人和房子都到哪里去了?"

石龟对他们说:"时到如今,实话对你俩说吧,你们在俺们肚子里整整藏了一百天,俺们肚子里的一天,就是世上的一万年。天地相合的大灾难过去了,现在天地重开,又是一重世界啊!"

昌昌和桑桑一听,知道他们躲过了这场大灾难,是两个石龟搭救了他们,赶快跪下给两个神龟磕头。

石龟说:"现在世上只剩下你姐弟二人了。俺俩劝你们结成夫妻,生儿育女,繁殖后代吧。"

昌昌和桑桑都说亲姐弟二人结亲老丑,含着泪走了。

他们走后,母龟对公龟说:"咋办呢?尘世上只有这姐弟二人,他们若执意不肯成亲,以后谁来繁衍后嗣呢!"

公龟笑了笑说:"这样吧,咱俩变成他家的两扇石磨,到时候让他俩上山滚磨,使两扇磨在沟里相合,叫他们知道,姐弟俩成亲是天意。"母龟说:"中,用这个办法试试。"

昌昌和桑桑回到家里,啥都没有了,只有院里的两扇磨还在。后来,昌昌开荒种地,桑桑抽丝织布,日子过得很好。但有一件事不称心,姐弟二人都到了婚配年龄,可世界上只有自己亲姐弟俩,这种事又都说不出口。天数老多了,桑桑向昌昌提出来姐弟二人结亲的要求,昌昌还是不同意。

桑桑说:"昨夜我做了个梦,上神说把爹给咱留下的两扇石磨,你推一扇上东山,我推一扇上西山,叫两扇磨往下滚,磨扇滚到沟底合到一起了,咱俩就该成亲,合不到一块,就不成亲,你看中不中?"

昌昌想了半天,说:"中!"

二月二十这一天,桑桑推磨扇上了西山,昌昌推磨扇上了东山,到山顶后,共呼一声,两人一齐把石磨往沟里推,磨扇滚到沟底,合在一起了。

昌昌和桑桑就在石磨跟前拜了天地,结成夫妻,小两口正在行对拜礼的时候,听到半空中有说话声:"罢、罢、罢,尘世上的人不会绝种啦!"

昌昌和桑桑一看,两扇石磨眨眼又变成俩神龟,便赶快给石龟叩头。转眼两个石龟不见了,到哪里去了? 原来两个石龟是天上玉皇大帝的金童玉女,因他俩相爱,被玉皇大帝贬下凡间受罪,这次他俩又泄露天机,玉皇大帝降旨一道,使金童玉女永为石龟。

昌昌和桑桑的后代为了纪念神龟搭救自己的祖先,年年二月二十这天,邻近村庄的男女青年都来庙会上,围着二龟压蛋石谈情说爱。

讲述人:崔文秀
采录整理:韩有治
流传地区:豫西

【点评】

本篇是流传在中岳嵩山东麓磨沟一带的"洪水后遗民再殖人类"神话遗存珍品之一。它的时代在女娲补天、造人之后,同时也可看出远古神话演变的痕迹。

其中的重要特点:①属"灾难重演型"。此前已是文明社会。②姐弟桑桑和昌昌上学的地方就是敬女娲大神的"奶奶庙"(嵩山西麓也有奶奶庙,为女娲造人处)。③保护神是奶奶庙前的一对青石龟。④姐弟送馍九十九天,灾降临。公母两石龟分别保护姐弟二人,这是唯一的说法。姐弟的保护神由公母石龟共同担任,以示男女阴阳相交而生人的天经地义。⑤从其产生在女娲造人的嵩山来看,已是远古遗存。而磨沟正好在嵩山东麓,与西麓相对应,绝非偶然。庙左的石龟为公,助弟;庙右边的石龟为母,助姐,正是传统的男左女右的观念的表现。此处民俗文化,由来已久,莫不与此神话有关。⑥此篇的生殖意识,已无运用巫术手段造泥人,而是只有男女生人一种认识。可见,灾前已是文明社会。姐弟送馍和在龟肚里避灾一百天,是天地相合时间。公母石龟变两扇磨,让姐弟滚下山,合一起即应验天意。⑦姐弟成亲,石磨变回石龟,教二人交配(二龟压蛋),有了人类。姐弟跪谢神龟。(据说是金童玉女相爱受贬,化为龟)。⑧祭祀供奉习俗:因为滚石磨这一天是二月二十日,所以后来几千年,青年男女谈情说爱都在二月二十这日来这里看望二龟压蛋石(两石一处)。直到当代修水库时二龟压蛋石被炸掉,证物确凿。

196. 乾坤造世 [杞县]

今天,闲暇无事,给大家讲一个故事,哪一个故事哩?这就是第三次天塌地陷以后,乾坤造世的故事。

那时候,昆仑山的东边有一个村庄,叫谢祥村,村中有一个人姓赵名方,这赵方有一儿一女,是一胎所生,男孩叫赵乾,女孩叫赵坤。

有一天,赵乾赵坤兄妹俩为治父亲的病上山采药——阴阳宝参。找到午时不见此药,很焦急,又找到末时还是不见此药,二人掉泪,准备下山回家。

就在这时,有人叫住他们道:"呃,你们这二位青年别走啦,哈——"二人扭头一看是位老者,吃惊地说:"为啥?"老者说:"你们不能下山啦,你们往山下瞅瞅……"兄妹俩往山下一瞅,只见洪水滔滔,一片汪洋——树木没有啦,楼房没有啦,村庄没有啦,人畜全都没有啦。老者是谁哩?这就是鹰鸰大仙,鹰鸰大仙是奉天命变作人体来搭救他们兄妹的。鹰鸰大仙又说:"你们兄妹不要害怕,刚才你们只顾寻药,不知道已经发生了天塌地陷。此山未沉,是因为红君老主奉天命守护着,现在全世界只剩下你们二人啦。这是天意,在你们未生之前就由天定下啦。你们一母所生,一男一女,一乾一坤,阴阳大泽,就是夫妇之交,留下你们,就是让你们繁衍后世。"

兄妹俩一听心中很恼火,亲生兄妹咋能成为两口哩?你这个人咋恁不通情达理!鹰鸰大仙说:"你们若不信,叫你们看一个实际例子,经你们眼看,经你们心想,看是不是天定,好不好?"兄妹二人说:"那中啊。"鹰鸰大仙说:"你们看,这里有一对磨,你们一人扶住一扇,我喊一,你们准备,我喊二,你们丢手,让两扇磨往山下滚动,滚着滚着如果能合在一起,这就说明你们俩该成夫妻。"兄妹俩都想着两扇磨不会合在一起,就说:"中啊,只要两磨能合在一块,我们就成亲。"

就这,鹰鸰大仙喊:"一——二","二"一出口,妹妹赵坤将磨丢手啦,这扇磨就往山下滚去,而哥哥赵乾却扶住另一扇磨不丢手,等妹妹那扇磨滚动几十圈子啦,他才丢手。谁知,前头那扇磨越滚越慢,后头这扇磨越滚越快,滚到一起时,两扇磨

"叭"地合在了一起,底扇在下边,上扇在上边,规规矩矩不动啦。

鹰鸽大仙说:"是真是假,你们信不信?"兄妹俩红着脸说:"信了。"鹰鸽大仙心里笑了笑,就把五样粮食种子给了他们。哪五样种子哩?麦,高粱,豆子,谷子,黍子。鹰鸽大仙指指东边说:"那边有一座寺院,你们就住在那里。"兄妹俩扭头一看,那边果然有一座寺院,待回过头来感谢时,鹰鸽大仙已经无影无踪了。

兄妹俩来到寺院一看,房子不少,门都开着,东厢房内,床、锅、碗、瓢等食宿的用具都有,就这样,二人就住下了。从此,夫妻二人日出而作,日落而息,重新繁衍了人类。

后来,咱中国称乾方为男,称坤方为女,乾方为阳,坤方为阴,就是因为这个缘故。

讲述人:芦长仁,汉族,民间医生,上过私学
采录整理:文俊,男,35岁,汉族,大专毕业,干部

【点评】

此篇是从杞县采录的在古中天镇杞国的"洪水后遗民再殖人类"神话遗存之一。但其中道教化、文人改篡情况严重。

其中反映出的如下特点值得注意:①属"灾难重演型"神话,并明确指出是第三次天塌地陷后。②灾难为天塌地陷,洪水滔天。③主人公为兄妹赵乾、赵坤。上山为父采药(阴阳宝参)。躲过洪水。④保护神是鹰鸽大仙变的人,奉天意教二人繁衍人类。⑤世界没有了,只有一神保住昆仑(余脉嵩山山系),二人才没死。正因为兄妹二人为一母所生,才让他们成夫妻。⑥议婚中,老人让二人从山上向下滚磨,他主持占卜仪式,"测天意":上扇压下扇上,合一起。象征夫妻交配。⑦因男的叫赵乾,女的叫赵坤。后来人们称男为乾,为阳,为天;女为坤,为阴,为地。(其实,此说全属编造、附会。乾、坤乃"易经"中的卦名,与二人名字何干?)⑧石磨盘滚下时被人格化:妹的磨放下早,滚得慢;兄的磨放下晚,滚得快。两扇正巧合住。⑨鹰鸽大仙给姐弟五种粮食种子,发展农业生产,创业艰辛。还让二人住在漂亮的寺院里,宗教色彩更加浓厚。⑩已无捏泥人生殖意识。这是明显篡改原型神话的典型。

197. 狮子眼红 [杞县]

很早以前,有个小孩上学时,每天经过庙院门前。这天碰见一个老道,老道问

小孩:"你家几口人哪?"小孩说:"有父亲、母亲、姐姐和我共四人。父亲瞎,母亲残废,只有姐姐在家做饭。"老道说:"每顿饭你给我带过来个团饼,你姐姐支持你吗?"小孩说:"我去问一下吧。"小孩回到家中,对他姐姐说:"有个老道要我每顿捎一个团饼,你同意吗?"他姐姐想了想同意了。

一连过了好多天,粮食快吃完啦,省吃俭用,也得去给老道送团饼。又过了好多天,小孩问老道:"你叫拿这么多东西弄啥啦?"老道说:"这是给你们准备的,快天塌地陷了。这话可不能胡说,别叫别人知道了。"小孩问:"啥时呀?"老道说:"你天天走这庙门前,这对狮子啥时眼一红,你就回家叫你姐姐,啥时狮子掉泪,你们就往它嘴里钻,就能救活你姐弟俩啦。"

过了七七四十九天,狮子的眼真红啦。小孩一看,赶紧回家,把他姐姐叫来啦。过了一会儿狮子眼真的掉泪啦。他俩就很快地往里钻,只听"轰"一声响,狮子嘴合住啦。一到里边,楼瓦雪片,又有平原,风景美极了,可是只有他俩人,过呀,过呀,过了不知多少天。他姐说:"弟弟呀,咋办哩,只有咱俩,你也娶不上媳妇,我也嫁不出去啦,不如咱俩结婚。"开始她弟弟不同意,后来他们强拿着头皮成亲啦。姐姐说:"咱生能生几个哩,不如咱做小泥人哩。"他俩就开始挖胶泥捏小泥人、小动物。一下子捏了一百个童男和一百个童女,起了一百个姓,在外头晒着哩。这一天天下大雨啦,小泥人咋拿完呢? 他俩就拿起扫帚往房里搧开了。结果有瞎眼的,少胳膊缺大腿的,各样的小人都有。据说后来的瞎子、残废的、各种小动物,及百家姓就是他俩留下来的。

讲述人:马培义,男,50岁,小学毕业,农民
采录整理:纠广彬,男,汉族,大专毕业,干部

【点评】

本篇是流传在开封地区古杞国的"洪水后遗民再殖人类"神话遗存之一。它比较接近民间口头传承的故事文本。

与同类记录的资料相比,其不同之处为:①属"灾难重演型",此时已有学校,男女两孩有父母。②主人公为姐弟。弟上学,姐干家务。③灾难原因为天塌地陷。④保护神为一道人(宗教化)。让送团饼。⑤在寺庙院门前嘱二人送过了四十九天,庙前石狮子眼红了,到跟前,石狮流泪了,钻石狮肚里。这里,道人取代了石狮的保护神地位,从中指导姐弟避难。明显可以看出,道人是另加进去的多余角色,明显篡改原始形态。道教化痕迹清晰。⑥灾后议婚,保护神未参与,只是由姐弟自

己进行。也不需占卜"测天意",弟弟也未坚持不同意见,自然成婚。⑦婚后,二人嫌男女交配生人太慢,自己捏泥人,晒干泥人可活起来。因下雨,收泥人时,碰坏的成了残疾人。姐弟捏了一百个童男和一百个童女,结成百对夫妻,起一百个姓。这便是中国古代"百家姓"的来历。

本篇的姓氏起源是另一种类型,可与通许的《百家姓的来历》等互相印证。本来是男女生两个肉蛋,这里是百对泥人,正好与女娲的"姓氏起源"互证。说明这种族源意识既古老又相近的多元结构。

198. 洪水泡天[桐柏县]

有兄妹两个,哥哥是个学生娃,妹妹在家做针线。学生娃上学的路上,有一个石狮子。学生娃贱,从这哈走,往石狮子嘴上抹点米粥。奇怪,学生娃抹上的米粥,都被石狮子吃了。这以后,每回打这哈过,学生娃都要把自己吃的饭分一点给狮子吃。

妹妹在家里,觉着哥哥一天比一天吃得多,忍不住地问:"你咋吃恁些?"哥哥说:"我上学路上有一个石狮子,会吃饭,我就多带点饭,喂它了。"妹妹不相信,跟去看了看,果真如此,就对哥哥说:"你给他吃得太少了,它肚大,吃不饱,我多做点馍,你好喂它。"这一顿,妹妹做了一锅馍,哥哥带去喂石狮子。石狮子全吃了。妹妹不知石狮子有多大饭量,又多做了一锅馍,哥哥带去,石狮子又都吃了。就这样,送多少,石狮子就吃多少。时间长了,把兄妹俩吃穷了。哥哥饿着肚子上学,也就没提喂石狮子的话了。学生娃走到石狮子跟前,勾着头,想蒙混过去。这时候,石狮子突然说话了:"你站住,听我说,再过三天要天塌地陷,洪水滔天。不要告诉任何人,到时候你来找我,我救你。"

转眼到了第三天,哥哥十分伤心,想来想去舍不得妹妹,就把妹妹也带来了。石狮子念起妹妹的好处,也没说什么,就张开了口,让兄妹俩进去了。

二人进去,黑咕隆咚的,又走了一会儿,里面有青堂瓦舍,是一处宅子,里面存放的都是兄妹俩喂石狮子的饭。兄妹俩在里面饿了吃,吃了玩,十分痛快,忘了外面的世界。

不知过了多长时间,饭也吃光了,石狮子说话了:"你们出来吧,外头太平了。"等到兄妹俩出来一看,哪有什么人家。到处是洪水烂泥,没有人烟,没有禽兽、树林,啥子都给毁坏了。

哥哥对妹妹说:"没有人烟了,我们成亲吧?"妹妹不同意,说:"除非两个磨盘从东西两个山头滚下来,合在一块。"二人就各背了一个磨盘到山顶上往下放,谁知放到山谷里,刚好两个磨盘合在一起,两个人就成了亲。

两人挖了好多泥巴,然后不分昼夜地捏泥人。捏好泥人,放到院子里晒干。谁知有一天,刮开了狂风,大雨铺天盖地来了。二人慌忙向屋里搬泥人,搬不及了,就用扫帚扫到一块,用木锨搉了回去。有的眼睛坏了,有的耳朵坏了,有的鼻子坏了,有的嘴坏了,有的胳膊坏了,有的腿坏了,这以后,我们人类中就有了瞎子、聋子、塌鼻子、歪嘴、瘸子。到现在,我们各人身上都还有灰,咋洗也洗不完,就是因为我们早先是泥人变的。

讲述人:曹衍玉,女,60岁,农民
采录人:郑大芝,女,20岁,大学生
采录时间:1984年4月5日

【点评】

本篇是流传在桐柏县的"洪水后遗民再殖人类"神话的珍品。它是由故事讲述加口述的具有原始形态的文本,尤以口头语言风格著称,有科学价值。

本篇的特点是:①属"灾难重演型"。②主人公为兄妹。③灾难原因,洪水滔天,天塌地陷。④灾前,兄为石狮送馍、米粥。⑤保护神为石狮子,灾来时,让二人藏它的肚里。⑥灾后兄妹议婚,石狮不参与。兄提出,妹要求滚磨盘,成婚。⑦捏泥人晒干就活。下雨,用扫帚扫,木锨推,有了残疾人。

199. 人的起源[南阳县]

古时候,有姐弟俩,在一堆念书。他们念书的地方有个庙,庙里住个和尚,庙门前有个大铁狮子,这姐弟俩好到庙里骑铁狮子玩。有一天,和尚对这姐弟俩说:"往后,你俩每天早上来上学的时候,拿个馍,填到铁狮子肚里。"姐弟俩不懂啥意思,问老和尚:"铁狮子又不会吃,填馍干啥?"和尚说:"你们别问,只管填就是了。"姐弟俩照办了。

这以后,每天早上,姐弟俩都要拿个馍,填到铁狮子肚里。过了多少天,和尚对姐弟俩说:"你们往后细心点,看铁狮子眼红了,就赶紧钻到铁狮子肚里。"姐弟俩问和尚:"钻里干啥?"和尚说:"别问,到时候你们就知道了。"姐弟俩又问:"铁狮子嘴恁小,咋钻进去哩?"和尚说:"到时候就能够钻进去了。"

过了一个月,有一天,姐弟俩又往狮子肚里填馍的时候,姐姐看见铁狮子的眼通红,对弟说:"狮子眼红了,咱们钻进去吧。"才说完,看见狮子嘴张得跟个大水缸一样,他们赶紧钻了进去。

他俩钻进去不大一会儿,看见外头天色陡暗,又听见"轰"的一声,天就亮了。他俩出来看看,连一个人影也看不见。往天上看看,才知道是天塌了下来,人都死光了。他俩又钻进狮子肚里,吃几个馍,又拿几个,出来找房子去了。

姐弟俩跑呀跑,跑到一座山上,看见一个老太婆。他俩问老太婆:"老奶奶,人都死完了,咋整哩?"老太婆说:"你们俩不死就行了。你们是姐弟俩不是?"他俩说:"是哩!"老太婆说:"山上有盘磨,我把一扇放到山底下,一扇放在山顶上,叫山顶上那一扇往下滚,能跟山底下那一扇合住,你俩就得成亲。合不住,不叫你们成亲。"后来,山顶上那一扇磨下来恰好跟山底下那一扇合住,老太婆叫姐弟俩成了亲。

姐弟俩成了亲后,养了五个男娃娃、五个女娃娃,他们又成了亲。后来,一辈一辈往下传,人多了起来,就成了这世界。

讲述人:彭廷政的母亲,农民
采录人:彭廷政,河南大学学生
采录时间:1982年7月10日晚
采录地点:南阳县

【点评】

本篇流传在南阳,是关于"洪水后遗民再殖人类"神话遗存。它比较接近口承神话原形。

其中的明显特点:①属"灾难重演型"。②主人公是姐弟,上学。③灾难原因为天塌地陷。④保护神为一老和尚,狮子只是姐弟的避灾方式,听老和尚(寺院里)的指导,姐弟避灾。⑤灾后,姐弟向一山顶上的老太婆请教。让姐弟从山顶放下一扇磨,到谷底合一处,二人结婚。⑥姐弟婚后,生五男五女繁衍人类。

200. 兄妹祖先[南召县]

相传,天和地隔一段时间,就要合在一起,叫做"天地混沌"。天地混沌时,天上没有日月星辰,地上万物灭绝,阴阳不分,漆黑一团。天地混沌以前,有兄妹二人在一个学堂念书。学堂离家远,兄妹俩总要带上干粮去上学,早出晚归。

在他们上学的路上,有一段偏僻的小路。小路旁边蹲着一头石狮子。这个石狮子是在一座庙院香火败后,从那里逃出来,逃到这里天亮了,石狮子就停在那里不走了。

有一天,兄妹俩又带着干粮上学路过这里,忽然发现石狮子平常闭得严丝合缝的嘴张开了,像是想吃东西,兄妹俩就把自己的干粮拿出一块塞到石狮子的嘴里,石狮子的嘴慢慢地合住了。第二天,他们见石狮子的嘴又张开,兄妹俩又塞它嘴里一块干粮,石狮子又慢慢地合上了嘴。第三天,还是这样。后来,兄妹俩每天多带些干粮,到这里喂石狮子。

不知道过了多少天,也记不清石狮子吃了兄妹俩多少干粮。一天夜里,兄妹俩在睡觉,梦见石狮子对他们说:"小弟弟,小妹妹,从明天起,我不吃你们的干粮了,我要吃生的五谷杂粮和棉籽。"说完就走了。醒来,兄妹俩互相说了自己的梦,意思一模一样。第二天,他们记着石狮子的话,从家里粮囤里捧了几捧五谷杂粮,又抓了一大把棉籽,就上学去啦。来到石狮子跟前一看,它的嘴紧闭着。他俩没办法,就把五谷和棉籽带在身边上学去了,下午放学回来,他俩快走到石狮子跟前时,突然狂风大作,飞沙走石,天昏地暗。正在没处藏的时候,他俩看见有座小屋,还听见"快来,快来呀"的声音喊他们。他俩急忙钻进小屋,里边没有一个人,只有一缸清水和一大筐馍。这馍和他们平常拿的馍是一样的。他俩正在惊奇,猛然眼前一片漆黑,啥也看不见了。两人没法,就待在小屋里,饿了吃馍,渴了喝水。不知过了多长时间,眼前突然亮了,小屋的门开了,他俩钻出来回头一看,发现他俩是从石狮子的嘴里出来的!他俩才知道正是这石狮子救了他们,忙跪下给石狮子磕了三个响头。起来看看四周,以前的绿树、青草、庄稼、村庄都无影无踪了,到处是乱石焦土,光山秃岭,一片荒凉,再也见不到爹妈和乡亲们了!兄妹俩抱头痛哭起来。

后来,他俩到处跑着找人,找吃的。可是普天下除了他俩,再也找不到第三个人了,能吃的东西更难找到。一天,他们走到一个地方,发现那地方的鹅卵石像馍一样能充饥,也有土能种庄稼,他俩就在那里住下来,把身上带的那几把五谷杂粮和棉花种子,撒在地上。到了秋天,遍地都是黄澄澄的庄稼,白茫茫的棉花。兄妹俩高兴极了。从此,哥哥种地,妹妹纺织。

一天,妹妹突然问哥哥:"哥哥,你看这世上只剩你我二人了,咱现在还能干活,到老了干不动活了,咋办呢?"哥哥说:"是呀,妹妹,我们老死以后,这世上不是就没有人了吗?""这可怎么办呢?"妹妹说,"哥哥,咱俩就不能结为夫妻吗?"哥哥一听忙说:"傻妹子,别胡说,哪有亲兄妹结夫妻的?"妹妹说:"可是咱们也不能让人就这样绝了种呀!"兄妹俩没有办法,就来到石狮子面前,向它说了他们的想法。当晚,石狮子给他俩托梦,让兄妹俩每人抱一个磨扇,一个从东山顶滚下,一个从西山顶滚下,如果俩磨扇滚到山下,合在一起,他俩就能结成夫妻;合不到一块,就不结也罢。

天亮以后,兄妹俩就按石狮说的去做。两个磨扇分别从东、西山顶滚下,骨碌碌,到山下只听"呱嗒"一声,两扇磨磨脐对磨眼,一下子合得严严实实的。兄妹二人没话可说了,就手拉手来到石狮子跟前,请它做媒,当下就拜了天地。

从此,他俩生子抱孙,子子孙孙越来越多,人类就从这儿发展开来。至今,还有把夫妻说成兄妹俩哩!"

采录整理:周德合,男,35岁,汉族,中专毕业,干部,南召县板山坪乡化山村人
采录时间:1985年6月

【点评】

本篇是流传在南阳地区南召县的"洪水遗民再殖人类"的神话遗存之一,它比较接近民间口承形态,也是同类神话的"异文"。

其中的特点为:①属"灾难重演型"。②主人公为兄妹,上学。③灾难原因是"天地相合",洪水淹没世界。④保护神为石狮子(原在庙院里,后因香火败落,逃到二人上学的路上),教兄妹避灾方式,托梦让带干粮、五谷杂粮、棉籽。兄妹二人避灾到石狮变的小屋里。⑤灾后,兄妹找不到人。在一处发现鹅卵石可充饥。把粮、棉籽撒土里,有了粮食和棉花。⑥议婚中,问石狮,石狮托梦让二人滚磨成亲。请石狮做媒,二人拜天地。此婚仪习俗一直传到今天。⑦生殖意识,即男女交配生子子孙孙,有了人类的繁衍。⑧今天仍称夫妻为兄妹俩。

总之,在这篇神话中留下的远古婚俗影响深远,是民俗文化的"活化石"。

201. 姐 弟 俩 [南召县]

很久以前,有姐弟俩一块去离家十几里的学校上学。他们每天早晨上学时,都带着一天的干粮,到晚上才回家。

路旁有一个大石狮子,整天张着大嘴巴,姐弟俩都觉得好玩,每天都往狮子嘴巴里塞上一个馍馍,晚上回来时,再用手去摸,就摸不着了。

也不知过了多少日子,有一天石狮子突然说话了。

"孩子们,明天早晨早点来,那时要刮大风,下大雨,天塌地陷,你们不要告诉任何人。"

第二天,姐弟俩冒着风雨来到石狮子跟前,狮子把嘴巴一张,急促地说:"快钻进我肚子里。"姐弟俩刚钻进肚子里去,天塌地陷就开始了,他俩在里面就听见外面轰轰隆隆地乱响,非常吓人。

姐弟俩在里面看到以前放的馍馍都好好的,他们就一边吃馍,一边等着出去。

这样一直过了七七四十九天,石狮子又说话了:"孩子们,现在灾难过去了,你们出来吧。"姐弟俩出来一看,天好好的,地好好的,可是没有一个人了。世界上就剩下他们两个人。

石狮子就让他们姐弟俩成婚,传接后代。姐弟俩不愿意,他们俩是亲姐弟,怎么好意思呢?石狮子就说:"这里有两块磨盘,你们各占一个山头,一起往下推,如果俩磨盘碰在一起,你们就成亲;如果撞不着,那就算了。"姐弟俩心想,两座山离那么远,磨盘这样小,谅它也碰不着,就答应了。

你说巧不巧,两块磨盘竟碰在了一起。姐弟俩也就不好再说什么了,终于成了夫妻。

这姐弟俩就是现在人们的祖宗。

讲述人:乔明昭
采录人:王悦民,河南大学学生
流传地区:南召县

【点评】

本篇是流传在南阳地区南召县的"洪水遗民再殖人类"的神话遗存之一。它比较接近民间口承形态,也是同类神话的"异文"。

其中的特点为:①属"灾难重演型"。②主人公为姐弟。③灾难原因是"天塌地陷"。④保护神为石狮子。⑤灾后,石狮子让姐弟俩滚磨成亲,二人又繁衍了人类。⑥生殖意识,是男女配合生子,姐弟成了人们的祖宗。

202. 血 缘 配 [西峡县]

很早以前,在君山之下,灌河之边,住着一双年过半百的老夫妻,守着几亩田地,虽说是自耕自种,可日子过得怪滋润。只是二人跟前没儿没女,感到空虚。

一日,大地堆满积雪,路上行人稀少。中午,一个驼背赤足的老头站在老夫妻门口,浑身抖作一团。老夫妻给他端了一碗热饭,驼背老头没有说话,用颤抖地手接过饭碗,刚要往嘴边放,手抖碗落到地上打碎了。夫妻俩没有责备,心想他是给冻成这个样子啦。就拿来棉鞋、棉衣让老头穿上,又重新给他盛碗饭吃着。吃过饭,老头连一声谢都没说,弯着腰一颠一颠地走了。

次日,夫妻俩做好午饭,刚端到桌上,昨天来的那个驼背老头已站在门口,还是没有说话。老婆子没有说什么,重新盛了饭放在桌上,驼背老头也不客气大口大口地吃起来,吃过饭把嘴一抹,仍旧不说话,一颠一颠地走去。

一连八天,驼背老头天天如此,总是老夫妻俩饭做好他赶到。夫妻俩心里好奇怪,为啥这个驼背老头每到我们吃饭他就刚好赶到,没一回迟来或早来呢?越想心里越纳闷。

不觉到了第九天,又是在同一个时辰,夫妻俩又是刚把饭端到桌上,不知什么时候驼背老头又站在门口了。

老婆子刚要去盛饭,这个不说话的老头说话了:"有德行的夫妻俩呀!你们想得到什么?"

驼背老头的话使夫妻俩感到好笑,心想:你如果能给我们想要的东西,你就不会当要饭的了。但又一想,不对,俗话说"人不可貌相,海水不可斗量",就说:"眼前日子挺富裕,只是身边没儿没女,后半辈子没人照料哇。"

驼背老头听了夫妻俩的话,随手捏了一把鼻子,然后把手伸在夫妻俩面前,只见他的手掌里一摊白糊糊、颤抖抖的鼻涕水,怪恶心人。夫妻俩看着谁也没有去接。驼背老头看到如此,嘴里喃喃地说:"你们不想要孩子,我就要走了。"说着迈开步就要走,夫妻俩急了,心想:只要有儿有女,忍着吃了吧。就三步并作两步,追上驼背老头各自抢在手里吃了。

夫妻俩伸长脖子艰难地咽下鼻涕。一转身,发现驼背老头不见了,这时他们才知道是遇着神仙了。

果然没过多久,老婆子怀孕了,并且肚子胀得特别快,一天一个样,过了九九八十一天,一对孪生儿女就呱呱坠地了。老来得子,老两口自然高兴,心想这是托神仙家的福,就给女孩取名叫仙红,男的取名仙生。

仙红、仙生一天天长大了,夫妻俩决定,送他们到学堂去念书。学堂离家很远,每天中午姐弟俩只好带着干粮去学堂。学堂的左侧是一所庙院,庙院门口有两棵高高的翠柏,树下立着两个大张着嘴的石狮子。姐弟俩每天把带来的干粮放在石狮子口中,放学后从中取出吃了。

这样年复一年,日复一日,仙红、仙生上学已经十年了,都已长大成人了。街坊邻居看到这双英俊的儿女,都夸不绝口,老夫妻俩心里也甜丝丝的。

一日,仙红、仙生又带着干粮去学堂念书,他们把干粮放在狮子嘴中。放学回来吃干粮时,发现干粮不见了。姐弟俩怀疑是别人拿去吃了,也不去追究。

就这样一连七七四十九天,总是如此。仙红、仙生心想:偷馍吃的人,一定是个穷人,所以没有声张,天天忍着饿。

转眼到了第五十天,他们仍旧带着干粮,放在石狮子口中,放学后他们来拿干粮,伸头看看干粮还在。姐弟俩爬上去伸手去拿,突然一声长吼,石狮子张开的嘴牢牢地闭在一起,姐弟俩被吞了。

姐弟俩被吞吃以后,大地发生了变化,太阳无光,星斗无色,生火不着,食物像石块一样不能吃。到处一片漆黑,世界成了狼虫虎豹的天地。

姐弟俩被吞吃以后,发现狮肚很大。口像个门楼,肚子像内室。更奇怪的是,他们看到往日带的干粮都整整齐齐地放在里面,心里宽慰多了。但他们很想念年老的父母,就天天到狮子的口边去撬狮嘴,撬累了就吃放在狮肚里的干粮。天天撬,夜夜撬,不知撬了几天几夜,突然石狮又是一声长吼,把姐弟俩吐出丈把来远,摔得不省人事。这时从天空飞来一位白发老翁。只见他按落云头,落到地下,手里捏着金灿灿、圆溜溜的两粒东西,分别放到仙红、仙生的口中,不多时,姐弟俩扭动身躯,喘着粗气,那老翁见二人活来,驾祥云飞走了。

没有多久仙红、仙生醒来了,睁眼看,山还是原来的山,学堂还是原来的学堂,只是大街小巷,没见一个人。

姐弟俩决心寻找父母和乡邻,他们从村庄找到河边,又从河边向森林走去。他们看见森林中乱七八糟的,都是死人,这才知道天下只剩下他姐弟二人了。姐弟俩抱头痛哭,决心重新振兴大地。

一日,仙红、仙生来到一座名叫牛心的大山,姐弟俩上得山来,无心观赏山上的风景,闷闷不乐地坐着。仙生低下头自问自答:"难道天下不会再出现热闹非凡的景象了吗?要不会出现的话,那苍天留我姐弟二人做什么?"

仙红皱着眉四下看着想着,突然她看见在一座石台上放着一盘石磨,一个想法使她跃跃欲试,可怎么也无法说出口来。半响,她鼓足勇气对仙生说:"弟弟,我们要想振兴大地,只要像石磨一样……"她无法再说下去了。

仙生听出了姐姐的意思,忙说:"姐姐这不像话呀!"

"是不像话,但只有这样才是振兴大地的办法。"仙红说完,掀起一扇石磨说,"来吧!就以它为媒证,把它推下山去。如果你的一扇和我的一扇合在一起,我们就婚配;合不到一起,我们另寻别的办法。"

两扇石磨同时滚下山去,各自滚过斜坡,飞过山石,冲下悬崖。说来也巧,两扇石磨滚到山下合在一起了,严丝合缝,姐弟俩异常欢喜,知道这是天作之合。便结为夫妻,不再奔走,就在牛心山下定居,耕种田地,培植种子。

日复一日,仙红、仙生夫妻俩到野外采来野秫子、燕麦等,辛勤培育,才有了现在的玉米和麦子。

婚后不久,仙红怀孕了,待到第二年,一个白胖胖的男孩降生了,定姓为张,名叫张基。第三年生个女的起名青连,随仙红为姓。第五年又生个男的,定姓为王,起名叫王山。

就这样一男一女,一男一女,生九男九女,分别定为张、王、李、赵、钱、孙、周、冯、吴九姓。九对男女结为九对夫妻,分别定居于天下。

值班神见天下升起了袅袅炊烟,慌忙禀告了玉帝,玉帝听后十分欢喜,忙下了一道御旨:"兴世圣人,现已大事成就,功德已满。御令清福神,迎福神为接引御使,接引兴世圣人前往蓬莱仙岛静养。"由值班神宣于清福神与迎福神。

清福神与迎福神听明圣谕,不敢怠慢,驾祥云来至牛心山下,径往仙红夫妻门前而来,守门人慌忙报于他夫妻二人。

夫妻俩得报,迎至门外。见来人紫红色脸膛,身高丈余,立于阶下传了御旨。

夫妻俩听后非常欢喜,与儿女落泪告别,随仙人一起驾着祥云远去了。

采录人:马文生,男,26岁,汉族,西峡县军马河乡军马河村农民,高中毕业
采录整理:谢起超,男,40岁,汉族,西峡县城关镇人县文化馆干部
采录时间:1986年4月
采录地点:西峡县军马河乡军马河村

【点评】

本篇是流传在河南西南南阳盆地西峡县的"洪水后遗民再殖人类"的神话遗存。由于是采录者将多份记录综合整理而成,已看不出原形。而且严重道教仙化。其中的主要特点:①仙道点化主人公之父母生子女。②属"灾难重演型"。③姐弟出生的情景神秘。送馍不自觉。灾难为天塌地陷。④保护神从一老汉(仙人)点化,到石狮肚中避灾,都不是自觉的,二者之间无沟通。⑤灾后,姐姐提出议婚,滚石磨,合一处,结婚为顺天意的"天作之合"。⑥婚后生子女,生了九大姓:张、王、李、赵、钱、孙、周、冯、吴,逐渐有了中华华夏世系,住在牛心山,后遍及九州。

此篇完全脱离口头语言,而知识分子化了,也仙化了,为宗教化典型。

203. 人的来历[平舆县]

这一家养了个大老鼋(老鳖),姐弟俩对大老鼋可好啦。

这一天,大老鼋把姐弟俩驮到大山里头,藏到山洞里的水里头,一连几天不让出来。天也塌了,地也陷了,没有人了。

他们问那老鼋:"多点出去哩?俺俩。"

"多点出去?那天还没修好哩。"

"多点修好?"

老鼋说:"那还卯①东北角没修。"

"东北角没修,用啥修哩?"

"用冰冰碴子往上搁。"

东北角用冰冰碴子补哩,因此一刮东北风就冷。

天修好了,姐弟俩出来了。出来了,没有人。没有人咋弄哩?

他姐说:"就咱俩,算咋着哩。那不哩,咱俩就结婚吧!"

她弟说:"那不中,亲姐弟俩咋能哩?"

她说:"这,滚磨,滚磨,咱叫这两扇子磨,一个人推一个。向底下一放,跑远了咱就不讲了。要是摸一堆去了,就得结婚。"

姐弟俩一个人推一扇子磨,打那山顶上往下一推,放下去了。这一扇子磨跟那扇子碰到一块了。向底下一看,搁在一起了,二人就结婚了。

成天说,就是姐弟有小孩,那人也少,就捏那个小泥巴孩。天塌地陷了,没房子,就往山洞里搁。捏着捏着也晒干了。雨来了,有的收也收不及,咋弄?唉,山上扑扑楞楞多些,上那弄个扫帚有个尖,弄个木掀推推怪得。那时候上哪弄扫帚哩?啥也没任啥,有点石块子,扑楞扑楞,一个人折一把拢了拢,拢得腿断胳膊折哩。

捏了正好一百对,一百个姓。百家姓就打这里来,歪胳膊歪腿也是打这里来。人身上洗不净,原是用泥捏哩。

讲述人:李文忠母亲,40岁
采录人:李文忠
采录时间:1982年暑假
采录地点:驻马店平舆县

【点评】

本篇是流传在河南驻马店地区平舆县的"洪水后遗民再殖人类"神话遗存珍

---

① 卯:剩的意思。

品。它属原始形态。

其中的主要特色：①属"灾难重演型"。②主人公为姐弟。③灾难为天塌地陷。④保护神为老鼋（鳖）。灾来时，它把姐弟驮进山洞里去避灾。二人在水里。⑤灾过后，天东北角也用冰补好了。二人出来。⑥议婚，无保护神参加主持。由姐向弟提出，又让二人滚磨成亲。⑦婚后姐弟捏泥人，晒干放山洞里，因下雨，往洞里扫。⑧姐弟共捏了一百个男，一百个女。从此有了百家姓。它是原始的神话记录。

204．兄妹通婚［南阳县］

很久很久以前，人们都是长着一对蚂蚱眼。有这么兄妹六人，相依相靠搁和的很好。

有一天，他们几个在荒山坡上开地。搬走地上的一块块大石头，放倒一棵棵的大树，燃起火把坡上的草烧掉。干整整了七七四十九天，才艰难地开辟出一小块土地。他们都很高兴，商量着第二天就把庄稼种上。

第二天早上，天刚蒙蒙亮，兄妹几个起床了，来到地边一瞧，傻眼了！昨天搬走的石头又回到了老地方，放倒了的大树也直竖竖地长了起来，翻过的地面整个反了个儿，连地皮上的荒草都长得好好的。他们只好重新开荒、掘石头、放树、烧荒草。又是七七四十九天，累得他们精疲力尽。没想到第二天来一瞧，还和从前一样。一连三次都是如此，可把兄妹六人吓坏了。几个人多了个心眼儿，把地又翻了一遍，商量好半夜三更来瞅瞅到底是咋回事儿。

到了后半夜，他们有的拿金铲，有的拿银铲，还有的拿把铁锅铲，找个地方藏了起来。忽然，一道金光闪过，有个白胡子老头从天上飞了下来，站到他们白天开过的荒地里，这戳戳那捣捣，不一会儿就让石头、树、草恢复了原样。老大、老二憋不住了，掂着金铲、银铲就去打，让老三拦住了。老头看老三怪仁义，就说："你别小看我这白胡子老头，我是老天爷哩！跟看就要发大水，水能漫到天顶那么高。我看你们可怜，想给你们透个信。啥时候了，还干啥活，快点逃命去吧！"

兄妹六人一听吓坏了，一起跪下来求老天爷救救他们。

老头说：你们想活命得照我说的去做。大娃大妮坐金柜子，二娃二妮坐银柜子，三娃三妮坐木柜子。记着放点干粮，别忘了拿上铁锅铲。"说完，又是一道金光，白胡子老头不见了。

过了不久真的变天了。东方飘红云，西方飘黑云，南方飘黄云，北方飘白云。小一会儿，四方云彩聚成一疙瘩下起了瓢泼大雨。雨下得越下越大，下到七天七夜，大水铺天盖地，山倒地陷，浪头卷起来快挨着天顶了。世上的人也淹死完了。

金柜子、银柜子沉了底，光剩下三娃三妮坐着个木柜子顺水乱漂。

也不知道过了多长时间，木柜子晃晃荡荡冲到了天上。通通通！撞响了南天门，把天兵天将都惊动了，说："你们没看水冲到南天门了吗？都是因为水没处流哇，你们赶紧拿住铁锅铲往下挖，找着地穴让水流下去，水就消了。不哩我们也没门儿！"

兄妹二人真的拿着铁锅铲捣开了，不防铁锅铲是件宝物，捣着捣着真的找着了地穴，水也慢慢地往里面流，消下去不少。十天落一尺，整整九九八十一天，三娃三妮坐的木柜子才从南天门落到一个山脊上。山顶上没别的只有一棵桃树，兄妹二人央求说："桃树啊，你不接住俺们，非把俺们摔死不可。叫俺们在你头上歇歇吧，日后俺们绝忘不了你的大恩，俺过年保准也叫你过年。"桃树伸出俩枝把木柜子接住了。后来，人们逢年过节拿两块桃木板放在门两边，用"桃符"驱邪，慢慢地才换成贴对联，都是因为他们兄妹俩应许兴起的。

兄妹二人总算活下来了。可是地上都没人烟了，有啥活头哩！急哩兄妹俩成天哭，一连哭了三天三夜。到了第四天，他们正哭呢，飞来了一对蚂蚱，一公一母都来劝："没看都到啥时候了，光哭也没用。世上没了人烟，还不如你们兄妹俩配成夫妻算了。不哩，世上人真要绝种了。"

兄妹二人听了这话，吓得不敢吭气，心里想：天底下哪有亲兄妹成亲的，那才害臊呢！不管咋说，他俩死活不答应。俩蚂蚱会生门儿，叫他们滚石磨。当哥的站南山，妹子站到北山，他们把两扇磨一块往下滚，一松手，两扇磨滚得可快了，滚到山根儿，巧了！哥哥滚的磨在上，妹妹滚的磨在下，两扇磨齐不崭崭合一块了！兄妹俩还不答应。这对蚂蚱又叫他们穿针引线。哥哥站河东岸，妹妹站河西岸，妹妹手里拿根针，隔着河让哥哥抓根线去纴针，想着天大的本事也纴不上。谁知道真是想不起来的事儿——隔怹远的河水，那根细线飘飘悠悠，嘿！真的穿进了针眼里。兄妹没啥说了，俩大蚂蚱高兴地要送份贺礼。说了半天，兄妹俩啥也不稀罕，看蚂蚱眼长得怪好哩，想要。俩蚂蚱说："只要你们俩配夫妻，就把眼换给你们。"兄妹俩只好答应了。当时的人眼睛是直着长，换上蚂蚱眼横着看，不仅得劲，瞅啥都清楚。趁着兄妹俩高兴，蚂蚱催着他们成亲，再说是兄妹俩，咋磨开脸哩。俩蚂蚱看出来了，还当场交配让他们看。兄妹二人一想只有成亲才能延续人类，终于结合到一块了。当妹子的还是没脸，扯把扇子叶遮住脸。这与后来的娶新娘要搭盖头遮羞有没有联系，我不清楚。

不管咋说，兄妹二人一配夫妻，俩蚂蚱是高兴坏了，又蹦又跳的，弄得兄妹二人又惊又羞，连声求它们别声张。如今人们对某件事情表示惊奇，央告时爱说："我的蚂蚱爷呀，我的蚂蚱奶呀！"传说就是当初兄妹配亲时对蚂蚱说的求情话。

讲述人：冯元欣

采录整理：党铁久

【点评】

本篇是流传在河南南阳县的"洪水后遗民再殖人类"神话遗存的珍品之一。它接近口承原形，有很高的科学价值。

其中透露出来的文化信息主要有：①从蚂蚱的眼睛特征引发出这个神话遗存，是动物解释性质，非常古老。②它属于"灾难首发型"。洪水前，六兄妹开荒，刀耕火种。受天帝阻挠，大雨将淹没世界，种地无用。③主人公原为六娃六妮，最后获救的是三娃三妮。④灾难原因，原始洪荒世界，下七天七夜大雨，淹没世界。⑤天帝因三娃三妮仁义，决定救他们。⑥保护神直接是天帝，让大娃大妮坐金柜，二娃二妮坐银柜，三娃三妮坐木柜。大水一来，只有三娃三妮活了下来（坐木柜漂流不沉），带干粮放铁锅铲。此避灾方式与"诺亚方舟"等相仿。洪水后，只有三娃三妮乘木柜漂流三天。⑦保护神桃树在洪水中接住三娃三妮的木柜，才停下来。⑧三娃三妮在南天门受天兵天将指引，用铁锅铲捣通地穴，水就消了下去。⑨洪水后，三娃三妮绝望时，一对蚂蚱是保护神。议婚时，由蚂蚱提出，二人不允。占卜天意仪式：滚石磨合一起，后又隔河纫针，二人成亲，俩蚂蚱送礼，和人换眼睛。⑩婚仪后，兄妹成亲害羞，俩蚂蚱当场交配，二人才结为夫妻。妹用扇遮脸。蚂蚱蹦蹦跳跳，兄妹求蚂蚱莫声张，喊："我的蚂蚱爷呀，我的蚂蚱奶呀！"

值得注意的是：蚂蚱做媒人、保护神，乃因其产子多、快，所以有特殊意义，多子多福。周代《诗经·螽斯》中的螽斯就是蚂蚱。贺新婚、祝多子的仪式歌："螽斯羽诜诜兮，宜尔子孙振振兮。"

总之，本篇的一些有关避洪水的情景和占卜婚仪都留下了，活的民间习俗证明了这篇神话的真实性和可信性。①因为桃树接住了三娃三妮的木柜，所以，兄妹年年过年时换桃符，今天贴对联。②婚仪中唱撒帐歌（赞早生贵子），就类似蚂蚱欢快地又蹦又跳的情景，流传下来。③三妮头顶扇子遮羞。④此篇的占卜方式很原始，很普遍，都与女娲兄妹婚仪有关。

这是中原远古最古老，并具有很高科学价值的名篇。

205. 两兄妹 [社旗县]

从前，在一个小山村里，住着一户人家。他们有两个孩子：一个男孩，一个女孩。兄妹俩天天一起去上学,放学以后就一起到山上打柴。

他俩上学的路上,有一座大山,山上有一个大铁牛。一天,他们背着书包,又从铁牛身边走过时,见铁牛流泪了。他们就问铁牛:"老牛啊,你咋流泪了?"

铁牛说:"眼看要天塌地陷了,要发大水了,你们都还不知道。"

兄妹俩一听,都很害怕,连忙问老牛咋办。老牛说:"从今儿个起,恁俩每天上学时带几个馍馍,放到我嘴里,到时候我救你们。这事可不能对谁说呀!"

从这以后,兄妹俩老说上学时肚子饿。父母想着可能是小孩子家贪玩,饿得快,就让他俩捎上馍馍去上学。他俩都把馍放到了老牛嘴里。天天放学后打柴时,也省下一份,交给老牛保管。

一天,他俩放学回家,走到老牛身边时,老牛叫住了他们,说:"别回家了,明儿个就要发大水了,要天塌地陷了,快藏到我的肚里,快从我嘴里爬进来吧!"

兄妹俩想回家告诉父母,老牛一张嘴便把他俩吞到了肚里。

第二天,果然天塌地陷,洪水漫过房顶,兄妹俩在铁牛肚里,黑咕隆咚的,什么也不知道。饿了,就吃以前存放的馍馍;渴了,就喝老牛事先预备的水。

不知过了多长时间,老牛才让他们出来。出来一看,他们根本不知道自己在什么地方了,世界已经变了样子。这时,老牛又开话了:"世上只剩你们两个人了,你们拜拜天地,成亲吧!"

兄妹俩说啥也不愿意,老牛劝也没用。后来,老牛说:"你们出外找找,如果一个月内能找到其他的人,你俩就不成亲;找不到了,再成亲。好吧?"

兄妹俩找啊找啊,哪有个人影子!一个月到了,他俩还不愿意成亲,老牛就再让他们找一个月……直到第三个月,他俩才成了亲。

一年又一年,妹妹几次怀孕,都是生个肉蛋蛋,他们便把它扔到山沟里。又一年,他们又生了个肉蛋蛋,两人便商量着,割开肉蛋蛋,看看里面是啥?

他们割开了肉蛋蛋,原来里面是一对双生子:一男一女。从此,他们每年生一对双生子,人类便慢慢地又多了起来。

采录人:侯运华

【点评】

本篇是流传在南阳地区的"洪水后遗民再殖人类"神话遗存之一。它比较接近原始口承形态。

其中的特色有:①属"灾难重演型"。②主人公为兄妹,上学。③灾难发生原因:天塌地陷,洪水灭世。④保护神为大铁牛。保护方式:送馍保存,洪水来时,钻铁牛肚里。预备有水。⑤灾后议婚,铁牛做媒人。二人不允。铁牛让兄妹找世上有无人活着。结果落空。⑥没有其他婚仪。二人结婚。⑦婚后,妹妹生了几个肉蛋蛋,哥哥扔山沟里了。后又生一肉蛋,剖开发现是一男一女。以后,每年生一对双生子,有了人类。当时的生殖意识已比较文明,不需捏泥人。

值得注意的是,本篇比较接近世俗生活。除保护神与其他相同,幻想人格化外,都比较近于生活世俗。议婚也从简,只是因没人了就结婚。这是另一特殊形态。

206. 我们的祖先[内乡县]

地上原本就有人,不过他们大多都很坏,所以上帝决定要毁灭他们,只有一个学生和他的姐姐例外。这个学生,虽然他家里很穷,只有姐弟二人,弟弟上学,姐姐种地,可是他们都很善良。弟弟每次上学时,总要把自己极少的干粮分一些给蹲在路边的石狮子吃。姐姐也从不因此而责备弟弟,有时还尽力支持弟弟这么做。上帝被他们的善行感动了,于是就决定把他们留下。

这一天,那个学生正要把干粮塞进石狮子嘴里去,狮子突然发话了。这一说话不打紧,学生吓得面无人色,扭头想逃,以为石狮子成精了。狮子看得很明白,说:"别害怕,我是来搭救你们的。明天要发大水,你们姐弟俩赶紧收拾点吃的到我这儿来。"

学生当时就跑回家,把东西收拾停当,姐弟二人就挑着来到石狮子面前。石狮子把嘴张开,有笸箩那么大,让他们两人钻进去,然后又合上嘴,依旧安详地蹲在那儿,执行上帝给它的命令。

过了不知多久,石狮子才又张开口说:"没事儿了,出来吧!以后你们要好好地过活,有什么难处就来找我。"

姐弟俩平安地走了出来,可是地上的变化简直又把他们吓坏了。山上只剩下些彼此相连的大石头,庄稼地里只剩下死土板,树木花草没了,房子没了,到处一片黄色,人和飞禽走兽更是没个影儿。没有风也没有云,只有烫皮的日头静静地晒在大水洗劫后的土地上。

姐弟俩感到有些饿了,想吃些东西。可是他们把所有的口袋都翻了个遍,除了一点儿干馍屑之外,什么也找不到。怎么办呢?到别处去找吃的是不可能了。姐弟俩都饿得肚子"咕咕"直叫唤,愁眉不展,甚至觉得不如和大家一块死了好。

石狮子看到了,就说:"有什么难处了,孩子们?"姐弟俩忽然记起了石狮子的话,就把事情原原本本地告诉给石狮子,并把馍屑给它看。石狮子接过馍屑说:"不会饿死你们的,孩子们!"说着它把馍屑向四方撒去。真是奇怪,那干透了的馍屑一沾了地就发了芽,一眨眼就长出了叶,又一眨眼就抽了穗,很快就结出了沉甸甸黄澄澄的麦穗。姐弟俩高兴极了,他们把新收的麦粒重新撒开去,又是一下子就结出了麦穗。这样,他们一次又一次地反复,每次打下的粮食都比上一次多几倍,没多久就打下了他们几辈子也吃不完的粮食。

有了吃的,姐弟俩就快快活活地生活着。可是没过几年,他们又悲伤起来。为什么呢?原来他们都早已到了结婚的年龄。可是和谁结婚呢?别说人,就是个活蚂蚁也找不到。姐姐找不到男人,弟弟找不到老婆,他们都为自己要做一辈子绝户头而忧愁得黄皮寡瘦。后来弟弟想起了石狮子的话,就拉着姐姐的手到了石狮子那儿。可是他们你推我,我推你,谁都羞于开口。石狮子看透了姐弟俩的心事,说:"别推让了,我保准知道你们想问什么,是不是想成亲了?"石狮子一语说破了姐弟俩的心事,他们俩都红着脸,勾着头,从鼻子眼儿里答应了一声:"嗯。"石狮子笑着说:"我早就给你们准备好了。这南山北山上各有一扇石磨盘,你们俩一人一个,从山上往下滚,要是他们合到一块儿,你们就可以结为夫妻了。"石狮子说罢,哈哈大笑起来。

姐弟俩开始很为难,极力反对这个主意,因为他们毕竟是一母所生呀!经过石狮子的百般劝解,弟弟登上北山,姐姐登上南山(据说这就是男女阴阳之分的由来)。只听石狮子一声喊:"放!"姐弟二人都提心吊胆地松开了手,两扇石磨盘箭也似的"唰"一闪就到了沟底,都径直向对方滚去,不偏不斜合到了一块,于是姐弟俩就变成了夫妻俩。

结婚以后,他们夫妻恩爱和睦,都眼巴巴地盼小宝宝。刚结婚不久,他们就开始给小宝宝裁制各种衣裳,又收藏了许多好吃的东西和好玩的东西。可是盼呀盼,盼了一年又一年,五年过去了,他们也没有生出一个小宝宝。他们知道自己不可能有后代,就绝望地哭起来,越哭越伤心,越哭声音越大,把睡了五年的石狮子也惊醒了。石狮子问他们:"你们哭啥呢?这么伤心。"姐弟俩就这样详细地告诉石狮子他们不会有后代了。石狮子的大眼睛滴溜溜一转,说道:"有了。这里黄土多的是,你们做小泥人好了。"

姐弟俩照着石狮子的话去做。他们做了很多很多个泥人,都放到场里去晒,可是总还嫌少,不满足,于是就去拿些草绳来,把泥往绳子上一裹,三捏两捏就成了一个小泥人,做起来比以前快多了。就这样,他们做呀做呀,做得数都数不清有多少。有一天,忽然来了大风雨,他们俩怎么也搬不及,就用扫帚往屋里扫。这么一扫,有的折了胳膊,有的断了腿,有的少了耳朵,有的掉了眼珠。后来,这些小泥人都变成了有血有肉的活人。用草绳做成的人就愚笨些,用纯泥做的就聪明些,原来缺什么的变成人还缺什么,没胳膊的变成了没胳膊的人,少腿的成了瘸子……还因为这些人是用黄土做成的,所以人也是黄色的,而且人身上的灰尘总也洗不干净,洗洗还有。

这些黄土变成的人就可以自由结婚了,他们生下孩子,孩子又生孩子,人就这样一代代地繁衍下来,直到今天。那姐弟俩就成了我们的祖先。

讲述人:孙均芝,70岁
采录整理:付新超
采录时间:1981年3月25日
流传地区:河南内乡一带

【点评】

本篇是流传在南阳地区内乡县的"洪水遗民再殖人类"神话遗存的珍品之一。它比较接近口承原始形态,具有深厚的文化内涵。

其中的主要文化信息:①属"灾难重演型"。②主人公为姐弟,弟上学,姐种地。③灾难原因是天帝恨地上人坏,要毁灭人类世界。只有姐弟善良。④让石狮子执行保护二人的使命。保护方式:让二人带干粮,届时钻它的肚里。石狮子明确执行上帝给的任务。⑤灾后世上荒凉,没吃的。石狮子把二人剩下的馍屑,撒向各处长出庄稼,有吃的了。⑥二人想结婚,问石狮子。石狮子让滚磨成亲,一在南山为阳,一在北山为阴。磨合一处,成亲了。⑦二人成亲后,不能生孩子,又问石狮子。石狮子让二人捏泥巴人。嫌捏得慢,就用草绳卷。人多了,晒时下雨,收拾时,出现残疾人。后来泥人晒干,手捏的是聪明人,用草绳和泥做的人愚笨些。这些人都是黄色的,所以叫黄种人。姐弟二人成了人类的祖宗。

此篇与《风俗通义》中的记录颇有相似之处,但比较起来更原始些。其中的生殖意识是捏泥人。从水灾原因看,属天帝与人类对立,惩恶而造成的。

207. 兄妹成婚[新野县]

很久以前,在伏牛山下卧着一头大铁牛。

山脚下有一对孪生兄妹,每天上学路过铁牛身边,总要掰块馍放在铁牛的嘴里。也怪,每次放铁牛嘴里的东西都无影无踪。一次兄妹俩想亲眼看看是咋回事,果真见铁牛把馍慢慢吃进肚里。兄妹俩很高兴,就天天喂它,从来不间断。

这一天,兄妹俩又去上学,忽然狂风大作,飞沙走石,刮得天昏地暗,使人难辨方向。他俩忙躲在铁牛身旁。过了一会儿,只听铁牛张嘴说道:"天欲倾,地欲陷,高山要崩毁,海水要出岸,天下人难脱鬼门关。要想躲开大灾难,赶快藏在我肚里边。"兄妹俩还不明白这是咋回事,只见那铁牛猛张大口,一下将兄妹俩吸进肚里,铁牛肚里黑沉沉的,伸手一摸里边堆着很多碎馍。有了吃食,他俩就在那里安心居住下来。

也不知过了多少日子,馍也吃完了,铁牛才张开大口放兄妹俩出来。他俩出来后,只见洪水把田地、村庄冲得光秃秃的,乡邻不见了,父母没有了,世上只剩他们兄妹两人。他们兄妹哭哇,哭哇,想着以后咋生活,咋安身呢?惆怅时,铁牛又说起话来:"可怜的孩子们,为后继有人,你们就成婚吧。"兄妹俩听了后都有些难为情,一母同胞哪能成婚呢?这时铁牛又说道:"这是天意,如若不信,就从两个山头上各滚一扇磨下去试试看。若滚下去合为一体,就说明这婚姻是老天爷的安排;如合不到一块,我也不再难为你俩。"兄妹俩点头答应,当即滚起磨。说来也巧,两扇石磨滚到山下正好合为一体,稳稳当当,不差分毫。天意难违呀,兄妹俩只好结成夫妻,繁衍子孙,世上的人又慢慢多起来。没咋么现在咱这儿,人们还称夫妻俩为姊妹俩。

讲述人:张茹,女,30岁,汉族,初中毕业,溧河铺乡土堰村农民
采录整理:王新春
采录时间:1985年8月
采录地点:溧河铺乡土堰村

【点评】

本篇为流传在南阳地区新野的同类神话的"异文"。

其中涉及的主要信息:①属"灾难重演型"。②主人公为兄妹,上学。③灾难原因,天塌地陷。④保护神为铁牛。保护方式是让兄妹钻肚子里。⑤灾后议婚,铁牛做媒,滚磨成亲。人间的一切,皆天帝的安排。这在无形中就宗教化了,特别是道教化明显,这是中国古代神话演变的特点之一。与此同时,也有民间口头神话保存原始形态(或接近)的。

此类神话在中原地区流传广泛,可谓家喻户晓,足见它确实是我国神话遗存的铁证。

208. 鹿 鸭 媒 [桐柏县]

盘古开天后,一个叫雷生的孩子,老是在上学路上的石狮子跟前玩,摸一摸呀,挨一挨的。日子长了,石狮子成了气候儿。盘古的灵魂借助石狮子照管它的子孙。

一天,石狮子对雷生说起话来,石狮子说:"雷生,我知道你是个心地善良、勤劳勇敢的孩子,我也知道雷花是你姐姐。今后天天往我嘴里放个馍,中不中?"雷生点点头,回家去了。

事过七七四十九天,雷生按石狮子的嘱咐,往它嘴里放了七七四十九个馍。石狮子说:"雷生啊,你听到我的吼声,就喊着雷花赶紧往我这儿跑,我能保你们避开大灾大难。"

第二天,雷生和姐姐雷花在家烙馍,石狮子叫唤了。雷生向姐姐"唉"了一声,掂起馍篮就跑。姐姐雷花不知出了啥事儿,也跟着弟弟往外跑。

不一会儿,天成黑的了。姐弟俩在闪电中跑到石狮子跟前。石狮子把雷生和雷花吸到肚里了。

闪电和炸雷过后,老天裂缝,大雨给瓢泼的一样,山也崩,地也裂,天塌地陷了啊!

雷生和雷花在石狮子肚里,吃起了七七四十九个馍。

大雨下了七七四十九天,一只怪鸭子朝石狮子游来。这怪鸭子"呱呱"叫了两声,石狮子张开大嘴,雷生和雷花一齐爬了出来。说来也怪,这只怪鸭子说起话来,他是鹿鸭仙人,在平地走路像鹿,在水里又像鸭子,经过了好几次天塌地陷。

鹿鸭仙人说:"现在世上只有我能和你们说话儿了。我是九天上的鹿鸭仙人,每回天塌地陷以后,我都来成全好事,搭救生灵。"

说到这儿,鹿鸭仙人拍直翅膀大笑起来。姐弟俩说:"仙家为啥说着说着大笑啊?"

鹿鸭仙人走近雷花说:"我有句话,不知你姐弟俩愿不愿听?"姐弟俩说:"仙家有啥话只管说出,我们姐弟二人愿听。"

鹿鸭仙人把头左右歪了歪,看了看雷生和雷花,说:"这次天塌地陷后,只剩下你们姐弟二人,你俩要结为夫妻,好繁衍人类后代。"

姐弟俩一听这话,脸都红了,谁也没有答话。

过了一会儿,雷花姑娘笑了笑。鹿鸭仙人也笑着说:"还是当姐的懂事呀,这事儿就看雷生了。"雷生对雷花说:"姐姐,盘古开天造人以来,哪有这事儿呀?"

鹿鸭仙人说:"盘古开天,是为了人类生存,难道你们甘心只有你俩生存吗?你俩要不信的话,我驮着你们到处游游,看看天下还有没有人。"说罢,鹿鸭仙人驮着雷花和雷生飞遍天下,又回到了盘古山。雷生看到大地上连一个人也没有了,就不再吭气儿了。雷花说:"盘古山上有一盘磨,咱姐弟二人在东、西山上各滚一扇,滚到山下能合拢,咱就成亲。合拢不了,就算了。"

雷生说声"好"。

鹿鸭仙人说:"现在就滚吧!"

姐弟二人,各掮一扇磨,一个在东,一个在西。站在山下的鹿鸭仙人把头一点,东山上的雷花先滚,大磨逢啥碾碎啥,滚到山下的平坦处,打了一个旋儿,平着倒在了地上。

雷生在西山放磨,放晚了一点儿,磨扇滚到沟里,眼看就要绕过第一扇,又晃了一下,朝雷花滚的那扇倒下了。

姐弟俩一齐跑下山来。弟弟对着鹿鸭仙人说:"仙家,磨滚到一起了,没有合严,你看咋办?"

鹿鸭仙人"啊"了一声,翅膀猛一扇,磨盘"咔噔"一下合得严实合缝。

磨盘一合拢,发出了回声。这回声一直响到九天,九天又发出轰隆隆的响声。响声是天神们知道磨盘合拢了,都高兴得笑了,像打雷一样。

雷生拉着姐姐的手,对着盘古山,给鹿鸭仙人叩头拜谢说:"盘古山姐弟缘,鹿鸭为媒万古传!"

鹿鸭仙人说:"大地就靠你俩啦,后人也会称你们为"盘古爷,盘古奶"。说罢,鹿鸭仙人张开翅膀,往九天飞去了。

姐弟二人成了人根之祖。

讲述人:黄发美,37岁,桐柏县固县乡黄畈村人;郑昌寿,65岁
采录整理:马卉欣
采录时间:1980年2月

【点评】

本篇是流传在桐柏县盘古山一带的"洪水后遗民再殖人类"神话遗存。它是经过道教化后的传闻。

其中透露的信息有:①属"灾难重演型"。②主人公是姐姐雷花、弟弟雷生。弟上学,姐做饭。③灾难为天塌地陷,七七四十九天。④保护神之一是奉盘古之命的石狮子,让姐弟在它的肚子里避灾。⑤保护神之二是鹿鸭仙人。灾后它驮姐弟游

遍天下,不见人。⑥议婚中,鹿鸭仙人做媒,让二人滚磨成亲。⑦后人尊雷生、雷花为盘古爷和盘古奶。

此篇的问题:①与盘古兄妹成亲分不出先后时序。②盘古山上的大磨滚下后,合一处。与鹿鸭仙人支配有关。③神格错位,与道教化的篡改关系密切。

209. 兄妹神婚[舞阳县]

从前,也不知什么时候,出现了惊人的事情。那年七月间,连续下了几天雨,雨水下得像瓢泼一样大,淹没了庄稼和房屋。忽然间,地猛然一沉,地面上露出了无数条深沟,随即哭娘叫爹的,乱成一团。停了一会儿,地面上静得鸦雀无声,被淹死的淹死,掉进深沟的掉进深沟,都一命归天了,只剩有兄妹二人。设法逃脱的时候,一只大黄牛走到他们跟前说道:"虽然你们的爹妈被淹死了,你们二人也要保个活命啊!你们快活不成了,赶快从我嘴里进到我肚里吧,我能让你们二人活下去。"这两位兄妹顾不得多想,也顾不得悲伤和胆怯,就钻进了老黄牛的肚子里去。

等到水落完的时候,老黄牛又开腔了:"出来吧!该你们活跃的时候了。"兄妹二人忙跪在黄牛面前感谢它的救命恩情,老黄牛说:"不谢!不谢!"忙把他们两人扶了起来。

"只要你们答应我一件事就行了。"

"好,请讲吧。"

"你们看,这天底下没有一个人影儿,连一个人也没有了,我想让你们二人配成婚姻。"

"啊!这能行吗?"

"怎么不行呢,要是你们不同意的话,这世上就你们两个人,你们二人能保定活一辈子吗?……"

不管黄牛怎样开导,怎样劝说,他们还是不同意。他们只是想,我们是兄妹之情,而不是夫妻之情。

"那么这样吧!我让一个两扇的磨盘从山顶往下滚,滚下去后,磨盘要是合成一体,那你们就结为夫妻,可以吗?"

他们二人点点头,黄牛随即就用两扇的磨盘往下滚。说来也真奇怪,两扇磨盘合成了一体,连点缝也没有,这两位兄妹也不得不做夫妻了。黄牛笑了笑就不见了踪影。

这兄妹二人结成夫妻后,就一代接一代地生男育女,这个故事一直流传到现在。

讲述人：郑新春，男，18岁，高中毕业，北舞渡乡郑李村人
采录人：郑向阳，男，16岁，初中毕业，北舞渡乡郑李村人
采录时间：1989年4月5日
采录地点：北舞渡乡郑李村

【点评】

本篇是流传在河南舞阳县的"洪水后遗民再殖人类"神话遗存之一。它朴素、简明，比较接近原始形态。

其中的主要内容：①属"灾难首发型"。②主人公为兄妹。③灾难为暴雨、地震引起的天塌地陷。④保护神为老黄牛。灾难来时，让二人钻肚里。无送馍情节。⑤灾后，老黄牛让二人结为夫妻，兄妹不同意，已进入"族外婚"阶段，议婚不成。⑥黄牛让滚磨。两扇磨合在一起，二人结为夫妻，认为这是顺天意。⑦无需巫术手段捏泥人，夫妻交合，生儿育女。

值得注意的是：本篇所反映的灾难时的中原农耕意识比较集中，所以黄牛要搭救人类，而不同于其他保护神。

210. 洪水滔天 [舞阳县]

很早的时候，有兄妹俩，天天趟水到洪河对岸去上学。在河这岸，有一头大铁牛，平常老合着嘴。每天，当兄妹俩走过铁牛身旁时，就把没吃完的馍喂它。也只有在这时，它才把嘴张开，让两个孩子把馍塞进它的嘴里。接着，就又紧紧地合上了大铁嘴。以后，兄妹俩就故意从家里多拿些馍，放进铁牛的嘴里。这样，一连很多天。

有一回，当兄妹俩又走过铁牛身旁，向它喂馍时，它不再张嘴了。这时，天上忽然下起雨来。雨越下越大，河水也不停地往上涨。两个孩子找不到地方躲雨，浑身淋得像落水鸡一样。正在这时，铁牛慢慢张开嘴巴。孩子们一看，便麻利地钻进了牛肚子里。接着，铁牛就"砰"的一声，把嘴死死地合上了。

兄妹俩进到铁牛肚子里，见里面好些干馍。原来这些馍都是他俩喂牛的馍。他们就这样在牛肚里躲着。每天，他们饿了就吃些干馍。后来，他们发现牛肚里的馍快让他俩吃完了，都很发愁。这时候，只听"呱嗒"一声，铁牛把嘴张开了，他俩这就蹦了出来。

二人出来一看,遍地的洪水正渐渐退去了,到处是一片荒凉,连一个人影也没有。兄妹眼瞅着这种景象,心里很不好受,便一心想挑起生儿育女的重担。

这时,茫茫大地,只有他们兄妹二人。兄妹咋能婚配呀!不结婚又没有别的啥办法。哥哥猜想这可能是老天爷的意思,就自言自语说:"要是眼前水里立即出现一对红鱼,俺俩就可以成亲了。"

话刚说完,地上没退尽的洪水里就浮出了两条红鱼。

哥哥心想这太偶然,就又起誓说:"要是天空正飞的大雁,飞着飞着头掉了,俺俩就成亲。"

这时,空中果然飞来一只大雁,正飞的时候,头突然掉了,正掉在他们面前。但兄妹二人觉得还是不能成亲。哥哥就对妹妹说:"你朝东走,我朝西走,不管走多长时间,要是咱俩最后又见面了,咱俩就成亲。"

这样,二人就走啊,走啊,终于这一天,兄妹又碰在一起了。他们这时才相信是老天爷的意思。从此,兄妹就结成夫妻,繁衍生育了后来一代一代的子孙。

讲述人:周合成,男,52岁,农民。舞阳县袁集村人
采录人:周领顺,25岁,河南大学教师
采录时间:1986年4月30日
采录地点:河南大学西一斋

【点评】

本篇是流传在舞阳县的"洪水后遗民再殖人类"神话遗存之一。它是具有民俗文化研究价值的珍品。

其中的文化价值信息:①属"灾难重演型"。②主人公兄妹,上学。③灾难发生,天塌地陷。④保护神大铁牛让兄妹躲在肚里。⑤灾后,兄妹二人自思无法生活。兄妹议婚。哥哥说:要是眼前洪水中出现一对红鱼,就成亲,果然有了。接着,又说,能有一大雁飞过,并且头突然掉落,二人成婚。后来,又说二人相背而行,能再见面的话,二人结婚。最后结婚了。

值得注意的是,本篇的议婚实际反映了中国古代婚俗的特殊信息。红鱼的出现与古时订婚送双鱼有关,意在吉祥。孤雁掉头,意味"否极泰来";孤雁死去,苦命结束,喜事将至。雁有传信的意思。二律背反,孤雁结束苦难生涯,喜讯将到。这些习俗观念,年深日久。

211. 夫妻为啥称姊妹 [平顶山市]

相传,古时候有一户人家,父母早亡,只剩下两个孩子儿。大的是姐,小的是弟。弟弟上学,姐姐在家做饭。有一天下了学,弟弟因赶作业,走得晚,他回家时校园已无人了。他刚走到学校门口,门口一只大青石狮子嘴一张,上去咬住了他的后衣裳襟。狮子说:"学生孩儿,再有几天,天和地就要相合了。你回家后多拿一份干粮让我吃,天地相合时,我张开嘴,你进我肚里来,我救你不死,这话不能再让第二个人知道。"弟弟点头答应了。

自此之后,弟弟天天上学把拿的干粮全部送进狮子嘴里。到晚上回家里后,他就大吃起来。姐姐心想,可能烙的干粮太少了,不够弟弟吃。第二天就又多烙一个油馍让弟弟拿上。谁知,弟弟晚上回来时,还是饿得和没吃饭一样。第三天她偷偷跟在弟弟后边,看到弟弟把干粮送进狮子嘴里去时,十分生气,转身就回家了,打算等弟弟回来时要好好训他一训。

再说弟弟天天往狮子嘴里送干粮,和狮子也熟悉了,这天,他看看四周无人,就趴到狮子耳朵上小声问:"这天地啥时候相合呀?"狮子也小声地说:"明天!"

"明天什么时候?"

"你看见我的嘴张开了,赈来啦!"说完,嘴又合上了。

这一天,弟弟吃了饭,催着姐姐快烙馍。姐姐一只手拿着馍,一只手拉着他的书包说:"弟弟,咱爹娘死得早,就你我二人相依为命。我省吃俭用,给你烙干粮,你不该拿去喂那石狮子,你说,还喂不喂啦?"

弟弟说:"姐姐,狮子说啦,今天天和地相合哩,你快给我干粮吧。"

他的话刚一出口,天色马上黑了起来,天也越来越低了,弟弟见势不妙,就往学校里跑,他姐姐一手拿着馍,一手拉着弟弟的书包,也跟着跑。刚跑到学校门口,狮子的嘴就张开了。弟弟一纵身跳进去,姐姐随着也跟了进去。狮子的嘴"扑嗒"就合上了。

天和地相合后,正转三圈,倒转三圈,所有的生物全没有了。后来这天慢慢又和地分开了。

姐弟俩进到狮子肚里后,什么也看不见。狮子告诉他们说:"我肚子右边是恁送的干粮,我没有吃,给恁留下的,恁赈吃啦。我肚子左边是我接存的雨水,啥时干粮吃完了,水喝干了,天和地就开了,恁们再出来。"因为干粮是一人份的,姐弟两个一起吃了,干粮很快就快吃完了,弟弟就问:"天开了没有?"狮子说:"没有。"后来姐姐也问:"天开了没有?"狮子说:"快开了,还有一块没长好哩。"这天,他们的干粮吃完了,水干了,就一起问狮子:"天长好了没有?"狮子被问得生气了说:"长好啦,出来吧!"他俩果真出来了。谁知西北方天上有个窟窿还没长严,一个劲刮冷风,冻得他俩抱成一团,围着狮子求情,让它再张开嘴。可狮子只是微微摇头,微微张着口说:"天地相合一次,我也只能张一次口,你们急着出来,就只能在外边受罪!"说完,狮子再也不说话了。

又过了一段时间,日头、月亮、星星都长出来了,他们姐弟两个的生活也好过了起来。可就是没有人烟,姐姐就提出结为夫妻,弟弟不同意。后来姐姐又提此事,弟弟说:"山顶上放着一扇石磨,山下一扇石磨,从山上往山下滚,如果两扇石磨合到一块了,就结为夫妻;如果合不到一块,就不结为夫妻。"两人都同意了这个办法。结果从山上滚下的石磨扇,正好和山下的石磨扇合在了一起。于是,他们俩就结为了夫妻。

直到现在,夫妻两人同称对方母亲为妈妈,同称父亲为爸爸,原因就是夫妻原来是同胞姐弟,后来结为夫妻。所以,至今夫妻仍称姊妹。

讲述人:孙西海
采录人:孙少中

【点评】

本篇是流传在河南平顶山一带的"洪水后遗民再殖人类"神话遗存珍品。它比较接近原始形态,有代表性。

其中所反映的中原风俗和文化特色为:①属"灾难重演型"。灾前已有学校及学生学习情况。②灾难原因:天地若干年相合一次,相合后"正转三圈,倒转三圈,天下生物死光"。然后再分开。③主人公为姐弟。弟上学,姐做饭。④保护神为大青石狮子(在校门口)。它让弟送油馍。每天地相合一次,它开口说一次话。二人钻它肚子里避灾。还预备有水。⑤灾后,因二人出来早了,天上西北角的窟窿尚未长严,刮西北冷风。⑥灾后,姐向弟提出结婚,弟犹疑,让滚石磨测天意。⑦山顶上放一扇磨,山下放一扇磨,山顶上的磨滚下后,合一处,二人结为夫妻。⑧姐弟结婚,今世习俗夫妻称姊妹,互叫对方父母为爸妈。

本篇的灾难"天地相合",在中原腹地,极为普遍。所谓"天塌地陷"的情形,亦大体相同。灾难每发生一次,保护神开口说一次话。此类观念,可能与佛教的"劫数"说法有关。时间往往在农历七月前后的多雨季节。在中原除天降暴雨外,黄河泛滥也有关系。

212. 造 人 [舞阳县]

很多很多年以前,天上有对男女,男的叫童男,女的叫童女。

这一天,童男和童女来到原野,看看周围的情景,觉得没意思,更感到孤独和无聊。他们看到大地上莽莽的草木,凸凹不平的山川,更感到世间的荒凉和寂寞。

童男思索着,叹惜着这乏味的景色,童女也觉得这天地之间,好像该添点什么,使整个世界变得生机勃勃起来。

他们想呀想呀,不知想到什么时候,童男不眨眼地看着童女。童女呢?也下意识地看着童男,好像在说:这世间什么都有了,就是没有像你我一样的生物。

想到这,他们就顺手挖起一堆泥来,互相模仿着对方的模样捏起来。

一会儿,他们就捏成了一男一女,他们把泥捏的两个模型放在地上晒干,模型马上就活蹦乱跳起来,跑过来抱住他俩的脚根,一个劲地叫爹叫娘。

这下他俩可乐了,世间要是有这些天真的生物,那该是多么有趣呀?他们不但会说话,可能还会开发大地、营造家园呢,想到这儿,他们就给自己的孩子取名叫"人"。

他们又有信心了,便昼夜不停地捏起来。

捏呀捏呀,捏了很多很多。

童男、童女看着眼前的功劳,想起日后有生机的大地,感到满足、骄傲和自豪。

就在这时,天上雷声大作,风吼电鸣,转眼间下起雨来。童男和童女慌了手脚,哪还管得了那么多,为了保护自己的辛勤成果,连忙盖起房子,将淋湿的泥人搬进房里,慌乱中,有的人被碰掉了胳膊,有的人被碰掉脚,有的人被碰瞎了眼。从此,人间便有形形色色的人出现了。

后来,他们发现人类还会遭受自然其他动物的袭击,有时会因病死亡。要是人类绝迹,可就没意思了,为了让人类自己孕育繁衍,发展人类,保护人类,能够自己生活,担负起开发自然、利用自然和养育后代的责任。他们就把男的和女的配合起来,从此人类的生活就成完全自立的了。

讲述人:张玉明,男,21岁,汉族,高中毕业,舞阳县保和乡卸店村农民
采录时间:1986年2月16日
采录地点:保和乡卸店村

【点评】

本篇是流传在舞阳县的"洪水后遗民再殖人类"神话的异态遗存。它有道教渗透的因素,可作研究神话流变规律和特点的参考。

其中的信息为:①属开辟人类社会性质,尚无人的出现。亦非灾后情景,可视为"原发型"。②无灾难毁灭痕迹。③主人公为天上的童男童女,来人间,因见尚无人类,才开始捏泥人。④既无保护神出现,也无兄妹议婚、占卜、结婚情节。⑤造人的童男童女,不是夫妻要生人,而是互相照对方的模样捏泥人。晒干就活了,叫爸妈。后因捏的泥人死了。让男女泥人搭配,才真正有"人类"。这一点,与清凉山的《天要下雨为啥起黑云》极相似。它说明当时人的生殖意识从捏泥人到让男女泥人搭配,男女结合,生真正的人类。这种观念和认识,是从实践中逐步由愚昧走向科学的。

此篇可看作此类神话的变体。

213. 滚磨合婚[新安县]

上古时代,黄河边有兄妹二人,男的叫金哥,女的叫玉妹,他们长年住在山洞里,靠采山果过日子。

一天,兄妹二人在山上滚石磨玩耍,滚着滚着,哥哥突然停下来,心想:这石磨分阴阳两扇,上下合配与男女形体多么相似啊!他把目光转移到玉妹身上,小声细语说:"我们若能成一家那该多好啊?"

哥哥的心思,玉妹早就看到眼里。她也停下来,眼瞅着金哥说:"哥,你刚才说的啥呀!"金哥不好意思地说:"妹妹,黄河边就咱俩人,要是百年后咱俩不在了,这里还会有人烟吗?"这句话说得也对,妹妹听了点点头。金哥说:"我有一个想法,咱把石磨滚到山下,要是合到一块,咱俩就成一家。"玉妹高兴地答应了。

兄妹俩立即行动起来,他们拢了一个小土堆儿,点燃几根干草棒,一齐跪下磕了三个头,祈求神仙保护称心如愿。然后,哥哥推起上扇,妹妹推起下扇,一齐向山下滚去。

说来也怪,两扇石磨开始离得还远,可是越向下滚越接近,等到了山脚,就紧紧地合在了一起,他俩牵手跪地,朝天四拜,当天就结成了夫妻。

婚后,他俩生儿育女,黄河边的人类世代繁衍下来。

讲述人：翟金明，50岁，初中毕业，南李村乡孙四村农民

采录整理：李希成，38岁，南李村乡孙洼村人，新安县剧目组创作员

【点评】

本篇是流传在河南洛阳地区新安县的"洪水后遗民再殖人类"神话珍品。它是保持原始形态的中原神话，有很高的价值。

其中透露出的原始神话信息：①它属非灾难型的兄妹婚别体。②主人公为兄妹，在中原，这类与洪水无关的"兄妹婚"神话并不少见。二人亦不需要保护神保护避难。亦可归于灾前神话遗存。③兄妹金哥、玉妹靠原始的采山果度日。④兄妹滚石磨，并非"测天意"占卜仪式，而是以为好玩的游戏活动。⑤金哥受两扇石磨合在一起的阴阳交合的启示，而提出与妹妹成亲。妹亦坦然接受就结为夫妻了。这时母系社会"族内婚"的习俗尚属合法，并无人对此产生疑虑，可见本篇是最原始的珍品。⑥兄妹结婚时，仪式简单：二人牵手跪地，朝天四拜，就结为夫妻。此婚俗一直传到今天，仍然盛行。可见，这个民俗文化传统的久远。

总之，本篇在中原"洪水兄妹婚"神话中黄河地域特色鲜明，有重要佐证意义。

214. 鸳混鸯乱 ［新安县］

金哥和玉妹成亲后，虽然不断生儿育女，但一对夫妻生育，毕竟数量有限，许多年过去了，也不过只有十几口人，家族还很小，他俩觉得这样速度太慢，就想了一个好办法，靠捏泥人加快人类繁衍。

他俩每天起早贪黑，从河边挑来黄土，精筛细和，金哥捏男的，玉妹捏女的，捏好后他们采用优选法，再进行分类，好的配好的，丑的配丑的，高的配高的，低的配低的，一对也不含糊。所以，他们起初造的泥人，变成人后，都是长相漂亮的相配，相貌丑陋的相搭。

有一天，他们还在造人，忽然下起雨来。他们怕淋坏泥人，仓促间，不分好赖，混在一起搬到屋里。经这么一揽，俊丑不分了，婚配规矩被破坏了，这就是现在人们看到的家庭现象，好男人有的娶个丑八怪，俊姑娘有的嫁个猪不啃。

有句俗话："好汉没好妻，赖汉娶个花鼗鼗。"这就是从那时流传下来的。

讲述人：翟金明，50岁，初中毕业，南李村乡孙四村农民

采录整理:李希成,38岁,南李村乡孙洼村人,新安县剧目组创作员
采录时间:1989年4月7日

【点评】

本篇是流传在洛阳地区新安县的"兄妹婚"神话《滚磨合婚》的续篇。它是中原此类神话遗存的珍品。

其中包含的文化价值意识为:①金哥玉妹婚后,生儿育女,属正常的男女生人的生殖意识。②兄妹捏泥人是因为生育太慢。同时,也存在着两种正常生殖意识并存的观念。可见此神话产生时间相当古老。当时,还没有"非兄妹婚"的观念。③值得注意的是,本篇所提出的兄妹通过生人、造人,使得黄河两岸的中原先民能有大的繁衍。这对研究中原华夏族系具有重要作用和深远意义。

本篇中所说的兄妹造人,原是讲究丑俊、高低等相搭配的。后因下雨,在兄妹收泥人时,混乱了,从而产生后世男女婚姻不相称的社会现象。这种解释对人类社会具有一定的意义。

215. 小磨湾的来历[安阳县]

在安阳县马家乡的紫金山上,有两道弯弯曲曲的石沟沿山坡两边而下,到山脚下合为一处。当地人称它为"小磨湾",外地人叫它"滚石沟"。说起来,这里边还有一个美丽的神话故事呢!

传说在几千年前,一年四季,男耕女织,人类生活十分安定。在紫金山下的村庄内,有一户贫苦人家,生有一男一女,男孩叫班哥,女儿叫班姐。兄妹二人长得聪明伶俐,心地又十分善良,很讨人喜欢。

班哥每天到紫金山坡放牛,班姐形影不离地跟在后边玩儿。

在紫金山上有一座寺院,寺院的南大门外,有一尊石狮子,张着大嘴,活灵活现的。兄妹二人每次路过这儿,看着它不吃不喝地蹲在这儿守着山门,总是要掰下一块自带的干粮塞进石狮子嘴里。天天如此。

有一天,兄妹二人喂过石狮子干粮正要离去,忽听石狮子开口说道:"班哥、班姐,今年六月六那天,你们俩哪儿也不要去,到我这儿,有要事告诉你们!"兄妹二人惊奇地问它什么事,石狮子却再也不吐一个字啦!

班哥、班姐虽说半信半疑,这天还是按时来了。谁知刚刚走到石狮子身边,天

忽然阴了,变得黑乎乎的,顷刻间便下起了倾盆大雨,兄妹二人一人抱住石狮子的一条腿,一动也不动。只见天地间一片昏暗,山洪哗哗地冲下来,平地涨起了大水。这时,石狮子又说话了,"班哥,快拉妹妹骑上我的背!"班哥闻听,赶紧拉着妹妹的手骑到石狮子的背上。奇怪得很,大水越涨越高,淹没了一切村庄,可就是淹不着狮子的背。

洪水连涨几天几夜,才落下去。这时候天下被淹得没了人烟,只剩下班哥、班姐兄妹二人。

那石狮子这时又说话了:"天底下的人都没有了,你们二人赶紧成婚,重新创造人类吧!"

天底下哪有兄妹成婚的道理?二人不愿意。可石狮子说这是天意,是不能违背的。

既然是天意,兄妹二人有心试验一下,看石狮子说的话是不是真的,他俩商量了一个办法:抬到山顶一盘石磨,每人将一扇石磨从山坡上滚下,若是滚到山下合在一起,那就证明石狮子说的话是真的。

哥哥从左边滚下石磨的上扇,妹妹从右边滚下石磨的下扇,只见两扇石磨从山坡两边骨碌碌滚下来,到了山脚下边,恰巧合在了一起。兄妹二人才相信石狮子的话是真的,就成婚过起日子来。从此以后,人类才又开始繁衍起来。而紫金山山坡上石磨滚下的地方,很明显地留下了两道石沟,这两道沟在山脚下合在了一起。

这就是人们常说的滚石沟,其实,我们马家乡一带的人却习惯称它为"小磨湾"。

讲述人:刘纪清,男,30岁,大专毕业,教师,安阳县马家乡科泉村人
采录人:张炳信,男,35岁,龙山煤矿干部
采录时间:1990年7月16日
采录地点:龙山煤矿学校

【点评】

本篇是流传在河南省安阳县的"洪水后遗民再殖人类"的神话遗存。它属民间口承神话,接近原始形态。

其中的特色表现在:①属"首发型灾难"神话。②主人公为兄妹(班哥、班姐),放牛为生。③灾难原因:六月六日(有的是七月)洪水淹没世界。④保护神为寺院前的石狮子(此寺不一定是佛寺)。兄妹给它送干粮,不是石狮要求。避灾方式:石狮让兄妹骑在它背上,洪水淹没不了石狮。⑤灾后,石狮让二人结为夫妻并称是天

意。⑥兄妹为检验是否为天意,二人滚石磨,石磨在紫金山脚下合在一起。然后,二人结为夫妻。⑦在紫金山坡滚石磨的地方留下两道小沟。人们叫它"滚石沟",也有人叫"小磨湾"。

值得注意的是,为了说明神话的真实性和神圣性,地方留下了有权威佐证作用的地名。此类神话流传久远,地名便显示出此神话的特点。两道小石沟从山顶到山底合在一起,就很准确。

216. 合磨成婚,捏泥成人[卢氏县]

开天辟地那时候,世界上只有两个人,一男一女。

他们俩感到很孤单,成天转来转去,看见飞禽走兽一对一对地"那个",他俩也想"那个那个",不知敢不敢,天容不容?

后来,他们俩就一人拃一扇磨子,上到两个山头上,把磨往下滚,嘴里说:"上神,要有意叫我俩人成夫妻,就叫磨盘合到一起吧!"果然,两扇磨盘滚到沟底合到一起了,这一男一女就成了夫妻,这夫妻俩就是人类的开山老祖。

他们看满世界飞禽走兽多得不得了,而二人生娃子太慢,就想咋着能把人发展得快一些,早些成为一群一群的,不怕那些飞禽走兽。

晒暖的时候,他们闲着没事,想捏泥娃娃发展人快,就挖些泥天天捏泥娃娃,捏胳膊捏腿,安鼻子安嘴。捏了好多泥娃娃,放在太阳底下晒着。冷不防大雨下来了,夫妻俩着急慌忙地把泥娃娃往窑洞里搬,怕雨淋坏。结果,把好泥娃娃弄得缺胳膊少腿的,好的瞎的、男的女的都混杂到一块了。

到后来这些泥娃娃都活了,好人瞎人搅在一起,缺胳膊少腿的到现在还有。麻子脸也是那个时候收拾得晚让雨点子打的了。

人就是这样发展起来的,不信你到身上搓搓,再干净都能搓下泥巴来。

讲述人:杜滕氏(已故)
采录整理:杜玉峰

【点评】

本篇是流传在河南西部山区卢氏县的"姐弟婚型"的神话遗存珍品。它的远古原始形态值得研究。

其中所透露的文化信息为：①属单一"姐弟婚型"，与洪水等灾异无关。这里是天地开辟后，宇宙洪荒的无人群世界（仅有两个人）。②主人公不是兄妹或姐弟。二人想结婚，不存在"乱伦"的问题。③二人见飞禽走兽一对一对地交配，便产生性冲动。二人想结婚，又不知道敢不敢，很神秘。滚石磨是征求上神的意旨。但不是顾虑兄妹、姐弟是否违背伦理，也不是"族内婚"制演变。④人的生殖繁衍方式"男女交配生人"和"捏泥人"的效果是一样的。这是原始社会初期的心理反映。⑤二人产生捏泥人的动机，既是因为人太少，生得太慢，又是因为当时人类受禽兽的侵害，不得安宁。捏的人多了，成了群了，就可以抵御禽兽的侵袭。这种繁衍人类的观念与原始人的生产、生活的功利性目的，具有特殊的马克思主义唯物论的宝贵精神和物质文明财富的内涵。⑥人祖观念及人的价值亦在于此。

217. 捏土造人［安阳县］

很早很早的时候，世上没有现在这么多人，只有一男一女两个人，他俩不用种地就能吃饱饭，因为那时候，树上的果子很多很多，有苹果、梨儿、桃儿、核桃、山楂、柿子、毛栗子等，一年四季不断，有的都熟透了自己掉在地上，年年长，年年落。他俩饿了伸手摘几个吃吃，渴了捧一捧水喝喝，啥心也不操。

本来够舒服的，可后来他们觉得只有他俩在一块儿说话儿，鸡儿狗儿都不懂，真没意思，就想要是能再有很多能听懂他俩说话的东西儿，不就热闹多了？想来想去总想不出啥法儿，俩人就到处找，看看圆圈儿是不是还有能说话的东西儿，俩人朝相反的方向走，走过了一条河又一条河，周围除了会叫的就是不会动不会说话的，最后俩人都累得浑身没一点劲儿，伤心败兴地回到了原处。可俩人一进屋儿都忽然想起他们搭棚子的时候，用地上的泥土和成软泥铺在上面，俩人都高兴得不得了，赶紧和泥，面对面坐着捏起来，男的照着女的模样捏，女的照着男的样儿捏，捏了好长时间才捏成了俩，俩人累得再也打不起精神儿，不知不觉就睡着了，一觉醒来，俩泥人被太阳晒得干生生儿的，和他俩一模一样儿，正看着他俩说话哩。俩人高兴得很，就教着他俩也捏泥人，就这样天长日久，地上的人越来越多，他俩自己不再亲手捏，只是给他们说地上这东西是啥，那东西是啥，啥东西能吃，啥东西能喝，这些泥人真成了和他们一样了。

人多了热闹是热闹了，可就是地方儿小，你碰我，我碰你，有时候儿还动手动脚呢，有的人就漫无边际地往前走到别的地方，只要果子多，有水喝就搭个棚子住下来。就这样，天底下才有这么多人，后来这人都称一开始那一男一女"送人爷、送人奶奶"。

那为啥世人又有那么多瞎子、聋子、缺胳膊少腿的残废人呢?那是因为有一回捏的泥人太多,天下了雨,来不及往屋里搬,搬得多了屋里也没地方。雨点砸在泥人儿脸上成了小坑儿,后来就成为麻子;搬的时候泥儿还软,泥人变了样儿,变成了歪脖子、瘸腿、拐胳膊、扁脚锅腰、驼背;还有掉在地上的摔掉了胳膊、腿、脚、手、耳朵等;有的泥人在捏的时候捏得太快,不是忘了这儿就是多了那,这就成了六个指头、四个指头的人,没鼻子、少耳朵的人等。还有为啥咱这人身上总是洗不净的泥,就是因为咱这人和一开始那俩人不一样,咱是泥儿捏的。

讲述人:杨万荣,女,72岁,善于讲故事
采录整理:杨秀林
采录时间:1990年2月
采录地点:安阳县崔家桥乡韩宋村
流传地区:安阳地区

【点评】

本篇是流传在安阳县的"姐弟婚捏泥人"神话的"别体"遗存。它可作为洪水姐弟婚演变的参照系。

其中所透露的文化价值信息为:①它属"原始洪荒创世造人型"神话遗存。②主人公虽为一男一女,却无婚姻关系,亦不存在避灾难、测天意成婚配的问题。颇像女娲造人一类。③当时,世上最早只有男女二人,生活来源主要靠采果实。尚无有农耕经济。生活极为原始。④捏泥人是因为寂寞,无人说话。繁衍人类的意识尚不强。⑤捏泥人的方式:男的捏女的,女的捏男的。第一对泥人活了,会说话了,也帮助捏泥人,越捏越多,从此有了人类。⑥后人把第一对男女称作"送人爷"和"送人奶奶"。这里颇像《玄武、女娲、伏羲和黄帝》中的捏泥人过程,女的让第一个泥人做部族的头领,管理部族人的大事,他就成了黄帝。"人文始祖"之名即由此而来。

从最初的洪荒时代的一男一女到后来黄帝的后裔,奠定了华夏族系的先祖。繁衍华夏先祖的人的来源正是从泥人开始的。这在中国中原人种学方面是一大突破。

218. 鸡的来历［汤阴县］

在乡下，农民每家都有鸡，天天都见，很少有人知道鸡是怎么来的。也许有人说，鸡不就是鸡蛋孵出来的吗？爱钻牛角尖的人又说："鸡蛋从哪里来的？"可能他会说："鸡下的呗！"实际上等于没说，到底鸡从哪里来的？

传说，从前在黄河两岸住着很多人，人们一块吃住，生活很幸福。

可是，有一天黄河突然开口了，冲走天下所有的房子，淹死了天下所有的人。只有兄妹二人没有被淹死，因他俩抱着一棵大木头，漂到一座山岗上。

过了不久，洪水退下去了，二人在山岗上相依为命。看周围荒凉的一切，除了大水剩下的泥沙，啥也没有。天长日久，为了繁衍后代，让子孙过上好日子，他们便私合了。

后来有一天，妹妹要生孩子，哥哥听了很高兴，说："这下子总会有人来在这土地上生活了。"可是，生下来的却不是他盼望已久的胖儿子，而是一个大白蛋。

哥哥说："扔了它吧！说不定是个什么不吉利的东西。"可是，到底是妹妹身上的一块肉啊，哥哥越是逼，妹妹越是不让。哥哥一下子火冒心头，抢起棍子要打妹妹。可怜妹妹就只哭着说："哥哥打，哥哥打吧！"

到底是亲生兄妹，哥哥也就软下心来。

这样，大白蛋就孵出了小鸡，代代繁衍下来。这样就有了鸡。

为了免于受毒打，每下一个蛋，鸡就要喊："咯咯嗒！咯咯嗒！"（谐音"哥哥打！"）

不信，你仔细听听母鸡下蛋后的叫声，到今天还在叫着"哥哥打"呢！

讲述人：解克仁，男，55岁，农民
采录人：解国旺，河南大学学生
采录时间：1984年7月
采录地点：河南汤阴县东部

【点评】

本篇是流传在河南安阳地区汤阴县的"洪水遗民再殖人类"神话遗存的"变体"。它也是关于动物起源的神话性质的传闻。

其中包含如下的神话信息：①属"灾难原发型"。②灾难原因为黄河开口,洪水泛滥成灾,淹没世界。③主人公为兄妹。④洪水到来,兄妹二人抱一大木头,漂到一座山上,生存了下来。没有保护神出现,比较原始。⑤灾后,兄妹自然"私合"结婚,不需测天意,不举行任何婚礼。可见此篇极古老,不存在乱伦、天意问题。⑥婚后生怪胎鸡蛋。亦无"非兄妹婚"的观念。总之,妹妹生蛋,哥哥打,传到今天。妹暖蛋成鸡。

值得注意的是,妹妹生鸡蛋的神话,还蕴含着中原先民对鸡的观念崇拜的民间信仰。如《女娲造六禽》创世神话的第一天便是"鸡"日(有"吉"的含义)。在原人的观念里,鸡是天地宇宙的发生学的原生质,因而也是神圣的。如新野的宇宙蛋里龙的形成是由榆钱一样的鸡的胚胎产生的,淮阳宇宙蛋里的盘古是鸡头龙身,商丘的鸡可以飞进太阳里取火等即是如此。

219. 洪水灭世[濮阳县]

很久很久以前,有一个小女孩儿,天天到一个庙里去玩儿。庙门前有一个石狮子,这个石狮子啊,可好看了,跟真的一模一样。小女孩哪回来玩都要往它嘴里塞一块馍,塞到石狮子嘴里的馍,哪回它都吃到肚里。

日子一天天地过去了,一天,小女孩儿又来到石狮子跟前,正要往它嘴里塞馍,石狮子突然张嘴说话了："小姑娘啊,你真是个善良的孩子,到明儿,你千万要在天亮以前来到我身边。可要记住,千万不要对任何人说。一定要在天亮以前来到,记住,千万记住,一定,一定啊！"

到第二天,小女孩记着狮子的话,早早地就起来啦,她正要往外走,弟弟跑来非跟她去玩儿不可,眼看天就要亮了,小女孩没法儿,就只好带着弟弟走了。

到了庙门前,石狮子又张开嘴说："快,快！快进来吧,我要请恁到我家去玩儿。"话音刚落,只见石狮子张开了大口,口中有一条路通向远处,女孩领着弟弟到里边一看可好啦,里边有亭台楼阁,花园苗圃,要啥有啥。小女孩跟弟弟顺着大道一边走,一边看,玩了一天也没玩儿够。天快黑了,小女孩领着弟弟准备回家了。他们从石狮子嘴里往外一看,可吓坏了。天哪,地上啥也没啦,黄澄澄的到处都是水,连个人影也没有,房屋都倒塌啦,只有石狮子还在那没动。小女孩没法回家了,就问石狮子："石狮子,石狮子,这是咋着啦?"石狮子说："小姑娘啊,这是洪水灭世啊,如今,世上没有人啦,就剩恁姐弟俩了。"小女孩儿一听就跟弟弟哭起来。石狮子说："甭哭了,哭也没用。要想世上有人,我看你们就姐弟成婚吧,这是天意呀！"

小女孩儿说啥也不愿意。最后,石狮子说："这样吧,恁姐弟二人把一盘磨分开,放到东山上一扇,西山上一扇,同时往下滚,要是两扇磨能合在一起,那就说明是天意,恁姐弟二人就结为夫妻,繁衍人类;要合不到一起,就算啦。"

姐弟俩按照石狮子的话,把两扇磨从山上往下滚,真的合到了一块。从此,姐弟就结为夫妻,人类又得到了繁衍。

讲述人:申慧宇,女,54岁,汉族,高中毕业,濮阳县文化馆干部
采录人:王卫濮,女,26岁,汉族,大学毕业,濮阳县文化馆干部
采录时间:1990年7月
采录地点:濮阳县文化馆

【点评】

本篇是流传在河南濮阳县的"洪水后遗民再殖人类"神话遗存。它比较接近原始形态。

其中透露的文化信息有:①属"灾难首发型"。②主人公姐弟,无上学情节。姐姐去庙里玩耍,给石狮口中放馍。③灾难洪水淹没世界。④保护神为石狮子。它的肚里是另一美好世界,这里实际是石狮子的家(神国家园)。类似的例子,在中原还有不少。石狮是神的使者,为执行天神的旨意保护人类的。本篇的石狮对此说地很明白。⑤本篇的特点之一是以姐姐为主,很可能当时尚处于母系社会末期。弟弟完全听命于姐姐。⑥洪水灭世后,由石狮提出让姐弟二人结婚的要求。议婚中,二人已有疑虑,用滚石磨测天意。

值得注意的是,本篇出现以姐姐为主来决定人类命运的大事,很可能与在六千五百年前,濮阳地区的雷泽华胥氏受雷(龙)神足迹,怀孕生伏羲的神话传说有关。因为几千年来,这里是中原伏羲、女娲神话文化的发祥地。其他地区,皆以哥哥或弟弟为此类神话主体。只有这里是以姐姐为主体。这个社会人种学的多元结构,是其独特的见证。

220. 花花和良诚[新蔡县]

很久很久以前,有两个孩子从小死了爹娘,大的叫花花,是个漂亮的少女,小的叫良诚,是个活泼可爱的小男孩,姐弟俩相依为命,小日子过得还算不错。

姐姐花花种地忙家务供良诚念书。良诚每天上学总要在石狮子旁玩一会儿。

一天,吃过早饭,良诚背着书包又从那经过,忽听石狮子说:"孩子,以后你天天给我拿一个馍,塞到我嘴里,等我的眼睛发红了,就是天要塌啦,那时你就钻到我的肚里。"从此,良诚每天路过这里,总要拿一个馍塞到它的嘴里。

几个月过去了,这天良诚又拿个馍朝外走去,被姐姐发现了,就问他:"你吃过饭了,为啥又拿个馍?"良诚把事情告诉给姐姐,姐姐说:"那你每天就多捎几个馍给石狮吃吧。"就这样,良诚每天捎六个馍给石狮子,一连又过了几个月,这天,良诚和往常一样来到石狮旁,突然他发现狮子的眼红了,他连忙把馍塞到了石狮子嘴里,就跑回家把姐姐领来,一起钻进了石狮子的肚里。石狮子嘴比以前闭得更紧了。

石狮子肚子里很黑,姐弟俩在里面蹲了一天就饿坏了,他俩转了一圈才看清石狮肚里尽是馍,就用这些馍度日。

不知过了多长时间,只剩两个馍了,花花对良诚说:"这俩馍咱先别吃咧,等到实在饿得不行了再吃。"第七天头上,姐弟俩眼看要饿晕,才把这两个馍吃了。刚吃完,有道白光射进狮子肚里,就见石狮子张开了大嘴,姐弟二人爬了出去。他俩惊奇地发现原来的庄稼不见了,所有的人也不知上哪去了,眼前只有荒山和小溪。

"你们到别处谋生吧,这个世上还会有人的。"姐弟俩听了石狮的话,离开救命恩人谋生去了。他们在一片荒地上种上庄稼,又盖起了房子,几年以后吃穿都不愁了。一天,姐弟俩都做了一个同样的梦。梦中一位白发老人对他们说:"天下没人了,有心让你们姐弟成亲,可又不合天理。你们二人从今以后每天捏泥人放在外面晒,这样天下的人就会多起来。"姐弟俩信了白发老人的话,每天捏起泥人来,一个大院子晒的尽是男女老幼的泥巴人。夏天到了,夜里下起了大雨,姐弟俩赶快起床去收泥巴人。因为雨下得太大来不及收,良诚拿着大笤帚把泥人扫到屋里。这一扫不要紧,泥人中便有一些断腿、少胳膊、瞎眼、没耳朵的,啥样的人都有。从那以后,天下又有了人烟。据说现在的残废人都是良诚那把笤帚扫的。

讲述人:宋邦英,女,60岁,读过私塾,新蔡县老围孜龚楼人
采录人:龚国强,邱祥军
采录整理:龚国强
采录时间:1987年10月3日

【点评】

本篇是流传在以淮阳为中心的文化区新蔡县的"洪水后遗民再殖人类"神话遗存。它比较接近原始形态。

其中的主要特点：①属"灾难重演型"。②弟弟上学,姐姐花花种田做家务。③灾难发生时,天塌地陷,洪水滔天。④保护神是石狮,让二人送馍很久,灾前它眼红时,二人钻石狮肚里。⑤灾后,姐弟开荒种地。年岁大了,一夜,一白发老人托一个梦。他说：姐弟结婚违天理,世上没有人。你二人捏泥人。⑥兄妹捏泥人,不用巫术手段,泥人一晒就活。下雨时,良诚往屋里扫,才有了残疾人。

值得注意的是,本篇提出了姐弟不能违背天理结婚,捏泥人是唯一繁衍人类的途径。

221. 葫芦哥哥和妹妹［濮阳市］

几万万年以前,在大地上生活着的人不知怎么惹恼了水神,水神就发了一场滔天的洪水把所有的人都淹死了,只有一对兄妹因在一个大葫芦里玩耍,才免于一死。

大水过后,两个小孩爬出了葫芦。"这是什么地方啊？爹爹和娘及所有的人都到哪里去了呢？"兄妹二人哭啊,哭啊,眼泪都哭干了,也找不到一个亲人。最后哥哥劝住了妹妹,二人饥了吃野果,渴了饮泉水。没几天倒忘掉了悲痛,常常手拉着手儿无忧无虑快乐地生活着。妹妹称哥哥叫"葫芦哥哥",哥哥称妹叫"葫芦妹妹"。

转眼几年过去了,二人都长大成人了,哥哥就想和妹妹结婚。一天,他们来到一棵大树下,哥哥向妹妹正式提出了结婚的要求。不料妹妹却用双手捂着羞红的脸说："这怎么行呢？我们是亲兄妹呀,倘若被雷公知道了会劈死或抓走我们的。"正在这时,猛听得空中有人说："孩子们,我就是雷公,大地上没有了人类后我一直感到很寂寞,很早就想让你们二人结婚繁衍后代,怎么会劈死你们呢？"二人大惊,放眼望去,只见空中白云上有一白胡子老头上捋着胡须朝他俩微笑呢。

"老爷爷,你真是雷公吗？"妹妹不放心地问了一声。

"这还能假？不信让你们看看。"老头话音刚落,只听"喀嚓"一声惊雷,老头转眼不见啦。

"你还有啥话说？"哥哥欢喜地向妹妹靠来。

"不行,不行,你试着追我,如果能够追上就和你结婚。"妹妹羞涩地边说边围着大树跑了起来。就这样你跑他赶,妹妹机灵敏捷,追了好久,哥哥总是追不到。哥哥心生一计,追着追着忽然转过身来,这样,一点防备也没有的妹妹气喘吁吁地迎面投入哥哥的怀抱。妹妹羞容满面地抓起一片树叶盖在了脸上,意为遮羞。就这样他两兄妹结婚做了夫妇。据说,现在结婚时新娘子头上的蒙头红布,就是由葫芦妹妹的遮羞树叶演变而来的。

二人做夫妻以后没多久,女的便产下一个肉球,夫妻俩觉得奇怪,便把这肉球切成细碎的小肉块,用一片树叶包了起来,拿着去山上游玩。不料刚走到半山腰,忽然刮起一阵大风,把树叶吹裂,细碎的肉块四散飞扬,落在地上都成了人,落在树叶上的姓叶,落在石头上的姓石,落在什么地方就以什么地方的东西作姓氏。从此,世界上的人又多起来。

采录人:田聚常

【点评】

本篇是流传在河南濮阳市区内的"洪水后遗民再殖人类"神话遗存的珍品。它属原型神话,有重要原始文化的研究价值。

其中所蕴含的重要文化内容有:①属"首发灾难型"神话。②主人公兄妹二人,生活于洪荒世界。③灾难原因是人触怒水神,才遭到洪水淹没世界的灾难。④兄妹躲过洪水,是由于他们在一个葫芦里玩耍,才幸免于难。实际上,葫芦起到了保护神的作用。这一点证明葫芦生人的文化现象在中原同样存在。在沁阳的《兄妹通婚》中乌龟把自己的一颗门牙交给兄妹,种出的葫芦救了二人的性命,繁衍了人类,同属一个文化层次。它是同类神话中多元结构的重要一元。这就打破了以往认为葫芦文化只是西南少数民族才有的偏颇之见。就伏羲文化的发祥地而言,无论是文献、考古,还是民间口头传承神话遗存,大量资料都证明在中原濮阳地区的雷泽,而不在其他以后民族迁徙的地区。既不在南方,也不在甘肃成纪。⑤葫芦哥与葫芦妹在灾后议婚,是由二人进行的。当妹妹提出当时的信仰,兄妹婚要被雷神击时,空中的雷神做主:兄妹二人要繁衍人类,不会被它击死。雷神显然起了关键性的保护作用。这与濮阳地区的雷泽雷神与华胥女交配生伏羲人祖有密切关系,保存了完整的中原婚俗。⑥婚后,妹生肉团,然后将其切碎,到山上让大风吹,撒向各地,以落下的地方为姓氏。

这虽与西南有相似之处,但更具有中原姓氏的特点。而此类神话在中原更不少见,很可能是由中原传入西南。

222. 造泥人 [新蔡县]

从前,有个小妮儿,刚生下来亲娘就死了,她爹又给她娶了个后娘,对小妮儿可刻毒了,六七岁上就叫她到东山拾柴禾,拾得少了就打她,不叫她吃饭。

小妮儿的心眼儿特别好,每次拾柴禾经过山上庙前都看到有个石狮子张着嘴蹲在那里。小妮儿心里想:石狮子也饿了吧!就把她爹偷着塞在她怀里的馍馍分一半放在石狮子嘴里,可石狮子真的把馍吃了。小妮儿以为石狮子显灵了,把自己的苦都诉给石狮子听,并且每天都把自己的馍分一半给石狮子吃。

有一天,石狮子突然说话了,它给小妮儿说:"过不长,就要天塌地陷了,你跳到我嘴里来吧。"小妮儿就按石狮子说的做了。当小妮儿出来的时候,天底下没了人烟,只有那个破庙、石狮子和自己。

小妮儿想:就我一个人多害怕呀!她一想:对了,用泥巴捏成人,再滴上手指上的血,一晒干,或许就活了。她照自己想的捏了许多人,滴上血,放在庙前晒。有一天,天突然下大雨了,小妮儿收不及泥人就用扫帚往庙里扫,后来这些泥人都活了,就是我们现在的人。有的人瞎,有的人瘸,有的人脸上长麻子……就是那时小妮儿用扫帚扫的、捣的;人身上的灰洗不干净,洗了还有,就是因为人是用泥捏的。

讲述人:孙耕田之外婆袁氏
采录整理:孙耕田,新蔡人
采录时间:1989年12月21日
流传地区:新蔡及河南与安徽交界地区

【点评】

本篇是流传在中原淮阳文化中心新蔡县的"洪水后遗民再殖人类"神话异态的遗存。它比较接近原始形态,有研究价值。

其中的文化信息为:①属"灾难原发型"。②主人公是一个孤女,以拾柴为日常活动,受后母虐待。③灾难发生,天塌地陷,洪水淹没世界。④保护神石狮子,孤女经常向它诉说后母虐待之苦。石狮让她进口里避灾。⑤灾后小妮儿用泥造人,把泥人晒时滴上血,一晒干就活了。这是原始人的信仰、观念血缘传承的神圣意识。由水土造人,滴血比较典型。

总之,本篇比较独特,很像《女娲造人》,有科学价值。

223. 洪水遗民再殖人类[清丰县]

据传,有一对同胞兄妹,哥哥姜子牙,妹妹姜子岚,兄妹俩在一起上学。学校很远,中午一顿,常带上干粮,他们的干粮放在一个石坎里。上午放学后,他兄妹俩经常到石坎里去吃干粮,不知怎的干粮常常不见,二人只好饿着肚子去上学。

这天,兄妹俩又来到石坎里,吃干粮时,石坎突然变成了一头牛。大牛慢慢张开嘴说:"我吃了你们的不少干粮,我要报答你们!天快要塌了!到那一天,你们看到天上裂开了缝,就拿上一个棒槌,到时我张开嘴,你们俩就进到我嘴里来。"

第二天清早,姜子牙和妹妹姜子岚俩人去上学,刚走到离家三里地时,妹妹姜子岚突然叫道:"哥哥,不好了,你看天上好像裂开了一个缝。""啊呀!不好!妹妹,我们快回家叫咱母亲一块上牛嘴里去。"兄妹俩走到家赶紧把母亲背起就走。天上的裂缝越来越大,他母亲说:"儿啊!我老了,反正也要死了,你快领你妹妹去吧!"姜子牙兄妹俩没法,只好加紧脚步赶到大牛旁,大牛张开了嘴,兄妹俩刚爬进牛嘴,牛嘴就合上了。待兄妹观看周围时,只见周围尽是石头。原来他俩进到山林之中。山里头啥也没有,吃什么呢?二人就拿棒槌这敲敲,那打打,打下来的小石块用舌头舔舔,倒也能解解饥。

没过多少天,来了个卖馍的老太太。姜子牙兄妹好久不吃馍啦,很馋。那位老太太走上前说道:"你二人想买馍吗?"

"我兄妹想买,也想吃。可是没有钱怎么买呀?"

接着姜子牙就把兄妹二人到这里的经过说给老太太听,老太太说:"我不给你们要钱,这一筐子馍就送给你们兄妹吧!"

兄妹二人有吃的了,没事干,就捏泥人玩,捏得好的放在一起,孬的放在一起。

玉皇大帝知道了这事,心想:好的和好的好过生活,孬的和孬的就不好过生活了。我何不让雨神下一场大雨,他兄妹没地方分开放,只好把这些泥人混合在一起了。想到此,玉皇大帝便传旨雨神,急下大雨。雨神遵旨,下起大雨来,大雨倾盆,山洪暴发。姜子牙兄妹赶紧收拾泥人,忙乱中有的泥人被损坏了,后来这些泥人都活了,形成了人类世界。好人坏人总是混在一起,损坏了的泥人便成了残疾人。

讲述人:张文方,男,55岁,汉族,初中毕业,清丰县瓦屋头乡张林子村农民
采录人:曹建芳,学生
采录时间:1988年4月17日
采录地点:清丰县瓦屋头乡张林子村

【点评】

本篇是流传在濮阳地区清丰县的"洪水后兄妹婚"神话遗存,比较接近原型。

其中反映的特点：①属"灾难重演型"。②主人公姜子牙和姜子岚兄妹上学，给牛送馍。③灾难原因：天降大雨，山洪暴发，淹没世界。④保护神牛要兄妹看见天上裂口时，躲进牛的肚里。⑤兄妹避难时，还有母亲，母亲怕连累兄妹，让二人去避难。⑥捏泥人是在牛的肚子里（山林田园）进行的。下雨是因为玉帝嫌兄妹把泥人好坏分开，不愿如此（没法生活）。结果，二人扫泥人时，弄混了，也碰出了残疾人。

这一篇不同于同类神话，可供参考。

224. 人身上的泥为啥洗不完［淇县］

人身上的泥为啥洗不完？因为开始的时候人是用泥捏成的。

据说，在很久以前有一个村庄，村东头有一座庙，庙前有两个石狮子，这个村的学生上学都要从这儿路过，有一个叫王孩的小孩儿，好吃零食，他不管吃啥东西，总要给左边的石狮子嘴上糊一点。一天，这个石狮子突然会说话了，它对王孩说："王孩，你对我也不错，我也得对得起你，我告诉你一件事儿，你不要对任何人说，快要天塌地陷了，你啥时候看见我眼红了，我张开嘴你就钻进我肚里去，这样，可保你平安无事。"王孩说："我钻到你肚里你不是把我吃了吗？"石狮子说："没事，等过了那阵儿，我把你吐出来。"王孩说："那我家还有个姐姐，能不能让她也钻到你肚子里？"石狮子说："可以。"

打这儿以后，王孩照样每天上学，吃啥东西总忘不了让石狮子吃点，像没发生任何事一样，王孩没对任何人说。转眼半年过去了，有一天王孩上学到庙门口，看见石狮子的眼当真红了，赶快跑到家把姐姐叫来，一起钻进石狮子肚里。果真天塌地陷了。姐弟俩从石狮子肚里钻出一看，世界上的人全死光了，他们搭起一个草棚，就靠挖野菜过日子。

王孩没事儿的时候，就用泥捏泥人，放在草棚外晒，晚上收回，越捏越多，有时天下雨了，拿不完，就拿簸箕端，不小心，就把泥人弄得缺胳膊少腿的。

一天，石狮子对王孩说："光捏泥人不中，你应该和你姐姐成婚，再生些人。"王孩一听很急："我咋能和我姐姐成夫妻哩！""这是老天爷的意思，你如不信，你们姐弟俩可以到那边山顶上，弄两个石磙，你们分别推到山的两边，如果石磙滚到一块，你们就是夫妻。"王孩和姐姐上到山顶上用两个石磙向山两边一推，那两个石磙滚来滚去还是滚到一块儿，王孩只好和姐姐结为夫妻，生儿育女，繁衍后代。

王孩捏的泥人，不管是完整的还是不完整的，也都变成真人，从此世上又有了人类。

讲述人:郭长友,男,32岁,汉族,初中毕业,淇县四坛村人
采录人:冯华,女,25岁,汉族,高中毕业,淇县城关镇文化站专干
采录整理:张长虹,男,51岁,汉族,淇县文化馆工作人员
采录时间:1987年3月
流传地区:淇县

【点评】

本篇是流传在鹤壁地区淇县的"洪水后兄妹再殖人类"神话遗存。它的内容流传颇广,有一定的代表性。

其中的特点与同类记录基本相同:①属"灾难重演型"。②主人公是一对姐弟。③灾难原因:天塌地陷(很可能与洪水、地震有关)。④保护神石狮眼红,让二人钻石狮肚里避灾。⑤灾后,二人捏泥人。⑥石狮向姐弟提出滚石磙成亲,此习俗在中原有特色(石磙是粉碎粮食的重要器具,为中原农村常见的用具)。⑦二人捏的泥人活了,有完好的和残疾的,形成人类。

225. 石狮子做媒[武陟县]

有一家富户,人少财多,只有姐弟俩。每天姐做饭,弟上学。学校门口有一个石狮子,有一天,弟弟看见石狮子嘴动了,像在嚼什么东西,弟弟就把带来的馍让石狮吃了一半。这样过了好几天,石狮会说话了,对他说,你带的馍太少,不够我吃。弟弟下回就带了一个半馍,让石狮吃了整个,自己只吃半个。

有一天,石狮对他说,天快要塌了。弟弟赶紧跪下叫石狮救他姐弟俩。石狮告他说,等看到它的眼睛红得要滴血时,赶紧来站在它跟前。到了天要塌的这天,石狮眼红得仿佛要滴血,姐弟俩赶紧跑来,石狮一口把他俩吞下,一撅尾巴,把他俩屙到了山嘴上,还屙出好些馍,天说话就要塌下了。这姐弟俩正好从天裂的一道缝中露出来。地上的人都死完了,只有他俩靠吃石狮屙的馍活着。

姐说,咱俩成亲吧,弟不同意。姐就说,咱把这一盘磨滚下山去,要是能合在一起就成家,要合不成就不成。磨滚下去,正好两扇合到了一块,姐弟俩就成了亲。他俩嫌人太少,就开始捏泥人、捏动物。过了些日子,塌下的天又升上去了,还下了雨,姐弟俩怕把泥人淋坏,赶紧用草苫上,有的泥人被戳瞎了眼,有的被掰断了胳膊、腿,往后这世上就有了残疾人。雨停后,就让泥人配对成家,好的配个坏的,坏

的配个好的,这就是人常说的:"有好汉没好妻,赖汉娶个花髦髦。"

泥人慢慢会走,穿上树叶做的衣裳,天给他们下米下面,泥人变得越来越懒,越来越坏。把面捏成面墩让小孩坐,狗把面墩吃了,泥人把狗打死,死狗到老天爷那儿告他们,天就不再给他们下米面了,泥人把没吃完的米面藏起来。天就给他们下了些铁片,来了个老汉教他们说,弯的是锄,不弯的是铲。天又下了些粮食种,老汉教他们种地,有绿豆、麦、稻等好些种。那时候的麦从根到顶结的都是子,有一天刮大风的时候,一下子把底下的麦子捋掉,只剩顶上一指头长。以后人就开始种地了。

讲述人:雒嘉黍,59岁,小学毕业,河南省武陟县北郭乡北郭东村农民
采录人:张晓宏,河南大学中文系1984级学生,河南焦作健康街人
采录时间:1987年8月16日
采录地点:武陟县北郭乡北郭东村

【点评】

本篇是流传在中原武陟县龙源镇的"洪水后遗民再殖人类"神话遗存。它比较接近原始形态。在同类神话中语言朴素、简明,具有口头传承的特点。

其中所涉及的文化信息有:①属"灾难重演型"创世神话遗存。②主人公为姐弟俩。家中富裕,弟弟上学校。③灾难为天塌地陷,洪水灭世。④保护神为石狮子。灾难降临的信号是石狮子眼红。灾难到来时,石狮把姐弟吞下又屙到山嘴上,正好从天的裂缝中漏了出来,才得活了。这一情节极独特,但又合情理。⑤灾后,二人吃石狮带的馍,活了下来。⑥在姐弟议婚时,由姐姐提出,并滚石磨成亲。⑦姐弟捏泥人是嫌人太少。好坏搭配的混乱和残疾人出现是因为下雨,来不及收,用草苦盖时,有的戳瞎了眼睛。从此,世上婚姻多不满意:"有好汉没好妻,赖汉娶个花髦髦。"⑧此篇又与中原的"世人浪费粮食受天帝惩罚型"复合为一体。此已脱离"洪水姐弟婚"母题,属传播中的无意黏合,已非本篇所应具备的内容。此乃"画蛇添足"之举。

226. 姐弟婚姻[禹州市]

很古的时候,一小村中生活着姐弟两人。弟弟在附近一家先生家学字,姐姐在

家种地。

弟弟上学的路上,有一座庙,庙前蹲着两只石狮子。弟弟很调皮,每次经过这里,都要骑到石狮子身上玩一会。

一天,当弟弟骑上石狮子正玩得有劲时,他听到石狮子说话了:"土娃!往后你在经过这儿时,把你姐给烙的馍塞我嘴里一张,到我的眼发红了,就快叫你姐姐一块跑来。"土娃是弟弟的名字。

弟弟听了石狮子的话,回家告诉了姐姐,姐姐就每天多烙一个馍让弟弟塞到石狮子嘴里去。到七七四十九天的时候,弟弟看到狮子的眼红了,就连忙跑回家告诉了姐姐,姐姐就和他慌慌张张地朝石狮子跑去。

石狮子见姐弟二人到来,就张开嘴,说:"快从我嘴里钻进来!"姐弟俩顺从地钻到狮子肚里去。刚一钻进去,石狮子的嘴就"叭"地合上了。以后,便是天翻地覆,天塌了。

姐弟俩在石狮肚里晕晕乎乎地不知过了多少天,当他们把从前塞进狮肚里的馍,节省地吃完的时候,石狮子张开了嘴,说:"出来吧,没事了。"

姐弟俩从石狮肚里出来,一看,一切都变样了:村子没有了,人没有了,什么都陌生得认不出来了。

姐弟俩为了生活,跪求上苍,于是一个白胡子老头出现了,给他们送来了粮食种子,让他们开荒种地。

几年后,吃饭穿衣的问题都解决了。弟弟也长大了。一天,弟弟又碰见白胡子老头,老头说:"你和你姐结婚吧!"

弟弟把这话跟姐姐说了,姐姐说:"亲姐弟结亲,不中!"

弟弟说:"天底下没别的人了,不结亲,往后天底下连一个人也没了。"

于是,姐姐出了一个主意,两人在两个山头上同时向下滚石磨,若石磨合并,就结亲,否则就不成亲。结果是两个滚下的石磨合并了,于是两人结亲,繁衍后代。

讲述人:赵光全,74岁,文盲,农民
采录人:赵恩昌,河南大学中文系学生
采录时间:1983年7月
采录地点:河南禹州市神垕镇

【点评】

本篇是流传在河南中部禹州地区的"洪水后遗民再殖人类"神话遗存。它比较接近口承神话特点,有一定代表性。

其中的主要内容与同类记录相同:①属"灾难重演型"神话。②主人公姐弟,姐种地,弟上学。③灾难原因天塌地陷。④保护神石狮子,保护方式:石狮眼红,灾难来时,钻进石狮肚里。⑤灾后,保护神老人给二人粮种种地,姐弟有了吃穿,又让二人结婚。姐不同意,提出滚石磨合一处成亲,从此有了人类。

值得注意的是:①保护神有两个:石狮、白胡子神人。②男女生人观念确立。③族外婚已成定俗,可知此类神话产生较晚。

227. 滚磨成亲[禹州市]

很久很久以前,在一座大山下住着一对老夫妻。老夫妻跟前有一男一女,男孩叫金哥,已经十五岁;女孩叫玉女,年龄一十四春。老头每天上山开荒种地,老婆在家操持家务。兄妹俩在村头学堂里念书。

一天,兄妹俩背着书包到学堂去,当他俩走到村头的石狮子身旁时,这头石狮子突然对他俩说:"孩子,很快要出现天和地合,人世间的生灵全部都得死去。我看你们俩与众不同,想保你们俩不死!"兄妹俩一听,忙跪在地上向石狮子磕头谢恩,并追问避难的办法。石狮子又说:"你们回去叫家里一天给你们烙两张油馍,每天上学来时,悄悄放进我的嘴里,这件事要保密,对谁也不能说,否则你们的性命就难保了。"

从这天起,这对兄妹把娘给他们烙的晌午当干粮的油馍,悄悄放进石狮子的嘴里。这样,过了九九八十一天。一天,石狮子对他俩说:"孩子,我一张嘴,你们就赶快进来!"说罢,石狮子就张开了大嘴,兄妹俩一齐钻了进去。他们俩钻进去一看,他们俩给石狮子送的馍,还原封不动放在石狮子的肚里。

过了不知多长时间,石狮子又对他们说:"孩子,你们快出来吧!天又上去了。"兄妹俩出来一看,人间的一切活物都死了,世界上就剩下他们两个人,他们俩难过得痛哭起来。这时,一位白发老人出现在他俩面前,说:"眼下世上就剩下你们兄妹二人,我看你们不如赶快结为夫妻。"

兄妹二人一齐摇了摇头:"我们兄妹怎么能成婚!"

老人说:"你们俩随我到山上,山顶上放着两扇石磨,你们俩一齐把石磨从山上往下滚,如果滚到山下,两扇石磨合在一起,就是天意,你们俩就该成婚;如果合不到一起,这事就拉倒了。"

兄妹心想:这石磨咋会合在一起?于是各自推着石磨往山下滚了下去。谁知这两扇石磨滚到山下便合在一起。这时他们俩不得不按照老人的话在山洞里成了亲。

成婚的那天晚上,妹妹捂着脸说:"哥,这事真羞人,你赶快用草盖住我的脸。"哥哥抓了一把草盖在她的脸上。后来女人结婚头盖红布就是这样传下来的。

兄妹二人结婚后,他们天天到河边捏泥人儿,由于各自的捏法不同,所以有高的,有低的,有瘦的,有胖的,有丑的,有俊的。

兄妹俩没日没夜地捏啊,捏啊,把所有的山坡都放满了,把所有的平地也放满了。一天,那个白发老人又出现在他们面前,他轻轻往泥人身上吹了口仙气,泥人立刻变成了活人。哥哥捏的泥人变成男人,妹妹捏的泥人变成女人。后来这些男女成婚,世上的人渐渐多了起来。

讲述人:朱超凡,66岁,离休教师
采录人:焦松岳
流传地区:禹州各地

【点评】

本篇是流传在禹州市的"洪水后遗民再殖人类"神话遗存的珍品。它属口承原始神话,有科学价值。

其中透露的原始文化信息有:①属"灾难重演型"神话。②主人公:妹叫玉女,哥叫金哥。父种地,母做家务,姐弟念书。③灾难原因:天地相合,世界毁灭。④保护神:一是石狮,二是白发老人。灾前,石狮(村头,而非庙前)让兄妹给它每天送油馍(豫西、豫中食俗)。一直送了八十一天馍。石狮张嘴,让兄妹钻进去避灾。⑤灾后,兄妹无法生活,白发老人让二人结亲。二人不愿意,白发老人让其滚磨,合一处二人成亲了。⑥兄妹成亲的晚上,妹害羞,让哥用草苫盖住她的脸。后来,人们结婚,女的盖头红布,即源于此(此俗源于女娲)。其规范和约束人的生活习俗功能作用仍在于此。⑦兄妹婚后,捏泥人繁衍人类。二人因捏法不同,泥人有高、低、胖、瘦、丑、俊之分。兄妹捏的泥人,摆满了山坡和平地。这是豫西的自然环境的特点。此时白发老人又来吹上仙气,泥人都成了真人(巫术手段仍占重要地位)。兄捏的泥人是男人,妹捏的是女人,男女相配,有了后代的人类。

值得注意,本篇的生殖意识尚不知男女交配生人,到后来才有变化。另外,无残疾人出现的下雨情景,比较独特。

228. 玉人和玉姐 [正阳县]

很古的时候,有兄妹二人,哥哥叫胡玉人,妹妹叫胡玉姐。两个人常到亲戚家去读书,来回常常从一棵奇树旁经过。这棵奇树有几十搂粗。一到夏天,奇树的枝叶像碧绿的宝盖,远远看去,就像一个须发飘动的仙翁。走到跟前一看,树上有一个大洞,这个洞黑得看不见底。兄妹二人就常常在这里歇息。

有一天,正是三伏天。兄妹二人又路过这里,奇树忽然说起话来。他俩一听,吓得拔腿就跑。奇树说:"你们不要害怕,我是人间正神,地上的人都是我的子孙。从今往后,你们要天天拿一个馍或一碗米,倒在树洞里。这件事,千万不能叫任何人知道。"

兄妹二人当时听到这,心里不害怕了,话也记住了。从这以后,一天三次,兄妹俩把馍和米倒进树洞里去,天天如此。

第二年三伏天,兄妹俩刚刚走到奇树跟前,黑洞里就亮了。只见里面堆着很多米和馍。这时,从里面走出一个老人,对他俩说:"你们快快进来!"

胡玉人、胡玉姐刚进到树洞里,老人把洞口一堵,洞口被堵得结结实实。老人说:"从今天起,你俩就住在里面,饿了吃你们的馍馍。"老人说完,只见一道亮光一闪,他就不见了。

这时候,树洞外面的大地上,刮了一个月的寒风,河里的水冻得实确确的。人们虽说死了些,不过有的人还可以活着。又刮了一个月的热风,人们可受不住了,人被热死得万不留一。接着,只见天边蓝光闪了半天,大地一声巨响,四周就全黑了下来。又过了一个月,地上到处一片泥海。从此,地上的一切就全毁灭了。

大约摸又过了半年时间,地上的泥泞变成了大地;地上的水流到一块,成了海洋;内地没流出去的水,汇积在一起,成了湖泊、河流。

有一天,奇树又在地面上长了起来。老树又说话了:"孩子们,出来吧!"

玉人和玉姐走出树洞一看,整个大地上什么也没有了,他们觉得非常孤单、无聊。兄妹俩正在发愁,老仙翁又出现了。他把树枝砍下来,做成扫帚,又把树干修成圆锥形的房子。然后,他就倒下了。兄妹俩赶来时,老汉已经上气不接下气了。二人一见,不觉流起泪来。

老仙翁说:"我已经活了一世,下一世的祖先就是你们兄妹了。我死后,就要变成人间的花草树木、虫鸟万物了。"说罢,两眼一闭,就死了。兄妹俩扑上前去痛哭,一转眼,老仙翁的尸体也不见了。

从此以后,兄妹二人就在一起干活,把还没有吃的米,种到了地里。闲时没事,玉人和玉姐便在水池旁边捏起泥人来。先捏的人，高个子、双眼皮、方面大耳；又捏的人，矮个子、单眼皮、尖嘴猴腮；再捏的是漂亮、美丽、能生儿育女的女人；最后还捏了一些稀奇古怪的人。

兄妹俩把泥人捏好了，就放到平地上去晒。泥人快被晒干了，也没刮风。后来，忽然天上乌云翻滚，雷电交加，玉人急了，拿起扫帚，一下子就把泥人扫进沟里，跑回房里去了。

过了好久，天晴了。水里就跳出一个个欢蹦乱跳的小孩儿，来找母亲。小孩儿来到胡玉人家门前。玉人让小孩在外面等着，自己进房好久也没有出来。

小孩儿跪了好久，抬头看看爹妈还没出来，就又低下头跪在那里。

后来，玉人和玉姐出来一看，心里很是喜欢。他们就嘱咐这些孩子，叫他们以后再来时，都要跪下磕头。

小孩子听了，都高高兴兴地散去了。只有一个女孩子在地上跪着，不肯走。这个女孩长得像朵花一样，又娇又嫩。玉人问她为啥不走，这个女孩子说："我想服侍爹娘。"

玉人问她："你做我的女儿行不行？"女孩子听了高兴地连连磕头。玉人笑着说："女儿，赶快起来。"

玉人这时候心想：老这样出口一个女儿，合口一个女儿，不如起个名字好，喊起来方便。他想了半天，也想不出个合适名字。

玉姐在一旁早看出他的心事来，就说："她是个女的，就是个女货。"

玉人一听，十分高兴，说："是，是个好名。"玉姐就说："她的名字就叫'女货是'吧！"后来，人们把字音念转了，就叫成了"女娲氏"。

一天，玉姐和玉人正在休息，女娲氏进来说：外面来了一个和尚，要见爹妈。兄妹二人出来，正好碰见这个和尚，正是如来佛。如来佛身后面还跟着一个五官端正的少年，正是玉皇大帝。

他们是怎么来的呢？原来如来佛是老仙翁的兄弟。这个玉皇大帝就是没被玉人扫进水池，让如来佛拾去放在一盆仙水里铸成金身玉影的人。今天，如来佛带他来找玉人、玉姐，就是让兄妹二人认儿子的。

玉人不知道如来佛的坏心眼，当然很喜欢。当时，就认下玉皇大帝为儿子。这样，如来佛就成了玉皇大帝的恩师，最高佛爷。

后来，又过了五千年，胡玉人和胡玉姐死了，玉皇大帝就把一些妖魔鬼怪都收到天宫里去了。他们苦害生灵，跟地上老百姓作对。不过，人们从来也没向玉皇大帝低过头。

讲述人：采录人的邻居老人，正阳县袁寨公社袁寨大队农民

采录人:张昀,正阳县袁寨公社袁寨大队人
采录整理:张振犁
采录时间:1981年5月

【点评】

本篇是流传在河南中南部驻马店地区正阳县的"洪水兄妹神话"的珍品。它是神话"人为宗教化"的典型,对研究中原神话的流变,具有重要科学价值。

其中反映的文化信息主要是:①属"灾难重演型"。②主人公胡玉人为兄,胡玉姐为妹。二人常去亲戚家读书。③灾难原因:天塌地陷,刮一个月冷风,人冻死一部分;又刮一个月热风,人死净了。前后一年时间,地上一片泥海。水慢慢流成海洋、湖泊、河流。④保护神为人间正神,世上的人都是它的儿孙。他让兄妹送馍和米饭,一直送了一年。饭都倒进一棵奇树洞里。灾难来时,一老翁把兄妹放奇树洞里,盖起洞口,又经一年,馍吃完,出来。⑤灾难过去,奇树又说话,让二人出来。世间一切毁灭,二人痛哭。人间正神来把奇树树枝叶砍下,绑成扫帚,用树干做成圆锥形的房屋,让兄妹住下。他说他是上一代人祖,下一代人祖就是玉人和玉姐。他死后,肢体化成树木花草。当时环境极艰苦,原始。⑥兄妹一起生活,捏泥人。先捏的泥人高大、好看;后捏的矮小、丑陋;捏了女人,最后捏了一些古怪人。晒时忽然下雨,玉人把他们扫到沟里。天晴后,泥人从沟里跳出都活了,跪在玉人玉姐门外。一个女孩要做玉姐的女儿,起名"女娲",后叫"女娲氏"。这里的神格移位明显错乱,女娲成了后代人生的后代,可能是记忆不准的问题。在中原,两种情况都存在,口述过程中,互相黏合错位,就造成现在的文本。

值得注意的是,兄妹捏的泥人中竟然有一个玉皇大帝,被佛祖拾来安排到天宫管天宫大事。这样就出现中国玉帝要受释迦牟尼的管束、安排的情形,这种佛道联合主宰中华神界的局面,表明人为宗教化程度之高,空前严重。这是神话学的一大问题。

如来佛拾个玉人玉姐捏的泥人,用仙水铸过后,送到玉人玉姐处认父母。如来佛说自己与人间正神是兄弟。这样如来佛就是比女娲高两代的祖先。玉人玉姐被骗,把如来佛当最高神灵供奉。此种佛道篡改中原神话的例子并不少见,但以此最为露骨。它对研究神话流变极有价值。

229. 人　主 [正阳县]

很久很久以前,有个人叫方五,他从小爹娘去世,只好到姑姑家过日子。

方五的姑姑只有一个女儿。姑姑想,娘家只有这条根,如果小方五以后有出息,招他为女婿,就能接替两家的香火。方五呢?年纪虽小,但很懂事,能吃苦,肯劳动,又聪明伶俐。姑妈和姑父一合计,把方五送进私塾里去读书,表姐小芳还给他缝了一个花书包。小芳虽年纪不大,可倒有心计,平时从爹娘的话语中已知道了表弟是她将来的丈夫。这事正合小芳的心意,她想,现在待他好点,将来成了亲也免得受他的气。方五也看透了姑父姑母的心思,就刻苦读书,一心想出人头地,这样才对得起姑父、姑母和表姐。从此,他的学业日有所进。

一日,方五散学回家,正在路旁欣赏景致,突然被一白发、白须、白眉毛的老翁拦住,老翁可怜巴巴地说:"我实在饿得走不动了,好学生,求你积个德,再来上学时,给我带两个馍吃吧。"方五读书知礼,就点头答应了,回到家里,方五把路遇老翁要馍吃的事儿告诉了表姐,要表姐给他拿两个馍送给老翁。他表姐小芳虽没读过书,也很贤淑,听表弟一说,知道表弟是个好心人,便微笑着给方五拿来两个馍,方五上学时送给了老翁。第二天,那老翁又在那个地方等着方五,求他要四个馍吃。方五回来就又向表姐要四个馍,送给老翁。第三天,那老翁又是在那个地方等着方五,求他给拿八个馍吃,方五回家就向表姐要八个馍,送给老翁。第四天,老翁还是在原地方等着方五,求他给带十六个馍吃。方五恐怕表姐不给,便对表姐说:"那老翁真能吃,咋能吃那么多馍。"表姐笑着说:"他能吃,他饿。拿去吧。"说着给方五拿十六个馍。第五天,那老翁要三十二个馍。第六天,老翁要六十四个馍……一天增加一倍。

贤淑善良的小芳,知道方五天天要给老翁带那么多馍,就天天给他蒸几锅准备着,方五天天把表姐蒸好的馍装进布袋里给老翁背去。这一天,方五把小芳蒸的馍全给背走了,小芳一看,慌了手脚,想到一家人吃啥呀,便跟在方五后边追赶。追着追着,离老翁近了,她见那老翁大口大口地吃馍,吃完馍,又张开大嘴把方五也吞肚里了。最后把小芳也吞吃了。

方五和小芳醒来的时候,发现自己在一座四方小院里。正在发呆,忽然发现面前站着一个白发老婆,那老婆颤抖着说:"这就是你们的馍,饿了可以吃,天要塌了。外面的人,都不能活了。等到天撑起来以后,你们再出去。"白发老婆说完就不见了。

真的天塌地陷了,人烟绝迹。

过了些日子,天撑起来了。方五和小芳走出小院,天下只有他们两个人。从此,他俩结为美满夫妻。

一年过去了,小芳生了"孩子"。可她生的都是一个个大肉包,数一数,不多不少,正好一百个。他俩把那些肉包割开,发现每个肉包里都有一个男孩和一个女孩。心想,等他们长大了正好配成一百对夫妻。

一天天过去了,一月月过去了,一年年过去了,那一百双儿女都已长大成人。一日,天气晴朗,方五两口把儿女们召集在一起,向他们郑重宣告同胞结为夫妻,方五两口还给他们确定了姓氏,一百对夫妻,定一百个姓氏。儿女们听罢甚是欢喜,他们走进山林,突然发现一片果树,树上结满了红灯笼似的果子,见那些珍鸟异兽都在树上吃果子,他们直流口水,便问小猴:"我们可以吃吗?"小猴子听了一蹦一跳地来到他们面前,嘻嘻一笑说:"试试,试试。"他们又问花喜鹊:"我们可以吃吗?"花喜鹊扑棱着翅膀来到他们面前,摇着尾巴说:"试试,试试。"他们还是不敢吃,又去问那条小花蛇:"我们可以吃吗?"小花蛇扭动着身子来到他们面前,摇头晃脑地说:"可以,试试。"他们一听说可以试试,姑娘们便争先恐后地各自摘了一个果子,奉献给自己的心上人,谁知小伙子们刚把果子咽到喉咙管里,就再也咽不下去了。他们哪里知道,是因为这事被天帝知道了,这种果子还不该让人吃。不多时,小伙子们便噎得瞪眼伸脖。姑娘见心上人被噎死,个个泪如涌泉,放声大哭。哭声传遍四野,冲上云霄,惊动了天帝,天帝一想,不能让他们死啊! 他们一死,世间的人又要灭绝了,立刻派一位神仙下界。神仙来到人间,用手指把那些小伙子的喉咙给捅透气了。小伙子们立刻复活。他们醒来后,对那些鸟兽很生气,便去打猴子,猴子逃了,去打花喜鹊,花喜鹊飞了;只好去找小花蛇算账了。他们一见小花蛇正卧在草丛里,便用脚狠狠地踏在小花蛇的头上,蛇头被踏扁。可是,这些小伙子,每个人的喉咙上都留有一个疙瘩。那种红灯笼似的果子呢,他们就叫它"试试"。后来才演变成柿子。

讲述人:邹清和,男,58岁,小学毕业,正阳兰青乡农民
采录整理:邹志华,男,29岁,高中毕业,农民
采录时间:1987年11月
采录地点:兰青乡胡冲村

【点评】

本篇是流传在正阳县的"洪水后遗民再殖人类"神话遗存的"别体"。它可能产

生时间较晚,有研究价值。

其中所反映的情况特点:①属"灾难重演型"。②主人公:小芳和方五是表姐弟。③灾难是天塌地陷。④保护神老神人要姐弟送馍,每次都加一倍,到最后一次让送六十四个。灾难来时,老头把二人吞下肚去,里面是四合院。一老婆让二人吃馍。⑤灾后,方五与小芳因灾前已是未婚夫妻,无需测天意,自然成亲。⑥二人生了一百个肉蛋,每个肉蛋里一男一女。让他们成亲,一男一女一个姓氏,有了"百家姓"。

值得注意的是:①二人非亲兄妹,自然结婚,到后来所生子女又自然结婚,生殖观念上似有倒退的痕迹。值得研究。②最后又与《男人的喉结是怎么来的》造人神话黏合在一起,恐是记忆错乱,硬贴在一起的。它并非本神话母题所必需的有机组成部分,有张冠李戴之嫌。③在吃柿子情节方面又似与《伊甸园》的"亚当夏娃"相似。

总之,本篇构成因素复杂。在开头又好像现成的生活情景。因此,只作参考之用。

同时还值得注意的是,中国传统称中华民族子孙为"同胞",从民俗文化根源上讲,当起源于这类神话中,与男女同生在一肉包中有密切关系。

230. 人是泥人[固始县]

很早很早的时候,世界上人就很多了。干各行各业的都有。有一个村子里的一家人,家里有个小男孩,才七八岁,正上学。他每天上学时都要带一张饼,当作中午饭在学校吃。这一天,他又去上学。上学要经过一个土地庙,庙前蹲着个大石狮子。小孩儿刚走到石狮子跟前,就听一个声音说:"你停一停,你停一停!"小孩儿扭头一看,只见石狮子眼睛发红,嘴巴一张一合,正对自己说话。小孩就问:"你叫我干啥?"石狮子说:"我饿了,把你的饼给我吃吧。"小孩很可怜它,就把饼给石狮子吃了。

从第二天起,小孩儿每天上学,就带两张饼,一张喂石狮子,他妈问他,他说自己一张饼不够吃。

这样,三个月过去了。

这天,小孩儿又走到石狮子跟前,刚要给它饼,只见石狮子摇摇头说:"我不吃了。明天要天塌地陷,世上什么东西都要完了。只有躲在我肚子里才能渡过难关。你对我好,我要报答你,明天你上学时,就钻到我肚子里。不要对别人讲,外人知道了,我就保不住你了。"

小孩儿很害怕,可又不敢跟别人讲。他家有个小妹妹,他很疼她。第二天上学时,他也不说话,拉着妹妹就走。妹妹当是去玩儿,就跟着他,俩人来到石狮子跟前时,只觉得天空红得像烧透了反扣下来的铁锅,越压越低;脚下的地只乱颤,软绵绵的,还裂了缝,直把人往里吸。这时,石狮子张开大口,一下把他们吞了下去。他们在石狮子肚子里,很安稳,也很暖和,还发现了厚厚的几摞大饼,这些都是小孩儿从前喂石狮子的。他们听见外面一会轰隆隆地响,一会哗啦啦地响,也不知道发生了什么事。

　　过了不知道多长时间,外面不响了,静静的,只听石狮子说:"没事了,你们出来吧!"他们俩就出来了。一看,呀,大变样了,地上光秃秃的,什么都没有,原先的村子、树木、庙全不知去哪儿了。小孩儿和妹妹找不着家,哭起来了。石狮子劝他们:"不要哭,你们就住在我肚子里吧,饿了就吃大饼。"他们俩只好这样。

　　过了几天,小孩儿和妹妹没事干,就用水和泥,捏泥人。俩人捏得不一样,小孩儿捏男的,妹妹捏女的。捏的泥人,大的、小的、胖的、瘦的、高的、低的都有。他们每天捏,每天捏,捏好就摆在地上,让太阳晒干。后来他们捏了很多。

　　一天,早上起来,天就阴着。小孩儿和妹妹怕下雨,把泥人淋坏,就把泥人往石狮子肚子里放,先是很小心,一个个地摆好。后来,天越来越阴,眼看就要下雨了。小孩和妹妹一着急,就顾不上小心了,干脆一摞摞地往石狮子肚子里抱,这样就把不少泥人碰坏了,有的折了胳膊,有的断了腿,有的掉了耳朵,有的歪了鼻子,什么样儿的都有。但就是这样,也还有一部分泥人被雨淋了,脸上被雨点砸了许多小坑。

　　天晴了,小孩儿和妹妹又把泥人都搬出来,这一回,他们决定不用太阳晒了,而用火烧。他们烧了一堆火,把泥人弄过来烤。结果呢,有的烧过了,成了焦黑色、有的烧得稍微过点,成了棕色、有的烧得不到劲儿,是白色、有的烧得正好,是黄色。这些泥人烧过以后,就都会动了,还会说话,叽叽喳喳的,围着小孩儿和妹妹又跳又唱。因为那次搬弄,这些人有的腿瘸,有的胳膊残疾,歪鼻子、没耳朵的也有。又因为烧的程度不一样,这些人的皮肤颜色也不一样,黑、白、棕、黄都有。后来,这些人就一伙伙地走开了,到什么地方的都有,并且开始种地、干活,像天塌地陷前一样。因为人都是泥捏的,他们离开土地就活不了了;他们的身体总也洗不净,有泥土味;他们死以后,还要变成泥土。

　　这样,世上又慢慢热闹起来了。

　　讲述人:崔淑贞,女,50岁,小学毕业,固始县安庄乡人
　　采录人:王军芳,河南大学学生
　　采录时间:1991年2月

【点评】

本篇是流传在河南信阳地区固始县的"洪水后遗民再殖人类"神话遗存的珍品。它是同类神话中接近原始形态的文本,有人种学的研究价值。

其中所显示的原始文化信息,主要有:①属"灾难重演型"。灾前已是文明社会。②主人公是兄妹,男孩上学。路过村头土地庙前,石狮子要他送馍。③灾难原因:天塌地陷。④保护神石狮让兄送了三个月的馍。灾难来时,天像被烧红的一大锅,地裂。石狮让兄和妹(不知情)钻进它肚里。⑤灾后,兄妹无处去,石狮让二人仍回它肚里住,二人捏泥人。捏的泥人太多了,有的没晒干,下雨,收不及,碰坏的那些就成了残疾人。天晴以后兄妹不再靠太阳晒了,而是烧一堆火,把泥人弄来烤。结果,烧过分了的呈黑色,火候稍微过的呈棕色,火候不到劲儿的呈白色,烧的火候正合适的呈黄色。烧过的泥人都活了,说说跳跳。各种颜色的人到各地干活谋生去了,又有了人类社会。据说,这正是世界不同人种的来历。黄色人种烧得好,留在了中原。

值得注意的是:①本篇与同类神话相比,不存在灾后兄妹与保护神议婚、占卜测天意、举行结婚仪式问题。这是一个"别体"。②从原人的生殖意识来看,本篇好像不存在夫妻男女交配生人问题,只有捏泥人、烧泥人的超自然的神秘力量,以此就可以繁衍人类。这是一个不可思议的问题。从科学的生理生人倒退到巫术等神秘生人的阶段了。③本篇涉及古老的人种学的问题,值得深入研究。

231. 蒸 面 人 [桐柏县]

很古很古的时候,天上下来两个人,创造了世界。人太少哇,地方那么大,咋管呢?他俩捏面人在锅里蒸了起来。

第一锅,他俩怕蒸不熟,火烧得太大了,把面人蒸成黑的了。第一锅面人落地,成了黑种人。

第二锅,他俩怕再蒸过火了,就少蒸了一会儿。锅盖儿一掀,面人还没变色。第二锅面人一落地,成了白种人。

第三锅,他俩用小火多烧了一会儿。一掀锅呀,他俩喜坏了。一个抱男的,一个抱女的。抱起来,面人就会喊爹喊妈。这第三锅面人呀,颜色不黑也不白,黄澄澄的,和仙女一个色,这就是黄种人。

他们只顾照管第三锅出世的黄种人哩,黑种人、白种人走远了,住到很远很远的地方去了。

讲述人：朱学恒
采录整理：马卉欣

【点评】

本篇流传在河南桐柏县，是"兄妹造人型"神话遗存，有一定研究价值。

其中的主要信息：①"兄妹婚型"神话别体。②无洪水等自然灾害及保护神救兄妹避灾、结婚、生人等情节。③主人公为天上下来的两个神人，下人间创造人（身份不明，性别不清）。④造人方式非捏泥人，而是蒸面人（与此相似的还有河南信阳地区固始县的烧泥人）。这反映的是原始先民对人种起源的观念。⑤本篇所说的黑种人、白种人是因火烧的火候太大、太小了出现的不同人种，都跑到很远的世界各地去了。黄色人种是火候恰到好处烧出来的。中国的黄种人是烧得最好的。"蒸"与"烧"都是促使面人、泥人发生质变的客观原因。它说明：人不是天帝造的，而是人类自身变化的衍生体。这正是原人对生殖意识的幼稚反映。

232. 天塌地陷［正阳县］

很久以前，有姐弟二人一起生活，弟弟上学读书，姐姐在家做饭。

弟弟的学校附近有一个破门楼，破门楼底下有一个石狮子，弟弟每天上学总要到石狮子上玩一会儿。有一天，他又在石狮子上玩的时候，石狮子突然张口说话了："小弟弟，我饿了，你能每天给我拿一个馍吗？"小孩很奇怪，石狮子怎么会说话呢？他觉得很好玩，就从家里拿了一个馍放在石狮子嘴里，石狮子真的把馍吞下了肚子。以后他就瞒着姐姐每天把自己的馍省下给石狮子吃。

过了一段时间，石狮子告诉小孩："一天拿一个馍太少了，能不能每顿拿一个？"小孩同意了，石狮子又说："这事你千万别往外说。"以后小孩每顿饭都给石狮子拿去一个馍。

又过了些时候，石狮子对小孩说："你给我拿的馍都存在我肚子里，过不多久就会天塌地陷，到时候，你可以躲到我肚子里，这馍对你很有用。"小孩听了半信半疑，他觉着很是神奇。

小弟弟吃的馍越来越多，引起了姐姐的注意，她问："你每天吃饱了，为啥又要拿馍?"小弟弟支支吾吾不好说,就撒了个谎,说饿了吃,后来,他把这事告诉了石狮子,石狮子说:"你可以告诉姐姐。"他就告诉了姐姐。姐姐说:"你问问那石狮子,到时候我也躲到他肚子里行吗?"弟弟就问了石狮子,石狮子同意了。以后,他就每顿给石狮子拿去两个馍。

就这样过了一段时间。

这一天,天气晴朗,和风日丽,石狮对小孩说:"天塌地陷的时候快到了,你赶快回去把你姐姐叫来。"小孩跑到家里叫来了姐姐,这时天空突然狂风大作,乌云滚滚。他们二人慌忙跑到石狮子那里,石狮子张开了嘴,二人钻了进去。一到里面,他们就看到了那里堆着弟弟拿去的馍。这时只听见外边惊天动地般地轰响。他们看不到一点亮光,心里非常害怕。可石狮子肚子里不冷不热,非常舒适,非常安全,饿了就吃他们拿去的馍,就这样过了些时候,一切都平静下来。等他们快把馍吃光的时候,石狮子说话了:"外边平安无事了,你们可以出来了。"说完他张开嘴,姐弟俩就钻了出来。到外边一看,房子不知道都跑到哪里去了,一个人影也没有。灿烂的阳光照耀着山川河流,大地像被水洗过一样,空气也格外清新。他们感到很孤单,很悲苦,就跪在石狮子面前问:"我们该怎么办呢?"石狮子说:"你们到对面山上去,找一个洞住下来,在山上采些野果吃,过一段时间再来找我。"这姐弟二人抬头往南一看,果见对面有两座高山,山中有树有草。他们谢了石狮子,就朝山上走去。

他们在山脚下找到一个山洞,又在山上摘了些野果,采了些野草住了下来。

过了几年,姐弟二人长大了,姐姐成了大姑娘,弟弟长成了小伙子。这一天他们又找到石狮子问:"我们还应该干些什么?"石狮子说:"天已经补好,地也填平了,一切都恢复了正常,只缺人类的繁衍了。现在天底下就只有你们两个人,你们成亲吧!"你想,这姐弟二人怎样能成亲呢!无论如何他们不肯同意。石狮子说:"在前边那两座山上各有一扇磨,你们二人站在两个山头上,从山上把石磨往下滚,如果这两扇磨能合在一起,就说明你们该成亲;若合不在一起,你们可以不成亲。"两个人没有别的办法,就只好爬上了两个山头,各人推起一扇石磨,只听狮子喊声"一、二",两人同时放手,两盘磨骨碌碌滚下山来,不偏不倚,正好齐整整合在了一起。两人就只好成了亲。

又过了些年,他们生了儿子、女儿,一代一代地繁衍下来。有一天,石狮子找到他们:"天底下这么大地方,这样生儿育女太慢了,咱们一起做泥人吧!"两人听了很高兴,他们就动手捏起了泥人,这样的泥人做得很快,做好了就放在太阳下面晒,晒干了就收到石洞里,过了些时候,泥人就活了,他们蹦蹦跳跳走下山去,他们越来越多,越做越快。有一天,他们忙了一整天,做了很多泥人,天快黑的时候,刮起了东北风,他们怕泥人被风吹坏了,就用大冰块挡住了东北风,所以后来一刮东北风就特别寒冷。紧跟着老天爷又下起了大雨,他们赶快往洞里收泥人,怎么也收不及,就用大扫把扫起来,有的扫掉了胳膊,有的碰断了腿,有的碰坏了眼睛,有的撞掉了耳朵。所以现在的人就不是那么齐全,缺胳膊少腿的,聋子、瞎子,什么样子的都有,这就是那时候留下的。我说的你不信,可以搓一搓你身上,洗得再干净也有灰,泥人泥人,怎么都洗不干净的。

讲述人:姚桂英,女,60岁,小学毕业,农民
采录整理:陈书亮,男,42岁,大学毕业,干部
采录时间:1987年10月
流传地区:正阳县东部地区

【点评】

本篇是流传在正阳县的,"洪水后遗民再殖人类"神话遗存。它比较接近原始形态,有一定代表性。

其中的主要特点:①属"灾难重演型"神话。②主人公为姐弟,姐种地,做家务;弟弟上学。③灾难原因:天塌地陷,洪水滔天。④保护神是村头一破门楼前的石狮子。灾前让弟弟送馍。灾难到来,二人躲进石狮肚里。⑤灾后,石狮子教姐弟到山上住山洞里,采野果度日。石狮又让姐弟滚石磨占卜成亲。⑥姐弟婚后生儿育女,繁衍人类。⑦石狮嫌男女生人慢、少,让姐弟捏泥人,当时先民的生殖意识:生人与捏泥人效果相同。明显产生时间比较早。捏泥人晒干后,放石洞里就活了,不需要施巫术手段让泥人活起来,更理性化了。残疾人的出现是风雨来时姐弟扫时造成的。用冰块堵东北风,刮东北风冷。人身上洗不净灰,因人是泥捏的。

总之,本篇的各方面都比较全面,流传广泛。它可以作为中原此类变化的重要典型来认识和使用。它与正阳的《玉人和玉姐》相比较,更原始些,没有渗入后代的思想观念,特别是宗教化。它是与《玉人和玉姐》不同的类型,可以作为地区多元建构的重要论证资料。

233. 泥 人 [驻马店市]

传说有兄妹二人每天上学的时候,就拿一块馍给石狮吃。一天石狮对他们说:"再过七七四十九天就要天塌地陷,那一天你俩藏到我肚里,就可以躲过去。"这一天终于来了,他们因为藏在石狮子肚里而平安无事。其他的人都全部被毁灭了。

由于没了其他人,石狮要他们捏泥人。一个、二个、一天、两天,很多日子过去了,捏好了好多泥人在外面晒着。可有一日忽然下起大雨,他们搬不及了,就动手扫,结果人就有了残缺:瞎眼、独臂、少腿等。

讲述人:高立亭,男,46岁,汉族,小学毕业,刘阁乡农民
采录人:高大山,男,21岁,汉族,刘阁乡文化专干
采录时间:1987年6月
采录地点:刘阁乡
流传地区:驻马店地区

【点评】

本篇为流传在驻马店地区的"洪水后遗民再殖人类"神话遗存的梗概资料。

其中的主要情节虽有提及,但非口承记录的神话。这可能与讲述简单有关,但更大的可能是采录人不知道科学记录原形的要求。只凭听后,随意记个要点就成了现在的样子。

234. 泥巴人 [淮滨县]

常言道:"泥巴孩,泥巴人。"猛一听觉得稀奇古怪,人和泥巴咋连一块呢?说起来却有一段神奇的故事哩。

相传,在开天辟地那阵儿,大地上还是苍苍茫茫,杳无人烟的。天庭上有小白龙和小青龙兄弟俩,这兄弟俩心底慈善,乐做好事,决心在大地上做一番事业,让万物生灵繁衍不断,与日月同行,和大地同住,给自然界增光添色。兄弟俩主意已定,哥哥小白龙先下界来到大地上,转身变成了一个英俊的青年。他一年四季冒严寒,顶酷暑,辛勤劳动,挖土开地,整田耕种,收集、挑选能吃的植物种子,播种小麦、大豆、谷粟、蔬菜,培植果树,还把捕到的小动物圈起来喂养。暑往寒来,一年一年过去了,白龙开垦的良田一块接着一块,庄稼一片连着一片。粮食收成了,蔬菜长好了,果树成熟了,牛、羊、猪、鸡成群了,小白龙可高兴啦。不想,有一年,百日无雨,烈日暴晒,大地龟裂,眼看着活蹦乱跳的家畜家禽没有水喝,将要收获的庄稼快要枯死了,怎么办呢?这个时候,在天庭上的弟弟小青龙知道了。为了消除灾害,帮助哥哥渡过难关,小青龙也下界来到哥哥小白龙的跟前。他就地一滚,大地上出现

一条淮河,波光闪闪,哗哗流淌。有了清澈甘甜的河水,庄稼和家畜家禽都得救了。

又是暑往寒来,一年一年过去了。小白龙种的粮食堆成了小山,牛羊成群遍地跑,可是,人老不增多。小白龙想,东西这么丰盛,大自然这么美好,怎么能一个人享受呢?这使他很发愁。

一天夜里,小白龙做了一个梦,梦里一个白发老人告诉他:"遍地是泥巴,甭愁没有人。"一觉醒来,小白龙心里嘀咕着:泥巴咋能变成人呢?不管如何,试试看。于是,他挖来黄土,打来河水,细细地和成泥巴团团。小白龙望望泥巴,再看看自己,忽然想到,何不用泥巴捏成许多和自己一样的人呢?接着,他捏呀,捏呀,捏的小泥巴人一群群、一片片,多得数不过来了。这一天,突然刮起了一阵狂风,只刮得天昏地暗,日月闭光。大风过后,在小白龙的周围,小泥巴人不见了,却出现了成双成对的人儿,男男女女,个个容光焕发,有说有笑,熙熙攘攘,好不热闹,大家口口声声叫小白龙哥哥。小白龙高兴极啦!他一边同大家谈笑欢乐,一边把自己种的粮食蔬菜、饲养的家畜家禽分配给大家,又教给他们耕种田地和喂养家畜家禽的方法,让大家劳动生息,安居乐业,祝愿他们家家恩恩爱爱,世代和睦相处,共同创造美好的幸福生活。

采录整理:赵庆尧,男,干部
采录时间:1989 年 8 月
采录地点:淮滨县城关
流传地区:淮河中游一带

【点评】

本篇是流传在淮滨县的"兄妹造人"神话的"别体"。

其中主要说明,开天辟地以后,地上无人,天上的小白龙来到人间,变做青年人,开荒种地,捏泥人,繁衍人类的神话。后来,小青龙来到人间帮哥哥消除灾害,从此,有了人类社会。

主要内容与"洪水兄妹婚"神话距离较远,只可作参考资料。

235. 姐弟成亲[信阳市]

很久很久以前,某地有一个富裕人家。主人有一对伶俐聪明的儿女在离家不远的一个村庄上学。上学的路上有一只很大的石狮子。开始那两个孩子也没注意它。直到有一天那石狮子忽然开口对他们说话:"今后每天路过我面前时,往我口里塞点吃的东西吧,不拘什么吃食,你们吃什么就喂我什么!"两个孩子天真地认为,石狮子也许会感到饿吧。于是,以后每天姐弟俩上路前都要另外带些当天的吃食,走到石狮子面前时喂进它嘴里,慢慢就成了习惯。只是石狮子任凭姐弟俩喂它食物而不再开口。

有一天,姐弟俩经过石狮子时,刚要把吃食塞进狮子嘴里,石狮子忽然又开口讲话了:"赶快从我嘴里钻到我肚子中来,天下立刻要发洪水了。"当下姐弟俩来不及细想,就一同钻进了石狮子的肚里,到里面一看,却见里面非常宽广,而以前他们每日喂石狮子的食物都还好好地存在那儿,他们不久就听到外面惊天动地的轰隆声,整整响了七七四十九个日夜,这期间姐弟俩就安然地住在石狮子肚子里,饿了就吃存在那里的食物。到了第五十天,石狮子又说话了,告诉他们洪水已经消退,他们可以出去了。姐弟俩爬出狮子嘴一看,只见地上一片荒凉,人畜树木都被洪水卷得无影无踪。眼看人种要灭绝了,弟弟对姐姐说:"咱们成亲吧。"姐姐说:"按说咱们亲姐弟不能成亲,但现在我们分头去到东西的山头上,把那上面的石磨推下来,石磨若能合在一起,我们就成亲。"于是他们就照着姐姐说的那样做了,结果两扇石磨严严地合在一起。姐弟俩于是就成了亲。三年后,姐姐产下一个肉球,弟弟认为不祥,就把它扔到了野外。过了七七四十九天再去看时,见肉球还好好地在那儿。弟弟于是用刀把肉球割开,却见里面有七男七女共十四个婴孩。弟弟把他们带回家。待他们长大以后,又让他们择对成亲,人类于是就这样慢慢地繁衍起来。

还传说后来姐弟俩因见靠生育繁衍人类太慢,就着手用黄土造人。他们用黄泥捏成一个个人形,放在太阳下晒干后,对着它吹一口气,它便成为一个有生命的人。他们造了很多泥人,放在太阳下晒着,但有一天天忽然阴了,于是他们忙着向家里搬运,开始时比较细心小心,这些泥人便成了以后的贵人。但后来天越阴越厉害,眼看雨就要下下来了。他们便用木铲把泥人朝屋里铲送,终于在雨落下以前把泥人都送到了屋里,但最后因为匆忙间用铲子送,使许多泥人或缺胳膊或掉腿的,这些人便成为以后社会上的残废人。

讲述人:宋汪成,信阳县平如乡兴旺村人
采录人:宋大勇
采录时间:1987年8月

【点评】

　　本篇是流传在豫南信阳县的"洪水后遗民再殖人类"神话遗存的珍品。它比较接近原始口承神话形态。

　　其中的主要内容与同类记录相同：①属"灾难重演型"。②主人公姐弟都上学。③灾难原因：突发洪水，淹没世界。④保护神石狮子在上学路上，要姐弟送馍。灾难到来，姐弟钻石狮子嘴里避灾。下了七七四十九天，洪水灾害过去了。⑤灾后，姐弟议婚，弟弟提出与姐姐结为夫妻。姐姐说：按说不能结亲，那就滚石磨，占卜来"测天意"，磨合一起，二人结亲。⑥婚后，二人生了一个肉蛋，里面有七男七女。长大后，让他们结为七对夫妻，繁衍人类。⑦捏泥人，是因为二人嫌繁衍人类太慢。捏的泥人，晒干吹口气就成了有生命的人。后因下雨，往屋里搬时碰坏了泥人，成了残疾人。

　　值得注意的是：①本篇像其他同类记录一样，很重视中国传统民俗文化中"七"的观念含义的神圣性、神秘性。姐弟避灾七七四十九天，姐姐生的肉蛋里有七男七女。②本篇中反映的生殖意识是男女交配生人与运用巫术手段使泥人有生命是同时并存的。在这一历史阶段，两种意识并存，显然与人尚没有完全从自然中分离出来的观念有关。③在中原洪水神话中，常出现"灾难重演"的时代，应特别注意其在文献中的反映。

六、有巢氏　燧人氏　神农氏

236. 有巢氏打鹰追虎[荥阳市]

古时候,人跟野兽差不多,不仅没粮食吃,连住的房子也没有。吃啥哩? 吃飞禽走兽,天天跑着打猎。住啥哩? 在地上挖个坑,就住在坑里,一下雨就得爬出来㧄头①淋着,不出来就得在里边泡汤。这还不说,夜里睡着不安全,弄不好会被大野兽咬死吃掉。

后来,出个铁人②有巢氏,他不但个儿大力大,而且脑瓜儿灵。有一天,他用石块儿打鹰,准得很,一下把鹰打伤了。那鹰带着伤飞,他跟着撵。一撵撵到半山腰,鹰飞到一棵大树上,钻到窝儿里躲起来了。有巢氏正要上树去掏它,忽地下起雨来。他看到鹰卧着窝儿里怪美,自己㧄头受雨淋,心想:这人还不胜鸟哩,鸟都会用树枝儿搭窝儿,人就不能用木棍搭窝儿吗? 等雨一停,他爬到树上仔细看那鸟窝儿是咋搭的,然后用些木棍儿,找个地方搭起窝儿来。搭了扒,扒了搭,试了无数遍,到底把窝儿搭成了。人开始有了木房子,比住土坑强多啦。

有一次,有巢氏用石斧砍伤了一只虎,他追呀追呀,那老虎钻到了山洞里。他在石洞口儿等了好一会儿,不见老虎出来,就钻进洞里去找。他一直走到洞底儿,也没找到老虎,觉得很奇怪,只好转过头往回走。正走着,见那

图 6.236.1　有巢氏构木为巢　清《廿一史通俗衍义》(孟宪明供稿)

---

① 㧄头:直着头。
② 铁(tiě)人:此指有本领的人。

老虎从洞的旁边儿猛地钻出来,很快窜出洞,跑了。有巢氏也不追虎了,他在洞里仔细看了看,心想:嘿,这老虎比人还能啊!洞里挖洞,可以藏身,人不也可以这么办吗!就这,他又发明了窑洞,房里挖了套间。

大家见有巢氏这么能干,给人办了这么多好事儿,就叫他当各部落的总头领。后来,有巢氏又按照鸟音长短高低的变化,规定了统一的打招呼信号,人慢慢有了语言。

讲述人:赵衍生,男,64岁,汉族,大专毕业,离休干部,荥阳县王村乡蒋头村人
采录人:赵子谋,39岁,汉族,中专毕业,荥阳县王村乡蒋头学校教师
采录时间:1976年9月
采录地点:荥阳县王村乡蒋头村

【文献选录】

上古之世,人民少而禽兽众,人民不胜禽兽虫蛇。有圣人作,构木为巢,以避群害,而民悦之,使王天下,号之曰有巢氏。

(《韩非子·五蠹》)

太古之民,穴居而野处。搏生而咀华,与物相友。人无妒物之心,而物亦无伤人之意。逮乎后世,人氓机智,而物始为敌。爪牙角毒既不足以胜禽兽。有圣者作楼木而巢,教之巢居才避之。号大巢氏。

(《路史·卷五》)

【点评】

本篇流传在河南荥阳市,是关于有巢氏构木为巢神话遗存的珍品。它是口承原始神话的文本,有研究价值。

其中表现了中原腹地的原始先民智者和部落头领有巢氏,为了生存的急切需要,不能不用智慧创造衣食住行的必要条件,来获得生存的能力。有巢氏就是在与禽兽的斗争实践中,经过长期观察,从飞鹰的巢和老虎的洞穴中得到了启发,逐步从住土坑到用树枝搭屋,然后又到住山洞,从而形成后来的居室。它告诉人们:远古一个文化事象的创造发明,都是要经过长期实践、创新,才逐步达到的。

从我国古代文献上看,早在战国时代的《韩非子》一书中就有关于有巢氏构木为巢神话的记载。不过已经抽象、文言化了。而这一篇却保持了非常生动的原始形态。内容、情节丰富得多,语言也朴素、简明得多。田野作业的优点看得很清楚。

237. 有巢氏造屋［武陟县］

有巢氏成功地造起了房子。房脊说:"谁也没有我站得高,看得远,朝阳是我迎来的,和风是我招来的……"

屋基听了不耐烦:"瞎吹!我往旁边一挪,准把你摔死!"

大瓦说:"倾盆大雨,只是我能抵挡……"

横梁说:"哼,没有我来支撑,你们都得趴下!"

檩条爱说文绉绉的顺口溜:"房子纵向长,处处有我扛。稍稍有疏忽,房倒把人伤……"用诗来自吹自擂,也没人愿意听。

土坯埋怨石灰不让自己露脸,方砖向大家夸耀自己的意志是多么坚强。有巢氏止住吵架,给他们开个"座谈会"。有巢氏说:"不要光看自己的工作重要,也要看到别人的工作很重要,大家处于一个统一体中,才能够成为房子。离开了整体,你们谁都不能有所作为。自己的长处讲那么多干什么?"

大家沉默了一阵,最后都表示信服了,大家从此再不吵架了,连最爱说爱笑的杨树,一上了房子,也便不言不语地承担起自己的责任了。

采录整理:张长河

【点评】

本篇流传在河南武陟县,是关于远古有巢氏建房造屋的带有寓言性质的神话传说。它反映有巢氏用整体观念认识事物的道理。它具有流传过程中理性化的痕迹。

其中借有巢氏造屋的过程中,屋子结构各个部位对自己的重要性强调到过于突出,认为没有自己在整体中的地位和作用,房屋就失去了存在的可能。这是在人格化的表述方式中蕴含深刻的哲理。通过有巢氏的提醒和讲解才将房屋各部位的作用作了阐述,从而说明了达到统一认识、个体在整体中才能发挥出来作用的深刻教育意义。

本篇在记录中有书面化倾向,距口头语言风格较远。

238. 燧人氏击石取火［商丘市］

河南商丘县城南三里，有一个两丈来高的大坟冢，多少年来，一直受人瞻仰。直到现在，过往的行人走到这里，还都望着它肃然起敬。这个高大的坟冢就是历史上有名的燧人氏的坟墓。这儿的人们世世代代传说着燧人氏取火的故事。

据说，很古很古的时候，商丘这地方是一片山林，燧人氏就住在这里。那时候，人们靠猎取禽兽吃生肉、喝生血充饥，燧人氏经常带领人们四处打猎。

有一次，山林里突然失了火。火灭之后，有许多被烧死的禽兽，皮被烧焦了，肉被烧熟了。燧人氏捡起来一尝，真香！于是，他带领大家一下子就把烧死的禽兽捡吃个精光。熟肉吃完了，他们只得重新去打猎，仍然吃生肉、喝生血。这时候，大家觉得生肉生血没有熟的好吃，都盼望着再来一场大火。

火！火！火成为人们日夜盼望的宝贝。燧人氏带领人们到处找火，哪里也找不到。急得他吃不下，睡不着。

一天，从空中飞过来一只大鸟，扇着翅膀落在燧人氏的面前。大鸟说："太阳宫里有火，我带你去吧。"燧人氏很高兴，骑着大鸟上了太阳宫。

太阳公主对燧人氏说："你是人间的帝王，太阳宫里的东西随你挑，你要什么，我就给你什么。"燧人氏说："我什么也不要，只要火。"太阳公主说："好吧，给你一块生火的宝石，带回去吧！"说着捡了一块石头，递给燧人氏。

燧人氏接过那块宝石，高高兴兴地骑着大鸟回到人间。

燧人氏把宝石放在那里，等它生出火来。时间一天天地过去了，怎么也不见那宝石生火。燧人氏望着面前的宝石说："原来太阳公主骗人哪！你这宝石既然不会生火，我还要你干什么？"他抓起那块宝石，使劲朝一块石头摔去。这样，只听"嘭"的一声，火花四溅，燧人氏恍然大悟，接着就用击石的办法取火，成功了。

图 6.238.1 燧人氏钻木取火 清《廿一史通俗衍义》（孟宪明供稿）

从此，人们才开始把猎取的食物放在火上烤着吃。

燧人氏击石取火为人们造了福，百姓都敬仰他。传说他活了一百多岁。死后，人们给他修了个大墓，至今还保存着。

讲述人：刘初立　陈肃
采录整理：刘秀森

图 6.238.2　商丘燧皇陵牌坊（程健君摄）

图 6.238.3　商丘燧人氏陵（程健君摄）

【文献选录】

上古之世……民食果蓏蚌蛤,腥臊恶臭而伤害腹胃,民多疾病。有圣人作,钻燧取火以化腥臊,而民说之,使王天下,号之曰燧人氏。

（《韩非子·五蠹》）

钻木燧取火,教民熟食,养人利性,避臭去毒,谓之燧人也。

（《白虎通义·德论》）

燧人氏夏取枣杏之火。

（《艺文类聚》卷八七引《九州论》）

古者茹毛饮血,燧人初作燧火,人始燔炙。

（《古史考》辑本）

燧明国有大树名燧,屈盘万顷。后有圣人,游至其国,有鸟啄树,粲然火出,圣人感焉,因用小枝钻火。号燧人氏。

（《太平御览》卷8731《王子年拾遗记》）

燧人始钻木取火,炮生为熟,令人无腹疾,又异于禽兽,遂天之意,故为燧人。

（《太平御览》卷7831《礼含文嘉》）

燧人上观辰星,下察五木以为火。

（《太平御览》卷8631《尸子》）

【点评】

本篇流传在河南商丘,是关于燧人氏取火的中原原始神话的珍品。它比较接近原始形态,有重要研究价值。

从多处文献记载上看,燧人氏钻木取火,有使民吃熟食,去除腥臊、恶臭之功。火的使用是人类生存、生活的一次革命,影响巨大。在中原地区,民间流传此神话的地区集中在商丘。据王嘉《王子年拾遗记》记载:"燧人观辰星,下钻木取火。"辰星就是在商丘天空出现的。

值得注意的是:燧人氏究竟如何取火?尚有异议。据今天的科学家研究,钻木取火,几乎是不可能的。即使用最先进的技术和最好的钢材做的钻头,转速最高的技术,仍从木头上钻不出火来。而本篇所说的自然火(雷电击中木起火)烧掉树林,(也可能是狩猎中用石头相击起火)则是合乎客观规律的。这就提高了人类对火的认识的可能性和科学性。

尤其本篇中所说的神鸟驮燧人氏去太阳宫取回火石,又在偶然碰火石中得到火的神话,才真正说明了火产生的原因。在原始人看来,火非人间所固有,而是来自太阳宫,这符合原始先民的思想,火是神圣的天物。

239. 龙虫、虎虫、凤凰虫[淮阳县]

传说,神农不是凡人,他能上天面见南海观音。

神农见了南海观音,拿着观音给他的鞭,在大地上乱打鞭,结果世上就长出来药草了。原先,神农愁着世上的人有了病没草药吃。这么一来,他不愁了。

神农自鞭了药,天天愁人吃的事。他品了几番,要再去天上求助。

神农来到了天上,天宫的守门不叫神农进宫。神农苦苦哀求,后来到底见到天帝了。天帝问神农:"神农,你给我说说世上有啥难吧!只要你说出来了,我想法给你办。"神农对天帝说:"打从天塌地陷以后,世上光秃秃一片。后来,有了药草,世上再也不愁有了病没药吃了。"天帝听了神农的话,觉得世上的人也该有吃、穿、住的呀!他又问神农:"你那儿还有啥难?"神农说:"天帝,您不知道呀!世上的人都缺吃的,天天为这发愁。"天帝说:"神农,你不要为这发愁了。"

天帝说罢,随即命人取了小瓶子交给神农。神农接过瓶子,赶紧拜谢天帝,天帝又对神农说:"这瓶子里装了龙虫、虎虫、凤凰虫①,待你回去,把这三只虫取来放到事先收拾好的土里,过一段时间,能长出人要吃的粮食——麦子。收了这代种那代,代代相传,还愁人没吃的?"

神农别了天宫,回到人间。他按照天帝的嘱咐去做了,果真长出了麦子。从此,麦子在大地上代代相传,直到如今。

人们至今还流传着麦子的演变歌谣呢?"一龙一虎一凤凰,天帝叫它下天堂,亏得神农收留他,为人造福源流长。"

讲述人:梁加秀,男,73岁,农民
采录人:张华,男,24岁,高中毕业,农民
采录时间:1988年3月10日
流传地区:淮阳

---

① 龙虫、虎虫、凤凰虫:即是麦蛾虫、麦牛子、麦蚱子。

【点评】

本篇流传在淮阳县,是"神农上天讨粮"的神话遗存。其中虽有佛、道思想痕迹,但仍比较接近民间口承神话的特色。

其中所透露的我国传统"天人合一"的观念比较突出。人间的粮食(小麦)最早是由天帝赐予的。在洪荒的远古,原人尚不懂亲自耕作的情况下,对粮食产生的认识是神秘的。而掌握文化知识和智慧的只有天帝。因为是神创造了世界,也创造了人。这种观念贯穿于原始神话的方方面面,如南海观音给人间医药、天帝给人间麦子等。

本篇的粮食作物(麦子)是我国北方中原的特产,中原几千年来都是我国小麦主产区之一。

天帝给神农的龙虫、虎虫、凤凰虫,正是麦子经常产生的虫子,他们也都是小麦的象征。

值得注意的是,本篇中的神农氏无疑是天神之一,又是人间的部落酋长。他是人也是神,他的作为还限制在神祇传达天意的范围。

240. 神农播五谷[沁阳县]

人们都知道太行山谷子最好吃,每年秋后都要到太行山区买一些小米滚汤喝。说到太行山谷子,还数神农坛西边百草洼的谷子最地道。

古时候,神农在百草洼里采野果,尝百草,抬头看见一只全身赤里透黄的小鸟,衔着一株野禾飞来,落在一块石头上,一面咕咕地叫着,一面啄食那野禾上的籽粒。神农跑过来,小鸟飞了,地上剩下半截禾穗,籽粒撒了一地,他拾起来一看,这籽粒圆圆滚滚,红中透亮,玛瑙一般,放嘴里一嚼,又香又甜,怪可口,就带了回去。

隔没几天,神农又路过那里,发现地上没捡起来的籽粒全都生根发芽,长出毛茸茸的小叶。就想,这小草能不能长成禾穗,我得看看,他蹲下去把其他杂草薅了薅,走了。

真是春种一粒粟,秋收万颗籽。神农不断地到那里查看、薅草,到秋天竟然收了好多禾穗。他把籽粒搓下来,放在锅里煮熟吃,香气扑鼻,吃这碗想那碗。

神农就用树木制成木犁,把石头制成石镢、石刀、石镰,并且点火烧荒,掘井取水,教人们种禾粒。这一年风调雨顺,到秋天收获了好多。人们饱饱地吃了一冬,个个体壮力强,没灾没病。春天,神农叫人把剩下的籽粒种下去……就这样,人们年年春种、夏锄、秋收、冬藏,循环往复,过着安乐的日子。

因为这种禾穗是咕咕鸟衔来的,就取名叫咕咕穗,后来人们叫转了音,叫成了谷子,又因为是在百草洼最先种植的,所以又叫百草洼谷子。

采录整理:张子维 黄中富

图6.240.1 神农像 明《历代古人画赞》(孟宪明供稿)

图6.240.2 明刊本《三才图会》中的神农(程健君供稿)

图6.240.3 滑县木版年画"田祖神农"线板,也称"场神"(程健君供稿)

图6.240.4 滑县木版年画"田祖神农",也称"场神"(程健君供稿)

图 6.240.5　开封木版年画中的神农田祖（程健君供稿）

【文献选录】

炎帝神农氏，姜姓，母曰女登，有娲氏之女，为少典妃，感神龙而生炎帝，人身牛首。长于姜水，因以为姓。火德王，故曰炎帝。以火名官，斲木为耜，揉木为耒。耒耨之用，以教万人，始教耕，故号神农氏，于是作蜡祭，以赭鞭鞭草木，始尝百苹，始有医药。又作五弦之瑟，教人日中为市，交易而退，各得其所。

（《补史记·三皇本纪》）

神农和药济人。

（《世本·作篇》茆泮林辑本）

故炎帝于火，而死为灶。〔高诱注：炎帝神农氏以火德王天下，死托祀于灶神。〕

（《淮南子·氾论训》）

神农城在羊头山，山下有神农泉，即神农得嘉谷之所。

（《元和郡县志》卷 15 引《后魏风土记》）

神农作树五谷淇山之阳。九州之民，乃知谷食，而天下化之。

（《管子·轻重戊》）

【点评】

本篇流传在河南太行山区黄河北岸沁阳县,是神农发明粮食作物(谷子)种植的传说。它比较接近原始形态。其中所传播的我国北方中原黍(谷子)麦文化区的先人为生存所进行的艰苦奋斗精神,令人感动。

神农氏之得名,就在于他是开发我国农业文化的先祖。他从生产实践中创造人生存第一要义的粮食。这一点,不仅文献上史不绝书,而且在民间所流传的此类神话遗存更是丰富多彩,引人入胜。

这里值得注意的是,其中所反映的原人尊天意识是非常突出的。那就是,一切文化知识都是由天神所据有的,本篇中衔谷禾的神鸟,就是传达天意的使者。人只能利用这种知识为人类造福。原始人对新事物的发明和认识,往往要有一种机遇。这种机遇不少都是从禽兽的活动中得到的。有巢氏从鸟巢、兽穴中得到启发,构木为巢和掘山洞使人有了居室,伏羲从蛛网中得到启示发明网罟,等等。可见原人的智慧和创造发明离不开观察客观世界。

241. 神农种五谷［淮阳县］

据传说,古时候没有五谷杂粮,人全靠打猎、捕鱼充饥。后来世上的人越来越多了,吃的成了大难题,人们经常饿肚子,天天为吃的发愁。

那时候有个名叫神农的人,他长得又高又大,箭法很好。一天,他站在一个高岗上,抬头看天,想打个鸟儿充充饥。忽然,天空闪一道金光,有个浑身通红的鸟飞了过来。神农正要拉弓射箭,只见那只鸟嘴里衔一样东西。那鸟在神农头顶上空蹓了一圈儿,大叫一声丢下嘴里衔的东西,向高空飞去。神农把那只鸟丢下的东西拾起来一看,是一根草穗,上面结有五样籽儿,有大有小,有长有圆,有红有黄。神农把这五样籽儿都摘下来,分别种到五个地方。

过了一些时间,那些籽儿都发芽了,长叶了,结籽儿了。神农一样一样放嘴里尝尝,好吃。这五样籽儿就是现在的麦子、稻子、谷子、豆子、高粱,总称五谷。

神农把五谷分给大家,叫人们分头去种。从那儿以后,人们算是不愁吃的啦。后辈人为了不忘神农的功德,把神农原先种五谷那个土岗叫神农台,也叫五谷台,还在那儿修了庙,年年都有很多人去朝拜烧香。现在神农庙没有了,不过那个地方还在,就在淮阳城东北角,离城有十来里。

讲述人:施道连,男,43岁,淮阳县白楼乡施庄学校教师

采录人:杨复俊,淮阳县文化馆干部

采录时间:1986年4月

采录地点:淮阳县文化馆

【点评】

本篇流传在河南中部淮阳县,是神农种粮食同一母体神话遗存的珍品。它接近原始形态,有比较鲜明的地方特色。

其中不同于沁阳语系的地方,主要在于神农不是单种谷子,而是从神鸟衔来的谷禾穗上发现了五种粮种稻、麦、黍(谷子)、菽(豆)、高粱等,总称五谷。神农把这五种粮种种到五个地方,长出五种粮食,再让人们种下地去,从此人们有了食物。

从文化意义上看,地域偏南,开始有了稻子,这和地域气候有关。人们的食物品类也更多样化。

从原人的神话意识来讲,神鸟同样具有人格化的色彩:神鸟飞来,长叫一声,把禾穗抛下,向蓝天飞去。这是因为有一切知识、智慧都在天神手里,人们的文化多由天授的思想在其中。神农种五谷的过程,也是人类长期试验成功的结果。同时,这里也体现了"一切科学技术的发展史,最初都要经过一个神话阶段"的真理。最早,文化创造都是神秘的。

242. 五 谷 台①[淮阳县]

五谷台是炎帝神农教天下万民种五谷的地方,与太昊伏羲陵相邻,坐落在淮阳城东北十里处。

传说,古时候,人越来越多了,吃的东西往往很难弄到。人们到很远的地方,去打猎,去捕鱼。这样,还是天下大饥。吃,成了天下的大难了。

有一个名,叫石年的人,立在一个高台上,正抬头望着蓝天。他巴望着能从云端飞来一群大雁,射了,饱饱肚子。

这时一道金光闪烁在蓝天上。石年看到一只周身通红的鸟向他飞来。他搭箭正想拉弓,忽然发现鸟的嘴里衔着一个东西。那鸟展翅在他头顶盘旋了一圈儿,长

---

① 五谷台:又称神农五谷台,今存河南淮阳城东北十里处。古来百姓朝祭神农的地方。

鸣一声,丢下嘴里衔的东西,消失在蓝天中。

那东西在空中飘啊飘啊,慢慢落在地上。石年拾起来看了,是一根长长的草穗样的东西。他用手揉了,舍不得吃一粒,分为五撮种在五个地方。

不一会儿,出芽了,长叶了,结果了。那果实,有黄的,有红的,有长的,有圆的,有大的,有小的。石年一样一样采了,用手揉了,放到嘴里嚼着,香喷喷的,甜丝丝的。他从没有吃过这么好吃的东西。

石年很高兴。他把果实全都收了,按大小、形状和味道分了五种,分别给起了个名儿,叫作稻、黍(黄米)、稷(高粱)、麦、菽(豆)。这就是五谷的来历。

石年又按种类种在泥土里,五谷在阳光雨露里又长出了丰硕的果实。

石年把五谷带给兄弟姊妹们尝了,没有不叫美的,人人吃不够。石年笑了,说:"还想吃?有。不过,得动手,只消把五谷种子埋在地里,很快就会收获的。"

石年教人们种五谷的法子,人们记下了,照石年的法子办,果然有了可喜的收获。

天下人学会了种五谷,再也不愁吃了。人们不忘石年的恩德,尊石年为"神农"。把神农教天下种五谷的那个高台,叫作神农五谷台。

讲述人:施道连,男,农民
采录人:杨复俊
采录时间:1984年4月20日
流传地区:淮阳

图 6.242.1　淮阳神农五谷台(2013 年程健君摄)

图 6.242.2　淮阳五谷台内的神农殿（2013 年程健君摄）

图 6.242.3　淮阳五谷台内的神农像（2013 年程健君摄）

图 6.242.4　淮阳五谷台内的五谷奶奶塑像（2013 年程健君摄）

【方志选录】

五谷台,相传,神农种五谷处。

(《淮阳县志》)

【点评】

本篇属流传在淮阳县的"神农种五谷"同一母题的神话遗存珍品。它是以淮阳为中心的神农文化区此类作品的典型。

它与《神农播五谷》相比较,具有如下的特点:①神农氏原来叫石年(别处不曾有过),因他教人学会种五谷,解决了人生第一要义的生存食用问题,所以才被尊为部落酋长神农氏。②在淮阳县东北十里有五谷台,就是神农教民种五谷的地方,这个遗迹证明:神农建都陈(淮阳),他在中原进行了农业大开发的神圣事业。至于陕西、湖北的炎帝文化当属神农后裔裂变分支的文化。因此,淮阳的神农文化在全国就具有中心地位。③本篇神鸟送五谷禾穗,由于各种粮籽儿的形状、大小、颜色不同,神农氏先分别尝过后,分开种在五个地方,然后出芽,长叶,出穗,进而长出五谷。与另一篇记录有差异:先把禾穗分五处种下收获后,再分五种粮食。似乎前一种更为合理,如不事先分清,就会杂交、混乱粮种。

243. 乳血育五谷 [商城县]

每当五谷杂粮快要成熟的时候,只要你随意掐开哪一粒都会看见有乳汁般的液体流出。而在很久很久以前,可不是这样的。

相传,神农氏发现了能食的五谷杂粮后,人们就以食用五谷杂粮为生。但它们只能叫人不饿,很难使人们身体强壮。为此,神农氏的曾孙女非常着急。

这一年,正当新禾秧要出穗的时候,禾穗儿仍然很干瘪。神农氏的曾孙女心里焦急得像火烧火燎,天天都在眼巴巴地望着天空,但她只能干着急,怎么也想不出什么办法来。于是她陷入苦恼之中,直到她身上背的孩子饿得哭起来时,才想起该给孩子喂奶了。就在孩子吃奶时,有一滴奶汁掉了下来,正好滴在身边的禾秧上,不料这禾秧却勃勃有生气,立刻旺盛起来。她高兴极了,赶忙放下孩子,一滴一滴地挤着自己的奶汁、一棵一棵地孕育着田里的禾苗,直到把乳汁遍洒了田间。

渐渐地乳汁洒尽了,再挤出来都成血水了,但她仍然不断地挤着……

从此,五谷杂粮快到成熟的时候,都饱含着神农氏曾孙女的乳汁。现在人们把这段时间称作"灌浆"季节。

讲述人:黄自秀,女,45岁,商城县李集乡农民
采录人:姚仁奎
采录时间:1989年5月
采录地点:商城县李集乡

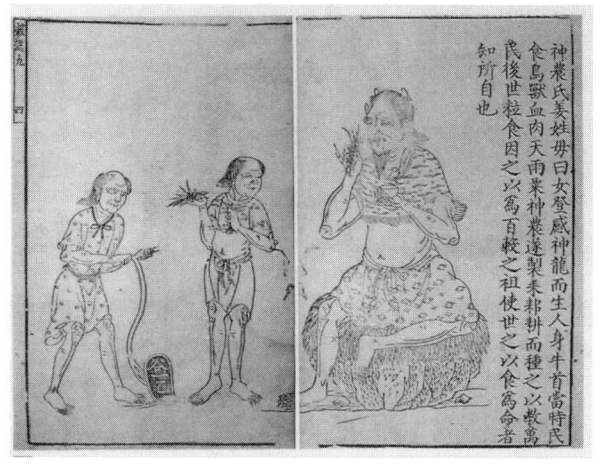

图6.243.1 神农教稼图 元《农书》书影(孟宪明供稿)

图6.243.2 神农教民 明《盘古至唐虞传》版画(孟宪明供稿)

图 6.243.3　神农教民稼穑　清《廿一史通俗衍义》版画（孟宪明供稿）

【点评】

本篇流传在河南信阳地区商城县，是关于神农氏的曾孙女为改进五谷杂粮而用自己的乳血育五谷，改良品种的动人神话遗存珍品。它接近原始形态，对研究农业改良品种有参考价值。

其中的重要文化价值在于：①农业改良品种，增加营养成分，这是长期坚持的科学研究工作。从神农氏开始到他的曾孙女，几代的努力，才达到较好的效果。②乳血育五谷，讲的是有一次神农氏的曾孙女用奶喂孩子时，流出的乳汁滴在禾苗上，出现了神奇的效果，从此五谷在成长过程中可以被挤出白水，农民称之为"灌浆"的过程，然后，粮籽儿才能养分充足。这虽无科学根据，但有一点是肯定的，那就是要在五谷成长旺盛期，加强施肥和田间管理则是科学的。自然，人们不可能用大量乳汁和鲜血去滋育五谷，但其中蕴含的种田必须讲究地力肥壮，庄稼自然籽粒饱满，养分充足，出现"灌浆"的情况。当然，本篇的启示作用是明显的，其赞颂先祖为农科事业献身精神，更具有教育作用。

244. 神农降牛 [豫中一带]

传说神农就是农业上的神,是咱种田人的祖师爷。

在很古很古的时候,人都不知道庄稼是啥样子,草和庄稼长在一起,分不清啥能吃啥不能吃。那时候的人只知用石头或木棒打个兔子,打个狗熊,剥扒剥扒,吃生肉;上树摘个果子,过着食不果腹的日子。

后来,神农氏出世了。他力大无穷,老粗的树,一伸手就拔出来了。他把树叶捋捋,树皮剥剥,拧成了一条鞭子,"啪啪,啪啪",把地上长的各种树木花草都赶到大地的另一边。然后挨个地尝尝,把能吃的放在一边,把不能吃的放在另一边。结果选出了五谷杂粮。有高粱、玉米、谷子、小麦、大豆……选好了,他把人们叫到一起,教给人们咋样种庄稼,咋样收庄稼;哪些能吃,哪些不能吃。

说来也巧,刚刚教完,天上就下起"谷雨"来了。各种各样的粮食种子纷纷掉在地上。人们就把这些种子收拢起来,开始按照神农教的法子种起庄稼来了。

庄稼种下去后,天大旱,庄稼苗都快干死了。人们没有办法,又去找神农。神农就拿着神鞭的把儿在地上一连戳了几个洞。一会儿,洞里就往外涌出了清清的泉水。水流进田里,庄稼就又都活过来了。

眼看着到了秋天,庄稼就要熟了。这时候,突然地里跑来一个头上长着犄角的怪物,在地里乱盘腾,见庄稼就咬,就吃。人们害怕,又去找神农。神农跑来一看,啊,原来是牛魔王偷偷下界跑到地上来了。

神农举鞭就打,牛魔王吓得扭头就跑,边跑还边吃庄稼。牛魔王一口咬掉一棵高粱穗,神农赶上来一鞭把牛魔王的嘴打流血了,所以直到现在高粱穗都是红色的。牛魔王又去吃玉米,刚把一棵玉米吃得剩下两个穗儿,神农又赶上来,一鞭甩去,把牛魔王的右角打弯了,牛魔王疼得赶紧跑了,所以直到现在玉米大都是只长两个穗儿。牛魔王又跑到谷地里去吃谷子,刚咬住谷穗,神农一鞭打来,又把牛魔王的左角打弯了。牛魔王疼得赶紧又跑了,而谷穗直到现在尖上都没有谷粒。牛魔王跑呀跑呀,跑到了豆地里,刚张开嘴要吃豆子,神农赶上来用力一鞭,只听"啪!——哗啦"一声,把牛魔王的上牙全给打掉了。这一下牛魔王疼得"哞哞"直叫,再也不敢乱吃庄稼了。

神农抓住了牛魔王,用根棍往它鼻子里一插,牛魔王就现了原形。原来是一头大牛。只是角也弯了,上牙也没了。神农对牛魔王说:"你就留下老老实实地帮助人种地吧。要不,还用鞭子抽你!"

牛魔王望望鞭子,又用舌头舔了舔上嘴唇,心里又害怕,又不情愿,就说:"好是好,就是这地方蚊蝇太多,我怕叮。"

神农说:"那不要紧,我给你一把蝇甩子。"说罢,递给牛魔王一把蝇甩子。牛魔王无话可说了,接过蝇甩子往屁股后一插,就乖乖地跟着人走了。从此,人们就用牛来耕作,种起庄稼来了。人们感激神农帮助他们掌握了种田的本领,就尊神农为农业上的神仙了。

讲述人:张智杰

【点评】

本篇是流传在河南中部关于神农教民种庄稼和降牛的神话遗存珍品。它具有原始民间口承神话形态的特点。

其中的重要史前文化价值为:①神农作为中华民族的农业始祖神,具有超凡的神力。他自制的树皮神鞭,可以驱赶花草、树木,供他选出人类最初的五谷杂粮,从此有了农业的基础。②神农教天下人播种、管理收获粮食。从此,有了一套完整的农耕文化技术。③神农以神鞭驯服了牛魔王,使这头老牛为人们耕地,从而解决发展中原农业的关键——畜力资源问题。这一系列农业文化发展问题(含水源等)的解决,就大大促进了世界东方文明的发展,为世界文明做出了巨大贡献。正因为牛在中国古代农耕文化中具有举足轻重的地位,所以就愈显示出本篇神话的科学价值的不一般。许多神话都与牛有关不是偶然的。另外,可注意的一点是神农降服牛的过程,也是人与天宫恶神牛魔王斗争胜利的表现。神话中天神与人类作对的神幻故事,不胜枚举。而这一篇则是围绕天神与人类在争生存的过程中,要不要发展农业的问题,它是关系人类生存的头件大事。因此神农的获胜,既有"人定胜天"的思想在闪光,也有人类智慧者敢于向天神抗衡并取胜的重大意义。此外,本篇也有解释牛的形体特征来源(幻想的)的动物神话性质。

245. 镢头沟传奇[沁阳县]

从轩辕访贤台通往山西的栈道往北走,翻过大长岭,便来到镢头沟。这里地域开阔、土质肥沃,各种农作物生长茂盛,养活了不少炎黄子孙。

相传神农氏在百草洼得到谷种后,找地方种下,收了不少谷子。他舍不得吃,就想多开一些荒地,多种一些谷子。可是百草洼里到处都是名贵药材,摸摸哪个都心疼。他不忍心把这些奇花异草毁掉，就翻山越岭来到这里。神农氏看一眼满山沟的野草灌木，绿油油旺生生；再抓一把黑土，湿漉漉油腻腻，是播种谷子的好地方。

于是，他就召来子子孙孙，有的用手刨，有的用石块砍，还有的用木棍剡。从春天一直干到夏天，眼看秋天快到了，开出来的地方还是不大点。

那神农氏看看劳累不堪的儿孙们，再看看满坡荆棘丛生，不由得愁上加愁，心慌意乱，一阵眩晕，跌倒山坡，昏了过去。蒙眬之间，他觉得自己身轻如燕，飘飘上升，不一会儿便来到凌霄宝殿。

玉皇大帝道："你决心干到头，必获利器，快下去继续干吧！"说完，将神农推下天庭。

那神农受这一惊，翻身坐起，原来是一场噩梦。他醒来以后，精神倍增，就率领子孙们继续拼命地刨地开荒，刨着刨着一大丛灌木横在前面，根很深拽不动。他就招呼所有的子孙，有的刨，有的拽，一起动手，不大一会儿工夫，"轰隆"一声，灌木丛被连根拔起，根下露出了一个细长的石头，神农氏拿出来一看，石头一头还有个钩，拿出来往地上一刨，钻地多深，怪得很。

神农氏联想梦中情景，认为这就是利器。于是，他就和孩子们一起仿造了许多同样的石器，每人分一把，继续开荒。

就这样，他们开了十八天荒，造了十八亩地，种了十八亩谷。秋收以后，整整打了十八担。当地流传的"立秋十八天，种谷十八亩，收谷十八担"就是从这说起的。

神农氏忆起当初梦中玉皇大帝的话，就给这种开荒利器取名"决头"，给这个山沟取名"决头沟"。到了青铜器时代，人们模仿"决头"的模样打农具，就改名为"镢头"，"决头沟"也就改为"镢头沟"了。

采录人：张明　任能政

【点评】

本篇流传在沁阳市，是关于神农氏为开发中原农业而创造发明耕地工具的艰辛过程的神话遗存珍品。它比较接近民间口承原始形态。对研究我国原始农具的发展史，有参考价值。

其中讲原始社会人类，在农耕中如何发明石器到后来使用铜器的过程，何等艰辛。马克思说：人不同于动物之处就在于能制造工具，在劳动中创造世界。镢头、锄头等利器出现，并延续使用几千年，创造了灿烂的中华文明，就体现了这个道理。

本篇神话里，"镢头"的发明，仍是天帝梦中启示神农的，只要"决心干到头"的隐语，促使神农在开发荆树丛时，从树根下找到了石器。故按天神的意旨取名"决头"。后来在铜器时代末叫"镢头"。这说明当时,一切文化、知识、技术、智慧都在天帝那里。往往由于人类向天神祈求,才赐与人间,人与神是互通的,单纯人的活动是不能改变生存和生产条件的,这正是"人和世界都是由天帝主宰"的观点。但同时,许多科技的发明,又都是由人类的具体实践、劳动才得以实现的。这也正是我国上古传说的"天人合一"观念的体现。

本篇的产生、流传地点在太行山区镢头沟,更可证明它的神圣性和可信性。

246. 铲草兴锄[桐柏县]

神农氏的时候,种庄稼很简单,庄稼种上后,地里长了草,人们拿着石片,在庄稼地里走着敲着。嘴里喊着"草死,苗长。草死,苗长。"草就死了,苗就长起来了。就能有好收成。

又过几代,人们慢慢变懒了。天热时,用绳子把石片吊在树上,人们坐在树荫下敲着。喊着:"草死,苗长。草死,苗长。"再喊,草也不会死了。人们再拿着石片走着敲着喊着,草再也不会死了。没办法,人们拿着铲子,到地里铲草。晌午,地晒干了,使大劲儿才能铲掉草。猛一使劲儿,铲子脖弯了,翻过来扒,比铲着还得劲。现在的锄就是在那个样子上兴起来的。

讲述人:孙文林,男,50 岁,农民
采录整理:梁士东

图 6.246.1　百姓采草　明《列国前编十二朝》版画(孟宪明供稿)

【点评】

　　本篇流传在豫南桐柏县,是关于神农氏之后人民如何发明农具的神话遗存。对认识原始农具的功能,有一定价值。

　　其中所透露的最原始的铲草工具,还带有巫术手段所起作用的成分。人们只要拿起石片在苗间一敲,口里喊着:"草死,苗长。"草就全死了。这是原人相信巫术力量和理想产生完善农具心愿的反映。后来,也由于不勤快,巫术也不能在石片铲草时起作用了,其中有天神惩罚的意思。最后,人们还是在用铲子铲草时,因用力过大,铲把一弯,反而成了得心应手的除草工具。这是原人长期科学实践的胜利。

　　此篇对研究原始农具演进有一定参考意义。

247. 神农涧 [温县]

　　古时候,有一部落首领姓姜,名炎帝,他勤劳勇敢,心地善良。启蒙种五谷,耕而食,织布衣,寻草药医疗民疾。当时温县一带流行瘟疫,又叫"大家病",害得人面黄肌瘦,整日卧床不起,死了很多人。一天,神农走访路过这里,发现四处没人烟,田地荒芜,很是纳闷,就勒马停步,和同伙们一齐察访情由。当时见到一位老者,手拄拐杖,一步三哼,无精打采地走过来。神农迎上前问道:"此地出了甚事,无人耕田,寂静一片?"老者不答。神农又问:"是贼盗行凶,说出我除;是疾病缠身,言出我治。你为何不答呀?"老者哼哼唧唧了半天,说:"自从这里大家病传开,求神不济于事,求鬼死人更多。你今天问我,你要能治好我的病,我把你当天敬。"神农一听知道众人治病心切,只好安慰老人一番。他以后每天上山爬坡,翻沟越岭,口尝百草,细研药性,遍地找不来治大家病的除根药。一天正在外出行走时,他低下头一看,发现这里土地潮湿,弯腰抓起一把土,用舌尖尝了尝,又苦又涩,吐口唾沫说:"这里土地潮湿,一片盐碱,看来,只有改变地形,疾病才能根除。"神农随手抽出宝剑,狠狠地在地上划了一刀,突然响了一声巨雷,地面出现了一道深涧,涧底淙淙流水,雾气从涧底冲天而上,地皮马上干了。神农微微一笑,又找着那老者问:"现在你觉着你的病怎样?"老者仰天一看,风和日暖,地生瑞气,身爽病除,急忙跪地向神农磕头,转眼间神农化作一股白气不见了。

　　从此,这里患大家病的人都好了,念念不忘神农,就把这个地方起名叫"神农涧",一直传颂到今天。

讲述人：张振怀

采录人：石平君

【文献选录】

神农涧在卫辉府温县，神农采药至此，以杖画地，遂成涧。

（明·陈仁锡《潜确（居）类书》卷三一）

【点评】

本篇为流传在河南温县的"神农氏为民治病"的神话遗存。从记录的文字来看，距离民间口承神话形态有一定距离，但仍可作为神农神话的重要资料之一。

其中所反映的原始文化信息主要是：神农在实际观察中，得到治理当地引发瘟疫（大家病）的瘴气的方法，用开沟排除地面湿气，使空气干燥后，自然病除。这是原始人在实践中摸索治病方法的可贵成功尝试。

其中，神农氏用剑一划，地上就出现大深涧的神幻意识，自然是神话所特有的。"神农涧"地名的由来，既是人们怀念神农的功绩，同时，也是此神话的真实性和神圣性的见证。

248. 神农氏尝百草［郏县］

神农氏是张茅黎山人。

天地开辟，世上粮草不分。人上到山上摘吃野果，打吃野虫，下到河里捞吃鱼、鳖、虾、蟹。野果、野虫、鱼鳖虾蟹越吃越少，人忍着肚饥，都寻不着吃食儿。

神农氏看见有的野虫吃草，也学着吃草，有的草好吃，有的草不好吃，吃多啦，觉着有些草的种子最好吃，这就是五谷。神农氏把五谷指给人，教人收吃五谷的种子。越吃五谷越少，要是吃绝了根，人还是受饿。

黎山南边有片平地，五谷长得多，神农氏除掉别的草，专门留下谷子。收的种子吃不完，散给人都种，人跟着神农学会了种五谷。

神农氏教人种五谷，先从山顶上种起，一直种到山底下，至今，郏县大大小小的山顶上都还有一层层的梯田。

黎山南边那片平地，就是现在张茅乡的小南原。因为这儿的谷子最早最好，朝朝代代朝廷娘娘坐月子,都要郑州的州官、县令进贡这儿的小米,熬汤喝,补养身体。

开始吃五谷,人肚里不舒服;开始种庄稼,要顶着晒日头爷,暑热难受,人身上不舒服,都病倒啦。神农氏自觉照一样五谷吃多了,肚里难受,再换一样就不要紧了。教人也轮换着吃五谷。有时候身上不舒服,有了病,无意中吃了一种草,就能好一些。神农氏教人有病了也吃那种草,时间长了,人都知道了啥病吃啥草,这就是草药。还有些病,不知道该吃啥草,神农氏又一样一样地吃没吃过的草,把山上的草都吃遍了。吃到山芝麻,嘴都嚼烂啦,血流到山芝麻上,所以山芝麻的根是红的,是神农氏的血渗进了,山芝麻也叫血参。

这就是神农氏尝百草,教人学种五谷,让人认出了草药。

为了报答神农氏对人们的恩惠,郏县成为古焦国时,神农氏的后辈被封为焦国首领。

讲述人:杨存治

采录整理:杨军茂　刘邦项

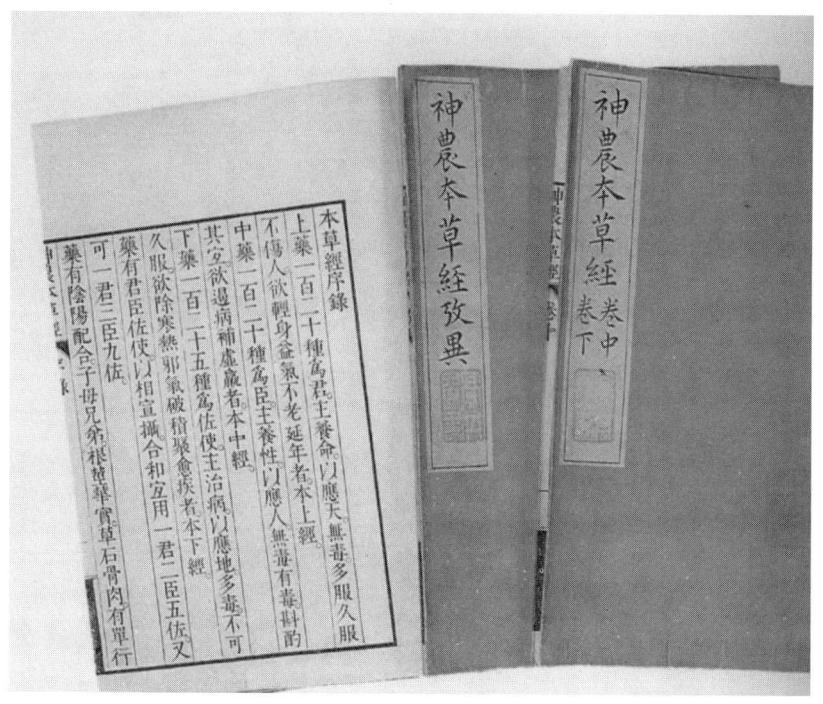

图 6.248.1 《神农本草经》辑佚本书影(孟宪明供稿)

图6.248.2 神农尝药图 古代佚名氏画（孟宪明供稿）

图6.248.3 神农尝药图 明《开辟衍绎通俗志传》（孟宪明供稿）

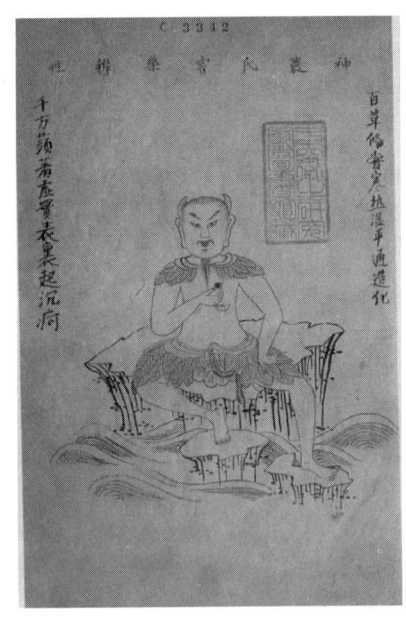

图6.248.4 神农尝药图 明《开辟衍绎通俗志传》（孟宪明供稿）

【文献选录】

炎帝神农氏,长于姜水,始教天下耕种五谷而食之,以省杀牲。尝味草木,宣药疗疾,救夭伤之命,百姓日用而不知。著《本草》四卷。

(《帝王世纪》)

神农以赭鞭鞭百草,尽知其平毒寒温之性,臭味所主,以播百谷,故天下号神农氏。

(《搜神记》卷一)

【点评】

本篇是流传在河南郏县的"神农尝百草"神话遗存的珍品。它是原始形态的口承神话,具有重要科学研究价值。

其中透露的原始文化信息为:①郏县《神农氏尝百草》是我国神农此类记录唯一可信的资料。炎帝家在郏县黎山,正与文献相符。以后文献记载,多与郏县的这个神话有关。而本篇最具体、生动。因此,它对研究神农神话,最具权威性。②因神农最早在家乡郏县发展农业,尝百草,使人民吃粮、医药有靠,郏县才成为古焦国,子孙为焦国头领。使后人永志不忘。③从采摘食物(果),到尝百草,发现和种植五谷,最后到发明药草,皆由生活中饥、病所逼迫,其间经过详细、具体,尤其是嚼山芝麻时,嘴都流血了,血流到山芝麻上,所以山芝麻的根成了红色。因此,人们叫山芝麻为"血参",十分感人。神话中植物往往因与神有关系而得名,此处亦然。原始先民生活之艰辛、意志之坚强和奋斗不息的精神,正是民族精神之体现。

总之,本篇是意义重大的神话遗存。

249. 神农尝百草[登封市]

《本草》是记载各种中草药药性、用途的书。传说它是神农氏亲尝百草为民治疗疾病的记录,是一部伟大的医药学著作。

上古时代,世界上出现了一个大神,他能使太阳发出足够的光和热来,使世界上避免了寒冷,使人类和各种生物生长,大家感激他的功德,称他为炎帝。他看到人民打猎,采集野果而食,怕把这些东西吃光了而饿肚子,便教人们把猎获的野兽驯养起来,让它们繁殖;把采集来的野果播撒在开垦的土地上,让它们生根、发芽、开花、结果，收获更多的果实，这便有了黍、稷、麻、麦、豆等五谷。人们称他为神农，历史上叫神农氏。

神农氏看到百姓们耕种，得到温饱，心里非常满意。但看到有的人面色黄肿，有的人身上生疮流脓，就心里难受。他想法要让人们健康起来。

一天，神农氏同部落的主要头头到外边打猎，又看到有人身染重病，卧地不起，心里很不安，召集头头们议论，有的说："民有疾病，有在体表，有在内脏。"有的说："病各不同，有虚症、实症、热症、寒症，还有热寒相伴之症。"神农氏说："怎么能治一治这些病呢？"大家议论来议论去，都说很多草木各有温凉毒热之性，何不选草入药对症治疗？神农氏说："那要一样一样亲自尝尝。"于是遍山采集草木，或花或果，或茎或根，统统品尝。凡是此地没有而外地有的，要求头头们分头到各个小部落传予守土官员，让乡民采集草木叶根花果前来交纳。

不到一年时间，各小部落的守土官员已将各地的草木的叶根花果枝皮全采集交纳上来。神农氏让扛进宫来，对身边的妻子和各位头头说："排上香花灯烛，我要拜告天地，亲尝百草，为民疗疾。"头头们排上香花灯烛，神农氏沐浴更衣，祈祷天地。祈祷已罢，坐在蟠龙御座上，命令左右近侍、妻子协助品尝、记录，不要远离，以备有些草木有毒，及时解救。神农氏亲自拣看。相同的，去掉；不同的，亲尝。先尝甘草，味甘平无毒，并能解毒，有镇咳祛痰的功效。写清它的名称、特性、产地，如何采收加工、如何应用。再嚼乌梅，酸涩而满口生津，性温，有敛肺涩肠、止渴、驱蛔止痢的作用，也将名称、特性等记录下来。继有皂角，入鼻打喷嚏而气通；蒲公英味苦、甘，性寒，能清热解毒，消肿散结；香附子味辛、甘、微苦，性平，能理气疏肝，调经止疼；车前子味甘、淡，性寒，利尿通淋，祛痰止咳，清热解毒；等等。诸如此类，都一一记录在案。据说，他尝百草在最紧张时，忘了休息，忘了吃饭，曾用一种叫"赭鞭"的神鞭，来鞭打各种各样的药草，一鞭下去，它们的各种性质，有毒无毒，或寒或热就都呈露出来，也都一一记录在案。也有说，他为给人治病，亲自尝草，一天中过七十次毒。他根据各种药性功能，针对疾病情况，寒者治热病，热者治寒病，体虚者用补药，实者用清药，对症下药，治疗民疾。还令民饮用山水、泉水，掘地为井，饮用井水。不饮久滞不干的污浊有毒的水。后来试用某些虫类治病，都有疗效。

为了广告天下民众让他们都知道各种草木的药性、功能，掌握治疗各种疾病的办法，神农氏令左右侍臣整理记录材料，编写《本草》药书，并颁布天下，使民众都能够以草药治病，身体健康。

采录人：耿直

【点评】

本篇流传在河南登封市,是关于"神农尝百草"神话传闻。它似是采录者依《本草》药理药性参照部分传说编写而成,有一定研究价值,但非原始形态。

其中所表现的主要是:①神农(炎帝)王天下后,作为部落首领,与各小部落头领、臣子共同商讨,采用行政职能,组织先民从各地采来草药,然后,神农与妻子带领臣子祈祷后,尝百草,按各草药特性分类、登记收藏,最后形成《本草》一书。②所品尝的药草的品性、功能疗效等,多系中药药典知识,恐非原始形态。③民间传说神农因尝断肠草而死,本篇无交代。④本篇的内容应是神农氏王天下之后所进行的有组织、有计划、有步骤和措施并由集体完成的。编写的痕迹明显。虽然也有情节,但比较空,缺乏生活气息。因此,此篇可作"异文"处理。

250. 神农采药到百泉［辉县］

相传在上古时代,关心人民疾苦的神农氏,看到勤劳的人民患病以后,缺医少药,坐等死亡,他心急如焚,下决心要找到医治各种疾病的药材,为民解除病痛。于是他放弃了舒适安逸的宫廷生活,背上药袋上了山。他不避艰险,不辞劳苦,攀峨眉,上昆仑,跑遍了全国的名山大川,边采集,边品尝,边鉴定,搜集到了数百种草药,据说从神农氏开始就利用中草药治病了。神农虽然找到了数百种中草药,但始终没有找到一处甘甜清洌的泉水来煎调药剂,增加药效,为此事他日夜犯愁。

一日,他又背着药袋来到太行山上,看到山巅山崖山坡山谷,到处长满了各种草药。一连数月他跑遍了八百里太行,又先后找到数百种草药,可还是没有找到一处好泉水来配合煎药。一日,他顺着一道山梁慢慢走去,他想山脚下一定会有甘甜的清泉。他历尽艰辛来到了苏门山上,放眼望去,立刻被迷住了,这不正是多年来长途跋涉要找的泉水吗?他奔向湖边,大口大口喝着甘甜的泉水,口里不住地叨念着:"总算找到了,总算找到了。"原来他要找的正是这种从地下迸发出来的如串串珍珠而汇聚成的甘洌泉水。你看百泉湖水,满湖珍珠,一池清泉,喷珠吐玉,清澈见底,是理想的煎药用水。

神农氏找到了由珍珠化为清洌的泉水后,就住到了苏门山上,一面继续采集草药,一面利用泉水给患病的人煎调药剂,治疗疾病。由于泉水清甜甘洌,疗效倍增。消息传开,九州人民纷纷前来百泉,就泉水煎药治疗,一时百泉名声大振。这消息传到了住在太行山深处黑龙洞里的黑龙王那里,他发现人们都治好了疾病,男耕女织,安居乐业,不再有人来给他上供求拜了。他大为恼火,便驾起妖雾来到百泉,要抢走珍珠,搅混泉水。一时妖风大作,雷电交加,眼看秀丽的百泉就要被妖魔摧毁吞噬。正在山上采药的神农氏一看,妖魔来势凶猛,便施动法术,和妖魔斗了起来。大战了七七四十九个回合,只杀得天昏地暗,地动山摇。终于黑龙王败走太行,钻进了黑龙洞,从此没有再敢出洞捣乱。但黑龙洞内却流出一股寒光闪闪的泉水,长年不断,据说那是黑龙王失败流下的伤心的眼泪。

再说神农氏,杀走了黑龙王,看着已被黑龙王搅混的泉水,心里很不好受,他想:"要施展法术把泉变清并不难,可是妖魔再来咋办?况且自己也不能光守在这个地方,还要到别处采药治病。他为此事昼思夜想,终于思出了一个绝妙的好办法:他利用法术让地下迸发出来的颗颗珍珠一出水面就化为乌有,只能看到串串珍珠从地下涌出,而不能得到珍珠。

可是泉水搅浑了怎么办呢?他又想了很久很久。他利用法术把河底的淤泥一筐一担地移到了泉水的下游,造成了良田,让农民耕种,而把湖底全换成了鹅卵石子。从此百泉水永远也不会被搅浑了。

百泉水秀丽出了名,不少患者携带各种中草药来到百泉利用泉水煎药治病,患病而来,康复而去,慢慢就形成了全国闻名的百泉药材大会。

采录人:冯云宵

【点评】

本篇流传在河南太行山区辉县,是关于"神农采药"的神话遗存珍品。它接近民间口承神话形态。它与百泉的药材大会联系起来,具有重要民俗文化价值和科学价值。

其中反映的主要文化史价值:①神农采药范围很广,但中药的效能的发挥,与煎药用的水关系极大。而百泉正是解决这一关键问题的绝好所在。边采药,边用百泉水煎药治病,百泉声名大振。从而几千年来,辉县百泉出现了药材的交易盛会。这一点,既带有科学试验价值,又具有中原民俗文化史的意义。②其中所谈神农与黑龙为争泉水(黑龙为让人供奉他)的惊心动魄的斗争,反映了神农的为民献身的精神。③"百泉药材大会"习俗的传留至今,从民俗方面佐证了本篇的真实性、神圣性:神话产生民俗,民俗解释神话。

251. 神农鞭药 [淮阳县]

传说,神农是伏羲的第三代孙儿,人称"药王爷"。他鞭药的故事,在陈州一带至今还流传很广哩!

那时候,人祖爷和人祖姑娘先后死了。他们的子孙很多,哪儿住的都有,神农生就聪明、伶俐,人们都尊重他,让他当家。那时,地上没有五谷,人饿了,吃点野草、树叶、树皮,渴了喝点泉水。天长日久,有的人生了病,因没药吃,死了不少。神农心里很不安。

一天,神农到盘古山山顶上,见长满了花草,就蹲在树荫下歇着。没多大会儿,一只白羊向他跑过来。他拿起树枝子就去撵。羊前头跑,神农随后撵,不知翻了多少山,末了神农追到不周山的山顶上,逮住了那只羊。

神农牵着羊正要往回走,忽然听道:"那是谁呀!咋大白天里来偷俺的羊呢?"他转身一看,见一位身骑花鹿的姑娘,一手拿着鞭,另一只手拿个宝瓶,向他走来。神农连忙放了羊,羞愧地对那姑娘说:"我叫神农,不是这儿的人,您的羊跑俺那儿去了,我是来给您送羊的呀!"

那姑娘一听,咯咯一笑说:"我知道你是神农,伏羲家第三代孙儿,世上的当家人,逮俺的羊杀了吃是不是?"那姑娘的一番话,直说得神农更羞愧了。他红着脸问:"姑娘,您咋知道俺的心里话呢?您是谁呀?"

那姑娘说:"神农呀!你不知这是啥地方吧?我是观音!"神农一听,赶紧上前赔礼说:"仙姑,您别气,俺多有冒犯!"

观音是天上的一位正神,她心底慈善,人们都尊敬她,称她观音菩萨,她还管百草、百树、百花、五谷。

观音问神农;"神农呀!世上有啥困难吗?"神农说,"哎!世上的人真是太苦了,没吃的、穿的,有了病没人会治。您能不能给俺想个法子,救救人呢?"

观音听罢,对神农说:"我看世上数你最聪明,我教你给人治病,那药草嘛,你放心吧,我有办法。"

她说罢,随即把自己的宝瓶递到神农手里,又把手中的鞭子也交给了他。她对神农说:"你把瓶里的水喝了,就会看百样病。地上没药,你只管用这把鞭在山上、水里、地上打,打一鞭就会长出所需用的药来。"

神农在回家的路上,就按着观音的嘱咐去做了。他每打一鞭,真能长出一样药草,又能知道它们的用途。

这样一来,世上的人再也不愁有了病没药吃了。

讲述人:梁加秀,男,73岁,文盲,刘振屯农民
采录人:张华,男,24岁,高中毕业,农民
采录时间:1986年8月26日
流传地区:淮阳

【点评】

本篇流传在河南淮阳神农建都地区,是关于"神农采药"的神话传闻。它虽然比较接近民间口承神话原始形态,但其中佛教化的色彩太浓,失去本土文化特色。

其中主要值得注意的两点是:①神农为了给人民治病,跑遍大山,得不到理想的草药。一次偶然的机会,追一白羊,遇上观音菩萨,求得神鞭、宝瓶,到处可以发现草药性能、功效。有宝瓶的水,可以疗疾。虽带传奇性,尚可取。②本篇的主旨在宣扬佛教文化改造中国文化的作用,冲击、淡化了中原本土文化的光辉。这种淡化中原文化的成因,自然不应成为中原神话的主体。它只能作为比较研究的材料。

252. 神农和花蕊鸟［沁阳县］

太古时候,人们没啥吃,只能捋草籽、摘树叶、采野果、猎鸟兽,吃不好中了毒,就被毒死了。人们得了病,不知道看病吃药,都是硬挺哩,挺过去就好了,挺不过去也就死了。神农为这事很发愁,决心尝百草,定药性,为大家消灾祛病。

有一回,神农的女儿花蕊公主病了,茶不思,饭不想,浑身难受,腹胀如鼓,咋调治也不轻,神农很作难,想想,想想,抓了一些草根、树皮、野果、石头面面,数了数,一共十二味。招呼花蕊公主吃下,就背起工具下地了。

花蕊公主吃了那十二味药,肚子疼得像刀绞,没一会儿,生下一只小鸟。这可把人吓毁了,大家都说是个妖怪,赶紧把它弄出去扔了。这小鸟通人性,见家人可烦它,就飞到地里寻神农。

神农正在地里干活,忽听:"叽叽,外公!叽叽,外公!"抬头一看,见是一只小鸟,嫌它吵人心烦,就一抬胳膊,"嗤"的一声,把小鸟撵跑了。

没一会儿,小鸟又飞回到树上,又叫:"叽叽,外公!叽叽,外公!"神农一犯思想,听懂了。就把左胳膊一抬说:"你要真是我外孙,就落到我这手脖上。"那小鸟真的扑棱棱落下来,落在神农的左手脖上。神农细看这只鸟,只见它浑身翠绿、透明,连肚里的肠肚物什也都能看得一清二楚。神农吐口唾沫,这小鸟接过一口唾沫星

儿,咽了。嘿!这唾沫星是咋咽到肚里的也看得清清楚楚。神农高兴透了!

神农托着这玲珑剔透的小鸟回到家,家里人一看,吓得连连后退,说:"快扔("扔"意)了,妖怪!"神农乐哈哈地说:"这不是妖怪,是宝贝呢,就叫它花蕊鸟吧!"

神农又把花蕊公主吃的十二味药,抓来分开搁锅里熬。熬一味,喂小鸟吃一味,一面喂,一面看,看这味草药到小鸟肚里往哪走,有啥样变化。喂罢鸟,自个儿再亲口尝一尝,体会这味药到自己肚里是啥滋味,然后再熬一味……

神农托着这只小鸟,来到太行山百草洼,采摘各种草根、树皮、果实、种子,捕捉各种飞禽走兽、鱼鳖小虫,挖刨各色石头矿物,一样一样喂小鸟,一样一样亲口尝,观察它们在身子里各走哪一经,各是啥子性,各治啥样病。可哪一味药,都只在这十二经脉里打圈圈,超不出。天长日久,神农就摸清了十二经脉,还写下了《本草经》。

有一次,花蕊鸟误食了金冠虫,没想到这小虫毒气太大,一下子把小鸟毒死了,神农后悔得大哭一场。为了纪念这只小鸟,神农选上好木料,照样雕刻了一只花蕊鸟,托在自己的左手脖上,让它终日陪伴自己。人们在小北顶为神农修庙塑像时,在他的左手脖上就放着一只通身透明的小鸟。

采录整理:都平君　周存旺

【点评】

本篇流传在河南黄河北岸沁阳一带,是"神农找中药"的神话遗存珍品,对研究中国药物学史有重要价值。

其中神农采药草的文化价值有:①神农亲自为女儿花蕊姑娘采药治病,反映了原始药物学实践的艰辛。②神农女儿服药后生一小鸟,在神农的观察中,知道是他的外孙所化。它的肚子是透明的,可用来观察药物运动的情况和药性的反应。这虽然是想象,但却说明神农的科学试验精神的可贵。③小鸟一次误食毒药致死,感人至深。④人们为纪念神农及其外孙花蕊鸟的功劳,为表达对神农、花蕊鸟的深深怀念之情,在小北顶神农庙里的神农塑像的左手脖上放着通身透明的小鸟。这种文化遗迹的存在,进一步证明这个神话遗存的价值和可信性。

253. 神农十二经脉[沁阳县]

太古时候,哪一种药走哪一经,治啥病,神农的肚里也没个底儿。有一次,他的女儿花蕊病了,浑身难受,腹胀如鼓,可服了好多药,总也不见效。神农狠了狠心,一下子抓了十二味药,让女儿吃下,就一个人下地干活去了。

花蕊吃下了药,肚子疼得像刀绞。一会儿,生下一只小鸟,这鸟通体透明,浑身翠绿,欢蹦乱跳,活像鹦哥。人们都说这是妖怪,就把它扔了。

神农正在树下歇凉,忽见一只玲珑可爱的小鸟落在树上,亮开嗓门叫:"神农外公!神农外公!"神农嫌它吵闹,拾起一块土坷垃,朝树上一扔,把小鸟吓飞了。一会儿,小鸟又飞回树上,亮开嗓门叫:"神农外公!神农外公!"神农觉得奇怪,把手一挥,口喊"嗤——",把小鸟撵跑了。一会儿,小鸟再次飞回来,亮着嗓门仍叫:"神农外公!神农外公!"神农犯了思索,就把胳膊一抬,说:"你要真是我的外孙,就落到我的手脖上。"那小鸟也真通人性,扑棱棱飞到神农的手脖上。

神农托着小鸟回家,问了问情况,说:"你可是个宝贝!你没想想,花蕊的病左看不见轻,右看不见轻,为啥这十二味药一吃下,就生下了这只让人喜爱的小鸟?"

神农又把这十二味药抓来,熬一味,给小鸟喂一次,看这味药到小鸟肚里往哪走,还亲口尝一尝,体会这味药在人体里的反应;再熬一味,再喂小鸟一次,自己再亲口尝一尝……十二味药喂完了,发现人身手足一共有三阴三阳十二经脉。

神农带着这只鸟,走深山,钻老林,收集各种草根、树皮、种子果实、飞禽走兽,一样一样喂小鸟,一样一样亲口尝,观察体会它们各走什么经络,各是什么性能,各治什么疾病。可哪一味药,都没超出这十二经脉。天长日久,神农就摸准了人体十二经脉,并写下了医书《本草》。

后来,神农来到太行山,捉全冠虫喂小鸟,一下把小鸟的肠打断,小鸟死了。神农又悲伤又后悔。为了纪念这只鸟,就给它起名叫花蕊鸟,还挑选上等好木头,照样雕刻了一只,托在自己左手脖上,走哪带哪。直到现在,人们塑的神农像,还是左手脖托着那只神鸟。

讲述人:梁实,60岁,老中医
采录人:李成林　谷良喜

图 6.253.1 沁阳神农山(2014 年程健君摄)

图 6.253.2 沁阳神农山的神农像(2014 年程健君摄)

图 6.253.3 神农山财祖庙(2014 年程健君摄)

图 6.253.4 神农山上的玉皇阁(2014年程健君摄)

图 6.253.5 神农山的三皇阁(2014年程健君摄)

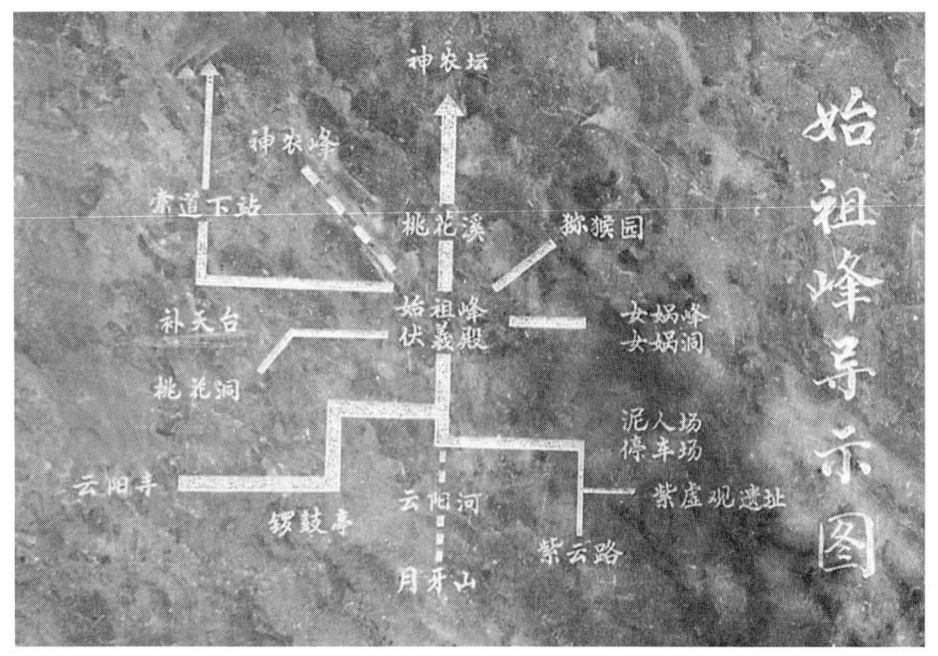

图 6.253.6 沁阳神农坛始祖峰导示图（2003 年程健君摄）

图 6.253.7 神农坛一天门（2003 年程健君摄）

图 6.253.8 神农坛中天门（2003 年程健君摄）

图 6.253.9　神农坛上的南天门（2003年程健君摄）

【文献选录】

神农始究息脉，辨药性，制针灸，作巫方。

（明·罗颀《物原》）

【点评】

本篇是流传在沁阳的《神农和花蕊鸟》同题神话，是不同采录者记录的"异文"。它是中原神话中的珍品之一，其科学价值很高。

其中的主要信息：①虽然情节与《神农和花蕊鸟》相同，但神农观察药物在小鸟肚里各经脉的行走、药性治病特点的科学实验中，对人体三阴三阳十二经脉的发现更系统具体。②神农采药实践的过程中，随时带着小鸟相助，很感人。小鸟后因食断肠草而死了。神农在太行山采药的地点在百草洼，写出了《本草》。③值得注意的是，关于神农观察药草在肚内走动、药性等情节有所不同。另有别处的记录，则是说神农自己是玻璃肚子，他自己把药吃下去以后，亲自观察药物药性变化，记下来作为采药和实验的依据，后神农因误食断肠草而献出生命。这两种说法各有特色。本篇的说法似乎更具有感人的艺术魅力，更能给人留下深思的印象。

254. 黄花菜①［淮阳县］

神农有个女儿，名叫黄花。黄花从小就聪明、伶俐、勤快，整日里跟着神农干活。神农也格外疼黄花。黄花长大了，神农给黄花选了个小伙，叫他俩成亲。

一天，神农问黄花："孩子，你要成亲啦，想要点啥东西，快跟爹说说。"黄花羞红了脸，抬头一看，满地的麦子一片金黄。黄花满心欢喜，随口说："孩儿要黄地百顷。"谁知神农只顾高兴，竟听岔了音，黄地的"黄"字听成了"荒"字。神农用手往南一指，北一划，东一点，西一点，对黄花说："好啦，那些荒地就陪送给你吧。"

过了三天，黄花成亲了。夫妻俩到爹指的地里一看，哪里是金黄的麦子，净是长满了野草的荒地。黄花心凉半截，回到家里哭了起来，一直哭了七天七夜，惊动了土地神。土地神托梦给神农说："你女儿要的是黄地，你听成了荒地，你女儿哭七天七夜了。"神农一听，很后悔，马上用法术，把荒地变成了长满黄棒的黄地。黄花哭了七天七夜，神农就使每个黄棒棒上长出七个蕊，以记自己的粗心。

七天以后，夫妻俩到地里一看，到处一片金黄，香味扑鼻。黄花从来没见过这东西，感到很怪，就摘下一根黄棒棒，咬在嘴里，觉得又香又甜。她一连吃下七根，又止渴又止饿，黄花喜欢透了。夫妻俩从这块地走到那块地，高兴得连回家都忘了。

可晌午一过，有的黄棒棒开了花，到了下晌，开花的黄棒棒又给风刮干了，手一摸就碎，这可难坏了夫妻俩。俩人想了一夜，第二天一早就上地，把长大的黄棒棒一个个摘下来，放到太阳下晒。真的，晒干的棒棒不容易碎了。

黄花家的房子里放满了晒干的黄棒棒。夫妻俩咋着也吃不完，就把黄棒棒分给别人吃。由于人们分得不多，不敢当饭只能当菜吃，人们给它起名叫"黄花菜"。又因为黄花菜的颜色金黄，中间的七根菜像金色的针一样，人们也叫它"金针菜"。淮阳的黄花菜移到外地栽种，只长五个蕊。

讲述人：陈王氏，女，67岁，农民
采录人：陈云峰，男，36岁
采录地点：临蔡
流传地区：淮阳

---

① 淮阳黄花菜：以七芯别于外地，至今淮阳仍是黄花菜的主要产区。

【点评】

　　本篇流传在淮阳一带,是关于"黄花菜"的植物神话传说,它是陈州神农故都著名土特产神话遗存珍品。

　　本篇的地方文化价值表现在:①神农父女之爱的无限情趣。神农是神,又是人。他可以与天帝相通,有神幻的造物本领。但他又是人,人间世俗的伦理亲情深厚,感人至深。②淮阳出黄花菜,流传非常久远。人们为探其源,自然要追溯到神农氏。这便是民俗事象的"溯源性"特征:科技的产生发展,最初都要经历一个神话阶段。黄花菜自然不例外。③淮阳黄花菜是七个蕊,外地的是五个蕊的说法,是对神农功业赞誉的神圣心态的反映。此类例子甚多。它反映原人心智的功能特点,也是神话思维来源于生活实际的需要。

255. 九子长明灯 [社旗县]

　　古时候的灯有铁制的、陶制的、铜制的,样式不一。唯有一种灯的式样做得特别,灯身上做了九个人,这种灯人们都叫它"九子长明灯",据说是专供人死时放在灵堂上用的。要说九子长明灯的来历,还有段神话呢。

　　在湖北西部的崇山峻岭中,有一大片原始森林。神农氏当年在那里尝百草时,由于山崖陡峻,只好架梯而上,后来人们就称那山为神农架。

　　相传有一天,神农氏正在尝百草,忽然看见悬崖边长着一棵顶上结一个红珠子的草,非常好看。当他把那颗红珠子抓到手的时候,脚下一滑,竟摔了下去,掉到山洞前的一个潭里,没了气。恰巧那时候,有个长毛姑娘在那里洗澡,把神农氏打捞上来,背进了她住的山洞里。长毛姑娘采了一把洞边的嫩草,用小石头捣碎,把草泥放进神农氏的嘴里,然后从山洞掬来一捧水,慢慢地向神农氏的嘴里灌。神农氏咽下那泉水冲进的草泥,片刻工夫,竟还阳了。神农氏还阳后,就把长毛姑娘救他的那种草叫"九死还阳草"。长毛姑娘救了他,他对长毛姑娘非常爱慕,就把在悬崖上采的那个红珠果给了长毛姑娘。长毛姑娘将那个红珠果别在头上。神农氏出洞尝百草的时候,长毛姑娘总是头戴那颗红珠果,跟着他前后不离。后来神农氏给那长着红珠果,生着三片桃形叶的草起名叫"头顶一颗珠"。神农氏和长毛姑娘一来二去相爱了,生了一个遍身长红毛的孩子。毛孩子三岁的时候,长毛姑娘得病死了。神农氏带着毛孩子下了山,到处教人种五谷、辨药草。

　　神农氏原来有八个儿子,连毛孩子一共九个儿子。神农氏寿终时,九个孩子守孝不离。晚上天黑,每人便举只火把,站在父亲的身旁。

后来为了表彰神农氏九子守孝的事,便做了九子长明灯作纪念。守孝时也把九子长明灯放在灵堂上。

采录整理:杨东来

【点评】

本篇是流传在河南西南部和湖北西北部,关于神农采药遇救,并与长毛姑娘相爱及其死后的丧葬民俗传说。它虽讲的是神农架的神农故事,但在中原范围之内流传颇广。它对研究民俗有参考价值。

其中的主要意义:①所说结红果的"九死还阳草"的药性及功效有特殊意义,是神农的重要发现。②神农架野人传闻出现过,可见,在远古神农时代,这里完全是原始野人居住的地区,从中可以窥见当时原人的穴居等生活情景。长毛女也掌握一定的医药知识,不然无法采药救神农氏。③神农九子举火把守灵,后人为表彰神农九子的孝道,纪念神农的功德,就在父母死时,制出"九子长明灯"守孝。由此可见,流传几千年的民间丧葬制度,在灵堂上点"照尸灯"的习俗源远流长。中原远古的民俗传到今天的何止于此,可以说许多民俗都可追溯到上古社会。

256. 神农与财主[舞阳县]

从前有个财主,他雇长工工钱比别人多一倍,可就是请不到长工,因为他家活太重,一般人干不了。

眼看就要春播了,还没有一个人上门,财主正在着急,一个黑瘦黑瘦的中年汉子来了。财主一看汉子那个头,就直摇头:"我家的活恐怕你干不了。"汉子轻轻一笑问:"你家有多少地?"

"不多,三百亩。"财主回答说。

"我一个人包了。"汉子又是轻轻一笑,"干不了,一个钱不要,还倒贴饭钱。"

财主又惊又喜,以前雇五个长工,农忙时还得雇短工,他却一个人包了,这要省多少工钱啊!可又一想:不行,到时候他要是干不了,一拍屁股走了,我上哪找他去?财主眼珠一转,计上心来,说:"哎,我说这空口无凭……"

"那就立个字据吧。"汉子倒挺爽快。

当下立好字据,事情就定下来了。

财主交给汉子的第一件活是种高粱,十亩地叫他一天种完。汉子二话没说,扛起锄头就下地了。财主见汉子种地不用牛,不用犁,觉得怪稀罕,可种地是长工的事,他又不好过问,只好等等看。

汉子不到一晌,就把高粱种完了。财主又惊又疑,可他还是没有过问。

到了高粱出苗的时候,财主到地里一看,差点儿气昏了。整块地就出了五棵高粱苗,四角四棵,中间一棵。这不是存心坑自己吗!财主对汉子大发脾气。汉子理也不理,拿起锄头把四角四棵高粱都砍掉了,只剩中间一棵。财主再也忍不住了,当下要辞掉汉子,汉子取出字据在财主眼前一晃,头也不回地走了。财主无可奈何地叹口气:"算我倒霉!"

到了收高粱的时候,汉子拿根木棒,叫财主拿把扫帚,说是去收高粱。

财主半信半疑地跟着汉子来到高粱地。汉子提起木棒对准那颗高粱,敲打起来,高粱籽不时闲地往下落,财主在下面拼命地扫啊扫,大约扫得有几万斤了,汉子问:"中了吧?"财主说:"再打几下。"汉子劈里啪啦急敲起来,那木棒舞得像一条龙似的,高粱籽就像暴雨一样倾泻下来,不一会儿,就把财主埋得无影无踪了。

讲述人:龚迪民,男,55 岁,汉族,初中毕业,农民
采录整理:嘉禾
采录时间:1989 年 9 月 9 日
采录地点:佛阁寺乡老围孜

【点评】

本篇流传在河南舞阳县,是关于神农氏神话的"文化功能衍化"的传说故事。它的性质属对神农信仰产生衍变的"传闻",而不是神话本体。此类"显圣"的故事,完全是后人的虚构并借以表达对现实的爱憎态度。这样,表面看不可能的事,竟然使神话人物与眼前现实发生了联系。这是后人的幻想意识的显现。

其中心在于,借神农的超自然神力,惩罚与劳苦人民作对的恶行,以发泄今人对财主的仇恨心情。本篇在中原尚有同样情节的移植,如开封流传的《繁塔为什么半截》中秃尾巴老李惩罚地主贪心的故事。民间传说故事中此类复合现象是经常出现的。

257. 神农爷与桐柏山［桐柏县］

提起桐柏山,人们都说她美。山美,水美,树美,花美,草也美。

问起桐柏山的来历,说法可不一呀！有人说是盘古造的,也有人说是老君造的。山造好后,谁起的名呢？有人说是神农爷起的。

神农爷住在桐柏山南麓。历山有神农碑,殷店还有神农洞。神农爷经常四处为人们采药,尝百草。人们问他老人家:"神农爷！这药在哪采的呀？"神农爷就根据山的特点说是在东山采的或是西山采的。又有几次,子孙们问他:"在哪采的药呀？"他说:"那个桐树多、柏树多的山！"据说,他说的桐树,就是指大叶树;柏树呢,针叶的是叫柏树,松树杉树统称柏树。神农爷今天说"桐树多、柏树多的山",明天还是说"桐树多、柏树多的山"。说的次数多,就说成"桐柏山"了。

就这样,桐柏山的名字传到现在。

讲述人:王德堂,桐柏县人大常委会主任
采录整理:马卉欣

【点评】

本篇流传在豫南桐柏县,是与神农氏采药有关的地名传说之一。它对了解神农神话传播的地域及其业绩有重要价值。

在神话和传说中,山名、地名多与神人的活动和名声有关。一般地讲,往往一个地区、物名等的讲述大都与神话人物事迹有关。神话是地名的源头(尽管也有先有神话而后有地名附会的),桐柏山的命名就属于此类情况。

七、炎帝与黄帝

258. 三帝下凡［新密市］

传说很久很久以前，中原地区居住着成千上万个部落，到底有多少，谁也说不清。这些部落酋长们，每天都带领部落的成员不是上山打猎、采集野果，就是下河捕鱼，或者到田地里耕种，得来的劳动果实，不论男女老少、远近亲疏，人人都有一份。可是大家还是吃不饱穿不暖，有时不得不到附近其他部落去抢地盘，夺食物。因而部落之间经常发生械斗，互相厮杀，大批人员伤亡，惨不忍睹。这事惊动了天上的玉皇大帝。他对王母娘娘说："王后，这人间为了夺食终日互相厮杀，造成人员大批伤亡，还有谁给咱进供品、烧香火呢？这可如何是好？"王母娘娘说："玉帝老爷，人间厮杀，不过是吃不饱肚子，何不派主管南天的火星下凡，让他教人间种植五谷，饲养禽畜，这样肚子填饱了，不就得了吗？"玉帝闻听大喜，说："王后所言极是！"

第二天早朝，玉皇大帝早早地就端坐龙庭，等天上各路神仙到齐后，就说："近日，朕观凡间部落林立，方国万千，兽衣麻裳，茹毛饮血，互相厮杀。朕不忍我下界子民生灵涂炭，欲派火星下凡拯救人间，不知众卿意下如何？"各路神仙听罢，拱手齐呼："大帝英明！"玉帝又问："火星天神，你可愿往？"火星即刻拱手道："小神愿往！"早朝已毕，玉帝回天寿宫歇息，各路天神也归其位。唯有火星天神手拉太白金星说："先师且慢，小神有言相求。"太白金星说："我知道了，老朽有两句话相送：遇'阳'而生，遇'虎'则和。"火星问："不知这两句嘱言作何解释？"太白金星微微一笑说："一切自有天数。"

且说这火星真君本是天上的火神，因为是管太阳的，人们又称他太阳神。这日，他奉了玉帝之命化作一条赤龙，由红云扶绕，离开天庭，来到中原大地上空。他在天空整整飞了七七四十九个来回，寻那"阳"地。当他飞到黄河南岸上空时，只见有一座城堡甚是壮观，城门上刻有"华阳"（今河南新郑北华阳城）二字，就降入城中。这时正好有熊部落国君少典正陪伴身怀六甲的妻子有娇氏女登游华阳，于行宫中安歇。女登突然觉得腹中翻滚疼痛，这时，只见窗外飞来一道彩虹，顿时屋内红光普照，瞬间那彩虹化作一条赤龙在上空打了一个旋儿，一眨眼消失了。不一会儿,婴儿呱呱坠地。那孩子相貌甚是奇怪,身体憨壮,面如牛首,叫声嗡嗡。少典和女登见此模样,吓得浑身发抖,直呼妖怪。说也奇怪,那孩子坠地就能说话:"爹娘不必害怕,我是天上火星真君,是奉玉帝之命到人间普救众生的。"少典、女登闻听此言,转忧为喜,急忙吩咐祭祀天地,祈祷上苍。少典和女登壮年得子,甚是欢喜,少不了宴请各部落酋长和族人祝贺,为孩子起名叫榆罔。这榆罔生性聪明,体格健壮,转眼之间就长大成人。一日他的父亲少典说:"我儿已经长大成人,该为为父分担忧愁。近年来,南边陈丘(今河南淮阳)神农部落渐衰,你可到那里干一番大事。"榆罔依照父亲之命,辞别故里,去到陈丘。据传,榆罔到了陈丘发展农耕,种植五谷,采集草药,为百姓治病,受到部落爱戴,接替了炎帝职务,成为神农部落的第八代首领。

  俗话说,天上才一日,人间几百年。火星奉玉皇大帝之命来到人间教民种植五谷,饲养畜禽,百姓也都吃饱了饭。其他各个部落也都效法,垦荒种植,教百姓吃饱了饭。但是各个部落之间仍然是你争我夺,互相厮杀。一日,玉皇大帝又对王母娘娘说:"原想人间吃饱了肚子,就不互相抢夺厮杀了,现在看来,这还不行,还需派上一位天神到人间将他们统一管起来,教他们懂法规,知礼仪。这样也许天下就太平了。"王母娘娘说:"玉帝老爷说的极是!"玉帝说:"你看谁能担当此任?"王母娘娘说:"我看只有轩辕星君能当此任。"玉皇大帝说:"是!是!甚合吾意!"

  且说,那轩辕星君位于中宫,在天上掌管雷雨,有生化阴阳的本领。一日他来到太白金星处说:"先师,小神受玉帝之命,要到凡间走一趟,今天前来辞行,想请教先师,不知何处可以安身立命,成就大事?"太白金星说:"贤弟不必客气,请随我观看那神州大地。你看这人间环境,西部是崇山峻岭,北部是浩瀚大漠,这南边和东边经常是洪水浩荡。这中部地区,像一把座椅,坐西面东。这里背靠嵩岳,紧临黄河,南有颍淮,东面是大平原,气候湿润,雨水充沛,土地肥沃。靠山可以狩猎采果,临河可以捕鱼捉虾,平原可以种植五谷……只要这里百姓富了,部落强大了,何愁不能统一天下?贤弟座下就是有熊国,你不妨就到那里去吧。"轩辕星听罢连连道谢,化作一条黄龙,由黄云扶绕,飞往人间。一日上午,有熊国的国君少典和他的妻子附宝正同部落的男女老少在具茨山下用耒耜和铫两种生产工具耕田种谷,突然头顶响起一声闷雷。大家抬头一看,只见天空乌云翻滚,电闪雷鸣,霎时将整个天空罩个黑暗暗的,像个锅底。在黑暗中,人们看到天空有一条黄龙从天而降,摇头摆尾,张牙舞爪,口若血盆,直奔附宝而来。附宝见状,"啊"的一声昏倒在地。少典和其他人都吓呆了。不一会儿,云开雾散,红日高悬,少典和部落的人们醒过来去看附宝,只见她像安睡一样平躺在地上。少典将附宝叫醒,问她怎么样。附宝说:"没有什么,只是觉得肚里有些不舒服。"打这以后,附宝怀了孕,肚子一天比一天大。一年过去了,孩子没有生下来;二年过去了,孩子还是没生下来。附宝害怕,就对少典说:"我肚子里怕是一个怪物。女人生孩子只要八九个月,可是已经过去二年了还没生下来,不是怪物是什么?是否请个巫师给看看!"少典说:"也好!"于是请了个巫师。巫师一看,拍着双腿笑着说:"不用怕,没有错,准是个白白胖胖的大小子!"到了第三年的一天,少典和附宝到西北去查看农桑,来到一个叫轩辕丘(山)的地方。少典兴致大发,对附宝说:"这里真是人间仙境,何不对诗助兴?"附宝笑着说:"如何对法?"少典说:"这轩辕山四处都是美境,咱就以轩辕山为题对诗如何?"附宝说:"好!好!夫君你先说吧,小妃自然跟上。"少典随口道:"站在轩辕山,举目向东观,近处是枣林,远处是沙滩。"附宝也随口对道:"站在轩辕山,举目向西观,远处是嵩岳,近处是桑园。"两人吟罢东西,少典和附宝又对吟南北。少典说:"站在轩辕山,抬头向北观,近看是桃树,远看是泰山。"附宝也吟道:"站在轩辕山,抬头向南观,近看是姬水,远看是杏园。"附宝话音刚落,只听背后有人大声喊叫:"好诗!好诗!让老朽也凑个热闹!"少典、附宝扭头一看,见是一位老者。那老者上前拱拱手,随口吟道:"站在轩辕山,举目向上观,此处是天心,八方来朝班。"吟罢,三人又是一阵大笑,尤其是那附宝,捧着个大肚子笑得喘不过气来,突然觉得肚子一阵疼痛。少典着急地说:"怕是要生孩子了!"那老人忙说:"快随我到家中!"说着那老人就飞快地往家跑。随后,少典扶着附宝来到老人家中。附宝刚躺到床上,孩子就落地了。传说生这孩子时满屋都是红光,轩辕丘的四周有四条龙飞来游去像是护驾。这孩子身似龙体,脸似太阳,二眼如月亮,手足像龙爪,说话犹若洪钟。少典和附宝甚是欢喜,说:"老天叫您生在这轩辕丘上,就起名叫轩辕吧。这轩辕丘的前面,有一条姬水河,你就姓姬吧,以后大家就叫你姬轩辕。"老汉也高兴地说:"我看这孩子相貌非凡,有帝王之相,如果他得了地,做了天子,咱这轩辕丘北边是黄水河,不妨就叫'黄帝'怎么样?"大家当是戏言,都哈哈大笑起来。

俗话说:"宁为鸡口,不为牛后。"东方岁星见火星、轩辕星都先后下凡,到人间做了天子,当上酋长,万人敬仰,四方朝贺,而自己却在天庭做玉帝的把门将军,心中实在不是滋味。因此,轩辕星君下凡不久,他就将镇守东方的差事交给手下的一个叫句芒的小神守着,自己化作一条苍龙,由青云扶绕,降落在东方的济水一带。这里是九黎族蚩尤部落,岁星做了蚩尤部落的首领,其名就叫蚩尤。

传说,天上这三位星帝后来在黄河中游的涿鹿一带曾进行过长期的战争,后来黄帝制服了炎帝,打败了蚩尤,挥师南下,回到有熊国做了中央大帝。

采录整理:刘文学

【点评】

本篇流传在中原黄帝故里,是关于黄帝及炎帝、蚩尤部族系统的比较完整的传说之一。它体现了民间传说中三大部族领袖与天神对应关系的原始神幻故事,具有研究价值。

其中天帝派的治理天下百姓的大神,第一个火星,教民开发农业,用火,解决生活难题;第二个是黄帝,来教民法规、礼仪,管理百姓,消除战争。蚩尤则私自来人间争作首领,不断发动战争。

以上的资料主要反映了"天人合一"观念,人间帝王在天上皆有应照的天神。它符合我国先民的天神通过人主管理天下的思想。

其中所用材料,在文献上基本都有记载,比较可靠,只是都神话化了。值得注意的是,本篇的道教化色彩很浓。起决定作用的都是道教主神玉皇大帝和王母。显然是经过道教徒对原始神话篡改的过程。这一问题在其中反映得相当典型。

另一问题是,本篇作者是对文献资料加以编辑、组合而成,而非直接采录自群众口头。因此,全篇充满知识分子常用的陈词滥调,缺乏充满生活气息的语言。

259. 黄帝与炎帝[新密市]

很久以前,在中原有一个很大的部落。在这个部落当首领的,叫少典,他的老婆叫有熊氏。夫妻俩跟前有两个儿子,大儿子生在密县与新郑交界的轩辕丘旁,姓公孙,叫轩辕,也叫他有熊氏。他出生时,肉皮发黄,样子很像一条龙。少典夫妻俩又给这个孩子起了个名字叫黄帝。

不久,少典夫妻俩又生了一个孩子,取姓姜,名叫炎帝。

黄帝与炎帝长大以后,少典夫妻俩人怕自己过世后两个孩子为分天下闹出乱子,就把黄帝和炎帝叫到跟前,对他们俩说:"你们弟兄二人已经长大成人,可以各自娶妻成家。为了防止你们弟兄俩为分部落而天下不和,现将天下分成两份,平分给你们弟兄两个。只要将来你们好好相处,我们做爹娘的,就是在九泉之下也心满意足了。"

少典将两张画着分界的地图,交给了黄帝与炎帝,又嘱咐他们说:"这两张地图现在不能看,等你娘和我双双下世后才能看,要切实照图平分天下!"

黄帝与炎帝同时答应说:"爹娘放心吧,我们一定听你们的话。"

不久,少典夫妻俩先后死了。黄帝已娶螺祖为妻,炎帝也已成家。根据爹娘活着时的嘱托,按照地图画的地界,黄帝带着螺祖住在中原,炎帝带着他的老婆,到黄河以北冀州阪泉定居,自封神农氏。黄帝与炎帝以黄河为界,各不侵犯。

不知道过了多少年,炎帝对哥哥黄帝分得中原这块宝地慢慢地不满意了,认为爹娘偏心了哥哥,于是产生了要占领哥哥黄帝地盘的邪念。为了达到这个目的,他暗中在自己的地盘里纳丁屯粮,准备找机会打败黄帝。

有一年天遭大旱,黄河水快旱干了。炎帝见时机到了,就亲自带领兵马,偷偷渡过了黄河,突然向黄帝发动了进攻。因为黄帝对弟弟没有防备,所以,被弟弟打了个大败。黄帝没有办法,只好称臣。炎帝一举成了天下的大头领。

讲述人:张造,79 岁,读过私塾

采录整理:高力升

图 7.259.1　郑州黄河岸边的炎黄二帝大型塑像(2008 年程健君摄)

图 7.259.2　新郑轩辕故里黄帝像(1992 年程健君摄)

【点评】

　　本篇流传在新密市云岩宫(今为黄帝宫)一带,是关于黄帝、炎帝世系的口头神话遗存。它基本保持了口头讲述的语言风格。

　　其中的当地有熊氏部落领袖少典与妻子生两个儿子的基本情况,与文献、传统说法有出入:一是把炎帝降为弟,黄帝成了哥哥,与事实不符;二是少典妻为有熊氏,亦不准确;三是少典让两个儿子分管天下,让炎帝去河北冀州阪泉。经最近考证,亦与事实不符。首先,炎帝族的时代在前,黄帝族在后,历史事实不应改变。其次,少典与妻女登生炎帝,与附宝生黄帝,这在《史记·五帝本纪》中已有明确记载。本篇改为一人生二子,显然是误记、误讲。讲述人虽读过私塾,但记错是常有的事。再次,从涿鹿、阪泉地名及地理位置来看,看法不一。根据最近研究成果,炎帝族部落居豫西及豫西南,而不在河北。况且,少典将二子如此分疆而居,也不是事实。阪泉、涿鹿皆在河南巩义、汜水一带。因此,本篇只可作为研究口录神话存在问题的资料。

260. 有熊氏的来历[新密市]

　　很早很早以前,具茨山(在今河南新郑市西北)东边的姬水河流域,住着一个少典族。少典族的首领叫少典。这少典个头又大又垒实,有一张强硬的好弓,又射得一手好箭,经常独自一人携弓带箭,出入深山密林,射猎鸟兽。

　　有一次,少典往西边深山里奔走了半日,只猎获了几只山鸡野兔。狩猎人有条规矩,前半天往外走,日到中午就得往回走,一般不在山野过夜。少典坐在一棵大树下,吃了点干粮,想休息一会儿往回走,不知不觉就睡着了。蒙眬之中,他觉得有什么东西轻轻推他的手臂,一惊跃起,原来是一只大熊站在面前。

　　这只熊简直是头大牛,比普通熊大得多。猎人们都知道这是熊群的领袖,人们都称它熊将军,平时是很少见到的。

　　熊将军见少典醒来,连忙跪在地上叩头。少典以为它乞求猎物充饥,拾起一只山鸡扔给它。它却不理,只是叩头。熊将军见少典不懂它的意思,就调转身子卧伏在少典胯下,摆摆头轻声吼叫着,示意少典骑在它身上。少典见熊将军反复这样做,眼里似乎还流着泪,猜想定是有急难事求他,就背起弓,拿住箭,骑上了熊将军的脊背。

　　熊将军驮着少典在山中也不知奔走了多少路,进入了一条阴森的大峡谷,才渐渐地放慢了脚步,它全身也战栗起来。

这峡谷里尽是参天古树,密密麻麻,阴阴森森,不见天日。熊将军一边走,一边四处张望,似乎怕什么会一口吃掉它。

熊将军慢走了三五里路,来到一片平坦的青石上停了下来。青石旁有一棵白果树,高数十丈。熊将军靠在大树上,靠靠树,摆摆头,轻声叫叫,示意少典爬到树上。

少典背着弓箭,攀援树干而上。熊将军站在树下抬头仰望着他。当他爬到树脖想停下来时,熊将军摇摇头,举起前掌直指树顶,示意他再往上爬。少典又往上爬了十来丈停住,骑在一个树杈上。熊将军围住大树走了一圈看看,又跪下叩头,然后离去。

太阳落山了,少典就在树上歇宿。一夜无事,直到第二天黎明时分,少典看见平坦的青石上有两道亮光闪烁,也看不见是什么怪物,又过了一会儿,才看清那是一头巨兽。它身躯庞大,全身毛色乌黑,正静静地站在那里,似乎在等候着什么。

又过了一会儿,天大亮了,从峡谷那头走出一群熊来,有百余只。最前头的那只特别大,一望便知那就是昨天驮他来这里的那个熊将军,正领着熊群慢慢向这里走来。

它们排队走到巨兽面前,一齐趴在地上,听从摆布。巨兽走进熊群,扑杀了两只,当场吃掉。熊群才战栗而去。

少典目睹了兽中这一凄惨景象,终于领悟了熊将军的心意:请求他除掉这头巨兽。他取弓抽箭,拉满弓,居高临下,连发三箭皆中。巨兽负伤,环顾四周,不知箭从何处来,大声狂吼。树木被震得哗哗作响,如刮了一阵大风。

少典见三箭未中要害,就从树叶中露出身子,朝巨兽连喊两声,引它走近前来。巨兽看见少典,疯狂扑到树下,朝他吼叫。少典急忙拉满弓,对准巨兽喉咙"嗖"的一箭。巨兽中箭后狂蹦乱跳,折腾了好大一阵,才倒地死去。

过了片刻,熊将军走来,一步一望地走到巨兽身边,用爪触触尸身,得知它确实死了,才仰天大吼。顷刻间,熊群从谷底奔来,有数百头之多,它们齐声大吼,像是在欢呼胜利,声震峡谷,远传数十里。

之后,熊群一齐下跪,朝大树叩头。熊将军走到树下,再次朝少典下跪,并示意少典从树上下来。

少典会意,忙从树上下来,骑上熊背。

熊将军驮着少典在前,熊群列队随后,送少典又回到他歇息的那棵树下。熊将军再次跪地叩头,熊群也都伏地叩头,然后才依依别离而去。

从此,少典成了熊的救命恩人,与熊交上了朋友。只要有用到熊的地方,走到那棵大树下学熊大吼三声,马上就有熊出来供他役使。有一年,居住在箕山(今禹州市南)的狼族向北扩展,与少典族发生了冲突。少典族被狼族打败,失去不少土地,损失惨重。后来,少典到那棵大树下学熊叫三声,几千只熊从深山密林中奔来。少典带着这些熊赶走狼族人,夺回了土地。因为熊帮助少典族重建了家园,熊最勇猛,少典就把少典部落改名为熊部落。熊部落的人,感到自己有熊相助,很安全,经常对外族人夸耀说:"我们有熊。"这样久而久之,大家都称少典族为"有熊氏"或"有熊部落"。再后来,这个部落逐渐强大,发展成为有熊国,少典就成了有熊国的国君。

采录整理:张永林

图 7.260.1　1983 年 11 月中原神话调查组在密县考察黄帝神话(程健君摄)

图 7.260.2　1983 年 11 月中原神话调查组考察大鸿山（程健君摄）

【文献选录】

伏羲生少典，少典生神农及黄帝，袭帝位，居有熊之封焉。

（宋·张君房《云笈七签·轩辕本纪》）

小熊山，一名交牙山，俗名小洪寨。……大熊山，一名大洪寨，山顶宽平，四周陡峻，东崖最高处有一石洞叫仙人洞，南有一潭名为黄龙潭。[按：此即风后岭，上有黄帝庙]。

（《登封县志简编》）

（黄帝）自有熊启胙，故又谓有熊氏。

（《路史·黄帝纪上》）

昔少典氏娶有蟜氏，生黄帝、炎帝。黄帝以姬水成，炎帝以姜水成。成而异德，故黄帝为姬,炎帝为姜。

(《国语·晋语四》)

黄帝二十五子,其得姓者十四人。黄帝居轩辕之丘。而娶于西陵之女,是谓嫘祖。嫘祖为黄帝正妃,生二子。其后皆有天下。……黄帝崩,葬桥山。

(《史记·五帝本纪》)

【点评】

本篇流传在河南新郑、密县一带,是关于黄帝祖族有熊部落图腾源起神话的珍品。它告诉了人们中华民族原始祖族形成及图腾崇拜习俗和信仰的信息。

原始社会部族图腾物的选取,主要在于先民在生产斗争或生活中,与某种自然物(动植物等)产生互相协助的友好关系,从而产生了信仰、崇敬之情。人们敬祀某种人物,或某种自然物,成了部族的保护神。这样,先民就有了图腾族的名称。黄帝先祖以熊为氏族图腾和氏族名称,在中国古代民族史和神话信仰中就具有重要的典型意义,所以古代文献中就有黄帝是有熊族少典部族后裔的大量记载。

本篇说少典帮助熊除掉威胁熊族的巨兽,熊又帮助少典族战胜狼部族,无形中,熊就成了少典族的保护神和图腾崇拜物。因此,本篇具有帮助认识黄帝族熊图腾产生根源的作用。

值得注意的是,地方志中同样明确地记载着:嵩山余脉具茨山(风后岭往西)就叫大熊山,西段(箕山东)叫小熊山。而大熊山、小熊山这一山脉正位于熊族少典部族居住和生活的地带,这说明熊山正是因为这一系列山林中多熊而得名的。黄帝族统一中原后,建都的地方也叫有熊。这绝不是偶然的巧合,而是中原新郑、密县、登封、禹县一带,的确是黄帝部族繁衍的发祥地。从本篇神话看,这一带又确实是山峦重叠,山深林密的原始先民生产、生活、战斗的基地。

据国家文物局、河南省文物所及新郑、新密的考古工作者在河南新密市曲梁乡大樊庄村进行古城寨考古发掘,获得的最新信息证明:①新密市境内的溱水、洧水两流域,是黄帝有熊氏部族居住和生活的地区。北有黄河,南有具茨山,西有嵩山,东有平原,便于开发中原农业文化。②洧水原为有水,是黄帝有熊氏族居地;溱水原为曾水、郐水,是黄帝后裔祝融氏居住过的地区。③具茨山又名大熊山,西部为小熊山,直接与黄帝族活动、战斗有关。④溱水与洧水交汇的地点交流寨是黄帝出生的轩辕丘,同时也是有熊氏国都,此处也是仰韶文化晚期、龙山文化早期的古城遗址,文物极丰富。确凿的证据证明,有熊国国都在此地。商周以后的郐国都城和郑桓公、郑武公、郑庄公所建的郑城就在这里。

261. 访 贤 [新密市]

轩辕救了有巢氏后,心里非常高兴。有巢氏会盖房,他一来到,就领大家在这里盖房屋。乡亲们住个得劲的地方,不受禽兽虫蛇之害。有巢氏的老相识后稷又会播五谷,种庄稼,若能找到他,吃的也不用愁了。住的、吃的一安置住,人们就会安居下来。

"那个能播五谷的老人神农在哪儿呢?"轩辕想,"就是找遍天涯海角,也要找到他!"

轩辕又向有巢氏询问了那位能播五谷的老人的特征,便带领常伯出发了。他喜欢常伯的精明能干,每当外出,总是让他伴随。这常伯自从跪拜轩辕后,每天半夜跟随轩辕习武练功,如今也练得脚底生风。两个人带了些吃的,背着弓箭弹囊,朝西部山地走去。

他俩见山连着山,岭接着岭,一座比一座高。间或也有一块平地,只长草木,并无人家。也不知走了多少路程,来到一座大山前。往上一瞅,直插云端。轩辕想:登高才能望远。他俩决定爬上山去。走到半山腰时,常伯直觉得腰酸腿疼。他往一块大石头上一蹲,看看鞋子早已磨透了,脚底又起了血泡。轩辕到底功夫硬实,气不喘,色不变。他把吃食交给常伯说:"你在这儿暂歇一会儿,待我上山顶看看。"说罢,脚一点地,如腾空驾云一般,直朝山顶奔去。

到了山顶,轩辕举目远望,好看极了。众山都显得又低又矮,山下的平川、河谷、树林、湖泊,都看得一清二楚。他往东南看,有片平地,隐隐约约,看见几缕青烟。他想这里必有人家。他转过身去,给常伯鼓了鼓劲儿,两人一块朝东南方向走去。

正走着,只见一帮男女,本来正在围坐吃饭,一见他,便一哄而散,呼喊着往回跑去。不一会儿,各自拣着棍棒、镰斧,把他们围了起来,瞪着眼,摆出一副交战的架势。

常伯一看着了急,连忙把弹囊递给轩辕。轩辕使了一下眼色,让常伯平静一下。然后,平心静气地说:"父老弟兄别忙,我们是来求师的。"

这时,一位白发苍苍、个头不高但精神饱满的老人走上前来说:"你们从哪里来,到哪里去呀?"

轩辕一看他的模样,跟有巢氏讲的不差啥,就说:"我们从具茨山那边来,要寻访后稷他老人家。不知老伯是否是此人?"

那老汉一听,觉得吃惊,忙问道:"你怎么知道我的姓名?"轩辕把如何认识有巢氏的经过说了一遍。老汉语重心长地说:"我也正在找他呀!你看,我的族人若有房屋,也不用住这潮湿阴暗的洞了。"老人说着,眼圈都湿了。

众人一看,后稷和轩辕说得亲亲热热,也就放了手中的武器。后稷让弟子们赶紧给轩辕他俩端饭。常伯他俩早已跑得又渴又饿,端起热腾腾、香喷喷的米饭,大口大口地吃起来。

饭后,后稷又叹着气说:"原来,我这一族也有几百口人,当我尝百草、播五谷时,大伙也跟着过了一段安生日子。后来,不知从哪儿窜出一种怪兽,样子像头猪,黄身子,红尾巴,声音像婴儿,吃人吃蛇,它要一叫唤,就发大水,不等你换气,就把到嘴边的庄稼淹光了。还有一种怪兽,常在河边出入,形状像鱼,长着像鸟一样的翅膀,出入时,身上放光,声音像鸳鸯。它只要一来,地干得裂缝,庄稼都焦了。再加上猛兽来袭扰,我的几百口人也都病的病、亡的亡,只剩下百十个,真心疼人哪!"老人说着,掉起泪来。

轩辕听罢,劝说道:"老伯不必伤心,若不嫌弃,我们可以合并在一起,人多势众,各尽其才,定居下来,共同根除旱魔水怪,也是能办得到的。"

老人正在犹豫不定,突然看见对面山坡上一群狼,正往这边窜来。后稷和众人都各自拿起武器,急急忙忙地往一块聚拢,等待着恶狼的进攻。

轩辕不慌不忙,取出弹丸,一个箭步跃到一块石头上,待那群狼走近时,两只手同时扔出,只听"嗖嗖"几声,几只狼一个接一个倒在地上,其余的都吓窜了。

后稷和他的乡亲个个都看得目瞪口呆,他们简直不敢相信这是真的。后稷和众人们一下子跪倒一片,磕头拜谢。轩辕赶忙把后稷扶起,亲亲热热地说:"我当初也是和大家一样,为吃的发愁,后来看到满眼的飞禽走兽,就是逮不住,这才开始练起武来。无师傅,无刀枪剑戟,只好砍些木桩,一步远栽一个,离地尺把高,开始练跑步。起初,走不了几步就掉下来了。后来,跑熟了,跑一步把桩子拔掉一个,再跑。练完腿劲,又练弹丸、弓箭。"轩辕说话家常,后稷看他一片诚意,又想到人家这么远来请自己,是为大家都好,就给大家讲了迁居联合的事。众人一听,都很高兴。当即,众人收拾东西,一起出发了。

走了一天一夜,才来到具茨山下。后稷一看,这里果然地面平坦,土地肥沃,北边有姬水穿过,真是一块难得的好地方。他又一看,一排排新房已经盖起来了,更能安下心来,开垦田园,种好庄稼。他说不出心里有多么高兴。这时,有巢氏走来了,他俩久别重逢,分外高兴。有巢氏说:"哎呀,咱们早先咋没想到联合起来!要不是轩辕氏把咱们召集在一块儿,还难以生存哪!"

轩辕笑着说:"还是大家教我这样做的。"

大家畅谈了一阵,后稷就带领大家开垦土地,整修田园。

接着几个月,轩辕带领常伯又四处寻访,行千里一歇息。不知跑过多少路程,最后请来了会造木车的吉光、会制甲矛的金犁、会挖井的伯益、会做木工的巧匠木锤。轩辕当着众人说:"这些人都是我的老师。咱们大家齐心协力,建设家园,我们的日子很快就会好起来的。"

讲述人：蔡英生，76岁，教师
采录整理：蔡柏顺

【点评】

本篇流传在新郑、新密一带，是关于黄帝在中原开发时期氏族部落融合的一个典型神话遗存。它具有原始氏族文化史的价值。

其中涉及以下问题：①有巢氏在河南荥阳聚居，他与有熊氏接触频繁。因此，推荐后稷给黄帝发展农业是可能的（这里的有巢氏可能为其后裔）。②后稷原为女娲的臣子（《五谷的来历》），而炎帝的母亲就是女娲的女儿，嫁少典氏生炎帝。传说，黄帝也是女娲的后代（《五龙泉的来历》）。这些都显示了当时中原部族交融的情况，大体合理。③黄帝在西大山（可能为嵩山北支五指岭一带）与后稷相遇，并与其合为一个部族，是原始部族联合，开发中原的典型。不这样，两个部族的发展有很大局限，甚至生存都不可能。

262. 阪泉之战 [扶沟县]

很早以前，传说黄帝长大成人后，他的父亲少典看他很聪明，有才干，能成大器，就将有熊国的君位传给了他。黄帝接替君位后，在风后、常先、大鸿等大臣的辅佐下，发愤图强，励精图治。他一方面发展农桑，种植五谷，饲养畜禽，使百姓安居乐业；一方面演兵习武，以防其他部族入侵。黄帝把有熊国治理得到处是一派兴旺发达的景象。原先居住在有熊国南部的一些部落酋长，见神农部落强大，又惧怕他的势力，就到神农部落国都陈丘（今河南省淮阳县）对炎帝榆罔俯首称臣，请求保护。现在见轩辕黄帝宽厚仁慈，年轻能干，把有熊国治理得百姓富庶，天下太平，就纷纷来归服黄帝。炎帝见状，以为一定是轩辕黄帝从中使坏，就兴师北上，讨伐黄帝。

这一日，黄帝和嫘祖正在郊野察看农桑，忽有来报，说是炎帝榆罔兴兵犯境。黄帝和嫘祖立即回朝，同风后、常先等大臣商议对策。风后说："主公，有为臣带兵即可，无须主公圣驾亲征。"黄帝摇摇头说："炎帝是我兄长，我若前去，说明真情，晓之以理，兄长定会谅解，化干戈为玉帛！"大臣们也都同意黄帝去试一试。于是黄帝由常先、大鸿护驾,点精兵五千,将百员,战车三百辆,浩浩荡荡直奔阪泉(今河南省扶沟县境)。

黄帝在阪泉东南一个高台地上安营扎寨,设兵师为五营:中军营由百辆战车组成,左前营、右前营、左后营、右后营各由五十辆战车组成,每个营垒将战车连接起来,围成一个圈,前方留一个辕门。各营辕门前插上一面彩旗,左前营为蓝色的青龙旗,右前营为红色的朱雀旗,左后营为黑色的玄武旗,右后营为白色的白虎旗,中军营为黄色的腾蛇旗,这五营之前竖立一面绘有"熊"象的紫色大旗。黄帝安营扎寨完毕,令将士休息待命,带领常先、大鸿去见炎帝。

炎帝听说黄帝求见,也由祝融、刑天跟从,走出营盘,会见黄帝说:"来此做甚?"黄帝说:"哥哥,多日不见,身体尚可安好?"炎帝一听就恼上火来说:"休耍贫嘴,还不快快受降!"说着,举起一把长柄石斧就朝黄帝砍来。黄帝不慌不忙,举起降龙杵相架,说:"请问哥哥,你不在陈丘,为何攻打为弟?"炎帝:"你有二款大罪当诛,一是煽动我神农部落百姓投奔于你;二是你篡夺父亲君位,自称天子。若要赦你,除非你将君位交予我,送还我神农部落百姓。不然,莫怪兄长无情!"黄帝说:"兄长,神农部落百姓,只要他们愿意回去,悉听尊便。只是这君位,本是父亲所赐,我若让位于你,不仅有违父命,恐怕天理难容,是万万使不得的!"炎帝听罢大怒说:"休要多言,拿命来!"说着又挥动石斧朝黄帝劈了过来,祝融、刑天也都跃跃欲试,急于动手。黄帝见劝说不成,也不迎战了,将手一招,就带领常先、大鸿回军营。

黄帝在同炎帝答话时,已观察了炎帝兵营阵势,回到中军营中,立于战车之上,手持黄色旗帜在空中挥了一个圈,只见左右前后四营分为四路,名执彩旗冲入炎帝阵地,眨眼间,对炎帝士兵形成包围,或用石斧、石刀或用木杵、弓箭向炎帝士兵杀去。这时,黄帝也率中军杀向敌阵。只见阵地上刀斧锵锵,杀声震天,尸体遍野,从早上一直杀到中午。黄帝到底年轻气盛,才勇过人,杀不到百十个回合,就杀得炎帝气力不济,招架不住。炎帝见损兵折将无数,不能取胜,只好下令挥旗收兵,对黄帝说:"今日暂且饶你,来日再战!"常先、大鸿带领士兵追杀,黄帝挥手说:"不用再追了。他终归是我哥哥,会有后悔之日!"说罢将黄旗在空中左右挥摆三下,收兵回营。

采录整理:刘文学

【文献选录】

黄帝与赤帝战于阪泉之野,三战然后得行其志。

(《大戴礼记·五帝德》)

炎帝为黄帝所灭。

(《后周书》)

【点评】

本篇流传在河南扶沟县,是关于炎黄阪泉之战的唯一民间口承神话遗存。它对了解炎黄部族斗争史有重要参考价值。

其中所反映的内容是历史真实与艺术真实的统一,比较可信。

关于炎黄之争的"阪泉之战",对黄帝统一北方中原,完成炎黄部族联盟,开辟华夏文明具有决定意义。但阪泉在什么地方,至今已有河北说、山西说、河南汜水说及河南扶沟说。最近学者研究,认为炎帝族领域接壤,而不可能在河北或山西。从神农早期都陈(淮阳),发展壮大,到八代后裔榆罔始与黄帝族为争夺土地,掠夺人畜财富,发生战争。因此,从地理位置和利害冲突来看,理应在河南的巩义、汜水一带,而决不会在河北、山西。而本篇的观点放在河南扶沟以南淮阳,北有熊,顺理成章。可以看出作者是经过深思熟虑后才确定下来的,这一看法有比较可信的根据。

值得注意的是,本篇的语言风格距口头语言较远。其中的许多作战部署、进攻措施和知识,都是按后来兵书及道教的思想、战法来安排的。这样就出现了类似于一般说书艺人的陈词滥调的较普遍存在的毛病,而反映当时生活习俗的真实东西不多。

总之,本篇不可作主体作品处理。

263. 力牧驯兽战炎帝 [新密市]

传说,炎帝与弟弟黄帝两次在阪泉打仗,都被黄帝打败了,心中很是恼恨,想报大仇,可是眼下负了重伤,只好带残兵败将先回陈丘。黄帝见哥哥炎帝撤了兵,也传令常先、大鸿回到都城。黄帝回到国都后,全国上下庆贺,大臣们也都前来问候。风后说:"主公,我昨晚仰观天象,那轩辕星座,四周晴朗,星光灿烂;那火星座,四周昏昏,云气笼罩,星光暗淡。我想,这短时间内,炎帝是不会再来了。只是他日后必定前来报复,还望主公早做准备。"黄帝说:"不知有何法,可使哥哥永不来犯?"力牧接过话说:"臣有一言不知当讲不当讲?"黄帝说:"讲来我听。"力牧说:"多年来,我与熊罴虎豹常在一起,慢慢摸透了它们的禀性。它们都是通性灵的东西,只要训练有方,就能把它们训练成一支能打仗的军队。"力牧说罢,大臣们都哄堂大笑。黄帝也哈哈大笑起来,说:"有这等奇事?我倒要看看。"说罢,黄帝和嫘祖坐上华盖车,大臣们骑上马,离开都城,直奔西南具茨山下的一条大深沟。原来,这条沟叫葫芦沟,自从力牧在这条沟里训练虎豹后,当地人都叫它千虎沟。这千虎沟有一座十多丈高、一两亩大的高台。这天,黄帝、嫘祖和风后等大臣就坐在这个台上观看训熊、虎。力牧和常先就去具茨山东姬水河北岸一个叫老虎洞的地方,调集熊虎。这里有许多窑洞,力牧、常先在这里养了几千只老虎和熊罴等,因为老虎最多,所以当地人就把这地方叫做老虎洞。力牧、常先来到老虎洞,常先将各个洞门打开,"嘟——嘟——嘟——"三声牛角号响过,洞里熊、罴、虎、貔、貅、䝙等六种野兽,全都齐刷刷地立在洞口前。常先命六个饲训员各执一面上边绘有这六兽的旗帜,站在六兽前面。这时,常先又吹了三声牛角号,力牧挥动一丈多长的长鞭在空中甩了一下,这六兽便整整齐齐地跟着前面的旗帜往前走起来。观兽台上和千虎沟的两边站满了看稀罕的人,挤挤扛扛,热闹闹的。六兽进了千虎沟,人群一阵骚动,欢呼。人们只见,先是力牧手持鼓槌,擂了三通鼓,那六兽便齐刷刷地往前走了三步;然后力牧又敲了三下鼓圈,六兽又齐刷刷地向后倒退了三步。观兽台和沟两边的人,又是一阵鼓掌喝彩。黄帝招手对力牧说:"如何使它向前进攻?"力牧又一直擂起鼓来,这时只见那六兽随着鼓声,扬头撅尾,四蹄蹬地,一直向沟东冲去……大约跑了半里路,力牧又吹起牛角号。六兽听到号声,便立即掉转回头来,齐刷刷地跑了回来。待六兽跑到观兽台前时,力牧又啪地在空中甩了一下长鞭,六兽便整齐地站在那里。这时,观兽台上和沟两边又是一片喝彩。

炎帝回到陈丘,调集人马,操练兵士,屯集粮草,三个月后,又带领三万精兵,开到阪泉,要与黄帝决一死战。黄帝闻报,就与风后、常先、大鸿、力牧等率一万精兵,来到阪泉,仍在那个高地上安营扎寨。第二日,炎帝布好阵,叫祝融、刑天叫阵,黄帝和风后立于高地最高处,观看炎帝阵法。黄帝说:"我看兄长这次布阵很是威严,不知是何阵法?"风后说:"这叫'鱼丽阵'。分为三军,按倒'品'字形列队,各军十人一组,百人一伍,千人一编,万人一军,打起仗来前后左右照应,向前进攻似排山倒海,围剿敌人迅雷不及掩耳,十分厉害。"黄帝说:"可有破法?"风后说:"我军兵少将寡,不可与他硬拼。如将训练好的虎豹埋伏于沟壑,诱他深入,或许可胜。"黄帝点头称是,于是立即命令力牧等回国调遣六兽,任凭祝融、刑天如何叫骂,也不出战。第三日,祝融、刑天又来叫骂,常先、大鸿率八个兵士出战。炎帝见黄帝终于出战,将牛旗一挥,三军将士,排山倒海似的向前推进。而常先、大鸿与炎帝将士只打了几个回合,就装作败阵后撤。这样打打停停,停停打打,慢慢将炎帝将士引入一条丘岗之下。炎帝兵士以为黄帝军队吓破了胆,正在志得意满,突然听见从岗的背后传来牛角号声,不一会儿,远远看见一个士卒,手举"熊"旗,带领一群大黑熊奔了过来。炎帝士卒以为是黄帝兵士所扮,也不理会,只管向前推进,待到大熊到跟前,张着血盆大口,撕的撕,咬的咬,前面将士倒在血泊之中,才知道这是真的大熊,可是已来不及后退了。前面将士被大熊扑倒在地,后面将士登时大喊后退。那大熊穷追不舍,疯狂般乱撕乱咬。这时,炎帝在后面高岗上指挥打仗,阵上情景看得一清二楚,待他想亲自去拼一死活时,突然又见一面虎旗出现。虎旗后面,是一群斑斓猛虎。炎帝登时想起当年下凡时,太白金星所言:"遇虎则和"的话,心想天意不可违,就立即命令挥动白旗。这边黄帝、风后正在观战,见炎帝那边挥动白旗,就立即传令停止六兽进攻。这时,只听雨点似的擂鼓圈声响,那正在往前撕咬的熊、虎,立即调回头来。这时,炎帝手持白旗,来到黄帝面前,说:"哥哥与你三次交战,皆输于你,想是天意。而今我已年老,不如弟弟宽厚仁慈,才干非凡。我把这神农部落也交付于你,你就做他们的天子吧!"黄帝感动得掉下泪来,说:"哥哥,兄弟我也有不是,将这神农部落交与为弟,实难从命,不然咱两个部落合二为一,咱兄弟俩共同治理吧!"炎帝听了甚是感动,拉着黄帝的手说:"就依兄弟所言。"说罢,炎帝和黄帝同坐一辆华盖车,回到有熊国都。

采录整理:刘文学

【点评】

本篇流传在河南新密有熊国,是关于黄帝与炎帝之战的传述文本。作者根据部分文献资料、兵法书籍改编的通俗叙事作品。

其中反映如下当时的文化状况:①炎黄时代尚处于狩猎经济向农业经济过渡的阶段。因此驯兽仍是重要的生产方式之一。②将熊、黑虎、貔、貅、貙等作为交战的手段,在当时似为常事。如《黄帝平魔》用兽攻、火攻结合的战法,此次的炎黄决定性战役亦用此法。③炎帝与黄帝之间的阪泉之战已成定局,此次战役当是余波,战场就在具茨山一带。因为古有熊国就在今天的洧水、溱水流域的新密及新郑的部分地区,国都就在新密境的交流寨(即轩辕丘)。具茨山也在新密境内。这一重大考古发现印证了这一带的神话遗存,大量事实证明:六七千年前,中原黄帝部落与炎帝部落的此次战争和以后的融合是真实的。

264. 双龙寨的传说[新密市]

炎帝与黄帝在阪泉(今河南省扶沟县境内)打仗,本想一举取胜,逼兄弟黄帝让位,自己做有熊国天子。谁知,这第一仗就被打败了,心中很是烦恼。祝融说:"主公,你弟弟年轻少壮,血气方刚,与他刀械相斗,恐难取胜。主公善于使火,何不用火攻战?"炎帝听了,叹了口气,点头说:"他到底是我的弟弟,不忍使火伤害于他。现在看来,也只有如此了。"炎帝命将士休整三日。第四天早晨,祝融、刑天为先锋又带领士兵叫阵。常先、大鸿身佩弓箭,手握刀斧也率士兵出战相应。这时,黄帝站在大熊旗下,手持黄色令旗;炎帝立于大牛旗下,手持红旗,指挥两军厮杀。两军约战了一个时辰,祝融、刑天招架不住,将要败退。这时,突然天空一声霹雳,霎时间,只见乌云翻滚,天昏地暗,一条红色蛟龙腾飞而起,口若血盆,吐着数丈火焰,直奔黄帝军中而来。黄帝士兵见此情景,大惊呼叫,东奔西跑,争相逃命,跑得慢的,有的被烧伤,有的被烧死。黄帝知是兄长炎帝所为,也立即化作一条黄色蛟龙腾飞入天空,昂首摆尾,口中喷出滔滔白水,直奔红龙。红龙见黄龙游来,就掉转龙头,直奔黄龙。这时,只见红龙喷出红色火焰,黄龙喷出滔滔白水,一来一往,一上一下,左右盘旋,前后追击。两军将士先是吓得目瞪口呆,继而都仰脸观看二龙相斗,挥臂呐喊为自己主公助威。二龙相斗约两个时辰,黄龙渐渐失势,化作黄帝,败回军中。红龙见黄龙现出本相,也收住火焰,化作炎帝,凯旋回营。

再说,有熊国中,嫘祖这一日心中烦躁,坐立不宁,晚上久久不能入睡,刚合上眼,只见夫君黄帝遍体鳞伤,来到跟前,说:"夫人,我与兄长相斗,被他喷火烧伤,明日再战,我把他引到咱这都城东边洧水深潭之中,进行一场恶战。到时,你们见黄龙就投蒸饭馒头,见到红龙就投石头瓦块,切记切记……"说罢就不见了。嫘祖大呼:"夫君!夫君!"宫女唤醒嫘祖。啊,原来是一场噩梦。嫘祖急令招来风后,详说梦中情景。风后说:"近日,我观天象,天上轩辕星为火星所犯,必有火灾,听你梦中情景,正好应验!明日,可依主公梦中嘱托,仔细安排就是。"第二日一早,风后调集两千壮士,一千壮士抬了八千八百八十九个馒头,一千壮士抬了八千八百八十九块石头瓦块,运到城东洧水潭上一个土寨子里。这两队壮士,一队手持黄色小旗,将馒头摆在面前;一队手持黑色小旗,将石头也摆在面前,等待黄龙、红龙到来。

炎帝因昨日取胜,心中很是高兴,早早就令祝融、刑天到黄帝营前叫阵,不然就杀进营去。黄帝只得出阵相迎。炎帝使用石斧,黄帝使用降龙杵。二人战到二十多个回合,炎帝突然又化作一条红色蛟龙腾空而起,喷着火焰,直扑黄帝。黄帝也立即化作一条黄色蛟龙,喷着滔滔大水,去冲那火焰。二龙在空中左右盘旋了几个来回,黄龙像似招架不住,向北而去,潜入洧水。红龙以为黄帝败北,也追了上去,跟着潜入洧水。黄龙与红龙在水中边斗边游,一直游到有熊国都城东洧水深潭。在深水潭中,黄龙如鱼得水,时而喷着大水,时而以口相咬,时而以尾相击,而那火龙在水中却喷不出火来,只好口咬尾击。两巨龙将一个巨大的河水深潭搅得天翻地覆,白浪滔天。正在二龙相斗之时,潭上寨子里,两队壮士摇旗呐喊,见黄龙腾上水面,一队壮士手摇黄旗,投着馒头,高喊黄龙胜;见红龙翻上水面时,一队壮士手摇黑旗,投掷石头,高喊红龙败。从早上,投到日过午,再投到日西落。潭中河水混浊不堪,成了红色。这时,只见红龙腾空而起,身上滴着红血,呼啸一声,向东南逃窜。那黄龙也腾空飞起,身上滴着血,向两队壮士点了头,像是道谢又潜入水中,顺洧水而下。后来,当地人把二龙相斗的洧水潭,叫做双龙潭,把扔馒头和石头瓦块的那个寨子叫做双龙寨。

采录整理:刘文学

【点评】

本篇流传在中原新密黄帝故里,是关于"炎黄之战"的神话遗存。由于采录者对口承民间神话的原始形态保持不够,导致知识分子的陈词滥调连连出现,是不理想的文本。

其中主要的文化价值在于:它以丰富的构想将炎黄之争形象化,更见感人魅力。

本篇故事发生的地点是在洧水河中的深水潭,地域确凿,可见传之久远,有口皆碑,有相当程度的真实性和可信性。

炎帝是火神,黄帝是水神,炎帝火龙与黄帝水龙相斗,水火二神不相容。这是民间传统的看法。二位部落领袖是神,也是人,人神互通,可以互变,这是原人的普遍观念。因此,他们的原型也都是神话中炎黄子孙龙的传人的先祖。龙是炎黄部族的图腾、族徽。

本篇的地方特色鲜明,有研究价值。值得注意的是,由于记述者的采录方法的不科学,在语言上不能保持朴素、生动的本色,只好运用不文不白的文字模仿一般通俗常用的套俗、语法、语词凑数。这样就影响了它的科学和民俗语言风格的质量。这在民间文学采录工作中,犯了大忌。因此,只可作参考。

265. 炎黄二帝石[登封市]

嵩山少室山西边的当阳山巅,山石嶙峋,突出两大巨石,远望似两尊人像,坐西北,面东南。前者挺胸而坐,束发、宽衣、眉目慈善,左臂下摆,右手按膝,两腿屈膝,两脚点地,似有艰苦跋涉之后暂栖山头观望山下之势。后者并肩而坐,威严庄重,也同样目视前方。这两个石人像被称为炎黄二帝石像，前者为黄帝，后者为炎帝，据传是他们当年在此观阵时，山石感应而形成的。

远古时代的原始社会末期，少典之子炎帝、黄帝是同父异母的兄弟，炎帝居淮阳一带，黄帝居新郑一带，两个部落联盟之后，共同抗御从涿鹿一带兴起并来侵犯的九黎部落首领蚩尤。蚩尤自恃强大，人身牛首，四目六手，铜头铁额，并生有锋利的触角，鬓发硬如剑戟，率领八十一个弟兄，个个人面兽身，吃石头铁块，操各种兵器，喷云吐雾，向炎、黄二帝冲击，见人就杀，见房屋就烧，杀得血流成河，可漂起丢弃的狼牙棒来。黄帝讲仁义，劝说不听，反击又多次不能胜利。炎、黄二帝联合后，发挥风后、常先等各大臣的智慧，调动各部落的力量，尤其是风后发明了指南车，在作战中才冲出重围；他们又在东海流波山上捉到一只野兽"夔"，剥下皮，做成一面鼓，用雷兽的骨头制成槌，擂鼓前进，声震五百里外，吓得蚩尤胆战心惊并在涿鹿被杀死。

这两大巨人石就是炎、黄二帝在大战蚩尤于嵩山时，忙中偷闲、稍加喘息、观阵时化为石像的。

【点评】

本篇流传在河南登封县，是关于炎黄二帝联盟后，共同指挥与九黎部落首领蚩尤作战的神话遗存珍品。它对研究炎黄部族发展史，有重要参考价值。

其中反映出的重要问题：①炎黄两支兄弟部族，炎帝族居淮阳（陈），黄帝居新郑（有熊）。虽经摩擦、争战，终因黄帝族强大，打败炎帝族，联盟和好形成华夏先祖炎黄族团，成为中华民族皆炎黄子孙的血统，至今仍有强大的凝聚力。②从炎黄二帝石所在的位置来看，是在中岳嵩山少室山的当阳山，正是轩辕故里西不远。可见当时的战场不在河北的涿鹿，而在近期考证的巩义的浊陆（后念成涿鹿）。既然炎黄二族团都居住在中原，蚩尤也居河南西南部，不可能双方都离开族居地，远行千里在河北涿鹿作战（蚩尤系炎帝族团一部分）。战争的目的在于掠夺财富和人畜俘虏，而河北却是一无可图的蛮荒之区。因此，不论从部族利害、居地相邻等条件和军事学观点看，只能是在中原。③特别是从有关黄帝蚩尤的神话传说产生和流传的情况来看，绝大多数都在中原腹地（如登封、新密、巩义和确山等）。而河北却极少，尤可作证。例如：登封的《炎黄二帝石》、密县的《摩旗山》《撤兵岭》《绵羊救驾》，确山县的《义蜂店》《力牧驯兽》等都在中原战场。由此，可以基本理清黄帝战蚩尤，杀蚩尤于涿鹿，就在巩义市的浊陆（涿鹿），而不在河北涿鹿。

266. 炎黄和睦草［新密市］

在具茨山的山坡上，到处生长着这样一种草，春天，枝头开两朵并蒂花，花败结两根一手拃长的棒角，像山羊的两个角一样叉开着，秋天长老了，棒角就自己拧在一起，薅也薅不开。传说这象征着炎黄兄弟的亲切、和睦。

相传，炎黄二帝是同父异母兄弟，兄弟手足，和睦相亲，自从他们的父亲少典死了以后，兄弟间失去了和睦。炎帝带一些亲近部族离开有熊氏部落，到南方游牧，南方有个九黎族，首领叫蚩尤，很强暴，兄弟八十一个，都长得高大魁梧，铜头铁额，头上长角，能抵死人。蚩尤驱逐炎帝族，直追到黄河北的涿鹿。炎帝不能胜蚩尤，只得请黄帝来救援。黄帝率兵与蚩尤在涿鹿大战，擒杀了蚩尤。黄帝劝炎帝归顺，炎帝不从，炎黄三战在阪泉山野。后来，黄帝看着一时也难分胜负，就派太乙氏再去劝说炎帝，自己率众回到了轩辕丘。

一天，黄帝正在具茨山避暑洞歇息，忽报风后上山来见黄帝说话。风后说他昨天夜里做了一个梦，梦见炎帝率众到具茨山来言和归顺。黄帝听罢，长出一口气："唉！也不能强人所难啊，我本想同他们言归于好，联盟结邦，消除部族间的侵扰征伐，过几天太平日子，可他就是想不通这个理。我们到底还是亲兄弟，不想强人所难。"正在这时，太乙氏一路风尘，来到具茨山避暑洞，说他磨破嘴皮，炎帝终于看清了情势，想通了道理，答应炎黄和睦，永结友好。现今炎帝已带部族到达黄河北岸。

黄帝、风后听得炎帝归来的消息，都喜不自胜。黄帝即命风后下山准备迎接事宜，并叫太乙氏去请来了常先、力牧、女魃等大将，亲自率众到黄河边去迎接。当黄帝率众来到黄河南岸的邙山口时，炎帝已渡过了黄河，兄弟二人久别重逢，分外亲热。他们携手登上邙山山顶，接受众臣朝贺。

当时正是盛夏时节，天气炎热异常。邙山不宜久停，他们即率众回具茨山避暑洞叙旧。炎黄二帝携手登上具茨山，回首东望，一下子看到了他们的父亲少典的坟墓。往事件件涌上心头，二人都悔愧当初兄弟间不当失去和睦。兄弟俩声泪俱下，抱头痛哭在一起，泪水滴湿了脚下的泥土。

二帝回避暑洞去了，一只山雀从这里飞过，看见了那片泪湿的泥土，就衔来一粒种子种下。第二年春天，种子萌发，长出一棵草来，枝头开两朵并蒂花，花败结两根羊角样的棒角，秋天棒角老了，就自己拧在一起。慢慢地，这种草长满了具茨山。俺山上人都管这种草叫"炎黄和睦草"。

讲述人：郭大山

采录整理：张永林

【点评】

  本篇流传在登封、新郑、新密一带，是关于炎黄二帝由仇杀到言归于好，共结部族联盟，开创中华先祖大业的历史性神话遗存。它可以证明炎黄联盟共创大业，顺天意，得民心。中华团结，历来是历史前进的潮流。

  本篇的文化史价值：①炎黄是兄弟联盟部族领袖，合则两利，分则两伤，和睦是振兴民族的基础。②此篇仍沿旧说，杀蚩尤于河北涿鹿。故事也据旧说编写，并无事实根据。③炎帝居河南淮阳，蚩尤（九黎族）也居南方。炎帝兵败，求黄帝（居有熊）相助，何须都跑到河北去打仗。③黄帝与炎帝在具茨山避暑洞谈心，就在新密县境。炎黄结盟也都在新郑的西泰山。可知击败蚩尤必在嵩山周围。④炎黄和睦草是炎黄和好后，痛悔以往有伤兄弟情谊，激动中哭的泪水滴在泥土上，又由山雀衔来花种长出草，象征兄弟永归于好的深意，是通过幻想手段展示天心民意的愿望，其艺术魅力是通过和睦草的形体特点隐喻深意。

  总之，本篇是中原难得的口承炎黄神话佳作。它可以作为印证炎黄文化形成、发展的重要科学资料。

八、黄帝与嫘祖世系

267. 黄帝出世［新郑市］

新郑县城北门外,有座古老的庙宇。庙前竖着一通石碑,上面刻着"轩辕故里"四个大字。我们的祖先——轩辕黄帝就出生在这里。

古时候,这里有座小土山,叫具茨山。山下有一条河,叫姬水河。靠近河边的一个小山洞里,住着一对无儿无女的老夫妇。男的姓公孙,叫少典;女的叫附宝。

一天下午,附宝在北山坡正挖野菜,突然刮起一阵旋风。霎时间,乌云翻滚,天昏地暗,只听一声雷响,把附宝吓得蹲在地上。这时,一道白光在附宝头顶上直转圈,她吓得两眼紧闭,昏了过去。

当她醒过来时,只见满天星星。她借着星光,磕磕绊绊地回到洞里,感觉头晕、恶心、肚疼,原来是怀了孕。

两年后,附宝生下来个圆圆的大肉疙瘩。这肉疙瘩一落地,越变越大,眨眼工夫,从里面钻出来个十几岁大的孩子。老两口愣住了。孩子跪在二位老人面前,叫了声爹娘,讲了自己的身世。

这孩子原来是天上的轩辕星,主管雷雨,和玉皇大帝是弟兄。他在玉皇大帝和黑风怪的搏斗中立过大功,救过玉皇大帝的性命,玉皇大帝便让他住在天宫的中宫,还赐给他一条黄龙,他可以骑上黄龙任意游玩。

一天,各路神仙给玉皇大帝拜寿。酒席宴上,轩辕向玉帝提出,应该开开天戒,让众位神仙看看人间的景致。他这一说,正合各位神仙的心愿,大家都随声附和。因为是轩辕提出来的,玉帝就破例答应了。不过,只准游看一遍,不准逗留片刻。

众位神仙驾着祥云,到人间转了一圈,便各自回去了。轩辕星看了又看,直到各路神仙都走光了,他才回到宫中。

他看到老百姓受苦受难,就暗下决心,要到人间去,帮助百姓摆脱困境。

这天,他找玉皇大帝和王母娘娘说了自己的打算。玉皇大帝和王母娘娘挽留不住他,才勉强答应。轩辕从中宫走出来,因为中宫是天的正中央,新郑是地的正中心,他直上直下,刚好看见附宝在挖野菜,就投胎下凡了。

少典和附宝听轩辕这么一讲,俩人都很高兴。后来,轩辕带领百姓,开发中原,统一天下,建国有熊(新郑),他就是后人传说的轩辕黄帝。人们不忘黄帝的恩德,把具茨山改名为"轩辕丘"(也称"寿丘"),并在轩辕丘上修一座庙,叫"祖师庙"。附宝感光受孕的地方有一块石头,人称"天心石"。

讲述人:蔡英生,75岁,教师
采录整理:蔡柏顺

图8.267.1 新郑轩辕故里(1992年10月程健君摄)

图8.267.2 1983年11月中原神话调查组在新郑轩辕故里考察(程健君摄)

图 8.267.3　新郑黄帝故里牌坊(2006年孟宪明摄)

图 8.267.4　新郑轩辕故里(2006年孟宪明摄)

图 8.267.5　新郑轩辕丘（2006 年孟宪明摄）

【点评】

　　本篇流传在河南新郑市黄帝故里，是关于黄帝出生的神话遗存。它朴实、简明，比较接近口承神话形态。其主要的文化内涵和价值：①黄帝祖族有熊氏部族，就居住在新郑市具茨山山洞里，过着原始生活。②黄帝是天上的轩辕星，居中宫，转生为管理人间百姓、改变艰苦生活的帝王。他的出生神秘，"天人感应""天人合一"观念的形成当从此开始。以后几千年盛行的"天与人归"和"君权神授"思想都是为了永远统治人民制造的舆论。③黄帝生下来是肉蛋，后很快长大，这个生殖意识，在民间流传极广。传说中所涉及的具茨山、黄帝庙、姬水河、天心石等地名及遗迹，都证明了黄帝出生于此的可信性和神圣性。值得注意的是，本篇的道教化色彩特浓。黄帝来人间治世，完全是玉皇大帝和王母认同了轩辕的主意。道教神国距黄帝时代的原始社会已相当久远。道教徒为了把黄帝树为道教教主（黄老道），就改造中原的原始神话，使之皆纳入道教神谱之中，这个现象在研究中原神话时会经常遇到。许多神话之所以变形，原因皆在于此。

　　值得特别注意的是，关于黄帝生于轩辕丘的地望问题，最近，据国家和河南省考古队的挖掘文物及城址报告，在与新郑市交界的新密市曲梁乡大樊庄村的古城寨等考古发掘资料证明:黄帝就出生在溱、洧二水交汇的交流寨,正是轩辕丘故址,属仰韶文化晚期和龙山文化早期文物。它与黄帝时代完全一致。

268. 黄帝选妻[新郑市]

轩辕黄帝整天为百姓们费心操劳,乡亲们都对他十分敬重。一些上岁数的人更为他的婚事操心,经常有人带着姑娘找上门来,姑娘一个比一个长得齐整。他的父亲少典和母亲附宝也想早点给他成家,看看这个也称心,那个也如意,可黄帝就是不吭声。附宝说:"这么多人来找,你总得挑选一个呀!"黄帝笑笑说:"不能光讲长相,只看外表,要看有没有本事。"二老点了点头,也不再吭声了。

一天,黄帝打猎来到西山,抬头一看,山半坡大桑树下,有一女子手扶着树,一条腿跪在地上,正在从嘴里往外吐丝,地上已吐出一个像瓦瓮那么大的茧。黄帝躲在一块大石头后面看呆了。那女子吐出个黄金色的茧,又吐出个银白色的茧,都闪光发亮。黄帝看得入了迷,心想,我今天竟遇上这样一个会吐丝的女子,真是连做梦也想不到哇!自从来了有巢氏、神农氏,吃的住的都不愁了,可还披着兽衣兽皮,多么难看。今天要能得到这丝,纺织成布做成衣服,该多好哇!想到这里,他就要上前问个明白。又一想,不知是谁家女子,什么脾气,万一人家给个没趣,不是白费口舌吗?还是等她吐完丝,歇息时再问吧。

那女子在那儿吐呀吐的,吐成了三个茧,起身就要走。

"大姐留步。"

那女子歪头看他一眼,说:"大哥有什么事吗?"

黄帝说:"我看大姐会造丝,能不能教教俺。"

女子说:"俺娘有交代,想学造丝,有一个条件。"

"什么条件?"

"非丈夫不准传授。"那女子说罢这句话,赶忙捂住了脸。

黄帝听到这里,心里怦怦直跳,也不知道这女子说的是真是假。他抬头又看了看那女子,长得很丑,脸皮黑,嘴唇厚,个头也不高。又一想,她是个干活人,不能光看模样儿。有这样一个会吐丝的帮手,再好不过了,就鼓起勇气说:"大姐只要不嫌我,我愿……"

那女子大胆地走到黄帝跟前,两人并肩坐在一块青石板上。黄帝说:"咱们虽然定下了亲,可不知道大姐家住在哪里?从何处来?到何处去?"

那女子说:"我原是王母娘娘的侍女,名叫嫘祖,因为犯了天规,被打下凡来。"

黄帝说:"你犯了啥天规?"她说:"有一次,俺到王母的花园去赏花,那花园里有一株五色香草,上边结满了果实。我看那果实好看,又有香味,便随手摘了几个填进嘴里,满嘴香甜,我便嚼嚼咽下去。没多大一会儿,觉得心里直往上翻,光想往外吐。我没法了,便蹲在地上,一会儿便吐出来了,一看,是丝。接着,不知从哪儿飞来几只彩蛾,围着香草飞来飞去。我想,若把这香草籽儿喂彩蛾吃了,不也会吐丝吗?飞蛾下了子儿,那子儿慢慢变成蚕。我又用香草籽儿喂蚕,那蚕便也吐出丝来。我看着真有趣儿。这五色香草,原来是仙草。我想再摘些果实,谁知刚摘了一把,不知哪个人告诉王母了。王母大发脾气,当即把我打入凡间。我想,无论咋说,那香草籽儿也得带上。我把它藏在衣袋里,一会儿一摸,生怕丢了,王母叫把我扔到一个山旮旯里,我差点被狼吃了。幸亏,被捡干柴的西陵氏救了,我就认她为母。我们母女相依为命,过着苦日子,直到今天……"

黄帝听罢,伸手抓住了嫘祖的双肩,半天不知说啥好。嫘祖又说:"北山坡上,我已经养了一片蚕,正在吐丝。那些蚕都吃桑叶,长得也不错,咱们去看看吧!"黄帝顺着她指的方向走去,看到那些蚕结的茧,个个就像瓮那么大。黄帝高兴地说:"我现在就回去,派些人来把蚕茧寻回去。"嫘祖笑着点了点头。

黄帝先回到家里,把选嫘祖为妻的事跟少典和附宝讲了。老两口一传出去,男男女女、老老少少成群结队地都来了。黄帝和嫘祖回来时,大家都围着他们看。有的小声说:"那么多齐整的女子不挑,偏挑上这个粗糙人。"有的说:"放心吧,黄帝办事比咱们有把握,可能这女子有大本事。"有的见了蚕茧,还不知道是啥稀罕物哩。

嫘祖很家常,一到这里,就领着几个姑娘抽起丝来,抽着盘着,盘得有条有理,大家都跟着学起来。少典、附宝、有巢氏、后稷和一些上岁数的人,看着一盘盘又细又软的丝,一个劲儿地笑。

自从嫘祖来到之后,这里的人都学会了养蚕、缫丝、纺纱、织锦,越来越多的人穿上了衣裳。这一来,大家都夸奖说:"还是黄帝有眼力,看人光看样不中。"人们一提嫘祖,就打心眼里敬佩她。为了不忘她的功绩,农家的织机房里都敬祖神,实际就是嫘祖。

讲述人:蔡英生,75岁,教师
采录整理:蔡柏顺

【点评】

本篇流传在河南新郑市,是关于黄帝选娶妻子的神话遗存珍品。它提供了原始社会蚕丝文化的产生过程,有重要科学价值。

其中蕴含的文化价值及婚俗习惯为：①文化发明创造，最初都具有神话思维的神秘性，即文化知识是由天帝掌握和赋予人间的。这就是科技民俗的"溯源性"特点，要把文化知识带到人间是"犯天规"要受惩的。②黄帝发现嫘祖吐丝和选她为妻，是偶然的。黄帝选妻的标准不是以貌取人，而是以是否有助于发展生产，有利于为民谋利益为标准。这不同于后来的恋爱审美观，首要的是为了生存。③当时，选妻完全处于自由恋爱状态。只要双方喜欢，就可以定亲。婚仪简单，不用媒人中介。两人愿意，告知父母少典、附宝即可。这是当时民俗事象的真实写照。④黄帝作为部族首领的儿子，如此对待婚姻，带有示范性。⑤新郑、密县民间崇祀黄帝、嫘祖为织机、纺纱祖神，有重要原始信仰价值。

269. 轩辕故里［新郑市］

郑州附近的新郑县，城北门外，有一座古色古香的庙宇，庙前竖着一通石碑，上面镌刻着"轩辕故里"四个大字。相传，轩辕黄帝就出生在这里。

古时候，我国黄河、长江流域住着许多氏族和部落，他们拿着磨制的石器和粗糙的棍棒，终年东奔西跑追捕野兽，生活十分艰苦。遇到风雨雷电，冰雪霜雹等灾害，更是难以熬过。这种情景被天上的轩辕星看见了，他心里很难受，就暗下决心，要到人间来，帮助穷苦的百姓改变这种状况。在"戊己"这一天，新郑北门外有一个叫吴枢的妇女正要分娩，他便降生来到人间。

因为轩辕星的位置，在天空的正中央，新郑县的位置在地面的正中心，天上地下刚好相对应，所以，轩辕星便诞生在这里。"戊己"既表示中央，又是土德。这"土"是黄色，"黄"是土地生辉，农业的象征，因而轩辕星又称"黄星"，"黄帝"的名字就起源于此。轩辕星是由十七个小星星组成的，整个看去，有头有身，气魄宏伟，像条翻滚着的长龙，所以，黄帝以后的历代国君，都把"龙"作为自己的代称。他们身上穿的袍子，称为"滚龙袍"；他们坐的大殿，称为"龙廷"；他们乘坐的车子，称为"龙辇"。就连宫室里的雕梁画栋，也都是用滚龙作为图案。

黄帝到了人间以后，非常能干，又关心民众，不久，大家就一致推选他为部落的首领。

有天晚上，他做了一个梦，梦见狂风大作，把天下的尘垢全部刮跑了；又梦见了一个膀大腰圆的彪形大汉，手里握着千钧重的弓弩，驱赶着万群牛羊。黄帝醒来后，自己圆起梦来。他想：风为号令，是指执政的人，这个人姓"风"；"垢"字去了土字旁，是个"后"字，名字叫"后"。天下难道有姓"风"名"后"的人吗？又想：能握得动千钧之弩，必然力大无穷，这个人姓"力"；能够驱赶牛羊万群，一定是个很会放牧的人,这人叫"牧"。天下难道会有姓"力"名"牧"的人吗?于是黄帝就开始寻找"风后"和"力牧"起来。不知找了多少天,翻了多少山,蹚了多少河,吃了多少苦,有一天,在襄城的野地里,遇上了风雪天,他迷失了方向,又冻又饿,非常焦急。幸好有个小孩儿牵着一匹马走过来,他就上前问路。那小孩儿不光知道路怎样走,还知道风后所在的地方。黄帝按照小孩指的方向,终于来到了东海边上。找到了风后,黄帝让他当了宰相。后来又在云梦泽畔,找到了力牧,叫他当了大将。这一将一相密切配合,成了黄帝的得力臂膀。黄帝本来就体贴手下的人,又很会用他们,所以愿意跟他的人越来越多,他带领的部落也就越来越兴旺起来。

和黄帝同时期的还有一个叫九黎族的部落,首领叫蚩尤,十分强悍。蚩尤有八十一个兄弟,都是兽身人面,铜头铁额,非常凶猛。他们经常侵害别的部落,其他部落都无力抵抗,无不叫苦连天。有一次,蚩尤侵犯黄帝的近亲炎帝的部落,炎帝被打得一败涂地,无奈之下,只好向黄帝求助。黄帝是个很有本事的人,他早就想着要尽快除掉蚩尤这个祸害。他除了加紧训练士兵之外,更重视和其他部落的联合。他们共同准备人马,制造兵器。同时,黄帝还驯养了熊、罴、貔、貅、䝙、虎六种野兽,在打仗的时候,就把这些野兽放出来助战。

黄帝和蚩尤终于在涿鹿展开了一场决战。蚩尤的军队虽然凶猛,但遇到黄帝的军队,也抵挡不住,纷纷败逃。黄帝的士兵英勇追杀,蚩尤着急了,就施展妖术,制造了一场大雾,使追兵迷失了方向。黄帝沉着指挥,还精心制造了一辆"指南车",这指南车指引着方向,使士兵们终于捉住了蚩尤,把他杀了。

因为大战蚩尤中,风后的功劳很大,黄帝就把新郑县西的具茨山改名为"风后岭",封给了风后。后来,黄帝还在这里建立了避暑宫,开设了个小花园。山下有黄帝的饮马泉,再往东不远,还有黄帝口,都是黄帝常到的地方。

黄帝打败蚩尤以后,各个部落都很高兴,对他十分拥护,大家一致推选他为中原地区的部落联盟首领。从此,他就带领大家在中原一带定居下来,建都于新郑,国号为有熊。

蚩尤被打败以后,天下太平了,可百姓们还过着苦日子。黄帝每天忧虑着,怎样才能把国家治理好。他起早贪黑,走遍天下,进行查访,累病了还不肯休息。大家再三催促他,他才勉强到风后岭避暑宫养病。

这天,他从避暑宫走出来,到山脚下游走,发现沟底有一个牧羊人,就走了过去,想向他请教治国方面的道理。当他走到那人跟前时,见是个头发花白的老人,却长着一副小孩儿的面容,他就上前拜道:"长老啊,我想治理好天下,统一为一家,有什么好方法吗?"那鹤发童颜的老人,把他上下打量了一番说:"你是真心实意,还是光在这儿说说?"黄帝说:"我是真心向你求教!"那鹤发老人说:"好,若是真心实意,你需要斋戒七日,然后,独个儿步行,到翠妫河边,就可以得到宝书一本,神图一张。"老人说罢,便赶着羊走了。

黄帝按照老人交代的话,斋戒七天,虽然病还没好,仍然坚持着出发了。一路上他翻山越岭,终于来到翠妫河边。只见一条大鱼逆流而上,一翻身就不见了。河边上出现了一张绿底红字的图画和一本红皮书。黄帝赶紧走上前,正要去拿,从空中飞来一只仙鹤,衔住图和红皮书,顺着黄帝的来路翩翩而去。黄帝不顾一切,直追过去。仙鹤好像故意在逗他,飞得又低又慢,一直不离黄帝。黄帝的鞋也不知啥时候跑掉了,光着两只脚,踩着树杈子、野蒺藜,鲜血直往外流,衣服也早挂破了,披头散发,满脸灰尘。这一切,他一点也不放在心上,还是一个劲地追呀,追呀,直到第二天黎明,他累得头晕眼花,腿痛腰酸,定神看时,仙鹤没影了。只有那位鹤发童颜的牧羊人站在风后岭的顶上,满脸笑容地说:"这是王母让我送给你的礼物。"说罢,把图和红皮书递给了黄帝。

黄帝接过来一看,原来是《神芝图》,那图上画着一棵草,有九片叶子,闪闪发光。这时,他才明白过来,这九片叶子,指的是九州;这红皮书,原来是治国之道。黄帝正要拜谢,那老人却走了。黄帝从书中得知,这鹤发童颜的老人原来是华盖童子,这书是王母娘娘让华盖童子送给他的。为了纪念王母,黄帝在风后岭东坡半山腰,建了个王母娘娘庙,直到今天还保存着。

自从得到了宝书,黄帝便确定以农业为本,鼓励老百姓劳动,建造房屋。在力牧、风后等人的帮助下,还研究了历法、医学,制定了法令,使国家很快太平了。当时,当官的不徇私,老百姓和睦相处,路不拾遗,夜不闭户。

黄帝活了一百一十一岁,有两个孩子继承了他的王位,一个叫昌意,一个叫玄嚣。昌意生颛顼,玄嚣生蟜极,蟜极生帝喾,帝喾生放勋,放勋就是帝尧。后边的舜、禹、启都是黄帝的后代子孙。因为黄帝做的好事太多了,他死后,人们就把他当成神来敬,为了纪念他,就在他诞生的地方建起了祖师庙,庙前还立了通石碑。至今,城里黉学内还有一块石碑,上面镌刻着"新郑是轩辕故里,文明肇始之地"。

采录整理:蔡拍顺

【点评】

本文是作者根据文献资料综合编写的风物传说。它不具备民间口头传承艺术表述的特点。

其中文字也多系文言词语,很少生活气息。这样的杂糅复合方法,在神话采录中是不科学的。

采用这样写作的方法,容易不见特色,原因是不能深入群众采录第一手科学资料。

270. 黄帝降生[新密市]

　　天帝下凡了,黄帝就降生了。那是神农氏时,神农的舅舅有个儿子叫少典,为现在河南新郑一带的国君,他有个老婆名叫附宝。

　　这一天,少典和附宝下地去种糜子,少典扛了木耜走在前面,附宝抱了一斗糜子籽跟在后边,走到半路上,天忽然黑得跟晚上差不多,连天上的星星都露出来了。他俩感到非常奇怪,正不知怎么回事,只见天上有道电光像蛇一样绕着北斗七星旋转,把四野都罩上了一层青色,就在这时,附宝只觉得腹中有啥动了一下,她吓得喊出了声,那斗糜子也撒在地上。等少典回头看时,啥事都没了。可是,从那以后,附宝就怀孕了,她怀了二十四个月,第三年,才在新郑西北的轩辕之丘,生下一个胖小子。按照当时的习惯,就给孩子取了个名字叫轩辕。

　　轩辕是天帝下凡脱胎而成的,生他的时候,满屋子都弥漫着紫气,又像云团一样围着屋子不散。轩辕可真灵,刚生下来就会说话,从小就聪明过人,见人们都把房子盖在树上,他就说:"盖在地上不是比树上好?既方便,又结实。"开始,连神农都不信这话,黄帝就在地上七手八脚盖了一间房让他看,神农这才信服了。老辈人说,轩辕长得身高九尺,肩阔腰圆,眼睛像泉水一样清亮,脑门像山崬崬一样开朗,胡须不太长,但耳朵很大,待咱百姓可好了。

采录整理:郭城

【点评】

　　本篇流传在新郑市(有熊),是关于黄帝出生的神话遗存珍品。它是近于原始形态的神话,特别是其中没有道教篡改的成分,尤为可贵。

　　其中透露出如下重要信息:①少典氏是神农舅舅的儿子。从文献记载看,伏羲、女娲生少典,少典生炎帝、黄帝。也有说有娲之女女登为少典妃,生炎帝,姜氏生黄帝。可见此篇为世系清楚提供了佐证。②黄帝时,原始生活艰苦。少典与附宝种糜子。③黄帝生时北斗枢星旋转,天气变化符合文献记载。④黄帝能干,可以造屋,炎帝佩服,是管天下的有德的国君,可继少典之位。⑤特别在"非宗教化"方面,价值特高。这在中原黄帝神话中是罕见的,有很高的科学价值。

271. 嫫母发明火药 [新郑市]

嫫母娘娘是黄帝最年轻、长相最丑的一个妃子。相传,她人虽长得丑,善良贤惠、勤劳能干。

黄帝对嫫母非常喜爱,就把宫内的大事小事都交给她料理。嫫母不但精干,而且聪明,她把宫内大小事都安排得井井有条。

那时的娘娘可不像后来的皇后娘娘,烧火做饭什么都干。烧的主要是山上的松枝、树皮、树叶。在实践中,她发现木炭、硫磺、松香都是助燃的东西,就把这些东西放在一个罐中保管起来。

有一天她做完饭已是头晕眼花,本来准备坐下来休息一下,但发现罐子里的灰满了,便抱起来往外边送。刚走出屋子,一阵头晕,跟跟跄跄的,又被一块石头绊了一下,手中的陶罐掉落在烤火用的火堆上,"轰"的一声,发生了大爆炸。

黄帝听见以后赶快出来看,见嫫母倒在地上,却没有受什么大伤,只是一阵惊吓。黄帝一边安慰她,一边思索这个问题。

后来,黄帝请了几个人专门研究这个问题,终于解开了谜底。从此,中国就有了火药。

(选自《荆山黄帝陵》,任化民、王谦编)

【点评】

本篇流传在中原黄帝故里新郑市,是关于黄帝后妃嫫母发明火药的神话遗存珍品。它对研究黄帝世系及火药发明科技史有重要价值。

其中的原始神话信息:①昆仑山西王母嫫(貘)母,在这里与黄帝仍是配偶关系。但在大量的关于王母的神话中,其已被神格易位为玉皇大帝的天后,说明演变的旧痕迹仍然存留。②嫫母虽为黄帝之妃却勤劳、聪明,她管理宫中大小事务,井然有序。在做饭时,从烧柴灰中发现了易燃之物,在一次倒灰罐的过程中,因跌倒,碰击并发生爆炸,而发明了火药。实践使她做出了重大科技发明的贡献,使中华文明传遍世界。

272. 旱芭和嫫女[桐柏县]

传说,三皇五帝时为了争夺天下,炎帝和黄帝扯天①打仗,不分胜负。后来,黄帝的女儿旱芭②听说了,从天宫下来帮父亲争夺天下,打败了炎帝。

旱芭浑身是火,她到哪里,哪里就是焦土。黄帝一胜,又怕旱芭给人间带来灾难,命她回天宫去。旱芭不愿上天,黄帝没法了,就让旱芭躲在一座山下,不准露面。旱芭听话,就往黄帝指的那座大山去了。她一躲进去,这山就成火焰山了。

后来,人间又出现一个女人,叫嫫女。这个女人长得很丑,人们都很讨厌她。她到哪里,人们不是远远躲开,就是赶她走。嫫女恼了,就穿着旱芭一样的衣服,扮成旱芭,在人世间来来往往,吓唬人们。

真旱芭在天宫时,和太阳神很要好,他们是结拜兄妹。都说过,有事了互相帮忙。旱芭听从父亲的命令躲在山下,多年不见,太阳神很想念她。嫫女装扮成旱芭在人间来回走,十个太阳知道了。它们约着一起,到人间找旱芭玩耍。

一天,嫫女爬到一座山顶上,装神弄鬼地向人们吓唬一番。她累了,坐下休息咧,十个太阳一起向她走来。这时她热得难受,四肢无力,她想爬起来走出大山凉快凉快。她走一步,太阳们也挪一点。她热得支撑不住,倒下了,太阳兄弟见旱芭倒下,就走近她。一看,原来不是真旱芭,是个被烤焦了的丑女,就回天上去了。

讲述人:刘剑,桐柏大修厂工人
采录整理:柳丹

【点评】

本篇流传在桐柏县,是关于丑女嫫女的传闻,可作为研究嫫母神话的参考。其中反映:①天女旱芭帮助黄帝战胜炎帝(实际上应是蚩尤)后不愿回天宫。因她浑身是火,黄帝令其躲入大山下。②丑女嫫女因人们嫌她丑,她就打扮成旱芭游逛。结果十个太阳来找她时,她被烧焦了。③嫫女原为西方昆仑山上的嫫母(西王母),传入中原后,仍与黄帝保持配偶关系。此篇只是传闻轶事。

---

① 扯天:常常的意思。
② 旱芭应为旱魃,讲述人说称旱芭而已。

273. 九龙朝凤［新密市］

在有熊国都西北四十多里的地方，有个云岩宫。云岩宫前面，有一条小河，一年四季水声叮咚。在小河的源头，有个不大不小的水潭，人称响水潭。传说，这里是黄帝降九龙的地方。

黄帝为父亲少典送终之后，想找一块地方讲武练兵。那时候，中原这地方虽然到处是肥田沃土，可是要找一块风水宝地还不是一件十分容易的事。为了找到这块风水宝地，黄帝带领手下谋士风后，走了无数地方，爬高山，越深涧，跨沟壑，穿平原，终于在神州的中部腹地找到了云岩宫。

云岩宫背山面水，林茂草丰，风景十分幽雅。黄帝一到这里就看中了，决定在这里讲武练兵。黄帝刚把一切安顿好，不料天气突然变化，狂风怒吼，乌云翻滚，大雨倾盆而下，一直下了七七四十九天也不停息。云岩宫前的河水猛涨，眼看大水漫过了娘娘洞。黄帝心急如焚，心里说如果水再往上涨，整个云岩宫将淹没于水中。就在此时，只见翻滚的波浪尖上，有九条恶龙在戏耍打闹。他们戏耍够了，一条为首的青龙摇身一变，变作一个青面獠牙的怪物，向黄帝走来，站在水中，傲气十足地说："你就是有熊国君轩辕黄帝吗？"

黄帝说："我正是有熊氏轩辕黄帝，请问你是什么？"

那怪物嘿嘿一笑说："不瞒你说，我们兄弟九个，号称九龙太子。"那怪物说着往身后水中一指，说："都是东海老龙王敖广的玄孙。"

黄帝说："你们既然是东海老龙王的玄孙，就该在东海安分守己过日子，为何到云岩宫来兴风作浪？"

那怪物冷笑两声说："东海虽大，死气沉沉，哪里比得上云岩宫这里的美丽风光。我们兄弟九人早在东海龙宫住腻了，想在云岩宫这个地方建造一个水晶宫，作为我们的行宫。"

黄帝说："那可不行！中原大地本是神州沃土之邦，是人间百姓生活劳作的地方，你们既是龙就得归海，决不允许侵占我们的圣地！更不许你们在这里胡作非为！"

那龙怪说："正因为云岩宫这地方是神州沃土，才为我们龙子龙孙所看中。你若知趣，就赶忙离开。不然，我就把这里变作海底！"

黄帝见那龙怪不讲理，正要与他继续争论下去，只见那龙怪一跃蹿上岸来，伸出大爪向他扑来。黄帝闪身躲过，急忙抽出随身所带兵器与那龙怪战在一起。风后见状也抢刀相助。三个人一来一往，在云岩宫前的河岸边大战起来。其余八条龙兄弟站在水中，高声怪叫，为那岸上的龙怪助威。那龙怪本是水中家族，一旦上得岸来,远没有在水中凶狠,渐渐感到力不从心,最后终于败下阵去。众龙怪见其兄长被黄帝与风后打败退回水中,十分恼怒,就一起在水中撒起泼来。只见他们一个个在水中手舞足蹈,摇头晃脑地显出一副凶相,不一会儿就把河水搅得大浪滔天,水势猛涨。眼看马脊岭都要被水淹了,黄帝和风后就让善识水性的武定前往水中捉拿恶龙。武定本是东海边云梦泽畔打鱼出身的神人,不但善识水性,而且武艺高超,接受黄帝的命令后,身带武器跳入水中。为了给武定助战,黄帝和风后又在河边设立香案,遥祭上天相助。果然,不多时,乌云滚滚,天鼓阵阵,玉皇大帝派遣二郎神杨戬前来助威。武定在水中与那九条凶龙战有两个时辰,水势才逐渐下落,归于平静。但是,却不见武定上岸。黄帝与风后恐怕武定遭九龙伤害,又备一香案遥祭。就在此时,忽见水面浪花翻滚,不一会儿武定跳出水面,上得岸来,到黄帝面前说:"请黄帝放心,多亏二郎神在天空暗中相助,那九条龙已被我拿住,用二郎神的捆仙绳捆在水中,等待黄帝发落。"

黄帝沉思了片刻,说:"尽管这九条恶龙远离东海来我神州作恶,犯下了不可饶恕的罪过,不过念其年幼,还是舍给他们一条活命吧。"

风后点点头说:"黄帝所言极是。我们就把他们锁在这条河边,让这九条龙为我们看管宫门吧!"

武定按照黄帝与风后的吩咐,再次潜入水中,将九条恶龙牵出水来,首先让他们谢过黄帝的不杀之恩,然后将他们沿河边自东向西排开锁在河的南岸。天长日久,这九条龙思念东海龙宫,每到夜晚更深人静时,总是发出思念家乡的哀鸣,这哀鸣之声能传到数里之远。所以直到如今,人们还流传着"云岩宫,锁九龙,九龙叫唤不绝声"的口头语。

斗转星移,几千年过去了,这九条龙再也回不到东海龙宫了,死在了河南岸,化成了九道小山梁,成为云岩宫前有名的一景——"九龙朝凤"。

由于武定降龙有功,黄帝就把云岩宫前面这条河命名为武定河。

采录整理:高力升　高帆

【点评】

本篇流传在新密市云岩宫(今为黄帝宫),是关于黄帝及其大臣战胜九龙自然灾害的风物神话传说。它可以作为轩辕黄帝在云岩宫一带活动的证明。

其中的云岩宫景观传之久远。云岩宫南面九条小山梁,就是附会黄帝战胜九龙为害的遗迹的来历,云岩宫一带水边传出的"九龙叫唤不绝声",本为水潭响声,却印证九龙被擒的故事。武定河名称的取得,也是印证当初武定战九龙的神威。

因此，本篇虽为传说，却也有史实作证。因此，它的价值是极大的。

值得注意的是，本篇渗入道教神祇的活动，明显具有后世经道教思想篡改的痕迹。因为有二郎神的出现，证明已是周、秦以后的事，与黄帝时代毫无瓜葛。

274. 嫘祖养蚕［范县］

以前，人不会织布纺花，都是穿树叶、兽皮。打猎很不得劲，都着急，可谁也生不出法子来。

嫘祖在雷泽打猎、捕鱼，打来的野兽用火煮熟来吃，比生吃可口。有一次从树上落下来的几个蚕正落在煮肉剩下的肉汤里。嫘祖用棍往外捞，捞捞搅搅，白丝缠住了棍头，嫘祖觉着稀奇：这是什么东西？为什么捞出来的白丝拉不断？接着她又从树上摘了好多蚕，放到热水锅里，煮着搅着，把蚕丝搅成一团，在蚕丝上睡觉又暖又喧，舒服极了。

嫘祖管树上的小虫，起初叫天虫，后来叫蚕，结成的小圆团叫茧，为了多抽些丝，她就开始养蚕。别人见她养蚕抽丝，也学着养，越养越多。她把细细的蚕丝拧成细线，织网捕鱼，比手抓快得多。

后来，又有了新发展，用蚕丝织成布，代替树叶、兽皮，穿在身上，又轻巧，又暖和，干活还方便，养蚕的人更多了。

图 8.274.1 清小说《廿一史通俗衍义》（孟宪明供稿）

讲述人：阎元喜，男，63岁，汉族，小学毕业，范县人，农民
采录人：荆耕田，文化馆干部，大专毕业
采录时间：1990年4月
采录地点：范县孟楼乡孟楼村

【文献选录】

（黄帝）乃命西陵氏劝蚕稼，月大火而浴种。夫人副褘而躬桑，乃献蚕丝，遂称

织维之功。因之广织,以给郊庙之服。

(《路史》卷五)

帝娶西陵氏于大梁,曰嫘祖为元妃。生二子玄嚣、昌意。……时元妃西陵氏始养蚕为丝。

(《云笈七籤·轩辕本纪》)

【点评】

本篇流传在河南濮阳地区范县,是关于嫘祖养蚕、缫丝、纺线、织布的神话遗存珍品。它告诉我们中国蚕丝业产生、发展的经过,有蚕丝科技史研究价值。

其中透露出的文化信息:①嫘祖活动在雷泽伏羲文化中心地区,说明濮阳在中国远古文化中的重要地位。在河南,黄帝活动的中心除新郑、新密、巩义等地区外,濮阳雷泽也是重要地区之一,因为伏羲、女娲在这里活动最早。②嫘祖发明养蚕,也是从蚕茧偶然掉进锅里搅动时出丝开始的。它符合实践和创新的文化发展规律。③由蚕茧到抽丝、织布,是漫长的试验过程,不可能一蹴而就。

总之,本篇近于原始口承神话形态,很宝贵。

275. 嫘祖访玉仙 [巩义市]

当人类还在亘古洪荒的年代时,根本不知道衣服是什么样子。那时,无论男女,只用兽皮和树叶防寒遮盖。当时人类的首领名叫黄帝,黄帝的妻子便是西陵氏嫘祖。

嫘祖是个聪明能干的女人,她爱民如子,走遍黄河流域所有有人居住的地方。有一天,她从中岳嵩山来到五指岭下的山谷中,只见山清水秀,树木苍翠。她觉得有些劳累,就来到溪边饮水歇息。当时正值盛夏,炎热难当,溪边却清爽宜人,嫘祖心想:这座山风景这么美,有没有人居住呢?她正在遐想,突然听到隐隐传来一阵很有节奏的嗡嗡声。侧耳细听,声音仿佛很近。于是,嫘祖溯溪而上,拐过一道弯,只见河谷的崖壁上有个山洞,被绿树和藤蔓遮掩着,那有节奏的嗡嗡声就是从这个山洞传出的。

嫘祖沿着石壁上的小路来到洞口,看到一幅十分奇异的景象:只见一个十六七岁的山村小姑,穿着当时谁也没有见识过的衣裳,正坐在一架木制的纺车前纺丝呢,一见嫘祖进来,村姑急忙站起身,笑盈盈地迎接。嫘祖仔细打量,姑娘的衣裳既柔软又华丽,飘飘洒洒的,举步顾盼之间,袅娜多姿,仪态万方,一时竟把嫘祖看呆了。嫘祖心想,如果人人都能穿上这种衣裳,那世界该变得多么绚丽灿烂呀!人类该显得多么文明!于是嫘祖上前拉住村姑的手问:"姑娘,你这是在干什么呀?"

村姑说:"我在抽丝纺线。"

嫘祖又问:"抽丝纺线做什么呀?"

村姑说:"织布作衣呀!"嫘祖问:"就是你穿的这种衣裳吗?"

村姑说:"是的!"

嫘祖惊奇极了,问道:"这些丝是从哪儿来的?"

村姑说:"蚕吐的!"

嫘祖又问:"蚕在哪儿呢?"

村姑说:"就在这山上!"

于是,村姑兴高采烈地领着嫘祖来到山上,只见满山遍野长着桑树和橡树,桑树和橡树上,爬满白色蚕虫。村姑说:"这些野生的蚕虫,吃树叶,吐银丝,百日结茧,蚕茧便可以抽丝织布。"

嫘祖一听,高兴极了。她问村姑:"你叫什么名字?"村姑说:"我叫玉仙!"嫘祖又问:"只你一个人住在这里吗?"玉仙说:"我还有两个妹妹,一个名雨姑,另一个叫翠霞,两人每天都上山采茧,但她们却缺乏耐心,从不学抽丝织布。"嫘祖又问:"我能看看你织布吗?"

玉仙又高高兴兴地领嫘祖来到洞里,用简陋的木机织布给嫘祖看。嫘祖高兴地拉住玉仙的手说:"你是个聪明的姑娘,我今天回去,过几天还要来,再来,就住在这儿跟你学织布,你高兴吗?"

玉仙说:"太好了,你可要快点来呀!"

嫘祖回去见了黄帝,把碰上玉仙纺丝织布的事对黄帝说了。黄帝一听,又惊又喜,马上在部落里挑选了十名聪明灵巧的姑娘,和嫘祖一道来到五指岭下的山中,见了玉仙三姐妹,观看了他们从采茧、抽丝纺线到织布做衣的全过程。黄帝兴奋地说:"你们姐妹三个很了不起,人类将因为你们开始有衣着。今日,我特命嫘祖担负起制作衣服的重任,你们姐妹三个要协力相助,并把织布做衣的本领传给天下所有的女人,使男女老少都有衣穿。"

从此,嫘祖和众姑娘便在这里的山中,开始了织布做衣的工作,并逐渐使野蚕变为家养,还亲自植桑种树。她们纺啊、织啊,做成了无数美丽的衣裳。以后呢,所有的女人都学会了,家家户户春夏秋冬都有衣服穿了,人类从蒙昧向文明大大跨进一步。

后人为追念玉仙三姐妹协助嫘祖织布做衣的巨大功绩,便在玉仙纺线的洞前修建庙宇,把玉仙三姐妹奉祀为神,此庙便是玉仙圣母庙。

采录整理:石栏

图 8.275.1　浮戏山圣母池,也称玉仙池(2013年程健君摄)

【点评】

本篇流传在河南嵩山北支五指岭一带,是关于嫘祖发现并推广中原蚕丝、纺织工艺的神话遗存珍品。它对认识、了解中原蚕丝、纺织的科技发明史,有重要价值,接近原形。

其中的文化信息:①中原三大蚕丝、纺织技艺多元体系建构,有重要作用。②丝绸文明的出现,有三种情况:一是亲身参加生产实践,发现科技知识、技能;二是总结经验,提高水平;三是推广普及。本篇嫘祖起到了发现科技全过程后派人学习技术,推广野蚕到家蚕,逐步提高水平等作用。③玉仙是丝绸业发展的实践者、智者、先行者,她功不可没。④后人追念玉仙姑娘功绩,修玉仙圣母庙于五指岭,增强此神话的可信性和神圣性。

本篇是罕见的神话珍品。

276. 蚕神献丝［荥阳市］

传说,远古时代,在中原的黄河岸边有一座山,山上长满了桑树。因此人们就叫这个地方为桑林。在桑林这个地方,住着一户人家。这户家中只有一个老头和一个女儿,还养了一匹大白马。人们也不知道他们姓甚名谁,因为他们住在桑林,所以叫那老头为桑父,叫他的女儿为桑姑娘。这桑姑娘长得很漂亮,传说她是天上的织女星下凡。在桑林一带,有三棵桑树长得特别高,传说有一百丈高,枝叶也特别繁茂。这位桑姑娘每当春天到来的时候,白天就变成一只蚕爬在大桑树上吃桑叶,晚上就在这桑树上吐丝。这桑姑娘不分昼夜地吃啊、吐啊,她吐的丝有金黄色的,还有白色的,当她吐够一大堆丝的时候,就交给她的父亲去卖。可是,人们都不知道这金贵的丝是什么,谁也不去买。有一次,桑父带着女儿吐的丝去到很远很远的地方,一连几个月没有回家。桑姑娘一个人在家感到很是孤独、寂寞,每日思念父亲。有一天她来到那匹大白马前,用手抚摸着马长长的鬃毛。那匹大白公马也似有钟情,一会儿在桑姑娘胸前蹭蹭脸,一会儿两眼直勾勾盯着桑姑娘。桑姑娘有些害羞,用手拍打了一下马说:"你这贼马头,为啥直直地盯着我?"那白马也害羞似的将头移开。桑姑娘觉得这匹马怪有意思,就开玩笑说:"大白马啊,大白马,你要是能将我父亲找回来,我就嫁给你!"那白马一听,突然将头昂起,竖起耳朵,两眼又盯着桑姑娘,好像在问:"你说话当真?"桑姑娘越发觉得大白马好玩,又开玩笑说:"听见了没有?你要是能把我爹找回来,我就做你的妻子。"这时,那大白马长嘶一声,蹦跳起来,挣断了缰绳,窜出了马棚,飞也似的跑了。

几天过去了。一天晚上,桑姑娘刚刚吐完丝回到家里,突然听到远处传来马嘶声,就忙从屋里出来,一看是那匹大白马风尘仆仆地驮着父亲回来了,心里很高兴,就将父亲接进屋。这时,那大白马在外边等急了,就又咴咴地叫起来。桑姑娘赶快将大白马牵进马棚,又是饮水,又是撒草料,然后又轻轻地拍了一下马头,对大白马说:"好好吃吧!"算是对大白马的安慰和奖励。桑姑娘回到屋里,她的父亲告诉她,他到很远很远地方去卖丝,可是谁也不知道这些丝是啥东西。他正犯愁没法回来,突然跑来了咱那匹大白马,那大白马见了我又跳又叫。他以为家中出了什么事,就骑上它,日夜往家跑。桑姑娘告诉父亲说,家中没有发生什么事,只是每日里思念父亲。可是心里想,这大白马怪可笑的,说句玩笑话,它倒认真起来。

桑父心里想,这大白马通灵性,每天都用最好的草料喂它,可是它不吃也不喝,终日无精打采的。但是一见到桑姑娘从马棚前经过,就精神抖擞,昂起头,又跳又叫。桑父感到很奇怪,就问女儿是怎么回事。桑姑娘只好把实情告诉给父亲。桑父责备了女儿的过错,并且以后不许她再见大白马。

几天过去,大白马仍然不吃不喝,每日精神烦躁,又踢又叫。桑父想,你这孽障,我怎么能把女儿嫁给你呢?于是趁大白马不注意的时候,就用弓箭将它射杀了,将马皮剥去,挂在院子里的墙上晒起来。有一天桑父不在家,桑姑娘同邻居一个姑娘在院里闲谈,指着墙上那张马皮奚落大白马。突然,那张马皮从墙上飞下来,包裹着桑姑娘就飞走了。桑父回来了,不见桑姑娘,问邻居家那位姑娘,才知道桑姑娘被那张马皮裹走了。

桑父就去找自己的女儿,找啊,找啊,找遍了深山大川。几日后,他终于在那棵一百丈高的桑树上找到了自己的女儿,不过,她被马皮裹着,已经变成了一只蚕,在桑树上吐丝呢。

后来,黄帝战胜了蚩尤,在西泰山(今河南新郑西北)会诸侯,举行开国大典。正当黄帝和群臣以及各部落酋长们庆祝有熊帝国建立时,桑姑娘一手拿着一束金黄色的丝,一手拿着一束白色的丝,从天上徐徐降落到黄帝的面前,将那两束丝献给了黄帝。大臣们看到那金光闪闪的丝束,都不知道这是什么稀世珍宝。还是黄帝英明,他说这是丝,可以用它织丝帛,丝帛可以做又轻又软、穿上很舒适的衣服。如果有了它,以后人们再也用不着披兽皮,穿麻布了。听了黄帝的话,桑姑娘感动得流下泪来,跪在地上再三给黄帝磕头,因为她多年辛苦劳动的成果终于有人认识了,知道了它的价值所在。于是,桑姑娘立即又变成一条马头蚕,在大家面前吐起丝来。黄帝和大臣们先是惊呆了,然后又欢呼起来,认为这是天帝派来的蚕神,于是人们都尊称桑姑娘为蚕神。

黄帝立即招来妻子嫘祖,叫她把蚕神请到轩辕丘附近的桑山上,放到桑林中,让它吃桑叶吐丝。在嫘祖的精心照料下,蚕神繁育了很多子孙,以至漫山遍野的桑树上,到处都是蠕动的蚕,到处结满了茧。到了天凉的时候,嫘祖和姑娘们就把蚕茧收起来,到第二年天气暖和了,再把蚕籽放到桑树上。就这样,人们开始了植桑养蚕,纺织丝帛,做衣服。人们把这些功德都记在嫘祖的名下,都尊称她为"蚕娘"。

采录整理:王金岭

图 8.276.1　明小说《列朝》(孟宪明供稿)

图 8.276.2 荥阳织机洞遗址保护碑(2013年程健君摄)

图 8.276.3 荥阳织机洞遗址(2013年程健君摄)

图 8.276.4 荥阳浮戏山嫘祖洞(2013年程健君摄)

图 8.276.5 嫘祖洞内的嫘祖床(2013年程健君摄)

图 8.276.6 嫘祖洞附近的黄帝天印石(2013年程健君摄)

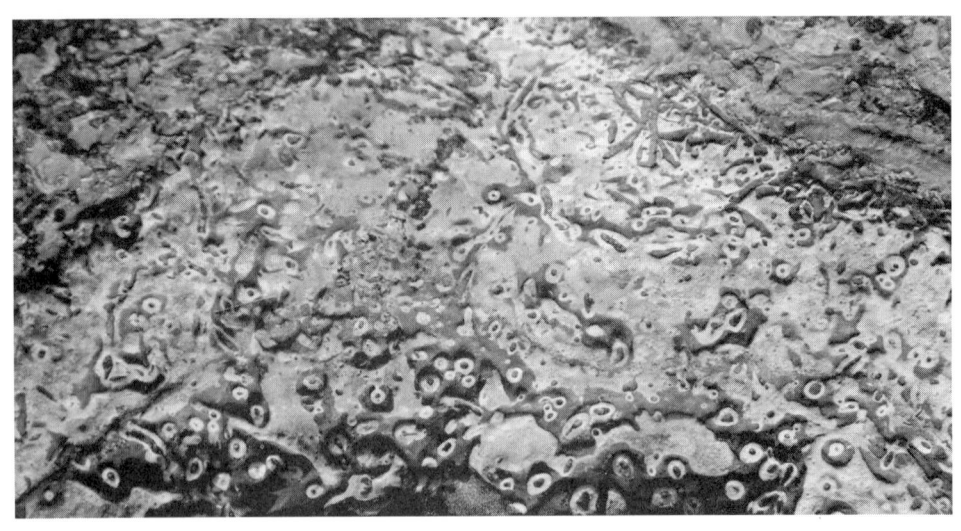

图 8.276.7 浮戏山纺绩岭天锦石(2013年程健君摄)

图 8.276.8　荥阳嫘祖庙(2013年程健君摄)

图 8.276.9　荥阳嫘祖碑(2013年程健君摄)

【点评】

  本篇流传在河南荥阳氾水一带,是关于"蚕神"之祖的神话遗存珍品。它具有研究我国黄帝时代蚕丝发明的重要科技史价值,比较接近原始口承形态。

  其中的神话文化信息:①我国蚕丝、纺织起源于黄帝时代黄河边桑山一带。所谓桑林,正是在中原腹地巩义、氾水境内(商汤祈雨之处)。②太古时代,桑父与桑姑娘住桑山。桑姑娘是神也是人,她是来自天宫的织女,晚上吃桑叶,白天吐丝,因无人认识此丝,桑父去远处卖丝。由此引出闻名中外的神话《蚕马》。后来桑姑娘变成马头蚕吐丝,织绸布(值得注意的是,在《搜神记》中已有记录《蚕马》的异文。不同之处是,时代不清,只是提到古初"旧传"。蚕姑娘之父是远征作战,而非卖丝)。③本篇可贵之处,还在于黄帝建国后,桑姑娘来献丝。由嫘祖出面把桑姑娘请到轩辕丘附近的桑山上,并让桑姑娘晚上吃桑叶,白天吐丝,带动大批妇女养蚕,织绸帛,解决了人们的穿衣问题。意义十分重大。④《搜神记》的记录印证了此篇产生于远古中原的可靠性,说明远古时期此神话早已在中原腹地传播。这篇记录的价值高,主要是因为它与炎黄文化的关系密切。⑤传说嫘祖发明养蚕,除她自身能吐丝织帛外,还组织推广改良此项技术,本篇即属于后者。这一神话全面反映了我国蚕丝文化发明、演进的全面信息,而这一点在史书文献上却都是比较简单的。由此可知,中原口承神话的价值不可估量。

277. 黄帝三女冢[新郑市]

  河南新郑市轩辕丘西北角,有一处品字形荒坟冢,相传那是轩辕黄帝三个女儿的坟墓。

  相传,轩辕黄帝正妻嫘祖,第一胎生下三个女儿,分别给他们取名为彩英、彩娥、彩虹。在她们九岁那年,中原发生大洪水,轩辕黄帝带领部族西游到终南山。因为生活困难,黄帝和嫘祖决定把他们的三个女儿留在终南山学道,一直到涿鹿大战时,他们父女才在战场相见。

  一天晚上,月亮落下去了,蚩尤的兵将还在黄帝营寨外面骂阵。黄帝不想出阵,因为连续几天的械斗,蚩尤放雾,不辨方向,自己的兵将伤亡较大。黄帝靠在一棵大松树上,想歇息一会儿,不知不觉进入了梦乡。他梦中见到西王母手持三道神符,对他说:"明日正午时分,你分别在蚩尤营寨的东北、西南、正南三个方向,堆放三堆松枝,选三个道行深厚的女子,背上分别贴上这三道神符,投入松枝之上,自焚其身，蚩尤的妖雾必为神火所破。"轩辕正想要问点什么，王母娘娘驾云而去。黄帝醒来，急忙寻找神符，见那神符在他怀里。轩辕拿住神符，又喜又愁，喜的是西王母赐予神符，有了破蚩尤妖雾的希望，愁的是三个道行深厚的女子到哪里去找呢？正当这时，常先来报，说营外有仨年轻女子，自称是黄帝的女儿，前来求见。轩辕听罢，急命常先传三女来见。轩辕见果真是他的女儿彩英、彩娥、彩虹，心中欢喜异常，忙请来嫘祖，与女儿团聚，说些别后思念之情。

三女见父王愁眉不展，没有一点父女重逢的喜悦，忙询问原因。轩辕把连日来和蚩尤大战的情况详细地讲述了一遍。三女急问："难道就没有破蚩尤妖雾的办法了吗？"黄帝把王母托梦之事讲述了一遍，又从怀中拿出了三道神符给她们看。三女说："既然有了破敌之法，父亲还愁什么？"轩辕叹口气说："唉，几天来我手下的几员大将都身负重伤，再战就得求其他部落相助，我到哪里去找三个道行深厚又肯自焚其身的女子呢？"轩辕说到这里，三个女儿一齐跪在黄帝的面前说："请父王把神符拿出来，明日正午只管按计划用兵！"

第二天，黄帝率部将和前来助战的罴、貅、虎三部落的士卒，与蚩尤大战。天到正午，蚩尤又施放妖雾，将轩辕众将士围在雾中。正在这时，战场东北、西南、正南三个方向忽然燃起三堆熊熊大火，火光中，见有三只火凤凰从三堆火中冲天而起。轩辕黄帝将士向三只凤凰叩了三个头，立即冲进蚩尤阵中。这时，妖雾尽散，蚩尤及其兵将被火光刺得睁不开眼睛。轩辕黄帝率兵将冲入敌阵，将蚩尤兵将打得落花流水，一败涂地。

战后，黄帝知道三个女儿为破蚩尤妖雾，化作三只火凤凰焚身，痛惜得大哭了一场，并派人寻得一些她们的尸骨衣物，葬到了轩辕丘西北角处。

后来，三女冢上都长满了松树，每棵松树都长三条主枝，且树皮如雪，清香异常。

采录整理：王流舟

【点评】

本篇流传在河南新郑、新密一带，是关于黄帝女儿帮助黄帝战败蚩尤的神话故事。它可以证明黄帝时代黄帝与蚩尤之战，有一定参考价值。

从中可以看出：①黄帝时期，中原曾有洪水之患。黄帝曾率领族人逃往陕西终南山一带，由于生活无着，将嫘祖生的三个女儿留那里修道。②黄帝战蚩尤，王母授予三道神符，三女儿跳松枝火中变火凤凰冲散毒雾，战败蚩尤。这说明王母神话传入中原后，神格易位，置换变形，她从黄帝后妃转化为玉帝天后相助。中、西两部族文化交融明显。③黄帝三女儿献身，保卫中原部族的统一大业。④后人纪念黄帝三女儿,修三女冢,影响深远。⑤本篇道教的修仙学道观念浓厚,已非原始神话形态。⑥三女儿在黄帝世系中的位置重要。

278. 鸳鸯石[新郑市]

具茨山风后顶南坡,有两方青灰巨石凌空并立。从山脚下远远望去,犹如一双大鹏鸟比翼齐飞,展翅云间。每当旭日霁野、祥云霭天的清晨,两块巨石沐浴在朝霞里,流光溢彩,陆离万端,流露出几分痴情,几分缠绵,带着几分真实,几分潇洒。这就是具山茨风后顶古今闻名的鸳鸯石。

相传,轩辕黄帝和嫘祖娘娘在这里相识相恋。有一天,嫘祖娘娘登上具茨山风后顶采摘桑叶,遇到了路过这里的轩辕黄帝。轩辕黄帝看见一女子身穿玄黄色的丝衣在采摘桑叶,感到十分惊奇,就走上去询问。嫘祖娘娘以实情相告,说她叫嫘祖,是具茨山西陵氏之女,从小就植桑养蚕,抽丝织锦,裁制衣裙,身上这玄黄色衣裙就是她自己裁制的。说着,她就扯起衣裙让轩辕黄帝观看。轩辕黄帝听罢,怦然心动,并对这位女子产生无限的敬慕之情,随即作自我介绍并恳请结为夫妻。嫘祖娘娘得知眼前这位英俊汉子就是声名远播、久已仰慕的少典之子轩辕,心中顿时乐开了花。两人并肩坐在这块巨石上亲密地交谈起来。他们忘记了饥渴,忘记了时间,定下终身。后来,他们各自告知了自己的父母亲人,得到赞许。他们共同劳作,共商部落兴旺大计,为统一八方氏族,建立华夏国家呕心沥血,鞠躬尽瘁。

采录整理:时海霞

图 8.278.1　西平嫘祖像(2011年程健君摄)

图 8.278.2　西平嫘祖殿（2011年程健君摄）

图 8.278.3　西平嫘祖陵（2011年程健君摄）

图8.278.4　西平嫘祖陵前的民间祭祀(2011年程健君摄)

【点评】

本篇流传在河南新郑市风后岭一带,是关于黄帝与嫘祖相识相爱的神话传说珍品之一。它古朴、简明,虽然采录者的语言有点文言词语,但其整体仍属原形,它对了解黄帝、嫘祖的生活有参考价值。

其中透露如下神话信息:①黄帝与嫘祖的部族都在具茨山脉的周围。西陵氏部落就在具茨山西端与有熊部落为邻,可互相交往。②西陵部落养蚕、织绸衣,已经普遍。③黄帝与嫘祖相爱成婚,既有情爱,又有共同发展文化的经济要求。④鸳鸯石是后人想象中的比附,而其精神寄托却在二人的敬爱、互助之情。

九、黄帝　蚩尤　刑天

279. 黄帝战蚩尤［新密市］

　　黄帝打败了炎帝,炎帝被黄帝的大将力牧活捉。黄帝念炎帝是他的手足,没有杀他。从此,炎帝对黄帝的仇气更深了。黄帝回到云崖宫以后,风后与力牧建议黄帝,要发展农牧业生产,加强兵丁训练,炎帝战败以后,一定不会甘心,还会作乱攻打中原,要让自己兵强马壮,将来就是炎帝再来攻打,也可以打败他。

　　黄帝听了两个大臣的意见,号召全部落人民垦荒种植,兴修水利。力牧是牧马人出身,对放牧牲畜很有门道,黄帝就叫他负责发展农牧业生产。风后有勇有谋,办事很有办法,黄帝就叫他掌管部落中的内外事务。

　　风后和力牧的建议很正确。炎帝被打败以后,很不死心。他终日闷闷不乐,日子一长竟染上了重病。炎帝有九九八十一个孩子,在他快死的时候,将孩子们都叫到跟前,伤心地说:"孩子们,爹患了重病,活不长了。我这病是气出来的,这气是咋来的,爹不说,您都清楚。爹如今是报不了这个仇了,不知在我的孩子们中间,有谁能为爹爹报这个仇?"

　　炎帝说罢,面前没一个人吭声。停了一会儿,只见一个身高一丈、脸色黝黑、十分凶野的人站出来跪在炎帝面前,哭着说:"孩儿蚩尤愿为爹爹报仇雪恨,一定将轩辕捉到爹爹面前,千刀万剐!"

　　炎帝见站在面前的是大儿子蚩尤,高兴地点点头,说:"我儿虽然有雄心大志,不知你有啥本领可以打败那凶恶的轩辕?"

　　蚩尤把双眼一瞪,咬牙切齿地说:"孩儿曾拜六玄龙为师。他教孩儿变化长身和呼风唤雨的本领。不信的话,就让孩儿变来您看看!"

　　蚩尤说着就在他爹面前念咒作法。不一会儿工夫,蚩尤竟变得身高两三丈,脸像一个和面盆,眼和灯盏差不多,血盆大嘴里露出两个獠牙,样子十分怕人。蚩尤大喊一声,震得弟兄们耳朵都发懵。他将手中拿的那把钢叉一抡,风声呜呜叫,把在场的弟兄吓了一跳。然后,他又作了个法术,本来是晴天,一会儿工夫就阴了,又是刮风,又是打雷,风婆雷公都来了,只吓得众兄弟们躲的躲、藏的藏。炎帝忙让蚩尤收了法相。他见蚩尤如此有本领,十分高兴,就当着众儿子的面,封蚩尤为姜氏部落的接替头人。蚩尤听了他爹的分封,更是高兴得很。

不久,炎帝就死了。

炎帝死后,蚩尤当上了姜氏部落的首领。他为了反攻中原,在冀州涿鹿一带招兵买马,准备随时攻打中原。

黄帝在风后和力牧的帮助下,经过十几年的发展,中原一带成了鱼米之乡,到处一派欣欣向荣的景象。

有一天晚上,黄帝做了一个噩梦,梦见一只秃鹰自北方天空飞来,在云崖宫的上空盘旋了一阵后,突然一个猛冲向下扑来,要叼黄帝的双眼。黄帝吓得一边用衣袖扑打,一边赶快躲藏。正在这时,他身后出现了四个巨人,各持弓箭一起向那凶恶的老鹰射去。那老鹰的身上同时中了四只利箭,惨叫一声,从天上掉了下来。黄帝从梦中惊醒,吓了一身冷汗。黄帝将梦中的事对风后和力牧说了一遍,风后与力牧想了想说:"这个梦是个不祥之兆。不久炎帝的孩子蚩尤可能要从北方发兵攻打我们,必须早做准备。如今我和力牧年岁都高了,不能征战疆场。梦中那四个巨人,定是四员贤人强将,也正是可以制服蚩尤的人,您还是早些查访他们才是。"

黄帝听了连连说好,第二天他就离开了部落上路了。

黄帝历尽了千辛万苦,终于访到了大鸿、大隗、具茨、武定四员贤臣良将。这四个人能文能武,还有变化的本领。黄帝非常高兴,就将他们一块带回云崖宫,封他们四个人为迎战大将军,封风后和力牧为后营总参军。

不久,蚩尤果然发兵攻打中原。因为黄帝对蚩尤早有提防,已根据风后和力牧的建议,早令大鸿、大隗率兵在黄河以北的朝歌一带设下了埋伏。蚩尤刚一发兵,就遭到了一场猛烈的痛击,蚩尤的士气大丧。然后,大鸿、大隗装着打败,连夜撤过黄河,在黄河南岸各大渡口布防。黄帝又将具茨、武定的大兵埋伏在邙山上的树林子里。蚩尤一觉醒来,见阵前轩辕的兵马全部撤退,过了黄河,心中十分高兴,认为大鸿和大隗害怕他,怯战而退了。于是,就让他的兵帅们南渡黄河,直捣中原。

当蚩尤的人马全部投入渡河之后,黄帝、风后、力牧见时候到了,就鼓乐一齐奏响,杀声震天,军士们精神大振,弓箭齐发。蚩尤的兵士都在滔滔的大河之中,上不着天,下不着地,有劲使不上,结果兵士们还没登上黄河南岸就死伤了大半,只好急忙后退。黄帝乘胜追击,一直追到蚩尤的老巢——冀州涿鹿一带。蚩尤知道自己再没退路了,就拼死一战。他将残兵败将又收拾到一块,反扑过来。穷凶极恶的蚩尤不顾部下的死活,死命拼杀,不肯投降,黄帝与蚩尤在涿鹿一带苦战了七七四十九天,只杀得天昏地暗,血流成河,尸骨遍野。最后蚩尤见自己大势已去,就念起咒语,现出法相来,并呼风唤雨,请来了风伯、雨婆和雷公,下起大雨来,想用水淹退黄帝。黄帝让大鸿和大隗也现出法相与蚩尤决斗,并叫具茨和武定请来天女旱魃相助,制住了风伯、雨婆和雷公的大雨。最后,在大鸿、大隗、武定、具茨的奋力厮杀下,蚩尤终于被活捉。黄帝叫大隗将蚩尤斩杀于涿鹿之野。黄帝又一次平息了炎帝后裔的叛乱,胜利了。

黄帝回到中原后,为了奖赏和犒劳讨伐蚩尤有功的人,根据广成子的指点,将中原(河南大部、河北、山东、安徽的一部分)分为六大部州。分别让风后、力牧、大鸿、大隗、具茨、武定掌管。从此,天下太平,老百姓安居乐业。

后人为了纪念黄帝和他部下六位大臣的功绩,曾留诗于云崖宫的讲武门:

"战败蚩尤犒旅徒,
云岩深宫葬兵符;
千秋永罢干戈事,
蔓草寒烟锁阵图。"

后人还将密县、新郑、禹县交界处的几座险要山峰,以黄帝的六位大臣的名字封了号。如今的大鸿寨、石牛山、七固堆、风后岭,就是以大鸿、具茨、大隗、风后之名命名的。云崖宫前的泉源河是以黄帝的第六位大臣——武定命名,叫武定河。云崖宫东南五里处的台岗,又叫力牧台,是以黄帝的第二大臣力牧命名的。

讲述人:张造
采录人:高力升

图 9.279.1　明小说《列国》(孟宪明供稿)

图9.279.2 明小说《列国前编》(孟宪明供稿)

图9.279.3 王屋山阳台宫明代石雕《黄帝战蚩尤》(2009年程健君摄)

图9.279.4 古画刑天舞干戚(孟宪明供稿)

【附录】

云岩宫［新密市］

"南京到北京,
不如云岩宫。
三百(柏)二十(石)一所庙,
王母娘娘坐空中。
石头缝里长柏树,
老龙叫唤不绝声。"

这是对云岩宫的赞颂,云岩宫是黄帝活动最集中的地方。宫前有山门,左有轩辕门,右有讲武门,内有点兵台(后成为戏楼),西有饮马泉,西南有马脊岭(黄帝遛马处)。东南有黄陵坡(一作黄路坡,黄帝出征时经过的地方),东有力牧台,又名讲武台。台上有摩旗穴,这是黄帝讲武、练兵插旗处。北有养马庄、马场沟。另有仓王——黄帝屯粮处。

黄帝第一次被炎帝打败以后,回到云岩宫,白天在力牧台练兵,晚上在云岩宫中讲武,制出奇妙阵法。再战,打败了炎帝。

据说,黄帝是从新郑轩辕丘迁居到云岩宫的。因为云岩宫这地方风景好,背风向阳。宫前有泉水流过,又很隐蔽,是个练兵讲武的好地方。黄帝访广成子后得大将军风后和力牧,战胜了炎帝。后来炎帝的儿子蚩尤又反叛作乱,黄帝又访得大鸿、大隗、具茨、武定四员大将,才打败了蚩尤。从此天下安定了下来。

后人为了纪念黄帝和他手下的几员大将,就把新郑、密县、禹县境内的几座大山,以黄帝的大将命名。

大隗山、风后岭属新郑。山上有祖师、包孝肃、孔子、父王庙。大鸿寨上有靳于中来密县修大鸿寨时坐的石椅子。在山西头有黄帝避暑洞和御花园。如今的石牛山就是具茨山,山上有个小石寨,很陡峭,难以攀登上去。云岩宫前的泉源河,又名武定河,长年流水不断,如今成了云岩宫水库的水源。

讲述人:张造,王石磙,二人均为云岩宫园林工人
采录人:高力升

【文献选录】

炎帝氏衰,蚩尤惟始作乱,赫其火㷖,以逐帝,帝弗能征。乃率诸侯责于后,爰暨风后、刀牧、神皇之徒,较其徒旅以曷小颢,而弭火灾,得以奉宸。

(《路史》)

黄帝诛蚩尤,七十二战不克,昼梦金人引领长头,衣元狐之裘,而言曰:"某,天帝之使,授符于帝。"帝惊悟,求其符不得。问风后、力牧,力牧曰:"此天帝也。"乃与盛水之阳,筑坛祭之,俄有元龟巨鳖从水中出,含符致坛而去。似皮非皮,似绨非绨,以血为文,曰:"天一在前,太乙在后。"黄帝受符再拜。于是设九宫,置八门,布三奇六仪,为阴阳二遁,凡一千八百局,名曰"天乙遁甲式"。三门发,五将具,征蚩尤以斩之。

(唐·李筌《神机制敌太白阴经》卷九)

(黄帝)复率诸侯再伐蚩尤于冀州。蚩尤率魑魅魍魉,请风伯雨师从天大风而来,命应龙蓄水以攻黄帝。黄帝请风伯雨师及天下女魃以止雨于东荒之地。北隅诸山黎土羌兵,驱应龙以处南极,杀蚩尤与夸父,不得复上。故其下旱所居皆不雨。蚩尤乃败于阪泉,遂杀之于中冀,其地遂名绝辔之野(在妫州也)。既擒杀蚩尤,乃迁其庶类之善者于邹屠之乡。其恶者以械之。帝令画蚩尤之形于旗上,以餍邪魅,名蚩尤旗。杀蚩尤于黎山之丘(东荒之北隅也)。掷械于大荒之中宋山之上。其械后化为枫木之林。所杀蚩尤,身首异处。帝闵,令葬其冢于寿张,其肩髀于山阳(楚州)。

(《云笈七签·轩辕本纪》)

【点评】

本篇流传在河南新密市云岩宫(今为黄帝宫)一带,是关于"黄帝与蚩尤之战"的神话遗存珍品。它简明、朴素地反映了"黄帝与蚩尤之战"的全部情况,接近原始形态。

其突出的文化史价值在于:①讲述蚩尤为炎帝后裔(一说为九黎族),为报炎帝被击败之仇,才发动这场战争。②战争的地点在浊陆(涿鹿)黄河岸边。此地望在巩义、汜水一带,与今天的研究成果的观点相吻合,而不在河北冀州或幽州。此说可作证。③其他情节与文献基本相符。④黄帝、风后演八卦阵胜蚩尤,在云岩宫考古发掘的《云岩宫风后八阵兵法图碑》同样可作为力证。⑤有新资料说明战场在中原。特别值得注意的是,本篇在战蚩尤屡次失利的情况下,四处访求大臣名将风后、力牧、大鸿、武定、具茨、大隗,组成强大的军事领导集团,终于战败蚩尤。黄帝为庆贺和纪念他们的功劳,就封赏他们,把具茨山和云岩宫周围的名山、大河以大将大臣的名字定名,如风后岭、具茨山、大鸿山、力牧台、武定河等,这些遗迹都证明黄帝战蚩尤立下不朽功勋的真实性和神圣性。它地方特色鲜明,不容置疑。后人写诗对此加以概括,其价值更高。

本篇的讲述人张造家住云岩宫,清代秀才,读过私塾,对新密市黄帝神话传说特别熟悉,所以此资料更具权威性。

280. 黄帝初战蚩尤[新郑市]

蚩尤是九黎族的首领,手下有八十一个弟兄,长得人面兽身,头上两只角,脚腿像牛蹄,耳鬓如剑戟,吃沙子,吃石头面,打起仗来,一上阵就用角牴,凶猛得很。他到处侵犯,杀烧掳掠。许多部落深受其害,叫苦连天,纷纷逃亡到黄帝部落里,向黄帝诉苦,请求除害。

黄帝下决心要为民除害。他让两个大将连明彻夜赶制兵器,挑出百十个青壮男子,每人给骏马一匹、长矛一支、弓弩一把,起早睡晚,加紧操练。

正当黄帝抓紧备战的时候,蚩尤的兵侵略来了。黄帝的兵将摆开阵势,准备迎战。蚩尤的弟兄们吼叫着,排成一排,用两只角牴着冲了过来。

两军交锋,蚩尤和兄弟们十分勇猛,战到五六个回合,黄帝的士兵被逼得只有招架之功,没有还手之力。又战了几个回合,黄帝的士兵节节败退,情况十分紧急。黄帝突然想起应龙临走时给他丢下的一个香囊,交代他:"如遇危急,需要求助,就抽一支香,放在具茨山顶上点着,我闻到香味,便知道你有了急事。"黄帝命常伯取香点燃,放在具茨山顶,只见一股青烟升起,直入云端。不多会儿,只听见风声呼呼,雷声隆隆,半空中,一只带翅膀的飞龙穿云破雾,火速飞来。黄帝一看是应龙来到,精神大振,向前冲去。应龙即刻从口中吐出一条水柱,朝着蚩龙的兵士喷去,喷得他们摇摇晃晃,步步后退。蚩尤一看情况紧急,忙从怀中摸出一个竹筒,朝空中连吹了三口气,不一会儿,雷电交加,风伯、雨师从空中赶来。风伯用剑一指,顿时狂风大作,把应龙喷的水又刮了回来,刮到黄帝的阵里。黄帝的士兵冷不防被水喷住,纷纷后退,蚩尤的士兵趁机又冲了过来。正在危险之时,只见黄龙双翅一展,尾巴一摆,口朝下直喷起来,那水柱就像一条小河,不一会儿聚成了一个大水潭,拦住了蚩尤的来路。雨师挥剑一指,只见乌云翻滚,大雨汇集成一条江河,照着水潭冲了过来,不一会儿,冲破了应龙的水阵,蚩尤的士兵趁势又冲了过来。

黄帝令常伯放出驯养的熊、罴、貔、貅、虎,只见这些猛兽吼叫着,向着蚩尤的军阵飞速冲了过去。蚩尤命他的士兵,全用角抵。双方都不示弱,战了十几个回合,仍不分胜负。蚩尤命他的兵士掏出短剑,准备暗刺。黄帝一看,忙发号令,收回群兽,蚩尤又趁势攻了上来。黄帝忙命士兵集中弹丸,摆开阵势,再战,应龙再次喷水配合,双方又混战了一阵儿,只打得天歪地斜,日月星辰移位。

黄帝趁混战之时,选了个时机,使尽平生力气,连发几颗铜弹丸,照着蚩尤头上砸去,蚩尤只见"嗖"的一声,把头一摆,又听"叭"一声,左角被打掉一个豁子。他只觉得头晕了下,定了定神,眼冒火星,大吼一声,让风伯、雨师又作起怪来。他也趁机喷吐浓雾,一会儿,搅得天昏地暗,混混沌沌。

黄帝的士兵被迷雾遮眼,晕头转向,辨不清方向,蚩尤的士兵又是一阵冲杀。在这危急关头,只见应龙腾空而起,也朝半空中喷了口雾气,立刻出现一道彩霞,只见天女魃站在云头,飘飘而来。应龙向她诉说了蚩尤作怪的经过,女魃不慌不忙,从袖筒里取出一个小宝扇,只轻轻扇了几下,雾气便慢慢散去。

黄帝与蚩尤久战不胜,又衡量了一下力量,眼下战胜蚩尤还有困难,趁大雾散去,决定迅速收兵。蚩尤虽占了优势,也觉得筋疲力尽,再加上头有点疼,也决定撤兵。他想,往次出来,无论抢什么东西,总是顺手而得,今天偏遇黄帝对抗,只顾厮杀,也顾不上抢东西了。仔细想想,不能空手,趁黄帝收兵之时,又把靠边的猪羊抢了,得住东西,拔腿就跑。

受过蚩尤害的部落,听说黄帝带兵抵抗蚩尤,有的来庆贺,有的来求援。黄帝当众挥刀砍断一棵大树,向众人发誓,不灭蚩尤,誓不罢休。

讲述人:蔡英生,75岁,教师
采录整理:蔡柏顺

【文献选录】

黄帝于是纳五音之策,以审攻战之事,复率诸侯再伐蚩尤于冀州。蚩尤率魑魅魍魉,请风伯雨师从天大风而来,命应龙蓄水以攻黄帝。黄帝请风伯雨师及天下女袄以止雨于东荒之地,北隅诸山黎土羌兵驱应龙以处南极,杀蚩尤与夸父,不得复上,故其下旱,所居皆不雨。蚩尤乃败于顾泉,遂杀之于中冀。其地因名绝辔之野。

既擒杀蚩尤,乃迁其庶类善者于邹屠之乡,其恶者以木械之。帝令画蚩尤之形于旗上,以厌邪魅,名蚩尤旗。杀蚩尤于黎山之丘。掷械于大荒之中,宋山之上。其械后化为枫木之林。所杀蚩尤,身首异处,帝闵之,令葬其首冢于寿张。其肩髀冢在山阳,其髀冢在钜鹿。收得蚩尤兵书《行军秘术》一卷,《蚩尤兵法》二卷。黄帝都于涿鹿城。

(《云笈七籤·轩辕本纪》)

【点评】

本篇是作者根据历代文献中记载的有关"黄帝与蚩尤之战"的资料,用现代通俗语言整理的文本,可作为研究时参考,但不属于田野作业从群众中采录的口承神话遗存的性质。

这个文本的长处和特点在于:①原来文献作者从民间采录的口承神话传说,由于受当时文言表达的习惯和特点影响的原因,把活神话变成了难读的、抽象和简化了的死资料,脱离了群众的表述语言习惯。作者今天加以口语化,就大大便于普及古代神话知识。②作者依照历史、时代顺序加以恢复、整合,在弘扬传统文化的工作中,做了十分有益的尝试。这个工作应给以足够肯定和重视。

281. 黄帝大战涿鹿 [新郑市]

在涿鹿原野,黄帝和蚩尤摆开了阵势,要在这里决一死战。

黄帝左有风后,右有常伯,后有力牧。风后管着指南车,常伯操纵夔牛鼓,力牧驾驶记里鼓车,大军分队编伍,整整齐齐,六种野兽经过训练也带去了,随在后面。队伍浩浩荡荡,十分威武。

蚩尤把八十一个弟兄分为九组,每组九人又分别带领着成队的士兵,阵容威严,来势凶猛。

一开始,蚩尤的八十一个弟兄横成一排,凭着铁头铜额、犀利的双角,猛冲过来。黄帝不慌不忙,打开笼子,让熊、罴、貔、貅、虎一齐冲了出去。蚩尤的弟兄们一看,根本不在乎。谁知这六种野兽经过训练,前扑后跳,互相配合,逼得蚩尤的士兵飞空走险,跳上翻下,缠搅了好长时间。这六种兽毕竟不是蚩尤的对手,渐渐败下阵来。

黄帝这才令常伯击夔牛鼓。常伯一声号令,几十个鼓槌一齐擂下去,轰隆隆如巨雷,惊天动地,声震五百里,连擂几槌,震了三千八百里,蚩尤的士兵被震得心惊胆战,头晕耳聋。蚩尤定了定神,又施展妖术,喷起浓雾。霎时间,灰蒙蒙,雾腾腾,啥也看不清了。蚩尤洋洋自得,他的士兵趁势向前冲去。他没料到,风后操纵指南车,带领士兵,拨开云雾,径直冲了上来,蚩尤一看黄帝又冲上来了,再施妖术,刮起阴风,顿时飞沙走石,遮天盖地。这时黄帝头顶出现五色祥云,形成各式各样的美丽花朵,金枝玉叶,十分好看,只见女魃站在云头,用扇子一拍,沙石纷纷落地。黄帝这才看出女魃又来助战了。蚩尤一看此术被破,忙施出最后一招,摆起迷魂阵来。黄帝忙掏出玄女给的飞刀,说:"飞!"只见那飞刀,如火龙一般,向蚩尤阵中飞去。这时,风后也摆开阵势,常伯再擂夔牛鼓,又命士兵把野兽放出,集中全部兵力,趁蚩尤士兵慌乱,一下子冲了过去,冲破了蚩尤的迷魂阵。蚩尤听见夔牛鼓,只觉得天崩地裂,看见飞刀在自己弟兄头上,一刀一个,躲闪不及,这才觉得招架不住了,仓皇逃跑。黄帝在后边紧追,直追到黎山之中,风后亲自刺杀了蚩尤。蚩尤的士兵,一看蚩尤被杀,把手中武器丢在黎山之中。因为这些器械上都有士兵的血,后来就化成了枫树林。

黄帝奖惩严明,在战场上立功的人都给予嘉奖。因风后勇立战功,亲自刺杀蚩尤,黄帝封他为天老,位置仅次于他,并把具茨山改名为"风后岭",封给风后。

讲述人:蔡英生,75岁,教师
采录整理:蔡柏顺

【点评】

本篇与《黄帝初战蚩尤》是同一类性质的文本上下篇。它可作为我国古代记录"黄帝蚩尤之战"的整体文献记录的汇集文本。

其中存在的问题主要在于:①蚩尤为南方楚地部族九黎族领袖,似乎与炎帝并不明确为同族的关系。这在文献上也不一致,仍旧沿袭旧说的一种,值得研究。③涿鹿的地望,旧说十分混乱,有冀州说、幽州说、山西运城说、江苏彭城说、连云港说等,彼此之间存在种种矛盾。司马迁采用《大戴礼·五德颂》说,但未肯定涿鹿的地望何在。近来学者从蚩尤族与黄帝族居住地的地望位置,从战争目的和军事观点考证,涿鹿实为中原的巩义、汜水一带的"浊陆"(涿鹿),很有说服力,应该对此有明确认识。

282. 魑魅、魍魉[新郑市]

传说黄帝与蚩尤在涿鹿大战,用指南车破了蚩尤大雾,大获全胜。蚩尤又请来了魑魅、魍魉为他助战。传说魑魅原是屎壳郎所化,魍魉是蜘蛛所化。它们在东泰山(今山东泰山)一个深谷洞穴中居住,修炼了九百九十九年,再有一年就要修成正果,入班仙界。一日,魑魅与魍魉正在洞中吸那山川密林阴气,突然一只小蜘蛛前来通报,说是蚩尤大王前来拜访。他们停止作法,说:"快快有请!"蚩尤进入洞中,只见洞府深幽,若明若暗,从深处出来一股泉水,绕着长满青苔的嶙峋怪石,曲折回环,叮咚作响,流出洞外。抬头看那洞壁,有很多石乳、石花、石棒等,隐隐间洞中透出一股森森的阴气。魑魅、魍魉请蚩尤在一张石桌旁坐下,说:"听说大王正在涿鹿征讨轩辕,不知为何来此?"蚩尤说:"我与轩辕对阵,连连受挫,今特请二位仙师助阵,不知仙师肯否?"魑魅说:"承蒙大王器重,只是我与魍魉再有一年就要修成正果,若到世间厮杀,只怕我们的千年修炼要付诸东流。"蚩尤说:"先师修炼,无非是想到仙界享受荣华富贵,如能助我打败轩辕,取得天下,人间荣华富贵,自然尽你享用。再说,仙界又有许多清规戒律,甚是遥远,而在人间却是逍遥自在。谅先师不会舍其近而求其远。"魑魅说:"师兄,大王说得有理,人间何等逍遥!再说,也好趁此试一试你我道行。"魑魅、魍魉到底不是善类,经不起三言两语引诱就答应了蚩尤的请求。

一日,黄帝正令风后操练士兵,又闻夸父前来叫阵,就令常先、大鸿率领士兵迎战。两军在涿鹿城外杀了几个回合,夸父佯装战败而退,常先、大鸿紧追不舍。夸父边杀边退,渐渐将常先、大鸿等士兵引入涿鹿山中。夸父的士兵时而出现在山坡,时而出现在谷底。常先、大鸿追至一个山坳里,只见这里树林茂密,藤草丛生,虎狼奔走,鸟飞蛇行,只是不见了蚩尤军队,心想上了夸父的当,就急找出口撤兵。正在这时,突然传来哈哈大笑声,常先抬头望去,只见山头站着两个怪人:一个身有碾盘大小,形状似屎壳郎;一个身有门扇大小,形状像蜘蛛。这就是前面说的魑魅、魍魉。魑魅见黄帝军队,便撅起屁股放出一股烟雾似的黑气来。那黑气一团一团地打着旋向黄帝的士兵冲来;魍魉两手捧着碗口粗的竹筒吹出一阵阵哀乐,那声音在山谷深林中回响。霎时间,整个山中到处都是悲凉凄苦的哀声。常先、大鸿的一些兵士先是闻到黑气,个个呛得咳嗽不止,喘不过气来,跟跟跄跄扑倒在地,继而听到哀乐声,似乎觉得魂灵像缕缕青烟飞出窍外。有的士兵顺着哀乐声跑进了那竹筒之中,只有常先、大鸿因为平时练武,功力深厚,才没有被毒气、哀乐吸走。他们急忙冲出阵来,带领后进的兵士逃出山来。蚩尤军大胜,为魑魅、魍魉设宴庆功并封为军师。

黄帝军大败,每日紧闭城门,不敢出战。一日,有一道长手持拂尘要见黄帝,一个士兵将道长引入宫内。黄帝一见是大隗真人,高兴地说:"原来是先师驾临,有失远迎,还望恕罪!"大隗真人坐下说:"我近观天象,主公有兵血之灾,特来指点迷津。"黄帝说:"先师快讲。"大隗真人说:"臣闻魑魅、魍魉最怕龙吟。咱们有熊国五指岭山以东、西泰山(今新郑西北)以北有梅山,此处梅树遍地,羚羊、梅花鹿成群,可取那羚羊角作号。那号角吹起来酷似龙叫,不愁妖术不破。"黄帝闻言大喜,令设宴招待。大隗真人说："贫道不再打扰了,望主公速速筹划。"说罢告别而去。黄帝送走大隗真人,即命大鸿回有熊国梅山。大鸿骑着火龙驹,九日即返了个来回,带来五十个羚羊号角。一日,夸父又来叫阵,黄帝令常先、力牧出战。两军先是在涿鹿之野厮杀,后来夸父又要作前次故事,引黄帝军入山。力牧将计就计,分出一队人马令大鸿带领深入山中埋伏,令大队人马紧追夸父。魑魅、魍魉见黄帝军又入圈套,立即撅起屁股施放毒气,捧起竹筒吹那哀乐。力牧、常先指挥士兵抢占山头,个个手捧羚羊号角吹了起来。五十把号角一齐吹奏,声音低沉,回环委婉,似闷雷响彻天空,似龙吟震荡山谷。魑魅、魍魉闻声,心如锤击,肝胆俱裂,魂出七窍。力牧见状,跳上前去杀那妖魔,又指挥兵士追杀蚩尤军队。夸父见事不好,带领一支人马往深山逃去,被大鸿拦住去路,两支人马又是一阵厮杀。夸父带领七八个残兵逃之夭夭。这次黄蚩之战,蚩尤用魑魅、魍魉所放的毒气,就像后来军事上的细菌战和化学战。黄帝用羚羊角吹作龙吟,就是后来军队用的军号。

采录整理:刘文学

【点评】

本篇是编者根据部分文献中的关于黄帝战蚩尤的传说故事改写而成的文本,有一定参考价值。

其中说明:①黄帝战蚩尤的神话传说,在流传的过程中,受道教思想、观念影响严重。②原来比较朴素的神圣幻想故事,变异为神仙、法术,修炼成正果的方士传闻,面目全非,妖氛重重,脱离原人生活。③作者虽然在使文言文本通俗化、普及方面起到一定作用,但距离口承民间神话的距离较远。文中多通俗武侠小说套语词汇,不具备形象感人的口头文学的特点。

值得注意的是,原始先民为统一大业,黄帝神话中反映的奋斗之艰辛,仍然历历在目,有一定的意义。

283. 女魃战雨师[新郑市]

蚩尤攻打黄帝,被风后的八卦阵法打得惨败,因而终日一筹莫展,命将士死守蚩尤寨,一连数月不敢出战。一日夸父进言说："主公,臣闻听人言,说东泰山之上,有风伯、雨师二位先师,能呼风唤雨,道行极深,何不请来助一臂之力?"蚩尤闻听大喜,连说:"好好好,快快请来。"据说夸父有追日本领,涿鹿与东泰山不过千里之遥,不到一日,就将风伯、雨师请到。蚩尤一见两个怪人,心想必会妖术,就待为上宾。第二日,蚩尤命夸父打开寨门,领一队人马,前往涿鹿城前叫阵。黄帝一见蚩尤叫阵,即令力牧、常先、大鸿也带领一支人马出战迎敌。两军就在涿鹿之野排开战场,直杀得天昏地暗,日月无光,血流成河。两军正在酣战,突然云端出现两个怪人:一个雀头人身蛇尾,手持一把芭蕉大扇,在空中扇来摆去,顿时狂风大作,飞沙走石,树倒屋塌;一个蚕头人身大虫,躬着身腰,张着黑洞似的大嘴,对着黄帝军队吹气,顿时,乌云翻滚,电闪雷鸣,大雨滂沱。你道这两个怪人是谁?就是蚩尤请的风伯、雨师。那风伯,名叫飞廉;雨师,名叫萍号。二人采天地之阴气,经千年练成妖术。力牧、常先、大鸿等正在与夸父等鏖战,突然被狂风吹得东倒西歪,有的被大风卷走,一会又被倾盆大雨浇得晕头转向,有的被大水冲走。力牧立即呼叫撤兵。说来也怪,黄帝军队跑到哪里,那风雨就追到哪里。蚩尤见黄帝兵败,立即命乘胜追击。黄帝军队大败而归。

黄帝被风伯、雨师打败,即命祝融回中原有熊国都(今河南新郑)请应龙助战。这应龙也是黄帝身旁一员大将,传说是天上管雨水之神,有蓄水本领。应龙得到黄帝传令,立即奔赴涿鹿。三日之后,夸父又来叫阵,黄帝仍命力牧、常先、大鸿率军队迎战。两军正在酣杀之时,风伯、雨师又站立云端使用妖术,刮起狂风,倾下暴雨。这时,应龙化作一条巨大的黑龙,在乌云中昂首摆尾,张开门扇似的大口,将那倾盆暴雨吸入口中。风伯、雨师见一条巨龙将那大水吸去,又加大妖术。大风将巨龙刮得摇摇晃晃,难以在云端停立,大雨似江河决口,使巨龙难以尽收。应龙与风伯、雨师相持一个时辰,渐渐支持不住,耗尽功力,不能归天,逃到南方去了。传说,南方多雨,就是因为应龙被风伯、雨师打败后,居住在那里的缘故。

应龙被雨师、风伯打败,力牧、常先等也被风雨吹打得溃不成军。黄帝在涿鹿城头,立即命令风后挥旗撤兵。正在这时,突然从远处传来呼叫声:"爹爹且慢!"黄帝、风后正要挥旗,抬头循声望去,只见从西北天空飞来一位女郎,头似金鸡,面如月盘,身似青蛇,两翼如孔雀开屏,两脚似凤爪,倏然落在黄帝身边说:"爹爹,勿忧,待我破他妖术!"说罢,从翅膀上拔出一根羽毛,放在手掌之上,用嘴一吹,变成一根火棍。霎时间,那火棍由细变粗,发出一道巨光射向风伯、雨师。那风伯、雨师正在得意作法,突然见一道红光射来,顿时手抖嘴颤,扇落口闭,风雨消逝。那正在追杀黄帝士兵的夸父将士,也顿时感到浑身酥软,大汗淋漓,口干舌燥,步履难行。这时,风后在城头之上,急挥熊旗。力牧、常先见熊旗挥舞,立即命令军队调头向蚩尤军杀去。蚩尤军见黄帝军杀来,立即回头奔逃,跑得慢的死于刀下。力牧、常先凯旋入城,黄帝设宴庆贺,令乐师、舞师演奏《枫鼓曲》庆祝胜利。

传说,这位女郎名叫女魃,乃是天上一位灶神,是黄帝的女儿,居住在有熊国西南的一个叫昆仑山(今禹县西南)的地方,在山中采集日月之光,练就赶雨驱风之术,曾云游各地,驱赶暴风淫雨,拯救百姓。这次从昆仑山上赶来,帮助黄帝攻打风伯、雨师,也耗尽身上功力,再也飞不上天空,只好留在人间。传说她居住在北方,所以,北方经常缺雨少水,人们称她为"旱魃"。

采录整理:刘文学

【文献选录】

大荒之中,有山名曰不句,海水北入焉。有系昆之山者,有共工之台,射者不敢北乡(向)。有人衣青衣,名曰黄帝女魃。蚩尤作兵伐黄帝,黄帝乃令应龙攻之冀州之野。应龙蓄水,蚩尤请风伯雨师纵大风雨。黄帝乃下天女曰魃。雨止,遂杀蚩尤。魃不得复上,所居不雨。叔均言之帝,后置之赤水之北,叔均乃为田祖。魃时亡之,所欲逐之者,令曰:"神北行!"先除水道,决通沟渎。

(《山海经·大荒北经》)

【点评】

本篇是作者根据文献(特别是道书)中记载的黄帝蚩尤之战传说改编而成的文本,有一定参考价值。

其中包含的文化内涵为:①黄帝时代人神互通,浑融一体的原始思维特点。原人崇拜的自然神(风伯、雨师),介入人间政治、军事斗争,明显世俗化。②黄帝的女儿魃,是神也是人,也是神界具有控制火的力量,她对战争胜利起关键作用。③本篇原来可能是流传在民间的自然神话,比较朴素。经文人记录时,文言化了。现在被改编,成为通俗文字,但距民间口承神话有一定距离,不时出现文白并存现象,陈旧的套语较多。

284. 雷泽取兽骨[新郑市]

很早以前,黄帝与蚩尤打仗,被蚩尤的空中飞人打败,听说用东海流坡山下夔牛的皮做鼓,用雷泽的神兽骨做鼓槌,能战胜蚩尤的空中飞人,自己就和力牧去东海捉夔牛,同时,派了应龙去雷泽取神兽骨。

应龙领了黄帝的命令，背上干粮，当天就从涿鹿城出发了，一路上，风餐露宿。一日，走到东灵山（在今河北境），正往前走，忽听前面传来"救命啊！救命啊！"的声音。应龙循声跑去，只见一只斑斓猛虎正在追赶一个老头。老头见前面有人，就一边呼叫，一边跑了过去。应龙见老汉将要被猛虎扑住，就跳上前去，截那猛虎。猛虎直向应龙扑来，应龙狠击猛虎一拳，猛虎发怒，立了起来。应龙随即躲在猛虎身后，猛虎又甩起像铁棍的尾巴横扫应龙。应龙趁势跳上猛虎背，一手抓着虎额，一手用拳痛击猛虎要害，一会将猛虎击倒在地。这时，应龙扭回头来，看那老汉说："老伯伯，受惊了。"老汉笑笑说："我在山中砍柴，不想遇见这大虫，你真是一个好青年。看你不是这里人，你有什么困难，需要我帮你吗？"应龙说："老伯伯，我要去雷泽，不知雷泽在哪里，不知离这有多远。"老头用手指了指说："雷泽就在东南方，离这有九百九十零九里！"老头说完扭头就走了。走了一会儿，老头扭头一看，见应龙还站在那里向他招手，就又拐了回来，说："你真是一个好青年。"说着从口袋里掏出一颗金灿灿的橘子，递给应龙说："青年人，你把它吃下，祝你捉到神兽。"说完一眨眼就不见了。应龙拿着橘子看了看，闻到橘子散发出的一股诱人的清香，就把它吃了下去，一会感到浑身发热，有股无穷的力量在全身运行。

应龙按照老汉指的方向，向东南方走去，走啊！走啊！一连走了九天九夜也不感到饥饿。一日，走到百花山，只见这里漫山遍野，开满了各色各样的花。应龙正向前走，只见面前路上躺着一位白发老太婆。那老太婆一直在呼唤："水！水！水！"应龙想，老太婆一定是渴了，赶紧走上前去，将自己的衣服脱下，铺在一块石头上，扶老太婆躺下休息，自己跑到一个山涧处，用荷叶兜来一包水，递给老太婆说："老妈妈，请喝水。"老太婆坐起来，将一包水一饮而尽，又呼叫起来，说："水！水！水！……"应龙扭头又去山涧取来一包水。老太婆又是一饮而尽，喝了之后，还是呼叫："水！水！水！……"应龙又去取水，老太婆还是一饮而尽，喝了之后又是叫："水！水！水！……"应龙一连跑了九趟。老太婆说："你真是一个好青年，看你不是这里人，你有什么困难，需要帮助吗？"应龙说："老妈妈，我要去雷泽，不知雷泽在哪里，也不知离这里有多远。"老太婆说："雷泽就在东南方，离这有八百八十零八里！"老太婆说完，扭头就走了。走了一会儿，老太婆扭头一看，见应龙还站在那里，向她招手，就又拐了回来说："你真是一个好青年。"说着从口袋里掏出一双草鞋，说："青年人，你穿上它，祝你捉到神兽。"说完一眨眼就不见了。应龙穿上草鞋，突然，自己离开了地面，在空中行走，向东南方而去。

应龙按照老太婆指的方向，在空中向东南方走去，走啊！走啊！走啊！一直走了九天九夜。一日，走到梁山，往下一看，见路旁一只受伤的仙鹤昂着头，对着他痛苦鸣叫。应龙收住脚，停落在仙鹤旁，将仙鹤抱起来，一看是一只翅膀折断了，还在流血，就到处找一种名叫血竭的药草，找啊！找啊！找遍了整个山，才在一个山沟里找到了一棵。应龙将血竭草掐了几节,放在嘴里嚼成泥,敷在仙鹤的翅膀上,又随手在自己的衣服上撕下一片麻布,给包了包。应龙抱着仙鹤,像抱小孩睡觉似的,轻轻拍着仙鹤来回走。一会儿,仙鹤便欢快地叫了起来。应龙将仙鹤放在一块干净石头上。那仙鹤抽打了几下翅膀,一眨眼变成一个美丽的姑娘,含情脉脉看着他。应龙很惊奇地问:"你是谁?"姑娘说:"我叫素女,居住在荟萃山(在今河南新郑具茨山西端)上,听说你要去雷泽捉神兽,想来考试你!"应龙说:"啊!原来点化我的那老伯伯、老妈妈,都是你变化的?"素女说:"正是,你一个人去捉神兽是捉不到的,咱们一同去吧!"应龙高兴地说:"谢谢姑娘!谢谢姑娘!"素女从头上拔下一根金簪,摇了一下,将它变成一把闪闪发光的金斧,交给应龙说:"咱们走吧!"应龙又像腾云驾雾一般在空中行走,素女又变成一只仙鹤,舞动两只雪白的翅膀,在前面引路飞行。他们约走了半个时辰,便来到雷泽(今山东菏泽、定陶一带)这个地方,只见这里是一个大平原,平原之上有个大的湖泊,一眼望不到边际。湖边和湖面上有无数的海鸥,有的在飞翔,有的在走动。远远看那雷泽深处,有一种神秘感,隐隐可以看到湖中有一座小山,传说那神兽就居住在那里。素女说:"你先在岸边等候,我去看一下。"说着又变成一只仙鹤,腾空而起,向那座小山飞去。素女飞到小山上空,只见一只大的神兽,领着无数小的神兽在山脚下水中游玩。它们个个人头龙身,长有两只爪,仰面躺在水上,一会儿用爪拍打一下腹部,每拍一下,就像打雷一样,发出隆隆声响。素女在空中盘旋了一圈,又回到岸边,对应龙说:"咱们动手吧!"应龙说:"这么大的雷泽,如何动手?"素女说:"这雷泽神兽是生活在水中的怪物,平时一下大雨就兴风作浪,淹没四周的村庄、良田。如果没有水,它就只有死路一条。你喊'神兽,神兽,快献骨头,不献骨头,雷泽断流',它一准害怕,来给你对话。"应龙听了,将两只手圈成一个筒,对着雷泽中的小山就高喊起来:"神兽,神兽,快献骨头,不献骨头,雷泽断流。"这一喊,惊动了那小山脚下那个大神兽,它循着声音游了过来。只见这神兽站在水面上,有丈把高,面目狰狞,两眼如电,口如血盆,伸着一只芭蕉扇大的蹼爪,指着应龙说:"你是何人?敢来这里放肆。"应龙说:"你这神兽,快快献出八十根兽骨倒还罢了,如若不献叫你雷泽断水!"神兽一听大怒,立即从口中喷出一股大水冲向应龙。应龙腾空而起,奔向神兽,骑在神兽身上,举起金斧便砍。突然,神兽一抖将应龙摔到岸上。应龙说:"神兽,你献是不献?如若不献,我就劈开雷泽放水了!"说着举起金斧就是一斧,金斧拔出,一条九丈宽的河水就从雷泽流出,一直流到黄河。应龙劈的这条河,因造福万民百姓,当地人给起名叫万福河。应龙又举起金斧往下劈,神兽急忙说:"不要劈了,不要劈了,我献兽骨就是了。"说罢扭头回去,游到小山处,命令大小神兽各献骨头一根。那些神兽尽管疼得哇哇乱叫,还是从身上拔了一根。一会儿,那个大神兽,手抱口衔送来整整八十根兽骨。应龙得了兽骨十分高兴,向神兽道了声谢,就同素女双双回有熊国。

黄帝听说素女帮助应龙取回兽骨,就让应龙与素女结为夫妻,共同制造军鼓,送往涿鹿。

采录整理:刘文学

【点评】

本篇是作者根据部分文献(道书)中的关于"摇鼓胜蚩尤"的记载改编的通俗文本,不属于口承神话遗存。

其中透露的神话信息:①黄帝战蚩尤不利,在仙人素女的指引下,应龙赴雷泽取兽骨做鼓槌,地望在濮阳、菏泽之间。②素女家在新密市具茨山西的荟萃山。她一连变化为老汉、老太婆、少女来点化、帮助应龙取兽骨,甚至用自己的仙鹤翎变作火棍和金斧,斗败神兽(以放走雷泽水为威胁),得到兽骨八十根。③涿鹿新说在巩义、汜水一带,从荟萃山到濮阳雷泽,沿途助应龙,顺理成章,无须再到河北。这是对涿鹿地望新说的又一证明。④鼓声震败蚩尤军,应是民间传说。总之,此篇作为此战的一个侧面,古今资料印证,大致合理。

285. 东海捉夔牛［新郑市］

很早以前,有一次蚩尤同黄帝打仗,请来魑魅、魍魉施放毒气,被黄帝用羚羊角作龙吟,打败了。蚩尤又从东泰山请来毕方鸟神攻打黄帝。传说,这毕方鸟神头如人面,形状像鹤,长有四肢,手脚如爪,长有两个翅膀,两目如电,叫声如狼嚎,在东泰山深谷密林之中,采阴阳之气,炼就千年仙丹,谁人服了,便能腾云驾雾,在空中飞行。蚩尤这次将毕方鸟神请到蚩尤寨中,叫它训练士兵,训练了三个月,决心与黄帝再决一死战。

这时,已是黄帝与蚩尤作战的第九年,打了五十次仗了,至今未见胜负。这一年初夏的一天,蚩尤又令夸父到涿鹿城外叫阵,力牧、常先领兵出城迎战。两军正在涿鹿之野酣战,突然蚩尤寨上传来一阵咚咚咚的鼓声。顿时,蚩尤士兵,唰唰唰地从背上张开两只翅膀,腾空而起,飞向天空,两只脚变作两只利爪,在黄帝军头上乱抓,两只手挥舞刀、斧、锤等,朝黄帝军乱砍乱砸。力牧见势不妙,立即命令士兵开弓放箭。那乱箭如飞蝗射向空中的蚩尤士兵,可惜蚩尤将士都身穿铜制盔甲,飞箭触身,都纷纷落地。力牧见弓箭不行,只好命令撤兵回城。

黄帝被蚩尤的空中飞人打败,一筹莫展。风后说:"主公,臣闻用东海流坡山夔牛皮做鼓,用雷泽的神兽骨做鼓槌,可败蚩尤空中飞人。"黄帝听罢大喜,当天就和力牧骑了马匹,向东海走去。他们一路上晓行夜宿,走过一道山,又是一道山,蹚过一条河,又是一条河,走到第八天,这日傍晚,才来到丸山脚下。抬头望去,只见山势险峻,树林茂盛,千鸟集翔。黄帝对力牧说:"看山中群鸟飞翔之处,必有人家,天色不早,今晚就在这山中借宿吧!"说着,又催马扬鞭,顺着一条小道,向山中走去。约行了二三里,隐隐传来一阵琴声,再看那空中飞鸟,像是依琴声而舞。他们循着琴声,又走了三四里路程,见在一个山弯朝阳处,有户人家。这家院落颇大,有几间茅舍,周围用竹篱环绕,一股清泉哗哗哗从房屋背后流出,绕过篱笆,深入山涧。听那琴声是从这茅屋传出。黄帝和力牧下马,上前敲门,琴声停止。一会儿,从院中走出一个孩童。黄帝告诉那孩童,说是到东海去,路过此地,天色已晚,请求借上一宿,那孩童说:"老爷外出,家中只有夫人,恐有不便……"力牧说:"我们是从有熊国而来,人地两生。再说天色已晚,山野之中又多虎狼出没,我们实在别无去处!"那孩童只是摇头,就要关门。黄帝说:"小兄弟,你去禀告夫人,她若应允我们就借宿一晚;她若不允,我们只好另想办法。"那孩童说:"那好吧,请暂且稍等。"说罢又将门关上。停了一会儿,那孩童又来开门,说:"二位客官有请。"黄帝和力牧牵了马匹,进入大院,那孩童随即将门关上。黄帝和力牧在院中两棵大树上拴了马匹,跟随那孩童走进一间客厅。只见厅内坐着一位妇人,约五十来岁年纪,穿着青裙素衫,神气高雅,像是一位高贵家庭的夫人,只是脸上带有愁云。那孩童说:"这是夫人。"黄帝、力牧立马上前,打躬施礼。夫人说:"快快请坐!"黄帝、力牧坐了。夫人叫丫鬟先端来两杯香茶,又叫端来许多山珍海味,请黄帝、力牧饮食。黄帝、力牧只顾走路,行走了一天,又饥又渴,狼吞虎咽,将食物吃下。夫人问说:"不知客官到此做甚?"黄帝说:"我们是有熊国人,我叫轩辕。"黄帝说到这里用手指着力牧说:"他叫力牧,是我的伙伴。我们同蚩尤在涿鹿打仗,近日,蚩尤请了毕方鸟神教他的士兵在空中飞行,我们斗他不过。听说这东海流坡山下海中有种夔牛,以夔牛皮做鼓,可制服那空中飞人。我们这是前往东海,行走至此,多有打扰!"夫人一听高兴起来,说:"早先听老爷说过,中原有个有熊国,国君叫轩辕,忠厚仁德,武功盖世,深得万民敬仰!不想今日得见,实是上天安排。我们这是玄鸟国,老爷是部落酋长。蚩尤原先在济水时,时常派人前来,抓我族人,抢夺财物。这次在涿鹿打仗,还强迫老爷带领族人为他卖命,至今未归。你们要去东海捉夔牛,那畜生十分厉害,况在海中,不比小河、池渠。我女儿有些本领,不如叫她一同前往,或许可成!"黄帝、力牧闻听连声道谢。夫人随即叫丫鬟唤来她的女儿。不一会儿,一个身段苗条,头发乌黑,面似桃花,两眼如星,身着素衣的女子,像一只仙鹤落在客厅。夫人指着黄帝说:"玄女,这就是你爹常讲的那个有熊国的国君轩辕,快上前拜见!"玄女平时听爹讲黄帝是个神人,今见其人,果然年轻英俊,相貌非凡,就上前施礼说:"小女子拜见有熊国君!"黄帝急忙站起还礼,说:"使不得,使不得!"夫人说:"玄女,轩辕君去东海捉夔牛,你可助他一臂之力。早日打败蚩尤,你爹也可早日与家人团聚。不知你可愿往?"玄女又看了黄帝一眼说:"单凭母亲吩咐!"夫人说:"这就好,你下去吧。回去做些准备,明早只怕二位客官还要早早赶路!"玄女应声而起。夫人吩咐那孩童将黄帝、力牧引入一所房屋,送上干净被褥,给两匹马喂些草料。次日,鸡叫三遍,天色黎明,黄帝、力牧起程,玄女骑了一匹玉兔马,带上一把琴,跟随上路。夫人倚立门口,目送他们下山而去。

一路上,少不得又是风餐露宿,不几日便见大海。放眼望去,只见大海一旁,隐隐约约有一座山。黄帝问当地人,说那就是流坡山。他们一行三人,快马加鞭,又走了一阵,才来到这流坡山下,拴下马匹,放下行装,看那大海,无边无际。黄帝、力牧正在寻那夔牛,玄女突然惊叫起来,指着海面说:"夔牛,夔牛!"黄帝、力牧顺着玄女手指望去,只见远方有一个庞然大物,漂浮在海面上,忙问玄女:"那可是夔牛?"玄女说:"确是夔牛!"黄帝摇了摇头,叹气说:"这夔牛如此庞大,远离海岸,只怕是难以捉它!"力牧也点头说:"这可如何是好?就是游过去,三五个人也奈何不得,用弓箭射,也射它不着!"玄女笑着说:"二位不必发愁,小女子自有办法!"说着,从袋中取出那把琴来,坐在一块石头上,将琴放在两腿上,就拨了起来。那琴声十分悠扬,时而如轻风徐徐吹过,时而如春雨滴滴入土,时而如清泉叮咚作响,时而犹如千鸟飞翔歌唱……弹着,弹着,飞来的鸟儿在空中歌唱,跑来的禽兽在地上跳舞,海中的鱼虾也游过来……不一会儿,远处那庞然大物,成百上千地游了过来。只见那夔牛身体特别庞大,形状像牛,苍色无角,长有一足,两只眼睛像太阳一样明亮。力牧一见,就要下海去捉。玄女以手示意,叫他不要下海。那夔牛在海中听到琴身,先是随琴声用足啪啦、啪啦拍打水面,后来琴声像一阵阵催眠曲,夔牛就越拍越慢,渐渐睡着了,一个个就像一堆堆漂浮物漂浮在岸边。黄帝、力牧大喜,立即跳下海去,用尽气力,往海滩上拖夔牛,一气拖了八十来只。玄女见夔牛已捉够,就停了拨琴。一会儿,空中鸟儿散去,地上禽兽走开,海面一切如常。那没有被捉的夔牛,在海中吼叫一声,似打雷一样,山摇地动,有只夔牛翻腾一下,掀起阵阵海啸,降起一阵大雨。它们又向深海游去。再说那被捉上岸的牛,如鱼儿一般,甭看它们在海中力大无比,一旦离开大海,时间一长,就如死物一样,任人宰割。黄帝、力牧和玄女立即将夔牛皮剥了,放在力牧的马上。力牧和黄帝合骑一马,玄女仍骑自己那匹玉兔马,一路上晓行夜宿,赶回有熊国。

采录整理:刘文学

【文献选录】

东海中有流坡山,入海七千里。其上有兽,状如牛,苍身而无角,一足,出入水则必风雨,其光如日月,其声如雷,其名曰夔。黄帝得之,以其皮为鼓,橛以雷兽之骨,声闻五百里,以威天下。

(《山海经·大荒东经》)

【点评】

本篇是作者根据部分文献及传说资料中的关于黄帝、力牧去东海捉夔牛,取其皮制鼓胜蚩尤的资料,改编的通俗文本,不属于口承神话原始形态。

其中透露出的文化信息:①此篇是黄帝战蚩尤的一个侧面,确有依据。②当时的东海,可能在今中原邻近的海域。③蚩尤战黄帝,征集东方玄鸟国人力、物力,骚乱中原(当时传说之一,是蚩尤起自山东一带与蚩尤为炎帝后裔不符)。④玄女是玄鸟族酋长女儿。玄女在这里用弹琴催眠夔牛,使其睡后捉其上岸,剥其皮,这又是玄女的另一传说(其他的如玄女大雪中救黄帝、玄女练飞刀刺瞎蚩尤的眼睛等),可见玄女并非只有一人一事。玄女的身世也不同。当时,称玄女的仙女不止一个。

286. 夔鼓败蚩尤[新郑市]

黄帝与蚩尤一连打了九年仗,还没把蚩尤打败,一日,独自在军帐闷坐,心想,这样下去如何得了,兵士死伤无数,老百姓啥时才能过上太平日子?想来想去,很伤心。正在这时,风后来了,对黄帝说:"主公,昨晚我观天象,看那东方岁星座,与以往不一样。往次星座周围不过是一团灰气笼罩,这次却为一团黑气所裹,且星座无光,看来蚩尤的气数已尽。"黄帝说:"蚩尤是个大英雄,如果能擒住他就好了。"风后说:"主公放心,我看这次打败蚩尤不难。一是咱们有了夔牛鼓;二是有玄女助阵;三是听说蚩尤那边人心涣散,有不少士兵逃走。"黄帝说:"咱们还是好好谋划谋划这次如何打吧!"黄帝与风后正在商量这次如何战败蚩尤,突然军卒来报,说是蚩尤军又在城外叫骂,如不出战,就要攻城。黄帝与风后谋划完毕,就令风后排兵布阵。黄帝坐在涿鹿城头华盖伞下,左有风后,手持黄色令旗;右有玄女,面前放一把琴。左右之外,各摆四十面夔牛鼓,八十名精壮兵士手持神兽骨鼓槌立于鼓旁。一杆黄色大熊旗,在城头上迎风招展。城墙其他地方,也都布置士兵把守,刀斧林立。

风后布置停当,将手中令旗一挥,城门大开。力牧、常先、大鸿、祝融等将率领士兵出城,向西南蚩尤寨奔去。他们约走了一里多路,来到一个叫蚩尤泉的地方,夸父和他的六十九个弟兄带领士兵迎上前来厮杀。两军正在激烈战斗,忽闻通通通三声鼓响,力牧、常先、大鸿知道是蚩尤又在擂鼓用它空中飞人,也不管他,只管带领士兵厮杀。蚩尤士兵闻听鼓响,又是个个张开翅膀腾空而起,在空中行走,如走平地,砍杀黄帝士兵。风后闻听蚩尤寨上三通鼓响,立即将令旗一挥,玄女当即用力拨动琴弦。只听那琴声铮铮几声响,如翻江倒海,万马奔腾。霎时间,从东方黑压压地铺天而来一群雄鹰。雄鹰听那琴声变化,飞往战场。力牧、常先一见雄鹰飞来,立即脸面朝下,伏在地上。雄鹰在空中与蚩尤士兵搏斗,有的啄眼,有的叨头,有的用爪乱抓。蚩尤士兵用手中刀斧乱砍乱杀,有的被啄伤从空中掉了下来,有的招架不住,纷纷后退。这时,蚩尤见势不妙,又急擂了几下进军鼓,也鼓动起两只翅膀,手提铜锤,杀上阵来,号令夸父和他的弟兄督战,只许进攻,后退者杀。蚩尤士兵见蚩尤亲自上阵,也增添了勇气,强忍疼痛向前厮杀,雄鹰纷纷坠地。风后一见阵势有变,立即挥动令旗。玄女见风后令旗,立即改拨琴弦。这时只听琴声如大潮回落,缓缓而流。无数雄鹰先是冲向云霄,继而在空中打了一个旋,又飞向东方。蚩尤见雄鹰飞去,在空中哈哈大笑起来,说:"轩辕败了,轩辕败了!"蚩尤士兵一阵欢呼。正在这时,只听从涿鹿城头传来咚咚咚一阵鼓声。蚩尤士兵听见鼓响,只觉天旋地转,山河震荡,如击心肺。传说,那夔牛鼓一震五百里,连震三千八百里。这四十面大鼓一连擂了九下,只吓得蚩尤士兵魂飞天外,肝胆俱裂,纷纷从空中坠地,叫苦连天。力牧、常先一声口哨,令士兵起来,围杀蚩尤士兵。力牧高喊:"投降者活,抵抗者死!"士兵们也都随着高喊:"投降者活,抵抗者死!"夸父的六十多个弟兄和士兵见大势已去,都纷纷投降,唯独蚩尤、夸父还在拼死抵抗。力牧、常先、大鸿将蚩尤、夸父团团包围。夸父往外突围,被力牧拦住,一刀下去,结果了性命。蚩尤见寡不敌众,张开翅膀,腾空而起,逃往荤粥(居住在今内蒙古自治区的古荤粥族)。蚩尤往前飞行,来到这凶黎之山,正要收敛翅膀,休息一下,突然从树林中传来喊声:"还不快快投降,你往哪里逃?"蚩尤一看是应龙在此,立即张开翅膀,飞向天空。应龙穿有素女所赐的草鞋,也腾空而起,手拿金斧追赶过去,和蚩尤在空中一来一往交战。两人战了一个时辰,蚩尤身负有伤,战应龙不过,就想逃走。这时,应龙抛出一条锁链,套在蚩尤脖子上,将蚩尤拿住,押解回涿鹿城。黄帝听说蚩尤被擒,大开城门,带领群臣相迎。黄帝上前亲自为蚩尤解下锁链,连声称赞:"英雄,英雄!"蚩尤跪倒在地,羞愧地说:"主公才是真正的大英雄。蚩尤自愧不如,甘愿在主公帐下称臣。"黄帝大笑说:"有蚩尤辅佐,天下何愁不宁。"即封蚩尤为上将军。黄帝战败蚩尤之后,又在釜山(今涿鹿县西北)会合各路诸侯,庆祝胜利,令各个诸侯交出兵符和兵器。黄帝会诸侯之后,令各诸侯同士兵回归自己部落,自己也率领有熊部落士兵回到有熊国,将运回的兵器、兵符藏于云岩宫(在今新郑西北)中。为此诗人钱青筒作《讲武门诗》云:"战败蚩尤犒旅徒,云岩深宫葬兵符;千秋永罢干戈事,蔓草寒烟锁阵图。"

采录整理:刘文学

【点评】

本篇是根据文献(道书)及传说资料中的关于黄帝战蚩尤关键一仗的情况编写的通俗文本,它距离口承神话遗存有一定差距。

本篇中提出如下文化信息:①它属于夔牛鼓声胜蚩尤战争的决胜部分。②以琴声招,雄鹰作战,最后鼓声决胜蚩尤,纯粹是神幻思维的典型表现。其中也难免受道教思想渗入,如毕方鸟的魔法起作用,即是证明。③战争最后蚩尤被应龙活捉,并受黄帝封为上将军。这个结局,与其他蚩尤被杀的说法不同,究竟何者为准是个问题。从部族战争的结果看,在原始社会也往往是部族融合的过程,所以蚩尤的生死也是如此。从先民的心态来看,希望蚩尤合作则更接近实际。

287. 玄女救黄帝[新密市]

远古时候人烟稀少,到处野草丛生,林茂树密,虎狼成群,交通十分不便。当年轩辕黄帝常从有熊国都前往具茨山北的云崖宫讲武练兵。

一个严冬季节,黄帝从国都出发时已经是下午了,天又阴得很重。走到半路上,下起大雪来,返回去吧,路已经走了一半,与其走回头路,不如赶到云崖宫,于是他顶风冒雪继续往前走。

风雪越来越大,没多大会儿荒草岗上就下了一尺多厚的积雪。轩辕黄帝走啊,走啊,直到天黑也没走出那片荒草岗。原来风雪太大,到处一片白茫茫的,他迷失了方向。

天黑以后,雪下得更大了,四周被白雪映照得明晃晃的,几步之外都看不清楚,远处不断传来狼嚎声。轩辕黄帝顾不了这些,紧握宝剑,壮着胆子,迎着风雪继续往前走。他也不知走了多长时间,后来发现又走回到了原来那棵大松树下。黄帝实在太累了,就靠在松树上喘气,想暂且休息一下,找找昔日走过的路径再开始走。这条道尽管轩辕黄帝走过无数遍,如今暴风雪把四周的景物全部覆盖,昔日记忆中的景物和道路怎么也找不着了。此时他只觉饥肠辘辘,又冷又累,浑身没一点力气,真想找个背风挡雪的地方歇下来,等暴风雪停了再走。可是在这荒岗野岭上除了沟壑、树林、石头、荒草外,就是打得人睁不开眼的暴风雪,哪有可供人休息的地方?轩辕黄帝只好靠在松树上歇了一会儿,又强打精神往前走。他走着,走着,只觉得足下一步踏空,滚进一个雪窟窿里。雪很松软,他没有跌伤,也没有摔痛,可是这个雪窟窿很深,他扒呀,爬呀,就是上不去。轩辕黄帝想这下算完了,在这荒无人烟的地方,又掉进了雪窟窿里,冻死荒野连有人知道都没有。他虽然这么想,可是他仍然继续往上扒呀爬的……后来,他终因又饥又冷又累,就昏死在雪窟窿里了。

不知过了多长时间,轩辕黄帝觉得有股热气扑向他的脸,还有一股烤肉的香味直往鼻子里钻。他慢慢地睁开眼睛,恍惚中看见一个少女端着一瓢热汤正往他嘴里灌。几口热汤下肚后,轩辕黄帝醒过来了。他发现自己躺在一堆松软、温暖的草上。灌他热汤的少女见他醒过来,高兴地说:"可醒了,可醒了!"

轩辕黄帝急忙起身问道:"请问姑娘,你是何人?我怎么会在这里?"

少女说:"我是谁并不重要,重要的是你能死里逃生才是万幸。"

那少女又把轩辕黄帝按到草铺上,给他递过来一只烤得喷香流油的烧兔子。黄帝饿急了,接过烤兔就大吃起来,黄帝吃罢又喝了热汤之后有了精神,起身跪在草铺上要给那少女叩头。少女急忙制止说:"黄帝不必给我行礼叩头,你要谢该谢西天王母才是。"黄帝不解地望着她。少女笑着说:"我是西天王母的大徒弟,名叫玄女,人称九天玄女的就是我。昨晚我师父做了一个梦,梦见有贵人有难在此,特差遣我前来相救。我来到这里,果然发现了你在雪窟窿之中,就把你救到这个洞中。"

轩辕黄帝听罢急忙下跪给仙姑叩头:"既然您是西天王母遣前来救我的,就拜托仙姑代我谢谢西天王母了。"玄女急忙把轩辕黄帝扶起来说:"我来此救你之前,师父曾交代我说,不久北方有蚩尤将进犯中原,你有大难一劫。为了战胜蚩尤,消除此患,师父让我协助你在具茨山下设四十五里军马营和供军马营所需之草料场。只有你的部落兵强马壮,草足粮丰,才能最后战胜蚩尤,安定中原,统一天下。"

轩辕黄帝问玄女如何设四十五里军马营和草料场。玄女说:"这个地方,林茂草盛,又地近都城,就在这个荒岗上设一个草料场,在具茨山东再设一座四十五里军马营,把你的军马兵丁调集于此养精蓄锐,等蚩尤的兵力不济时,再调军马营的兵马反攻,蚩尤定会失败。"

黄帝听罢,不住点头称是。事后他遵照玄女之言,从国都和养马场调来大批人丁和战马,会集于四十五里军马营中,派强将力牧、常先指挥操演训练。又在国都西北那片荒岗密林中,兴建了一座大型草料场,屯足了粮草。后来果然应玄女之言,黄帝打败蚩尤,安定了中原。

采录整理：高力升

【点评】

　　本篇流传在新密一带,是关于玄女救黄帝于大雪之中的神话遗存,它对了解黄帝创业艰辛有重要意义。

　　其中反映的神话信息:①当时,在中原腹地新密一带是草木莽莽的荒芜景象,是丘陵山地。②在与蚩尤大战之前,黄帝在新密云岩宫讲武练兵的准备情况,结合当地神话传说,令人信服。③玄女奉西王母之命来救黄帝于雪窟之中。它与玄女练飞刀,以后刺瞎蚩尤眼睛并大获全胜的行动,同属神话道教化的系列神话遗存。此外,西王母让华盖童子授黄帝《神芝图》同属一类文化现象。这些与黄帝神话道教化同属中原神话向宗教化演变的独特问题。

288. 玄女庙［新郑市］

　　新郑县西南二十五里处,有一小山名为自然山。自然山下有轩辕饮马泉和玄女庙遗址。

　　据传,轩辕氏设立的军马营四十五里长,自然山位居中间,是轩辕氏练兵扎营的指挥部。一天,轩辕氏在自然山上会群臣,正在商议攻战蚩尤的大计时,突然卫士禀报,有一少女,英姿俊秀,声言要见轩辕氏报答洪恩。轩辕氏听罢,命她进见。少女见了轩辕氏,便朗声说:"恩人十年前救了我的命,你走后,父母二老,教我苦练'飞崖走壁''攀树沿枝''袖珍神刀'的技艺,三般武艺学齐。我父听说恩人您召集训练兵马,讨伐蚩尤,为民除害,特命我报名从军,报答您的洪恩!"

　　轩辕氏被搞得糊里糊涂,他咋也想不起来,何时何地救过一个女子,反问道:"你是哪家女子,从何而来,我啥时候救过你?"

　　少女看到轩辕氏迷惑不解,便说:"大人,您可记得十年前,您和几位长者去西域,路过我家后山玄梦山,我在村外挖野菜,不小心被一恶豹咬住,眼看就要命丧豹口。在紧急关头,您一箭射死恶豹,又把我送回家中。父母亲感激不尽,请您留下名字和地址,日后报答?"

　　轩辕氏听后,连说:"记得!记得!你父叫玄成,你是玄女,太好了。明天你随我到具茨山上表演一番你的三种绝技,让各位长者看看。"

　　玄女在具茨山上走山上崖,如走平路;攀树沿枝如鸟飞一般;飞刀一出手,百步以外,飞鸟落地。众臣看后,人人夸赞,都说是仙女神刀,了不起,有了玄女这一奇才,就不愁刺不瞎蚩尤兄弟的双眼了。

玄女跟随轩辕氏出征大战蚩尤,在紧急关头用飞刀刺瞎了蚩尤的双眼,立了大功。后人为了纪念玄女,就在自然山修了一座玄女庙。

讲述人:赵林阁,清末秀才,已故
采录整理:赵国鼎

【点评】

本篇流传在黄帝故里新郑,是关于黄帝战蚩尤过程中的一个插曲——被黄帝救过的一个少女玄女助黄帝战败蚩尤的神话遗存珍品。它朴素、简明,接近口承神话原始形态。

其中反映:①黄帝救出被猛豹伤害的挖野菜少女玄女,表现出爱民如子的品德。②玄女奉父玄成之命,学会走山、攀树绝技及神妙飞刀,确是当时原始森林地带狩猎民族生活的写照,玄女的形象逼真。③黄帝战蚩尤的练兵准备工作,生动具体。④此神话产生在自然山一带,因玄女战胜蚩尤有功,后人立庙崇祀,足见其可信性和神圣的原始神话特色。

本篇的地点明确,遗迹仍存,是此神话的实证。黄帝与玄女神话有三,这是其中之一。

289. 玄女学飞刀 [新郑市]

自然山黄帝饮马泉有一座玄女庙,这是后世人为纪念玄女而建的,因为轩辕氏在涿鹿大战蚩尤时,玄女用飞刀刺瞎了蚩尤的双眼,立了大功。人们都知晓玄女飞刀绝技的厉害,至于玄女的飞刀绝技是怎样学来的,可就鲜为人知了。

原来这玄女本是玄梦山山民玄成的女儿,三岁上就死了亲娘,家中只剩下父女俩相依为命。这小玄女长得酷似她娘,眉眼俊俏,聪明伶俐。玄成爱她若掌上明珠,走到哪里就将她带到哪里,寸步不叫离开。有一天,玄成上山打柴,带着玄女跟他在山上挖野菜。突然间,一只恶豹向小玄女扑来,眼看小玄女就要命丧豹口,一个汉子一箭射死了恶豹,救下了小玄女的性命。父女俩感恩不尽,要那汉子留下姓名日后报答,原来这汉子就是轩辕。

后来到玄女十岁那年,一天夜里,一位仙姑来到她家,对她父亲玄成说:"你女儿聪明伶俐,我很喜欢她,请你让我把她领去,我想教她学些武艺。"玄成哪肯答应。仙姑笑笑,认真地说:"这可由不得你啦,任凭你把她藏到哪里,我也要把她领走。"没停多久,玄女果然失踪了。玄成求人四处寻找,也没找到下落。过了五年,仙姑果然又把玄女送了回来,对玄成说:"大哥,我已把玄女教养成人,现在把她送还给你。"说完,仙姑就不见了。

这时的玄成真是悲喜交集,问玄女都学了些什么,玄女也不肯说。经过再三盘问,玄女才向他讲述了五年来的生活。

她说:"那天夜里仙姑带我出了家门后,风驰电掣般不知行了多少路,天明来到一座雄伟险峻的高山,落在万丈峭壁前。峭壁上有个嵌在半山腰的洞穴,是仙姑住的地方。四周没有人家,只有成群结队的猴子和无边无际的树木,密密麻麻,遮天蔽日。

"洞穴里已经有两个女孩,和我同样年纪,也都聪明伶俐,不食人间烟火,能在峭壁上飞来走去,就像猴子攀援树木,不会失手。

"仙姑拿出一粒药丸叫我吃下,又给我一把宝剑,叫我专门跟着那两个女孩儿学习攀援飞腾。那剑二尺来长,吹毛立断,锋利无比。学了一些时候,渐渐觉得身轻如风。一年后,她叫我去刺猿猴,百无一失。后来又叫我杀虎豹,虎豹的头颅应声而落。三年后,我已经飞行自如,她又命我掷飞鸟,无不应声落地。

"第四年,她留下那两个女孩儿看守洞穴,带着我飞了很远的路程,来到一个山庄。我也不认得那是什么地方,她对我说:'这里有个人,罪恶极大,你去把他杀死,不要被他知觉。'她一桩一桩述说了他的罪恶,又说:'你只要放开胆子去做,就会像掷飞鸟那样容易。'说着,她拿出两把飞刀交给了我,那飞刀只三寸长,寒光闪闪,夺人眼目。于是,我大白天在万人丛中用飞刀刺死了那人。之后,她又带我回到了洞穴。

"有一天,仙姑对我说:'我替你将后脑勺割开,把飞刀藏在里面,你不要怕,不会流血受伤。以后你要用飞刀时,可以随时取出。'

"送我回来的那天,她对我说:'你的武艺已经学成,可以回家了。你不是还欠有救命之恩未报吗?时机也就到了。'说完,就送我回来了。"

玄成听女儿述说了一遍,心中方才明白,原来这仙姑教玄女武艺,是叫她报答轩辕的救命之恩的,心中十分高兴。

此时,正当斩辕氏在自然山四十五里军马营扎营练兵,准备讨伐蚩尤,玄成就打发玄女来找轩辕参军报恩来了。

采录整理:张永林

【点评】

　　本篇是流传在新郑的"黄帝战蚩尤"神话的异文。它在一定程度上带有道教的思想（修仙成道）色彩，可作《玄女庙》的补充材料文本。

　　其中的文化信息：①道教已盛行中原，在名山（如泰山、嵩山等）兴起。修仙学道、练武、炼丹已很盛行。②仙姑利用五年时间，让玄女等学习攀岩飞腾之术，服丹药，练飞刀等技艺。让她刺猿猴，杀坏人。然后送她回家，投军报恩于黄帝。玄女在战场上用飞刀刺瞎蚩尤双眼，大获全胜。③本篇主要从学道成仙角度，描述学艺过程和成效。实际上是突出渲染仙姑的神力，而不像《玄女庙》中玄成亲自教女儿学习山间女孩的攀援飞腾本领。

　　总之，本篇离口承神话已较远。

290. 指南车破雾［新郑市］

　　传说上古时候，蚩尤与黄帝在涿鹿大战，有一次请来风伯、雨师助战，将黄帝打败了。正在这时，黄帝的女儿女魃来了，施展法术，将风伯、雨师打败，黄帝又打了一个大胜仗。蚩尤兵败之后，终日吃不下饭，睡不着觉，抓耳挠腮，坐立不宁，心想，这可怎么办？打不败黄帝，不要说做天子了，就是自己的部落也保不住。他想啊想啊，突然拍了一下腰，这一拍不打紧，蚩尤高兴得差点跳起来，说："啊呀！我真晕，我不是有'雾母'吗？"立即唤来夸父，叫他带领那六十九个弟兄（其中十二个在风后八卦阵中死亡）去涿鹿城叫阵决战。这涿鹿城就在涿鹿山东北一个高土丘上。蚩尤寨就在涿鹿城西南二三里地的一个黄土崖上，中间是一片凹地。黄帝见蚩尤军又来叫阵，就又令常先、大鸿、力牧率领将士出城迎战。两军先是在涿鹿城下厮杀，打了一个时辰，夸父假装败退，将常先、大鸿、力牧等引入蚩尤寨下，两军正在激战之时，突然战场上起了满天大雾，向黄帝军中冲来。这时，黄帝和风后正在涿鹿城头观阵，大吃一惊，朝着起雾方向望去，只见蚩尤和一个兵士站立蚩尤寨上，两手撑着一只大口袋，正对着黄帝军队喷雾。传说，蚩尤曾取先天纯阴之气练成雾，将它储藏在一个山洞里，待要用时，将雾装在一个袋里。这个袋子，名叫"雾母"，长八尺，宽二尺，能展能卷，形状似一块帘幕，因此人们又叫它"雾幕"。若是打开袋口，就从袋中喷出炊烟似的大雾；若是将它展尽，喷出弥天大雾，对面不能见人；若是将袋口卷起，则天地渐渐复明。黄帝军队在大雾之中不辨东西南北。常先、大鸿见势，高声呼喊："冲出去！冲出去！"士兵听到呼唤声，也高声呼叫："冲出去！冲出去!"说来也怪,不论黄帝的军队冲到哪里,那大雾就跟到哪里。冲了大约一个时辰,黄帝的军队仍然被大雾包围着。蚩尤听不见呼叫声,就将"雾母"口袋收起。一会儿,战场上渐渐复明,只见尸体遍野,黄帝的军队只有部分将士逃回涿鹿城去。

这次战斗,黄帝军大败,又是数月紧闭城门,不敢出战。黄帝无计,只好带领风后回有熊国另想良策。一日,黄帝来到西太山(今河南新郑西北)行宫,刚刚坐下休息,突然有一人头鸟身的女子从天空飞来,落在黄帝跟前。黄帝立即站起,跪在那女子面前,连连叩头说:"不知上仙驾到,请恕罪。"那女子宛然一笑说:"不必客气。我是天上的九天玄女,知你有难,特来帮你,只是不知你想叫我怎样帮你。"黄帝不敢抬头,回答说:"我与蚩尤已经九战,到现在还没有打败他,眼下蚩尤的大雾很厉害,我实在想不出更好的办法制服他,请上仙赐教。"玄女从怀里掏出一张图交给黄帝说:"你依此图仿造一指南车,可破蚩尤大雾。"玄女说罢,展开翅膀向天空飞去,黄帝再三拜谢。正在此时,忽听有人呼唤:"主公,主公!"黄帝被风后呼叫惊醒,睁眼一看说:"哎呀!刚才我做了一个梦。"说着看手上真有一张图,就把刚才梦中之事向风后说了一遍。风后看罢图高兴地说:"这下可好了!"

黄帝命风后立即回有熊国都,依图制造了二十辆指南车。一日,蚩尤军又到涿鹿城前叫阵,黄帝叫大开城门,令常先、大鸿率领军队出城门。只见军队前面一辆战车有四匹马拉着,车上有一赶车人,另有一人扛着一面黄色熊旗。战车之后又有二十辆两轮木车,每辆都有一人在后面推着,车上站着一个木人,向前伸着手指,无论那车朝着何方,车上木人都手指南方。这二十辆指南车之后,又有一辆四轮木车,由熊、罴、虎、豹拉着,车上坐着黄帝。黄帝背后插着一根黄色木棍,棍顶有一把黄色大伞。这黄伞周围,有五色云气萦绕,像是金枝玉叶,其上有花苞之象,因此,人们都叫它"华盖"。传说,这华盖是黄帝制作的,行到哪里,哪里就会呈现吉祥。黄帝乘坐的华盖车之后,是二十队士兵。蚩尤见黄帝军队到来,又在蚩尤寨上张开"雾母",施放大雾,战场被大雾笼罩。黄帝因有指南车指示方向,任凭蚩尤作雾再大,也不会迷失方向。那大雾冲到黄帝华盖之上,顿时化为缕缕青烟消失不见。蚩尤见施放大雾无效,立即收回"雾母",命令撤兵回寨。

黄帝见蚩尤撤兵,也传令常先等收兵回城。黄帝想,这指南车虽能辨别方向,破蚩尤大雾,但总不能每次打仗都带指南车,彻底破除蚩尤法术才是根本。黄帝正在苦思冥想,突然见奢龙踩着云朵从天空而来,说:"主公,臣听说涿鹿山中有一深洞,藏有蚩尤练成的大雾,如将此洞打开,尽放洞中雾气,蚩尤也就无法施雾了。"黄帝听罢很是高兴,说:"你可知道此洞在何处?"奢龙说:"近日,我在天宫看得清清楚楚。"说罢,黄帝便骑上奢龙,由一团黄色云气笼罩,奔向涿鹿山。奢龙在山中盘旋了一会儿,落到一个深谷悬崖之上,用一前肢指着一个洞说:"就是这个洞。"黄帝走上前去,见是用石块垒着,外面涂有泥巴,伸手将泥巴揭掉,从石缝中透出一缕一缕雾来。黄帝又将石块搬开,突然从洞中冲出团团大雾。奢龙说:"主公快走!"黄帝立即骑上奢龙腾空而去。这时只见涿鹿山一带被浓烟似的大雾笼罩,整整持续了七七四十九天,大雾方才消失。从此,蚩尤再也无法施雾了。

采录整理:刘文学

【点评】

本篇是作者根据史料、其他文献记载和道书中的传闻编写的"黄帝指南车破雾胜蚩尤"的通俗文本。它不属于该神话传说的口承原始形态,文白并存,一般套语、陈词较多。

其中反映的文化信息:①黄帝制造指南车用于军队作战辨方向,有传闻根据。②指南针的发明是我国的四大发明之一,而此类科技要追溯到黄帝时代先民的文化发明创造。这个创造在本篇却又是由道教天后神国的玄女所赐,从而为道教树碑立传,这违背历史实际。道教篡改民间原始神话,认为一切科技发明均来自天神。③黄帝与玄女之间发生的事件:玄女救黄帝于雪窟之中;玄女帮黄帝用飞刀刺蚩尤眼;帮黄帝捉夔牛,破毕方鸟飞人;玄女帮助黄帝造指南车,辨方向,破大雾。可见,黄帝神话传说中,玄女地位的十分重要。

291. 轩辕方[新郑市]

黄帝在中原地区威信很高,大家推选他当酋长首领。人们和睦相处,安安稳稳地过日子。

山东一带生活着的氏族首领叫炎帝。炎帝看到中原地区洪水归道,林丰草茂,野味又多,是个生活的好地方,就带领部落群西进中原。于是,炎帝和黄帝发生了一次大的战争,结果炎帝战败。黄帝并不计较,又和炎帝结为兄弟,两个部落群体从此合并成为一家,建立起一个庞大的炎黄国家,共同开发中原。接着,炎黄二帝领导大家访贤任能,垦荒造田,建房子,养牲畜,很快富强起来。

东南方的部落首领叫蚩尤,他生性暴戾,天性乖张。他听说中原地带是个风水宝地,就大肆向中原侵扰,又杀又抢,手段残忍。人们叫苦连天,纷纷向黄帝求救。黄帝就组织炎黄的族众,苦练武艺,研究战术,制造兵器,一场大的生死搏斗终于开始了。

当时,正是秋季,夜寒昼热,时常大雾弥漫,大地如云蒸烟绕,黄帝在作战中往往迷失方向,屡次遭挫。为了认准方向,指挥作战,破雾进攻蚩尤,黄帝绞尽脑汁,考察访问,终于发现一种自然磁石可以定位指向。于是,他就研制了一个木头人,用磁石琢磨做成一只手臂,安装上去,机动灵活,五指始终指向南方,遂起名为"方"。

为了带"方"随军作战定方向,黄帝就又研制了一架车,在一个宽平的木板上,下边两旁装上能转动的圆轮,前头装上扶手,起名叫作"轩"。把木人固定在"轩"的后端。在"轩"的前边安上两根木杠,起名叫作"辕",使"轩"可以推拉走动。黄帝就把这天下第一器械定名为"轩辕方"。

后来,黄帝用它定方向,终于战胜了蚩尤。

讲述人:高梧林,70岁,七里阁村人,当过私塾先生
采录整理:李新明

【点评】

本篇流传在新郑市,是关于黄帝发明指南车战胜蚩尤的风物传说。它透露当时有熊国自然山有磁石及发明指南车的信息。

"轩辕方"之名,是由于将用磁石做手臂的木人置于车轩后端,"轩"的前边有"辕",此机械即为"轩辕方"。最初指南车形极简陋。后黄帝亦因此功而被尊为轩辕氏,即轩辕黄帝。

292. 黄帝巧摆八卦阵[河北涿鹿]

黄帝与蚩尤战了好多年,也制服不了到处吃人行凶的祸害精蚩尤,愁得他吃不下饭,睡不好觉。

一天,他忽然想起有一次交战时,蚩尤装败逃跑,自己率兵闯入迷魂阵,转得晕头转向的事,心里一亮,想出一个打败蚩尤的办法。打这以后,黄帝假说要去北方打荤粥,不和蚩尤打仗了,天天教士兵们练兵习阵,按乾、坎、艮、震、巽、离、坤、兑八个方位,将部卒依方位穿插变化阵势,一变一样,共能变八八六十四种不同阵势。每一种阵势都能攻能守,能互相支援。这就是兵书上传的有名的"八卦阵"。

阵法练好了,黄帝便率领这支军队回到了黄帝城。

蚩尤得到这个消息,心中大喜,立刻请来一批野人助战,带领九黎族全部士卒耀武扬威地杀向黄帝城。到了城前一看,城门紧闭,任他叫骂,站在城头上的军士有耳只当听不见,就是不出城交战。气得蚩尤两眼冒火,嗷嗷怪叫,命令士兵去四野割柴草、砍树木,来个放火烧城。

就在这当儿,黄帝的大臣风后领着兵杀出城来了。蚩尤一见,连忙把他的兵卒叫回来,挥动石斧、棍棒,将风后团团包围住。

风后不慌不忙,先指挥兵卒往黄帝城里撤。蚩尤赶紧带着兵阻拦风后进城的去路。风后把令旗一挥,兵将就改变方向,向城东北的平川冲去,沿涿水河岸跑。蚩尤心想,这回可该打胜仗了,指挥部下没命地追赶,一股劲就追出十几里。眼看就要追上了,蚩尤心里正得意,没想到黄帝率着伏兵突然从田野里、竹林中杀出来,一下子就把蚩尤的兵马全部给围住了。蚩尤知道上了黄帝的当,马上命令士卒突围。可是,他往哪里冲,黄帝的旗子就往哪里指,怎么也冲不出这个八卦阵去。黄帝的兵卒这一队杀过来,那一队杀过去,把蚩尤的兵马杀得七零八散,死了好多好多。

蚩尤在八卦阵中也迷失了方向,心慌意乱,不知该怎么办好,只好瞎打乱拼。他仗着自己武艺高强,力大无穷,最后总算免遭一死,带着伤冲出来。这也是瞎猫碰见死老鼠,撞对了。他闯的那个阵口正好是卦阵的"巽"字阵,八卦阵中,只有这个阵口能活命。他出了阵,就没命地钻进山沟里,逃跑了。后来,人们便认为八卦中"巽"字方位吉利。直到现在,有人盖房圈院,还总要留个"巽"字门不可,说这种门出入能顺,迎喜接福。

当年黄帝摆八卦阵的地方,后来住上了人家,为了纪念这件事,就取名叫"八卦村"。

(选自涿鹿县志编纂委员会新编的《涿鹿县志》,1994年河北人民出版社出版)

采录整理:李怀全

【文献选录】

(黄)帝取伏羲氏之卦象,法而用之,据神农所重六十四卦之义,帝乃作八卦之说,谓之八索,求其重卦之义也。

(《轩辕黄帝传》)

【点评】

本篇是流传在涿鹿的黄帝采用八卦阵法战胜蚩尤的神话遗存,比较接近口承神话形态,有参考价值。

其中透露:①黄帝发明八卦文化的军事知识,此与传统文化观念相符合。②中国的八卦文化来历分三个阶段:伏羲创的先天八卦,黄帝创的后天八卦,周文王演的周易八卦。(另一说为伏羲创的是呈连山八卦,黄帝创的是归藏八卦,周文王创的是周易八卦)。而将八卦用于军事作战中的八卦阵法,是从黄帝开始的。后来风后又协助他演变出"风后八阵图"的精密战法(过去以为将八卦用于作战布阵,始于诸葛亮,不确切)。③本篇虽无阵法名称,却生动地描述了行军、布阵的特点及蚩尤兵败的情况,可作为黄帝神话的重要研究对象。

293. 风后八卦阵[新密市]

传说,黄帝与炎帝在阪泉(今河南省扶沟县境)打了三次仗。炎帝服输,与黄帝讲和,将神农部落合到有熊国。这有熊国在黄帝、炎帝的治理下,国家更加强盛,百姓更加富裕,人口迅速增多,成为中原最强大的部落联盟。不久,居住在有熊国以东(今河南东部)和居住在黄河以北的许多部落纷纷前来有熊国求援,说是济水(今山东省西部)一带有个蚩尤部落,他的首领叫蚩尤,手下有八十一个弟兄,个个长得凶神恶煞一般,到处侵占土地,抢夺财物,杀人如麻。许多部落一听说蚩尤来了,不是归降,就是逃跑。如果有哪个部落稍有抵抗,就将他们杀个孩娃不掉。那些来请求帮助的人说:"都说有熊国强大,首领黄帝宽厚仁慈,乐于扶危解困,只有他才能解救我们!"黄帝听了,命令安排好这些来求援的人,立即召集风后、常先、大鸿、力牧、祝融、刑天等商议此事。祝融说:"那些来的人所说一点不假,几年前我们神农部落曾与蚩尤打过一次仗,被打得一败涂地,我们的士兵一听说蚩尤来了,吓得腿直打哆嗦,不要说打仗了。我看蚩尤离我们甚远,还是不要惹他。惹了他,他要专给我们作对,恐怕我们就不得安宁了。"风后接着说:"这话就不对了,我们同那些来求援的部落亲如兄弟,兄弟有难不去相救,谓之不义。蚩尤作恶,我仍不敢惩讨恶人,谓之不武。这不义不武之人,谁还敢信赖?再说,如果今天我们不去征讨蚩尤,来日蚩尤必定会找上门来,倒不如现在趁他羽翼未丰,我们团结兄弟部落,共同对敌,或许能取胜!"风后说罢,其他大臣也都议论纷纷。黄帝说:"大家不要再争论了。风后所言极是,兄弟有难我们应当相帮。只是蚩尤厉害,我们要十分小心才是!"于是命风后调集军队,连日北上,直达涿鹿(今河北省涿鹿县),在涿鹿附近(今矾山镇西)召集北方各部落首领,商量如何对敌。可是许多部落酋长却说他们害怕蚩尤,不敢与他打仗。无论黄帝怎样给他们打气鼓劲,他们还是直摇头,说是除非天神下来,地上没有人是他的对手。黄帝无奈,只好叫自己的将士在前面攻打蚩尤,其他部落在后面助威。一日,蚩尤听说有熊国的轩辕黄帝来到涿鹿救援这里的部落,对他的八十一个弟兄说:"我正想去中原,攻打黄帝做天子,不想他倒送上门来,这下保管叫他有来无回!"说罢,就令夸父等人做好准备。三日后,夸父率军来到黄帝军营前叫阵,黄帝就命常先、大鸿、力牧出战。两军在一座叫矾山的地方排开战场。这时,只见蚩尤在一个山岗高处,像一尊天神似的坐在那里,身旁竖着一面青色蚩旗。夸父等人带领的兵士个个长得人身牛首,四只眼睛,六只手,鬓发像剑,头上长着两只角,手里举着明晃晃的刀,向常先、大鸿冲来。黄帝的军队过去只是听人说过蚩尤的军队铜头铁额,刀枪不入,现在看了这般模样,不由得心口嘭嘭乱跳,两腿发软,两条胳臂发抖。蚩尤的军队冲了过来,有的用角抵,有的用脚踢,有的用刀砍。黄帝的兵士轻者伤残,重者被抵死。刀砍在黄帝兵士的头上,像切西瓜似的,头在地上乱滚。砍在身上,不是胳膊腿折,就是劈作两截。而黄帝军队用的是石刀、石斧、木棍,砍在蚩尤兵士身上连道白印都不留,只有用棍还能打死几个。双方没打上几个回合,常先、大鸿就被打得落花流水,逃回军营。

　　黄帝军队第一次与蚩尤打仗,被打得惨败。黄帝终日愁眉苦脸,吃不下饭,睡不好觉。风后是有心人,命人到战场上捡回蚩尤士兵的衣帽和刀枪叫黄帝看。原来,蚩尤士兵穿的都是牛皮做成的盔甲,头上的两只角是两把刀子,鞋上是带尖的骨头,用的武器是铜做成的,难怪蚩尤军队这么厉害。风后说:"看来我们低估了蚩尤。我们要想战胜他,要赶快做好几件事:一是我们与蚩尤的战争必定是持久战,眼下要赶修一座城堡,以防蚩尤偷袭进攻;二是要尽快找到铜,赶制刀枪、弓箭;三是也要仿制盔甲;四是要学习阵法。"黄帝听了连连点头称是,立即命令祝融回有熊国(今河南新郑一带),组织工匠到首阳山(今河南偃师县西北)采挖黄铜,铸造刀枪;在国都缝制盔甲战衣。又令力牧、常先组织当地部落连夜修建作战城堡——涿鹿城(又叫轩辕城)。令风后教军队演习阵法。黄帝还传令,各将士务必坚守营盘,不管蚩尤如何叫阵,不得军令不得出战,违令者斩。

　　三个月后,黄帝准备停当。一日,蚩尤令夸父又来叫阵。黄帝坐在涿鹿城城头华盖伞下,身旁站有几位士兵,城头上插一面熊旗。这时,城门大开,风后站在战车上率军队潮水般涌出。士兵个个盔甲明亮,刀枪耀眼,又经过风后训练,斗志旺盛。风后率三万军队,在涿鹿城东一个山坡处(今八卦村),按照乾、坎、艮、震、巽、离、坤、兑八个方位布阵。蚩尤闻听黄帝军队出城,就亲自率大军从蚩尤寨(今矾山镇西南),浩浩荡荡冲了过来。蚩尤将士以为黄帝军队根本不是自己对手,不管什么阵法就冲了进去。风后先布的是天履阵,只见他立于八卦阵中央战车之上,手持黄色旗帜,在空中摆来摆去。随着黄旗变换,阵势一会儿变为地载阵,一会儿变为风扬阵,一会儿变为龙飞阵,一会儿变作垂云阵,一会儿又变为虎翼阵,又一会儿变为鸟翔阵。蚩尤士兵在阵中,先是恃强好勇,管你什么阵法,只管乱杀乱砍,砍了一时就丧失了锐气,时而像包馅饼似的被包围,时而像夹层蒸馍似的被层层相夹。有时看见前面有个缺口,想冲出去,可是待要往外冲时,突然面前又像是堵厚墙,被围了起来。有时突然看见前面出现几条街道,正顺着街道跑时,忽然街道不见了,眼前又出现遍地龙蛇飞舞,张牙舞爪地扑过来。蚩尤军队像没头蚂蚱似的在阵中乱碰乱撞。风后最后变作蛇蟠阵时,也是蚩尤命不该绝,才从巽门逃了出来,回头看看八十一个弟兄,死了十二个,手下士兵也损失了十之七八,只得没命似的逃回蚩尤寨。

传说,黄帝战胜蚩尤后,风后回到自己的封地风后岭(今河南省新郑市西南具茨山上)将这八卦阵势写作《握奇经》。到了唐代,大军事家独孤及在具茨山北一个叫云岩宫的地方立碑刻作《风后八阵图记》。河南新郑人还把风后的《握奇经》收录进《新郑县志》,使之流传至今。

采录整理:刘文学

【文献选录】

风氏姓也,伏羲氏之姓。黄帝臣三公之一也。

(郑樵《通志·氏族略》)

风后,伏羲之裔,黄帝臣三公之一也。善伏羲之道,因八卦设九宫,以安营垒,定万民之竁(cuì)。蚩尤之灭,多出其徽猷。

(清乾隆四十一年《新郑县志》)

黄帝梦大风吹天下之尘垢皆去。……帝寤而叹曰:"风为号令,执政者也,垢去土,后在也。天下岂有姓风名后者哉。……"于是依占而求之,得风后于海隅,登以为相。

……且善伏羲之道,因八卦设九宫,以安营垒,定万民之竁。蚩尤之灭,多出其徽猷。

(《帝王世纪》)

【点评】

本篇是作者根据部分文献、史料和传闻编写的关于风后帮助黄帝用八卦阵法战胜蚩尤的通俗文本,不属于口承神话遗存,从内容到写法,陈词滥调,粗俗累赘。

其中存在的问题:①蚩尤部族有几说:一是楚地九黎族,二是济水山东玄鸟族,三是少典族分裂的炎帝后裔。从目前研究的最新成果看,多倾向于第三种说法。而本篇所持济水部族头领说法,又说是九黎族,自相矛盾,地理位置也不符合。② 风后八卦阵与黄帝八卦阵,实为一次战斗中的阵法。③ 风后八卦阵法,在云岩宫的图中,是康熙版的《密县志》所载的珍贵文物。此八卦图正与黄帝创的归藏八卦内容相符,经军事学院战略专家考证无误。唐代独孤及的云岩宫风后八阵兵法图碑及八阵图俱在,已是众所周知。④ 将八卦图运用于作战的,以往都认为是三国时的诸葛亮。此图被发现以后,这里将此事提前了近三千年,是一个大的突破。⑤ 关于涿鹿的地望问题,经学者考证,涿鹿既不在河北冀州或幽州,也不在山西运城或河南修武,更不在江苏彭城或山东等地,而是在河南巩义、汜水一带的浊陆(涿鹿)。值得注意的是,从黄帝、蚩尤部族的居住、活动,利害冲突和军事学等角度看,都比较合理。此篇与《摩旗山》中的练兵地点不符。

294. 摩 旗 山 [新密市]

  在有熊国都西北四十多里的地方(今新密市东北白寨镇境内),有一座山叫摩旗山,山上有个碗口大的洞穴,有四五尺深,当地人都叫它摩旗穴。传说,这个洞穴就是当年黄帝战蚩尤时,在这里与风后演习八卦阵时插令旗的地方。

  传说,很早以前,蚩尤从河北涿鹿南下攻打中原,一直打到黄河边上,占领了有熊国北部不少地方。黄帝当初因为兵少将寡打不过蚩尤,就把军队撤到摩旗山一带,想凭险据守。风后说:"主公啊,我看咱们打不过蚩尤有以下原因:一是咱缺少良将,二是打法不行。咱不能与蚩尤硬打硬拼,咱将少,他将多,咱兵少,他兵多,这样打还是要吃败仗,咱给他斗阵法,这兴许能打败他。"黄帝听了说:"好好好!那我去访求贤将,你就安排演习阵法吧。"风后说:"中啊。"

  黄帝出去访求良将去了,风后把他多年研究的八卦阵战法图拿了出来,给将士们讲解。讲了两个月,黄帝将访得的良将力牧、具茨、大隗、大鸿、常先、武定、应龙、太山稽等也带到了摩旗山。

  黄帝有了众多的良将,又有了风后的八阵法,就封风后为帅,叫他担任八阵战法的总指挥。封力牧、大隗、常先、具茨等为将,各带一队人马,按阵法操练。原来打仗主要是将对将、兵对兵厮杀。现在呢,按风后八阵图打仗,必须统一指挥,统一部署,统一号令,该进则进,该退则退,各个作战队伍必须配合,方能百战百胜。如有一个作战单位在配合上出了问题,就可能造成全军覆没,但是用啥号令去统一指挥呢?大家想啊,想啊,有的说用号,有的说用鼓。大家都说不行,用号用鼓,只是叫军队前进或后退,要是按照八卦阵法打仗,千变万化的,打得又很激烈,谁能听准吹了几下号,擂了几下鼓? 突然黄帝说:"看这样行不行,用几样东西染上不同的颜色,把东西插到山顶上,很远都能看到,我们的将士只要看见插的东西变了颜色,阵法就随着变。该进则进,该退则退,该左则左,该右则右,这样不就方便了吗?"风后说:"这倒是个好办法,不过用什么东西染色呢?"黄帝想想说:"不知用做衣服的丝绸咋样?"风后说:"丝绸结实,用它统一号令保险中。"黄帝说:"咱给这东西起个啥名字呢?"风后想了一会儿说:"你不是用它统一号令吗? 咱干脆就叫它令旗好了。我们再在令旗上穿一根长竿,将它插到这座山的最高处,你看咋样?"黄帝说:"中,这老中。"黄帝让嫘祖做了六面又长又大的令旗,染成红、黄、蓝、黑、白、紫、绿七种颜色。令旗做好了,黄帝把众将召集到山上,对他们说:"现在制成了六面不同颜色的大旗。作战时,风后把黄旗插到山坡上,大家看见黄旗就摆虎翼、风扬阵,看见黑旗就变蛇蟠、地载阵;看见绿旗就变鸟翔、云垂阵;看见白旗就变龙飞、云覆阵;看见红旗,各队就一齐奋勇向前拼杀;看见蓝旗,各队就围剿蚩尤士兵;看见紫旗,各队就撤兵。"黄帝说到什么旗就举起什么旗叫大家看。大家看了看都说:"棒极了,一看旗就知道啥打法。"

众将回兵营后,黄帝让人砍了七根长竹竿,把各色令旗穿好,然后又让人在山顶上凿了一个四五尺深的穴,叫风后把这些令旗插到这个穴洞里指挥练兵。风后按照八封阵,整整练了三个月,就把军队开到黄河北,把蚩尤给活捉了。

后来,当地人就把黄帝与风后插旗练兵的这座山叫作摩旗山,把插旗的那个洞穴叫摩旗穴。现在摩旗山上那个摩旗穴仍然可见。

采录整理:高力升

【点评】

本篇流传在新密市境内,是关于黄帝、风后在摩旗山操练八卦阵法,最后战胜蚩尤的神话遗存珍品。它比较接近口承神话形态。

其中透露的文化信息:①摩旗穴、摩旗山的地望在今新密市北山地带,可信性较强。②摩旗山距新密云岩宫很近。在云岩宫有唐代独孤及写的《风后八阵图碑记》及康熙版《密县志》上有《风后八阵图》实证。据军事家研究,此图正与黄帝演的"归藏八卦"文化结构相符。因此,黄帝、风后在摩旗山练八卦阵法真实可信。③涿鹿应在巩义、汜水一带比较合理。不可能在新密练兵,再远征河北打仗。④其中的八卦阵法有确切根据,并有神话传说作证,它应该是有很高价值的珍品。

值得注意的是,本篇与《风后八卦阵》所讲的内容相同,而在地点上却不一,存在矛盾。既然黄帝被打败,回有熊国整顿兵马练兵,就不可能在涿鹿战场,如果像本篇所说的在新密摩旗山演练八卦阵,怎么又会在千里之遥的涿鹿练八卦阵法?因此,涿鹿(浊陆)在巩义、汜水,似乎更为合理。

295. 绵羊救驾［新密市］

在有熊国都西北的云岩宫附近,有个村庄叫石羊庄。村外有两只坐北朝南的大石羊。这俩石羊身躯高大,犄角高耸,双目有神,十分可爱。当地老百姓叫这俩石羊为"石羊大仙",初一、十五有不少人为它烧香摆供。据说,当年黄帝战蚩尤时,这两只石羊救过驾,因此受到人们尊敬。

很久以前,蚩尤为占领中原,与轩辕黄帝在河北摆开了战场。蚩尤指挥他的大军猛攻黄帝的防线。黄帝麾下的将士们坚守自卫,双方打得十分激烈。蚩尤胜战心切,见前线硬攻一时很难取胜,就心生一计,悄悄地派麾下得力干将震蒙氏带领三千精兵强将,偷偷窜到黄帝的军事大本营具茨山一带,妄图发动突然袭击。

这天,黄帝正与风后研究如何打败蚩尤。风后把他在具茨山潜心研练的八卦阵图详细地告诉了黄帝。黄帝对风后的八卦图十分赞赏,决定明天调兵在具茨山北的台儿岗上演习阵法。两人看天色已晚,将八卦阵图藏好,正要休息,忽然听山下喊杀声震天,不知发生了啥事情。这时,一个守宫的士兵急急忙忙地跑来禀报说:蚩尤派兵偷袭具茨山来了,守卫的士兵顶不住蚩尤兵的冲杀,已经败退下来。

黄帝与风后一听可着了急,因为大将力牧、大隗、常先、武定都在前方作战,只有很少一部分士兵由大鸿带领,留守在具茨山一带。黄帝盼咐来报士兵传信给大鸿,让他拼死也要抵挡住蚩尤的进攻。

传信的士兵走后不久,蚩尤士兵的喊杀声更近了。黄帝与风后站到具茨山顶朝风后岭一看,大吃一惊,只见蚩尤士兵高举火把,一路大杀大砍,嗷嗷嚎叫着向具茨山逼来。大鸿招架不住,就要退到具茨山下。黄帝与风后见情势万分紧急,急忙下山接应大鸿。

黄帝与风后都有超凡武艺,从二更杀到三更时分,只杀得蚩尤士兵尸横遍地,血流成河。可是蚩尤士兵仍拼命厮杀。黄帝的士兵也死伤大半,大鸿早已杀成了一个血人。黄帝看看实在抵挡不住蚩尤士兵,不得不边杀边退,正要退到山脚下时,忽然见蚩尤士兵大乱,以为是自己的援兵到了,就带领士兵,向后撤的蚩尤士兵追杀了回去。追杀到阵前,只见两位神仙正指挥成千上万只大绵羊围攻蚩尤士兵。这些绵羊蹄蹬角抵,横冲直撞,十分凶猛。蚩尤士兵,有的被羊群蹬倒站不起身,有的被羊角抵伤,有的被锐角刺入胸腹,血染黄沙。黄帝与风后见此情景,带领士兵们一边高喊,一边猛杀猛砍。不到一个时辰,震蒙氏招架不住,带残兵逃窜。黄帝大获全胜,来到两位神仙面前叩头拜谢。二位神仙急忙将黄帝扶起,说:"请黄帝、风后不必多礼,快快请起。"接着说起了救驾的根由。

原来这两位神人是摩旗山山神爷的两个护山大仙,是千年修炼成人形的一对大绵羊,掌管摩旗山下金磨房里那对金马驹、银马驹,专为上天玉皇大帝磨金豆子。这天下午,山神爷往玉皇大帝那里赴宴去了,他们卸磨后,拴好金马驹、银马驹,出外游玩散心,正巧遇上蚩尤士兵偷袭黄帝兵营。这两个绵羊大仙早就听说黄帝是个仁义之君,有心助他一臂之力,今天正好碰上,就念动真言,施用法力,招来万只绵羊与震蒙氏摆开了群羊阵。

黄帝听罢十分感动,为了答谢两位绵羊大仙的救驾之功,请他俩去具茨山做客。两位大仙说:"不打扰了。我们五更鸡叫前必须赶回摩旗山。"黄帝与风后听罢不便强留。正在这时,远处鸡鸣,两位大仙大惊,急忙腾云而去。可是晚了,只见天空一道闪电,一声雷鸣,两位绵羊大仙被打下云头,落在凡尘,化作两只大石羊,再也动弹不了啦。

后来,这两只大石羊旁边慢慢地形成了一个村庄,人们叫它石羊庄。

采录整理:高力升

【点评】

本篇流传在河南新密市云岩宫附近石羊庄,是关于黄帝与蚩尤之战中绵羊救驾的神话遗存珍品。它接近口承民间神话形态。

其中所反映的重要神话信息有:①黄帝与蚩尤之战的战场一部分就在新密市的云岩宫附近。因蚩尤偷袭,不可能主战场在千里之外的河北涿鹿,倒很可能在黄河边的巩义、汜水一带的浊陆(涿鹿)。②石羊庄石羊神人救黄帝、风后的具茨山一带,既是风后练八卦阵的地方,又是战场。③蚩尤的偷袭部队被击败,不是蚩尤本人被打败。④虽有道教修炼色彩,但不属于此神话本体属性。此篇价值极高。

296. 撤兵岭 [新密市]

在新密市西南平陌镇附近,有一条长满皂角树的沟,人们叫它皂角树沟。在这条沟的南面,有一道东西绵亘的山梁,山上长满了老槐树,人们称它槐树岭。相传,当年黄帝与蚩尤在这里打过仗,蚩尤吃了败仗,撤兵逃跑,人们又称这道岭叫撤兵岭。

据传,在这以前,先是黄帝吃了败仗,带领兵将退到了皂角树沟。黄帝打败的原因是,蚩尤除了发动大规模的正面攻击外,还派手下得力干将震蒙氏带领兵将深入到黄帝后方,制造混乱,进行骚扰,弄得黄帝防不胜防。

黄帝退守皂角树沟后,就与风后、力牧等将领商量对敌良策,商量了很久也没商量出个子丑寅卯来。黄帝闷闷不乐地走出营寨,来到一棵大皂角树下。这时,风后追了出来,说道:"我有办法了,我有办法了!"黄帝忙问他想出了什么办法。风后说:"让自己的兵卒和百姓都暗暗戴上标记,没有标记的就是敌兵。"黄帝听罢,认为这倒是个好办法。可用什么作标记泥?一时又为难起来。

正在这时,一片肥厚、青绿的皂角树叶飘落到黄帝面前。他顺手拎起树叶,一边撕着,一边沉思着。撕着撕着,黄帝紧皱的眉头突然展开了,笑着对风后说:"有了!有了!"接着他给风后说了他的想法:"皂角树的叶肥厚、青绿,不怕太阳晒,即使干枯了也不脱枝,用它作标记插在士兵和老百姓的发结上不是很好吗?"风后听罢,也认为是个好办法。第二天,黄帝就暗中下了一道命令:凡本部落人马,不管男女老少,一律在发结上插一片皂角树叶。

从这以后,震蒙氏带来的贼兵一出现就被黄帝捉住了,不几天,震蒙氏的兵将损失了大半。震蒙氏很纳闷,不知黄帝用了什么办法,能那么快认出他的兵士。没办法,震蒙氏只得带着剩下的兵士撤退回去。

后来,震蒙氏终于打探到了黄帝的秘密,赶快报给了蚩尤。可他们驻扎的地方没有皂角树。蚩尤说:"没有皂角树,就插上槐树叶吧,槐树叶也是叶!"

第二天,蚩尤就命令他的兵士都插上槐树叶,向黄帝发动了大规模的进攻。蚩尤本想来个将计就计,鱼目混珠,万没想到,他士兵头上的槐树叶经太阳一晒,就脱落了。黄帝命风后、力牧带领士兵奋勇杀敌,凡头上没皂角叶的就杀头或活捉,结果打得蚩尤大败而逃。

后人为了纪念黄帝这次获得的胜利,就把蚩尤战败逃跑的这道槐树岭,改名叫撤兵岭。

讲述人:李富裕
采录整理:高力升

【点评】

本篇流传在河南新密市平陌镇南面老槐树岭,是关于黄帝、风后战胜蚩尤偷袭部队的神话遗存珍品。它接近民间口承神话原形,有重要研究价值;它对确定黄帝与蚩尤的战场不在河北涿鹿,而在中原黄河南岸的浊陆,有权威佐证作用。

其中的重要神话信息:①蚩尤派震蒙氏带兵偷袭有熊国具茨山、摩旗山、荟萃山下的平陌镇,攻击黄帝大本营。这说明主战场不在河北冀州、幽州、山西运城等地,而很可能在近人考证的巩义、汜水一带的"浊陆"(涿鹿)。军事上不可能孤军千里之外偷袭当地大本营,而新密恰恰是巩义、汜水"浊陆"主战场的后方。②因此,蚩尤的偷袭部队才有可能在具茨山、平陌镇、云岩宫等地一时得手取胜。黄帝、风后也才能巧妙用皂角树叶作士兵标记,打击敌兵。当蚩尤军发觉之后,也模仿用槐树叶作标志,混乱视线。结果由于槐叶容易干枯,终告失败。③撤兵岭地名代替槐树岭地名,由黄帝蚩尤之战而起,足以证明其真实可信性。地名往往与神话传说有关,本篇亦不例外。事实证明不可能先有地名,后有神话。④河北涿鹿之所以有疑点,主要是说法太乱、太多,附会亦多(文献属于这种情况)。近来的研究成果可以说是从实际出发的实事求是之说。

297. 蚂蚁山和蚁蜂店[确山县]

在确山县胡庙乡与蚁蜂乡的交界处,有座大山叫蚂蚁山,山西南就是蚁蜂乡政府所在地蚁蜂店。据说这山峰和地名与黄帝战蚩尤有关。

相传远古时候,黄帝与蚩尤在中原大战,双方安营扎寨,在桐柏山北摆开战场,相持不下。

起初,蚩尤战不过黄帝,吃了败仗,就请来一位大力神。这神神通广大,力大无穷,不怕火烧雷劈,不怕干渴水淹,如果打起仗来,赤手空拳抓住对手就能摔死。黄帝派众将神对敌,结果死伤无数,就连素以勇猛著称的应龙也被摔伤,败下阵来。黄帝看难以取胜,就派军师风后去长白山请来蚂蚁神,去百花山请来蜜蜂神,定下计策,让二神联合作战,杀死大力神。

这一天,应龙带伤上阵,把大力神引到东北面的山上。早已埋伏在这里的蚂蚁神,连忙放出无数不怕摔的大蚂蚁,成群结队地围住大力神乱咬。大力神神力虽大,对无数的蚂蚁却没有啥法,只好手拍脚跺,但也无济于事。此时,蜜蜂神也放出无数有毒的蜜蜂,遮天盖地飞来,从空中袭击。大力神手脚不能相顾,被成千上万的蜜蜂蜇得鼻青脸肿,昏倒在地。无数的蚂蚁一拥而上,把他吃得只剩一架白骨,大力神一死,蚩尤没有了主将,黄帝指挥将士乘胜出击,大获全胜。

后来,人们为了纪念蚂蚁和蜜蜂的功劳,就把蚂蚁咬死大力神的那座山,取名"蚂蚁山",把蚂蚁神和蜜蜂神住过的村庄,取名"蚁蜂店"。

讲述人:张天义,男,汉族,73岁,上过私塾,蚁蜂乡鼓楼村第四村民组农民
采录人:彭永先,男,汉族,32岁,高中毕业,蚁蜂乡文化专干
采录时间:1988年4月3日
采录地点:蚁蜂乡彭楼村

【点评】

　　本篇流传在河南驻马店地区确山县,是关于黄帝战胜蚩尤的神话遗存珍品。它有力地证明了黄帝与蚩尤之战的主战场应在中原,而不在河北、山西、江苏、山东等地。

　　其中的神话文化信息:①黄帝与蚩尤之战的战场主要在中原大地,尤其是此次战役的战场,就在桐柏山以北的确山一带。这基本与炎帝后裔蚩尤部落居住、活动、交战的实际地望相符。②最后,黄帝在黄河南岸的巩义、汜水的"浊陆"(涿鹿)击毙蚩尤。③从登封少室山西山的《炎黄二帝石》传说来看,黄帝大战蚩尤的主战场就在登封、巩县、汜水一带,事实证明黄帝诛蚩尤不在河北等地的涿鹿。④本篇所讲的具体地点遗址都是佐证。⑤本篇的神幻色彩极浓。作战双方是人,又都是神。各自又都可以请有超自然神力的神相助。尤其让蚂蚁、蜜蜂人格化后参战,并致大力神死命的情节,十分感人,得道多助的思想渗透其中,意义深远。这一点,在《绵羊救驾》中具有同样的性质。它的神话意识在黄帝传说中,表现得淋漓尽致,实际是人心向背的物化的典型。

　　总之,这些神话遗存,远远超出文献的记载之上。

298. 黄帝避难上七旗[河北涿鹿]

　　炎帝被黄帝打败,回南方后,蚩尤非常不服气。他不听炎帝的劝阻,带领大队人马又杀回涿鹿来,与黄帝展开连年大战。

　　蚩尤不光力大凶猛,还会兴妖作怪。每回交战,他都要喷云吐雾,飞沙走石,弄得天昏地暗。你打他时看不见,他打你时防不了。黄帝的人马连吃败仗,陷入进不能进、退不能退的困境,损兵折将,伤亡惨重。

　　这一天,蚩尤又施用"长法",放出了满天大雾。黄帝的人马被困在一片黑暗中。大将力牧按指南车指的方向好不容易才杀出重围,奔回了涿鹿城,可是一清点人数,哪里也找不到黄帝了。原来他们跑时被蚩尤发现了,蚩尤谁也不截,单单拦

住了黄帝的去路。黄帝一看蚩尤人多势众,闯不过去了,拨转马头就朝西南方向的上七旗跑去。

七旗村的男男女女正站在村口土疙瘩上观战哩,看见黄帝单人独马慌慌张张跑过来,齐声喊:"轩辕!轩辕!快上来,这儿有土洞!"黄帝跳下马,一边向乡亲们拱手致谢,一边向土疙瘩跑去。两个年轻的小伙子迎上去,一个帮牵马,一个搀扶着黄帝的胳膊,急急忙忙上了土疙瘩,钻进了那个土洞里。乡亲们七手八脚一块动手,堵住了黄帝藏身的洞口,就离开土疙瘩回家了。

乡亲们刚走,蚩尤就带着人马追到了土疙瘩前了。他东瞧瞧西看看,围着土疙瘩转了好几圈,也找不到黄帝的影子,心里很纳闷,明明看见他冲这土疙瘩跑来了,咋无影无踪了?又让人到村里找,还是没有黄帝。他想,重赏之下必有勇夫,就冲村里人喊道:"老乡们,谁能捉住轩辕,告诉他藏的地方,赏肉一车!"乡亲们没有一个人理他,蚩尤讨了个没趣,只好带着人马走了。

走到半路上,蚩尤又后悔了,带领人马又返回上七旗,想趁人们不备,生擒黄帝,抢些粮食和牛羊。

他这点鬼心眼,早被黄帝算出来了。蚩尤一走,黄帝就叫人们把牲畜、财物藏了起来。蚩尤回来了,他搜来搜去,还是两手空空,啥也没捞着,只好垂头丧气地又走了。人们见蚩尤走了,天也黑了,就把黄帝从洞里请出来了。

黄帝消灭了蚩尤,统一了天下,每年都来上七旗村看望乡亲们,感谢救命之恩。上七旗村的老乡们知道黄帝是个明主,都让儿女跟着他治理天下。

(选自1994年4月河北人民出版社出版、涿鹿县志编纂委员会新编《涿鹿县志》)

采录整理:李怀全

【点评】

本篇流传在河南、河北,是关于黄帝与蚩尤之战中受挫遇救的传说珍品,它生动地反映了黄帝与百姓鱼水深情。这应该是我国拥军爱民佳话的原始讲述。

其中的文化内涵:①反映黄帝与蚩尤之间战争的长期性、持久性和艰巨性。这个战争,前后经历了五十余年,是上古战争史上的典型。②黄帝与蚩尤都靠神的外力相助,不相上下。最后还是黄帝靠民心所向统一天下,这是古今战争的规律。此次黄帝战败躲过蚩尤,也全靠百姓的掩护和支持。③黄帝有难,在上七旗村靠乡亲帮助才平安度过,说明黄帝创业和统一中原的艰辛。这是黄帝能治国的根本。

299. 春节的来历[濮阳市]

关于春节的由来,还有一种传说。历史上黄帝曾跟蚩尤大战,黄帝在农历正月初一那一天战胜了蚩尤,人们就把这一天定为节日,以纪念黄帝的战绩。

(选自刘乡英《中原民俗丛书·民间节日》,海燕出版社1997年出版)

【点评】

本篇流传在中原地区,是关于春节与黄帝统一中原大业相关的口承神话遗存珍品。它具有重大历史事件和民俗文化价值。

其中反映的原始文化信息为:①中原的春节是因黄帝战败蚩尤在初一这一天,从此中原统一的大业完成。②为纪念黄帝创建中华民族的千秋伟业,将这一天定为一年开始的第一天,它透露我国历法制定的源头。这一点和《异草与历法》神话所说的历法发明传说相符。③文献上说黄帝命大挠作甲子的历法发明与本篇符合。④春节是我国传统节日中最隆重、欢快的节日,它符合广大原始先民期望一年之内生产丰收、生活富裕、身体健康的心理,这一天与黄帝统一中原的伟大历史事件相照应,意义重大。

300. 黄帝斩刑天[新郑市]

上古时候,黄帝先打败炎帝,后战胜蚩尤,在有熊国都(河南新郑)西北的西泰山,庆祝胜利,举行开国大典,登基做天子,建立中国历史上第一个王朝。正当开国大典仪式在《枫鼓曲》等威武雄壮的乐曲和表演中进行之时,突然侍卫禀报,说是有一个叫刑天的人造反了。黄帝大惊,令风后前去劝阻。

刑天原是一名乐工,曾为炎帝作过一曲《扶犁》的乐曲,还创作过一首名为《丰年》的诗歌,歌颂当年炎帝时的农耕生活和丰收的喜悦。乐曲和诗歌曾广为流传,因而刑天得到炎帝的赏识,成为炎帝属下的一名臣子,专管礼乐教化。黄帝打败炎帝后,炎黄部落融合为一,而刑天作为炎帝旧臣,被黄帝封于有熊国都南的刑山。现在,刑天见黄帝成为天子,很不甘心,要与黄帝争天子的宝座,就一路杀来。这刑天虽是一名乐师,但是武艺十分高强,他从刑山经过有熊国都,直逼西泰山,一路过关斩将,杀死黄帝许多兵将。

风后来到西泰山脚下,只见刑天身高一丈,赤发红颜,鬓毛如剑,怒目圆睁,一手举着大板斧,一手握盾牌,又蹦又叫,往山上闯。风后大声喝道:"刑天不得无理,现在正在举行开国大典,万国统一,普天同庆,你却寻衅滋事,是何道理?"刑天吼叫道:"天子本当是我主炎帝,现在黄帝却作天子,我只不服。炎帝不做天子,我还要做。你叫黄帝出来,我要与他比个高低!"风后说:"黄帝行德政,爱子民,顺天应人,你何德何能要做天子?"刑天不听,只是一个劲儿地挥舞着板斧往山上冲。守卫的兵将又被他打倒许多。正在此时,黄帝来到山下,问刑天为何造反。刑天仍大声吼叫道:"江山大家打,天子大家做!赶快让出天子位,我要做天子!"说着举起板斧向黄帝砍来。黄帝念他是炎帝旧臣,不与他计较,只是向后退让,劝说刑天。而那刑天只是不听,又连砍黄帝数名兵将。黄帝见此人不可理喻,再不应战,不知又要死伤多少兵将,只得拔出剑来相迎。黄帝与刑天战了两个时辰,刑天败退,黄帝追赶,一直追到刑天居住地刑山,要刑天放下武器,免他不死。可是刑天不但不放下武器,反而又向黄帝扑来,还大骂黄帝。黄帝见此人无可救药,手起剑落将刑天的头颅砍掉。谁知刑天的头颅滚到地上之后,蹦起四五尺高,仍怒目圆睁,大骂不止。刑天将板斧夹在左腋下,蹲在地上摸那头颅。黄帝见状,挥剑照着刑山横砍一刀,"哗"的一声将刑山砍作两段,中间裂开一条大缝。刑天的头颅骨碌碌滚进山谷裂缝之中,裂缝又合在一起。刑天摸不着头颅,更加愤怒,"噌"的一声跳起将两个奶头变作双眼,将肚脐变作口,继续挥舞板斧、盾牌与黄帝战斗,并且声声叫骂不止。黄帝无奈又挥一剑,将刑天拦腰斩为两段,刑天才倒了下去。

黄帝很是敬佩刑天的忠勇刚烈,就命人将他葬在轩辕丘附近的常羊山,而刑天居住的地方刑山,因为被黄帝宝剑砍断而改称陉山。

采录整理:许聪敏

【文献选录】

刑天与帝至此争神,帝断其首,葬之常羊之山,乃以乳为目,以脐为口,操干戚以舞。

(《山海经·海外西经》)

西方有形残之尸。

(《淮南子·地形训》)

【点评】

本篇流传在河南新郑、长葛一带,是关于黄帝斩刑天的神话珍品。它对了解当时黄帝战败炎帝、诛蚩尤、杀刑天的部族战争史有重要价值。

其中关于原始炎黄之争的信息有:①黄帝斩刑天,是继诛蚩尤之后,炎黄之战最后抗争的结果。蚩尤失败后,黄帝一统中原,炎帝的臣子乐师刑天又起抗争。但不合中原部族大联合的历史大趋势,自然要失败。②刑天的抗争精神,不仅黄帝佩服,后人亦极称赞。如陶渊明、白居易均有诗称颂其不屈精神。③本篇叙述的事件较文献更具体、生动、感人。正是黄帝在西泰山会盟诸侯时,刑天竟然持干戚与黄帝争为帝(实际上是神命授君权),足见中原初定时的复杂情况。④文献上说,黄帝杀刑天之后,葬于常羊之山,实为有熊国炎黄初生地轩辕丘(因其属炎帝臣)。本篇所说的刑天山(后作陉山)正在新郑南。此地为黄帝封刑天之地(原刑天投降后封此),后又背叛。刑山之名,即由刑天在此被诛杀而得名。

总之,本篇提供的刑天神话信息极珍贵。

301. 黄帝平魔的传说［新密市］

很久以前,有熊国的西部山多、岭多、沟多、石头多,到处是茂密的大树林。野兽、妖魔经常出现,闹得百姓不得安宁。黄帝为使百姓安居乐业,就派大将力牧把山林里的狼、虫、虎、豹捉起来,交给驯兽大王巨灵氏驯养。巨灵氏把这些野兽弄到一个地方,把它们圈起来喂养。传说当年圈养老虎等野兽的地方就是如今下牛村的养虎圈和辛店的老虎洞。

后来,在洧水河上游、荟翠山一带,不知从哪里窜来一头魔怪。它的样子很像老虎,但是头上却长着两只角。两眼像手电筒,口像血盆,獠牙有二三尺长。它在树林里窜一圈,树林里能刮起一阵大风;站在荟翠山上吼一声,能使满山石头往下滚。它的两只犄角能把一搂粗的大树拦腰抵断,见人吃人,见兽吃兽。荟翠山一带本来就人烟稀少,这样一来,弄得路断人稀。黄帝知道了这件事,先是发兵前往荟翠山一带围剿。那魔怪十分凶猛,没等黄帝的人马到,就在半路上给拦住了。那魔怪站在荟翠山上一声吼叫,吓得黄帝士兵都不敢前进,接着又跑下山来,在人群中横冲直闯,用角抵、用口咬、用蹄子踢。一会儿黄帝的数百名士兵被抵伤的抵伤,踢伤的踢伤,咬死的咬死。其他没有死伤的士兵,吓得逃回有熊国都,去禀告黄帝。黄帝听了禀报后,十分气恼,就和风后商量平魔办法。风后说:"不如先让力牧和巨灵氏带领圈养的狼、虫、虎、豹去打头阵,等魔怪被野兽斗困了,再叫士兵用火去攻。"黄帝说:"这倒是个好办法,就择个吉日出兵平魔吧。"

三天后,力牧和巨灵氏驱赶着被驯服的狼、虫、虎、豹共五百只在前面开路,黄帝和风后带领精兵在后面跟着,向荟翠山开去。

力牧和巨灵氏将驯兽赶到荟翠山东坡,那魔怪又来迎战。巨灵氏见魔怪出现,一声呼哨,将那五百只野兽驱赶了上去。众兽围着魔怪撕咬,那魔怪并不害怕,也奋力撕咬野兽,结果不到半个时辰,将野兽咬伤过半。黄帝见势不好,就叫士兵击鼓,呐喊助威,又让风后点火。霎时间大火烧了起来,不一会儿就烧成了一个火圈,把那魔怪围在了中间,烧了它的皮毛,烧伤了它的蹄子,那魔怪被烧得嗷嗷直叫,逃往荟翠山上。其不知黄帝早将一些人马埋伏山中,这些士兵见魔怪奔来,就在山上点燃了火种。那魔怪见山上到处是熊熊大火,浓烟翻滚,不知往何处逃跑。力牧和巨灵氏又驱赶驯兽围截撕咬魔怪。黄帝与风后也命士兵放箭、投石、掷标,终于把魔怪打伤在地。黄帝走到跟前,那魔怪喘着粗气,趴在地上不住给黄帝磕头求饶。黄帝见魔怪有悔改之意,就说:"只要你今后不再祸害百姓,可以留你一条性命!"那魔怪连连点头。黄帝令士兵闪开一条道路,让那魔怪逃生而去。

后来,先人们就给黄帝平魔怪这个地方取名"平魔地"。由于除了魔怪,荟翠山一带人烟逐渐增多起来,不久就在平魔怪这个地方形成了一个村庄。为了纪念黄帝平魔有功,就把这个村庄叫"平魔村"。天长地久,人们又把"平魔"念成了"平陌",一直沿袭至今。

再说那魔怪被黄帝放生之后,由于伤势过重,没逃多远就死了,传说它死后变作一座小山岭,人们叫这座小山岭为"虎岭",将黄帝用火烧魔怪的地方叫作"火门山",这座山就在荟翠山的东侧。

讲述人:韩殿臣
采录整理:高帆

【点评】

本篇流传在河南新密有熊国西部,是关于黄帝治国、爱民,铲除野兽、魔怪的神话遗存珍品。它比较接近口承神话原形态,对研究黄帝时代治国的真实情况有重要价值。

其中透露的文化信息有:①有熊国中西部山区(今洧水流域上游)新密、新郑还比较荒凉,人烟稀少,野兽、魔怪出没,原始森林密布,人民生活艰辛。②黄帝时代,狩猎、驯养经济仍占重要地位。人们可以驯养野兽参加战斗。③本篇对狩猎生活进行真实再现。先用兽攻,继而用士兵火攻,这正是围猎的场景。当时的魔怪,亦有解作小部落为患的象征意义。④围攻魔怪的遗址(如虎岭、荟翠山、火门山)的存在,对验证此神话的真实性,具有佐证价值。

  值得注意的是:①新密曲梁乡大樊庄村轩辕丘的考古发掘显示,古城寨是有熊国都和黄帝生地,此神话存在的可靠性无疑。②新密南的大熊山是黄帝族的墓地,更可信。

十、黄帝治国修城

302. 轩辕黄帝管中原［济源市］

很久以前,中原大地十分荒凉,到处洪水成灾,猛兽为患。人民无法生活下去,玉皇大帝便派轩辕黄帝到黄河两岸管理中原。

他从昆仑山出来,一路巡查民间疾苦。一天他走到中条山和太行山之间,见有座无名大山挡住去路。这山高耸入云,怪石嶙峋,风光迷人。

轩辕黄帝喜出望外,便登山远望,只见此山千峰万仞,方圆七百里。从西边看,山形如帝王的车顶,就起名叫"王屋山"。无名山从此成了天下的名山。

轩辕黄帝还在王屋山顶峰天坛山设坛祭天,为老百姓祈求丰年。后来,黄帝战败蚩尤,建都新郑。北方成了一统天下,黄帝也成了中华民族的祖先。

采录人:胡佳作

图 10.302.1　王屋山天坛顶(也称老爷顶),传为轩辕黄帝祈天处(2000 年程健君摄)

图 10.302.2　王屋山天坛顶轩辕黄帝祈天处南天门(1985年4月程健君摄)

图 10.302.3　王屋山天坛顶轩辕黄帝祈天殿(1985年4月程健君摄)

图 10.302.4　王屋山天坛顶轩辕黄帝祈天殿旧址(1985 年 4 月程健君摄)

图 10.302.5　王屋山阳台宫(2009 年程健君摄)

【点评】

本篇流传在河南济源王屋山一带,是关于黄帝部族东来和统一中原的传闻。它有一定的史料价值,比较接近口承神话形态。

其中透露了如下文化信息:①黄帝部族来自西北黄土高原,后从昆仑山东来开发中原文化大业。此"黄帝"是黄帝族的代称。具体到个人,战炎帝,败蚩尤,作为中华民族首位帝王的黄帝,则是生于河南新密(有熊)的轩辕黄帝。晚清史学家黄节就认定:"吾祖来自西方,'黄帝生于中州'。"关于这一点,本篇具有重要史料价值。②"君权神授"观念,从黄帝开始。经过几千年的封建社会,统治者历来维护这种传统思想。本篇中所说黄帝管中原,是玉皇大帝的旨意,而原始神话不过是天帝的主意。因此,黄帝族首领一到王屋山就祈天祭天,让天帝庇佑,此后历代帝王莫不如此。③黄帝时代,中原曾有洪水为患。黄帝成了第一位皇帝后,就有治水除害使命。如果再追溯到伏羲、女娲时代,中原洪水之害已久,向后一直到夏禹亦莫不把治洪水当作首要任务。洪水在中原为害时间之长,由此可知。④王屋山之得名,直接来自黄帝的评说。历代帝王登王屋山祭天亦始于此。王屋山的地名作为此神话的佐证,也是可信的。

303. 轩辕尊号[新郑市]

黄帝涿鹿大战得胜,把蚩尤擒杀,统一了中国广大疆土。国都暂时建在涿鹿,随后计划着建筑黄帝城。黄帝心想:中原这个地方,气候温和,土地肥沃,水源充足,又是自己的故乡,要建城池,还是得建在中原的有熊(今河南新郑)。

有熊之地,是黄帝部落世代生活的地方,也是黄帝的出生地。这里的地形西高东低,不知历经了多少年月,形成一个大土丘,从现今县城西北裴李岗到县城东南双龙岩,三十里长,十一里宽,土丘连绵起伏,威武雄壮。溱水和洧水环抱,像两条银链一样系在土丘的两侧,在土丘尽头,也就是两水汇合处,河套广阔,水势浩大,波浪起伏,好似蛟龙。把土丘、河水连在一起看,这块地形就特别像一个轩辕方的样子。为此,人们就把这个地方叫作"轩辕丘"。

在涿鹿大战以后,大家常常念叨:黄帝站在轩辕方上,手拿着令旗,沉着指挥,神情又豪迈又威严。再说这轩辕方,是黄帝亲手所造的天下奇物,黄帝站在上边,像乘上腾云驾雾的蛟龙,在战场上纵横驰骋。轩辕方到了哪里,哪里的敌人就被打得落花流水,鬼哭狼嚎地去见阎王。所以,人们非常赞赏轩辕方,认为只有黄帝才有资格乘上它,是天定的黄帝的神物。这时,黄帝的形象和轩辕方在人们心中已经融为一体。人们为了表达对黄帝的崇敬和爱戴,就把有熊氏黄帝,改称作轩辕黄帝。再者,人们都知道黄帝是上天真龙降生,所以又把天上一组如龙似蛟的星宿,叫作轩辕星。

后来,轩辕方改名为"指南车","轩辕"二字就成为人们心目中至高无上的尊号。

讲述人:高梧林,70岁,农民
采录整理:李新明

【点评】

本篇流传在黄帝故里新郑,是关于黄帝尊号"轩辕"的由来的神话遗存珍品。它朴实、简明,比较接近该地区的民间口承神话形态。

其中反映如下信息:①"轩辕"号来自黄帝战蚩尤时发明的指南车(叫"轩辕方"),以及皇帝亲自乘坐此车战斗的雄姿、功业。因此,人们将有熊黄帝改称"轩辕黄帝",纪念其功业。②黄帝因念中原故乡,就定都有熊。而黄帝出生的土丘地势像轩辕,就把此土丘改称"轩辕丘",以纪念黄帝出生圣地。③黄帝原是天上蛟龙星座之神,于是人们就称此星座为"轩辕星座"(中宫),以崇敬黄帝的圣明、功业。④从此,有熊氏改称"轩辕氏",永世怀念和崇祀黄帝的心意。

304. 八大酋长比武[新密市]

轩辕星自来到人间后,人称"轩辕氏"。由于他才智过人,又处处为百姓着想,后来被推举为部落酋长。当时,天下有许多氏族部落,经过比武较量,只剩下八大部落。这八个部落的首长分别是轩辕氏、有鸢氏、武豸氏、太乙氏、蜀山氏、白龙氏、空桑氏、大隗氏。这八个部落都吃过孤独生存的苦头,懂得合起来才有力量的道理。经过多次协商之后,一致同意建立部落联盟。可这部落联盟的盟长又由谁来担任呢?按照惯例,八大酋长要搞一次大比武,谁最后获胜,谁就是部落盟长。

比武场设在具茨山东南的一片开阔地上。比武那天,天气很好,前一天还下过场雨,大地显得十分清新。一大早,高举自己部落图腾的民众从四面八方的山路上,一道吆喝,奔驰而来,聚集在高大的祭台前。不一会儿,台下人山人海,八面部落的图腾旗帜在最前边,熊、黑、蛇、鱼、虎、豹、雕、鸢的雄姿在半空中摇动。隶属八个部落的人,成千上万,他们大声呼喊着自己酋长的名字,一个个昂首挺胸,神气活现,显示着自己部落的威风。具茨山下的吼声惊天动地,热闹异常。

比武前要搞祭典仪式,祭司是从这八个部落中推选出来的最有声望的老太婆。她穿着新制作的鹿皮祭服,肩披用血染成了红色的头发,在呼喊中走上祭台。当她拿着龟壳占卜时,台下顿时鸦雀无声,无数双眼睛望着她那神秘的举动。只见她摆弄了一阵之后,仰脸朝天,嘴念咒语。过了一会儿,她突然站了起来,绕台子转了一周,然后站在祭台前大声吆喝:"按照八卦,比武的要求是,在百步之外,射下一百个活人头上的红缨子,不能有所中伤,不能有所失误。"

当祭司宣布完后,八大部落酋长都在掂量着那话的分量,衡量着自己的本领,心里都有些紧张,台下一片沉寂。

这八大部落酋长,数太乙氏最为活跃。他瞅瞅这个,看看那个,眼神里流露出傲慢与自信。他想,等你们一个个吓得都不敢登台时,我再上台去。他正得意时,不料轩辕氏已从人群里走出来,顺着台阶,拾级而上,第一个走上祭台,并郑重而有礼貌地说:"我来试试!"轩辕氏捷足先登,使太乙氏妒火中烧,他没上台就大声吆喝:"我也要试试。"说着奔上台去。其余六个酋长见轩辕氏、太乙氏上了祭台,也不甘落后,便一个接一个地走上台去。

祭司让酋长们抽签之后,庄重地宣布了出场顺序。

第一个上场的是武豸氏。他身材高大,膀宽腰粗,像一头公牛。他把狼皮武服缠在腰间,光着一只臂膀,显得很壮实。他虽然武艺高强,可这百步之外射活人头上的红缨还从没干过,这得万无一失。他毕竟是出手不凡的酋长,竭力抑制着自己的情绪,迈着从容的步子,走到指定的地点。他轻轻地从箭囊里抽出一支箭,又慢慢地搭上弓弦。众目睽睽,人们都在替他捏着一把冷汗。

那一百个活靶子个个心神不安,生怕射住自己。武豸氏瞄准第一支红缨使劲拉了一下弓,只听见"嗖"的一声,循声望去,只见箭离那红缨足有半人高,最后落在远远的草地上。众人这才松了口气。

武豸氏又搭上一支箭。他想,我就是箭箭落空,也不能把人伤了。只见他又一拉弓,只听"哇"的一声,那箭射住了第一个活靶的左耳,顿时鲜血直流。还好只削掉一小块。武豸氏面红耳赤地自动退了下来。

轮到有鸢氏了,他斜披豹皮武服,英姿勃勃。他不慌不忙,第一箭射成功了,红缨被射落在地上,人们不由得欢呼起来。

第二箭又成功了。人们的欢呼声更加热烈,预祝他第三箭成功。结果,第三、四支箭都远远地飞了出去。他只好退了下来。刚才激动欢呼的人群又收敛喜色,沉默下来。

轮到太乙氏了。只见他身着一身崭新的虎皮武服,右臂裸露在外,袖子缠在腰际,宽宽的皮条带子扎在腰间,左肩斜挎长弓,后边挎着箭囊,一身英武之气。再看他颈上挂着一根皮条,皮条上穿着几颗老虎的门牙。大家默默地数着,不多不少整整八颗,众人不由得肃然起敬。英雄,真正的英雄,这意味着有八只虎死在他手中。

太乙氏大摇大摆地走到指定地点。只见他稳扎脚步,紧握弓箭,使劲一拉,随着箭声那人头上的红缨"噗"的一声坠了地。

人们并没过早地欢呼,都屏着气等待第二支。

太乙氏脸色铁青,全神贯注地射出第二支箭,红缨照样坠地。

第三支、第四支、第五支……箭无虚发。人们再也按捺不住激动的情绪了。顿时,欢呼声响成一片。

太乙氏听到欢呼声,仍很沉着,一气射下九十支红缨。观望的人们惊呆了,齐吼:"神箭!神箭!"也有人喊起来:"太乙氏万岁!"

就在这欢呼声中,箭到九十二支时不听使唤了,从活靶子头上飞了过去,九十三、九十四也都落了空。太乙氏在渐渐减弱的赞扬声中退了下来。

轮到轩辕氏了。只见他头上戴着一顶斑鹿皮套,周围插满天鹅和鹰鸢的翎羽;一件牛皮武服从左肩斜披下来,腰间束着一条宽宽的虎皮腰带,长弓斜挎,箭囊挂在腰间。再看那颈下的皮条上,虎、狮的门牙一个挨着一个,光胸前就已十六枚了。后边还有多少,尚看不清。再仔细一瞅,那牛皮武服上还缠了一圈熊、罴、豹、狼的尾巴,从胸前斜叉一个十字,又在腰间缠了一圈,数也数不清,人们一看这装束,就惊叹不已。

轩辕氏神态自若地走到指定的位置上。他佩服太乙氏的箭法,更相信自己。他的箭囊里不多不少,整整装了一百支。他告诫自己,只能射好,不能失误。

他全神贯注,摆开架势,一支接一支地把箭射出去。只听飞箭嗖嗖作响,只见红缨噗噗落地。观望的人们只顾观看,一个个被场面惊呆了。当他们从惊恐迷惑中清醒过来时,都发狂似的吼叫道:"真正的神箭!真正的神箭!"人们吼声未止,一百个红缨已全部坠地,整整齐齐排在活靶子的左侧,人们又是一阵沸腾:"轩辕氏万岁!轩辕氏万岁!"

轩辕氏被狂呼的人们高高擎起,人们为有这样的盟长而高兴。其余五位酋长见轩辕氏如此神功,也就自动退让了。

轩辕氏被推举为盟长后,把七大部落酋长邀来,并把八个部落的图腾旗帜融合兼并。轩辕氏提出,以蛇为主体,以鱼鳞为蛇鳞,以鱼尾为蛇尾,用马头、鹿角、鹰爪组成一个新的图腾,叫作"龙",根据酋长们的建议,具茨山为地之正中心,部落联盟称为"中国",建都于有熊(今河南新郑)。

(选自蔡柏顺著《炎黄二帝研究》,华龄出版社 1992 年 5 月出版)

【点评】

本篇是作者根据部分文献和传闻资料编写的关于黄帝被尊为部落联盟盟长的通俗文本,与口承神话相比有一定差距。

其中蕴含的文化史信息:①原始社会氏族部落和联盟的领袖产生于民主推举制度(同时,也包含君权神授观念)。②推举联盟盟长,必须先经过巫师八卦占卜,再以比武方式裁决。这也是传统八卦的实用功能之一。③原始社会比武的方式之一是射箭,这是当时狩猎民族必须具备的生存手段之一。射术是狩猎和战争的最先进的武艺,它是当时社会生活的主体。④当时的狩猎习俗很典型。

305. 黄帝西泰山会诸侯[新郑市]

传说,黄帝在涿鹿与蚩尤整整打了九年,打了五十二次仗,才俘获(一说杀了)蚩尤,带领军队回到有熊国都。回国之后,风后对黄帝说:"蚩尤是被打败了,天下太平只是暂时的。现在最要紧的是要建立一个统一的国家,制定一套法律、法规,要大家都去遵循,不然几年后,说不定各诸侯国为争夺土地、财物又要打仗了。"黄帝说:"这正是我所忧虑的。你看如何是好?"风后说:"不如昭告天下,请各诸侯联盟酋长来开个会,共同商量一下,最后大家再签个盟约。"黄帝说:"你说的极是,你看选择何日、在哪开会?"风后说:"我观天象,又叫巫师进行了占卜,三月三是黄道吉日;开会地点,来人甚多,国都甚小,不如在西泰山(今河南新郑市西北)。那里前临黄水,后有梅山,现在正是梅花盛开的季节,以便祭祀山川。"黄帝说:"很好,那就安排吧!"

黄帝按风后的建议,先是颁诏天下,后又斋戒三日,准备三月三日赴西泰山会诸侯。各诸侯国的酋长,特别是东夷、南蛮、西戎、北狄的诸侯国酋长,接到诏书之后,因为路途遥远,都提前来到有熊国。他们登具茨山,观黄河,游国都,赏梅花……尤其是看到有熊国人个个衣着华贵,言谈举止彬彬有礼,都赞不绝口。三月三日这一天,西泰山更是壮观,山上无数黄色旗帜飘扬。山下,东方青旗、西方白旗、南方红旗、北方黑旗,迎风招展;山上,明堂坐北朝南,明堂之前,各诸侯盟国的旗帜如林。太阳升到一竿高时,各诸侯国酋长已经到齐。这时,黄帝坐着华盖车向西泰山缓缓而来。只见那华盖车上,黄帝坐在中央,身着黄袍,头戴黄冠,脚登黄靴。车有四个轮子,车上竖起一根黄色柱子,撑起一顶黄色大伞,伞的四沿围有一圈二尺半长的黄色丝绸围屏。围屏之上,缀有五彩飘带,风一吹,华盖之上似有五色云气紫绕,金枝玉叶浮动。华盖车的最前面是风伯、雨师。风伯在前面扇着扇子清除道路上的尘土,雨师在后面喷洒水,使道路干净清爽。风伯、雨师之后是蚩尤带领一群头戴虎、狼等假面具的壮士在前面开路,其后是毕方鸟驾着车辕,大象在前面拉着。车的后面有很多化装成神鬼样的人,有的龙头鸟身,有的马身人面,有的蛇身猪尾,有的牛头象身,举着刀、斧、戟、锤等跟随。车的两边有六个人装扮成长有翅膀的神蛇护驾。车的上空,还有九只凤凰鸟随着飞行。黄帝来到西泰山,见山河壮丽,旌旗蔽日,诸侯群集,车马喧闹,很是激动,随即作乐曲《清角》。

　　黄帝登上西泰山,见诸侯到齐,就先命祭祀天地山川。风后、祝融、后土在东山头设方圆祭坛。祭坛之上,放着天、地、人三鼎和猪、羊、鸡、鸭,以及鲜果鲜花等。祭坛后面铺着地毯。祭祀开始,男、女两队乐师奏黄帝所作《清角》乐曲。随着舒缓的乐曲,黄帝身穿黄袍,头戴黄冠,脚登黄靴,登上祭坛,先在鼎内进香火,接着手举三杯酒,在空中转了三圈,倾洒在地,而后又接过巫师呈上来的一盘干净黄土,绕祭坛一周,将黄土撒在祭坛之上。最后,由风后宣读祭文。

　　　　天啊! 您是我们的父亲,
　　　　地啊! 您是我们的母亲,
　　　　山啊! 您是我们的脊梁,
　　　　河啊! 您是我们的乳汁。
　　　　是您,创造了万物,
　　　　是您,创造了子民,
　　　　是您,给这个世界带来光明,
　　　　是您,给这个世界带来繁荣。
　　　　请您,保佑天下平安,
　　　　请您,保佑多子多孙,
　　　　请您,保佑免生灾疫,
　　　　请您,保佑永远昌盛!

　　祝文宣读完毕,黄帝带领群众、诸侯,又对天地跪拜!

　　祭天地山川之后,黄帝登明堂,坐在大厅之上,风后坐在黄帝的右边,其下是蚩尤、常先、大鸿、力牧、太山稽、祝融、刑天、后土、仓颉、伶伦、大挠、玄女、素女等武将文臣。再往下是四方诸侯,按东西南北排序,席地而坐。风后见大家坐定,就说:"赖皇天保佑,天下总算太平了。现在大家就是一个大家庭的人了。为了永远太平,国家繁荣昌盛,主公把大家请来,共同商量国家大事。要商量的大事很多,咱们一个一个来。第一件事是咱们这么大一个国家,这么多部落,总该有一个总的首领,不然就会成一盘散沙。"风后说到这里,下面的文武大臣和各诸侯酋长,同时振臂高呼:"天子轩辕! 天子轩辕!"风后说:"轩辕只是主公天子的名字,要不要给起个号?"蚩尤说:"这有熊国有黄水,这里的土都是黄色,天子轩辕有土德,居天下之中。帝为大,为天,咱们尊他为黄帝吧!"大臣和诸侯一阵欢呼:"天子黄帝! 天子黄帝!"祝融说:"那咱们就是黄帝王朝了!"又是一阵欢呼。风后说:"咱们是黄帝王朝,那咱们的国号叫什么?"会场一阵沉寂,一会儿刑天高声说:"过去部落林立,诸侯万千,今天你夺我的土地,明天我夺你的人财。是有熊国给大家带来和平与安定,咱就仍叫有熊国吧!"玄女说:"要是还叫有熊国,那这个国家就很大很大,怎么与原来的有熊国相区别呢? 我看咱不妨叫做有熊帝国,这样既用了原来有熊国的名字,又与原来的有熊国有所不同。"不等玄女把话说完,诸侯们又是同声呼喊:"有熊帝国! 有熊帝国!"风后说:"咱们叫有熊帝国,咱们的国都定在何处?"又是一阵激烈的争论。西戎人桥国的酋长说:"我看把国都设在我们桥国吧,那里山高林密,可以打猎采果!"北狄族的薰粥国酋长说:"不如设在涿鹿,那里有现成的城邑,那里有山有水,有大草原。"东夷族蚩尤部落的一个酋长说:"定在东泰山下的济水吧,那里虽然水多了点,可是地很平的,不用一出门就爬山。"后土说:"各位酋长讲的都有一段理,但是要从有熊帝国的整体看,桥国、涿鹿虽然山多可以打猎采果,但是那地方毕竟很荒,且又处在有熊帝国的边境上,国都怎么能设在哪里呢? 再说东方的济水一带倒是地势很平坦,种田、捕鱼都很方便,可是每年一遇洪水,那里就成了水乡泽国,大家又不得不搬家。我看还是有熊国这地方好,西边有嵩山,北边有大河,南边有淮水,东边是大平原,气候适中,且居天下之中,天子幸临四方,也很方便,还是把国都定在这里最好!"诸侯同声振臂高呼:"都有熊! 都有熊!"国都定过之后,风后说:"过去,咱们各个部落都有自己的旗帜。现在呢,咱们成了有熊帝国了,除了各部族仍保留自己的旗帜外,还需要一面能号令有熊帝国各部落的旗帜,这面旗帜该做成什么样?"祝融说:"过去我们神农部落和黄帝部落都是从有熊国的少典部落出来的,原来是把熊作为旗帜的,现在是否仍用熊做旗帜?"力牧说:"我不赞成。熊旗只是原来有熊部落的旗帜,怎么可能用一个部落的旗帜,代替咱们有熊帝国的旗帜呢? 况且有熊部落还要保留自己的旗帜,这样必然相混!"大鸿好久没话,突然站起来说:"大家看这样行不行,不如挑选一些有代表性的部落旗帜,把它们集中到一面旗帜上,不就代表有熊帝国的旗帜了吗?"又是一阵欢呼。有的说用牛做旗帜,牛踏实;有的说用马做旗帜,马跑得快;有的说用鸟做旗帜,鸟飞得高远;有的说用羊做旗帜,羊最温顺;有的说用鹿做旗帜,鹿最善良;有的说用虎做旗帜,虎最勇猛;有的说用鱼做旗帜,象征咱有熊国富裕……黄帝见大家争得脸红脖子粗的,很是兴奋,说:"这样吧,根据大家的意思,咱们不妨用马的头、鹿的角、蛇的身、鱼的鳞、虎的掌、鹰的爪怎么样?"大家又是一阵欢呼,常先说:"这么多,咱们叫它什么旗帜呢?"仓颉说:"我想好啦,叫它'龙'吧。龙是天上的神,很厉害,管天地,我们叫它'龙旗'吧!"会场一阵沸腾,同声高呼:"龙旗! 龙旗!"玄女说:"龙旗应为黄色,叫它黄龙旗。"黄帝满意地点头说："对,叫黄龙旗,以后我们的子孙,就是龙的子孙了!"定了国旗之后,风后说："现在咱们是有熊帝国,黄帝王朝,是否也该有个纪年?"大挠说："咱们是黄帝王朝,干脆就叫黄帝纪年,称作黄帝历,今年(公元前二千六百九十七年)是甲子的第一年!"这些大事群臣和诸侯酋长商讨之后,黄帝又设职、封官。封风后为相,封太山稽为右太监、祝融为左太监;封力牧、常先、大鸿、刑天、应龙、玄女、女魃为将;封蚩尤管铸造,后土管农司,仓颉为右史官,沮涌为左史官;封羲和、尚仪为管天文气象的天官,伶伦、素女为乐宫,宁封为陶正(管烧陶业),赤将为木正(管建筑业),马师皇为牧正(管畜牧),岐伯为医正(管臣药),嫘祖、嫫姆为蚕娘(管纺织业),风伯、雨师等也各有封赏。封官之后,风后又宣读有熊帝国法规,要求各诸侯国分疆而治,诸侯国内封野分州,实行井田制度和邻里邑州编制。还要求各诸侯国必须遵守有熊帝国法规,诸侯国之间要亲善和睦,如有争端,由黄帝判定是非或裁决。风后宣读法规之后,各诸侯国在协约上签字。最后,举行开国大典。这时,伶伦带领一组身着黄色男装的乐队,带着鼓、磬、钟、锣、铙、号;玄女带领一组身着绿色女装的乐队,带着琴、瑟、笛、箫、笙、埙,进入会场,站在明堂两边。后面是素女带领几百人组成的舞蹈队,进入明堂前的中央。这次庆典表演的乐曲是黄帝创作的《枫鼓曲》。穿着奇形怪状服装的舞蹈表演队员,不断变化队形,一会儿像猛虎下山,一会儿像蛟龙出海,一会像万马奔腾,一会儿像鹰雕搏击。随着表演,队员们发出的阵阵吼声,惊天动地,传遍四方。就这样,在有熊国(今河南新郑),中华民族的第一个王朝诞生了。

采录整理:刘文学

【文献选录】

昔日者,黄帝合鬼神于西泰山上,驾象车而六蛟龙,毕方并辖,蚩尤居前,风伯进扫,雨师洒道,虎狼在前,鬼神在后,腾蛇伏地,凤凰覆上,大合鬼神,作为《清角》。

(《韩非子·十过》)

【点评】

本篇是作者根据部分文献资料和传闻编写的关于黄帝立国及举行庆典等重大事件的通俗文本。它距离口承民间神话形态较远,且文字较粗糙。

其中包括:①黄帝统一中原后,为了长治久安,施行统一政令,发展生产,促进文化科技发展等,建立了黄帝领导的"有熊帝国"。它是符合时代要求和历史发展趋势的伟大事件。②为了宣扬"王权神授"的统治思想,在部落联盟成立大会上,通过祭天、发诏告,使我国的第一个国家合法化。从此,我国历代王朝更替时,都要举行所谓"奉天承运"的国典。这是我国历史肇始的奠基典礼。③原始氏族部落传统的民主议事制度,共同商议决定了第一个国家的一系列重大问题,如国家名称的确定、国都地点的选择、国家旗帜上反映部落信仰图腾的产生、历史编年的开端、政令统一下达的方式等等。从此一个国家行政机构,军事统一指挥,生产管理的分工,科技发明的创造和推动等等,都有专司其职的国家职能机构和负责人员。国家规模就确定了。④为了树立第一个国家元首的威望,在原始先民的观念、信仰和意识形态上大造舆论,就在黄帝的穿戴、服饰、乘坐的车辇、旗帜、仪仗、音乐舞蹈等方面,充分展示出神话思维和现实生活方式相结合的渲染、烘托手段,大肆宣扬黄帝的威仪是"天之所赐"的无比的神圣性。从而形成中华帝王万世不拔的、磐石般牢固的信念。总之,本篇可作为研究中国历史源头的佐证。

值得注意的是:①本文所说的蚩尤族是来自山东济水一带,根据不足。实际上,文献上(如《周书》《路史·蚩尤传》等)皆说"蚩尤者,炎帝之后裔也"。炎帝、蚩尤族聚居活动的地区在豫西、豫中一带较为合理。②另说蚩尤系居楚地与河南交界江淮一带,也比较合理。③蚩尤被诛与被捉之说,历来不同。本篇所说蚩尤被俘降后任黄帝手下大将军,管冶铁,只是一种说法,仅供参考,而蚩尤被杀之说仍占多数。④涿鹿地点,本篇仍采用河北说,实际上最近几年的研究成果已否定此说,认为应在河南巩义、汜水一带的"浊陆",较为可信。故应以此说为准。

306. 黄帝治国[新郑市]

黄帝战败蚩尤之后,定都于有熊(河南新郑),建国于中原。接着,给山川河流定名。茨山西部的一座山,定为大隗山,再往西北有尖山。那座最高的山定为嵩山,旁边的叫少室山、太室山,北边的那条大河,叫黄河,从此万物有序。

为了寻求富国之道,黄帝每天起早贪黑,走遍天下,进行察访,农夫女工,无所不问。由于长期奔波,费心操劳,他面黄肌瘦,口舌生疮,终于累病了,可是,还不肯休息。文武百官,跪地求他养病,他才勉强到风后岭上找了一处地方,准备休息一段时间。这天,他刚闭上眼睛,就梦到弇州西边,台州北边,不知距此几千万里的华胥氏之国。这华胥氏国的老百姓没有私欲,对亲属,对别人,不疏不近,都一个样儿;还不被财物吸引,人人勤劳,财产共有,过着非常富裕的日子。这里的人,心地善良,互相尊重,相亲相爱。黄帝对此十分羡慕。他想,既然梦中有这样的好地方,我也得把天下治理得和华胥氏国一样美好。

病情略有好转,他便下山,想继续寻找治国之道。这天,他从山上往下一瞅,发现沟底下有一位牧羊老人,就前去拜见,说:"长老啊!我想富国强民,可有什么好办法呢?"老丈上下打量着他说:"想治好国家有办法,可是不容易,不知你有无真心。"黄帝说:"是真心实意啊!"老人说:"现在跟过去不一样了,你成了一国之主,不必再受那么大的罪了。"黄帝说:"民为父母,替百姓操劳是天经地义的,吃点苦算啥!"老人说:"好!若有真心实意,你需要斋戒七日,然后独个儿步行,到翠妫河边,就可以得到宝书一本、神图一张,上边记的全是治国之道。"老人说罢,赶着羊走了。

黄帝按照老人的交代,斋戒七日,病还没好,就出发了。黄帝来到翠妫河边,只见一条大鱼逆流而上,一翻身就不见了,河面上出现了一张绿底红字的图画和一本红皮书。黄帝赶紧上前,正要去拿,从空中飞来一只仙鹤,衔住绿图和红皮书,顺着黄帝的来路飞去。黄帝不顾一切,直追过去。仙鹤像故意在逗他,飞得又慢又低,一直不离开黄帝的来路。黄帝的鞋子也不知啥时候跑掉了,光着两只脚,踩着树杈子、野蒺藜,鲜血直往外流;衣服也挂破了,披头散发,满面尘灰。这一切,他一点也不放在心上,还是一个劲儿地追呀追呀。直到第二天黎明,他累得头晕眼花,腰疼腿酸,定神看时,仙鹤没影了,只有鹤发童颜的牧羊人在风后岭上,牧羊人满脸笑容地说:"这是王母让我送给你的礼物。"说罢,把绿图和红皮书送给了黄帝。

黄帝接过来一看,原来是《神芝图》,那图上画着一棵草,有九片叶子,闪闪发光。这时,他才明白过来,这九片叶子指的是九州,这红皮书是治国之道。黄帝正要拜谢,那老人不见了。黄帝从书中得知,这鹤发老人就是华盖童子。

黄帝获宝书后,更提倡以农业为根本,又请来学问家岐伯、吏官仓颉和他们共同整理文字,制定法令,使当官的不徇私,老百姓和睦相处,路不拾遗,夜不闭户,百姓越来越富裕,国家越来越强盛。

讲述人:蔡英生,75岁,教师
采录整理:蔡柏顺

【点评】

本篇是作者根据部分文献记载和传说编写的关于黄帝治国方略的文本。它保留了原材料的内容,可供研究之用。

其中主要反映如下问题:①原始社会的神道观念。黄帝的治国方略来自王母(天后),她让华盖童子在翠妫河上授黄帝《神芝图》,然后划九州,造文字,定法令,治农桑。此类神话虽受道教影响,但主旨尚无大错。②黄帝当时也曾给山川河岳(主要在中岳嵩山周围)定名,如嵩山,具茨山,黄河等。③黄帝治理的理想国是梦中的华胥国。华胥国百姓无私欲,不贪财,互敬互爱,生活富裕。这便是想象中天下为公的大同世界。这是前阶级社会的缩影。

总之,本篇对原始先民的政治愿望是一个具体的展现,有参考价值。

307. 双洎河的传说［新郑市］

新郑县城南关外,有条滚滚东去的河流,人们称它"双洎河"。

相传,黄帝活到一百岁那年,想到自己已年迈,必须选定贤能的人接替自己的位子。这一天,他把风后、岐伯、力牧等老臣叫到一块,说:"咱们都是土埋住脖子的人了,体力、精力都跟不上了,得选拔接替的人哪!"众大臣也都有这种想法。

岐伯说:"你身边有二十五个儿子,挑选一个好的就行了。"

力牧也说:"你终日为众人费心操劳,功高如山,恩深似海,创下大业,选个孩子接住王位,是合乎情理的事,你就挑选一个吧。"

黄帝说:"老子有了功业,不能代替儿子。为了保住这千秋功业,咱们就得把这天下交给有真本事的人。要找到有真本事的人,就得测试,就要挑选。"

于是,黄帝下令,公开张榜,天下有贤能的人都可以应试。测试分文、武、德三科。文的要求做到在限定时间内著文百篇;武的要求做到能握千钧弓弩,百步之外,射断吊着的丝线。最后再用一种特别的办法,测试他们的德行。谁能做到这些,谁就接替王位。

测试的日期一到,从四面八方来的人成千上万。黄帝、风后、岐伯等亲自监试。演武场上,英雄会聚,奇才辈出。有的刀枪剑戟,弓弩梭镖样样精通;有的出口成章,对答如流。可惜的是,文的只会文,武的只能武。为了不埋没人才,黄帝一个个都详细记录下来,根据他们的能力,准备加以分封。

整整测试了十天,从千万人中选得只剩下百十个,百十个又剩下十几个,最后只剩下两个,都是黄帝的儿子,一个叫玄嚣,一个叫昌意。论文,两个人三日之内都能著文百篇,内容不重;试武,百步之外,能连着射断三根悬空的丝线。为了比个高低,又给他们增加了几个科目,可是经过一番刀枪对打,棍棒拼搏,仍然不分上下。

在场观看的人都不住地叫好,也都议论着,两人本事一样大,到底应该让谁接替王位呢?大家商量后,把他们交给黄帝,以最后测试他们的德行,哪个占了上风,就让那个占主位。

黄帝把玄嚣和昌意叫来,交给他们每人一个珍藏多年的宝葫芦,说:"这是两个宝葫芦,只要一打开,就能流出三丈宽、一人深的一股水来,一直流二百里才能流干。从嵩山南坡到东边的颍水是三百里远,你们每人拿一个葫芦,从嵩山脚下放出水来,水量不准减小,看谁能让这二百里的水量流三百里那么远,谁就接替王位。"

玄嚣和昌意都是很有心劲的人,谁也不肯示弱,都暗下决心,非让这葫芦里的水流到颍水不可。他们二人都带着葫芦来到嵩山脚下,一个站在山崖南边,一个站在北边,各自都把葫芦打开,放出水来,只见那清清的水从山坡上飞流直下,就像两条大河,滚滚往东流去。这两股水只流了二百里就干涸了。他们俩都焦急地抱着葫芦摇了几摇,还是不见一滴水。没办法,只得按照黄帝交代的秘诀,又把水收到葫芦里,再次试验,一次、两次、三次……一日之内试了十几次,仍和头几回一样,流不到地方就干涸了。晚上,他们躺在床上想:长这么大,无论跟谁较量,还不曾失败过,再大的困难,没有难倒过,今天竟然让这葫芦难住了。可是父亲大人明明交代,只要掌握要领,这两个只能容二百里水量的葫芦定能流三百里路程。这要领到底在哪里呢?这一夜,他们两个谁也没睡好觉。

两天过去了,他们仍没有成功。

第三天清早,玄嚣高高兴兴地来找昌意。他说:"弟弟,我想出来一个妙法,一试准成。"昌意想,既然你一试就成,怎么还会对我说呢? 就问:"哥哥,你有什么办法?"

玄嚣说:"你可记得,父亲大人曾说过,只要掌握要领,这两个能容下二百里水量的葫芦能流三百里远,这要领还在两个葫芦上。你想,这一个葫芦单独能流二百里,要是合到一块儿,就是四百里,既然能流四百里,从嵩山脚下到颍水才三百里,何愁流不到呢?"

昌意一听,伸手抱住哥哥连声说:"妙!真妙!"

当即,兄弟二人一齐上山,同时打开葫芦,水流有百十里路,两股便汇在一起,直入颍河,颍河水量骤时增大,向东流去,从此永不枯竭。

玄嚣、昌意兄弟二人这才把黄帝和众前辈请来。黄帝和臣僚们一看,都高兴地连声称赞:"好,好,真是后生可畏。"

黄帝把他俩叫到一块儿说:"从这里可以悟出一个道理。两股水汇流一处,水量就越来越大,永不枯竭;两股水一分开,就没多大劲儿了。百条江河能汇成大海,这和治国一样,人心不齐,百事无成,万众一心,上下一致,国家才能越来越强大。你们弟兄二人,无论谁接替王位都要带领百姓,同心协力,把国家治理好。"

玄嚣和昌意听了父亲的教诲,互相谦让。最后昌意说:"这是哥哥先出的主意,应该由他接替父亲的王位。"玄嚣说弟弟年轻能干,还是让弟弟干吧! 两个人让了半晌,黄帝看他们都有诚意,就说让玄嚣接王位,昌意做副职。以后玄嚣就把昌意留在身边,共商国家大事。

传说,黄帝把玄嚣葫芦里流出的那段河叫溱水,把昌意葫芦里流出的那段河叫洧水,两河汇流后流经新郑南关的那一段叫"双洎河"。

讲述人：孙大离,68岁,农民
采录整理：蔡柏顺

【文献选录】

黄帝居代,总一百一十一年,在位一百年。自上仙后,升天为太一君。其神为轩辕之宿,在南宫。

(《云笈七籖·轩辕本纪》)

元妃嫘祖生二子：玄嚣、昌意,并居帝位,玄嚣得道为北方水神,昌意居弱水。

(《轩辕黄帝传》)

【点评】

本篇流传在河南新郑、新密,是关于黄帝选择继承人的神话遗存珍品。它比较接近口承神话形态。

其中包含的文化信息：①黄帝时部落联盟政治制度的全民民主选举方式,十分具体,氏族长者共议帝王王位继承大计。采用比赛文、武、德来决定人选。黄帝大公无私,以德才定人选,胸怀宽广。②在黄帝的两个儿子玄嚣、昌意不分上下时,黄帝让两子放宝葫芦的水,谁能让水流三百里到颖河,谁继位。结果,两人都做不到。玄嚣提出两个葫芦里的水汇一处,成功了。从此,弟兄二人各自放的水叫溱水、洧水,合在一起以后叫双洎河。这个故事含有浓厚的神话和哲理深意：合作就能办成大事。③从洧水、溱水的发源和流经情况看,确是客观事实。此种神话的含意和隐喻运用在黄帝传位传说上,意义特别深远。

308. 玄嚣执法的传说［新郑市］

玄嚣继黄帝而立,号青阳氏,称为少昊。他的弟弟昌意辅佐他治理国家。

玄嚣和昌意先奖励农桑,使百姓勤勤恳恳务农为本,并制定约法,凡荒废田园者罚,凡庄稼丰收者奖。千家万户,急传相告,桑田和禾苗茁壮,农家一片兴旺。

一日,昌意说："兄长可知,遥遥边陲,又有盗贼骚乱。我发现,太平日子过得久了,军容不整,人心涣散,万一有什么变故,怎样对付？必须整好队伍,以保天下平安。"

玄嚣说："弟弟说得有理,正合我意。"他们把老者请来,制定了严明的军纪,拟定军法数章,并经群臣议定,庄严地向部下宣告。其中有两条最为重要,即军令如山倒,无论何故,违者惩处;点将阅兵,招之即来,来之即报,若有延误,或不报者,格杀勿论。

这天,黄帝忽听有人来报,点兵场上,玄嚣令卫士将常伯父子绳捆索绑,要处斩刑,请黄帝快去解救。

黄帝听罢,大惊说:"常伯乃我生死患难的大臣,跟我多年,忠心耿耿,功勋卓著,何故要将他处死?"情况紧急,他便骑上一匹赤色大马,急速奔赴点兵场。

点兵场上军旗飘飘,军容整齐,万千士卒,鸦雀无声,威严之状,令人生畏。

黄帝一眼就看见常伯父子果然被捆着跪在地上,执刀者饮酒以祭。黄帝边催马急驰,边大声喊道:"刀下留人!"

众人一见黄帝驾到,台下顿时哗然。他们也为老臣常伯痛惜。

常伯一见黄帝来到,止不住老泪横流。

黄帝问玄嚣为何杀到老臣身上来了。

玄嚣说:"军令下达之后,将士无一人不服从命令。唯独身为伍长的常挂,在集合令下达之后,迟迟不到。我派人寻找他,他却在欺辱民女,有恃无恐。今日,军纪已颁发,他仍肆无忌惮,不从军纪。按军法处治,违者诛杀。"

黄帝听罢,无以为对,又问道:"常伯又有何罪,为何株连于他?"

玄嚣说:"他为其子讲情庇护,暂且不提,不该私闯点兵场。军法明明规定:'点兵阅兵,招之即来,来之即报,若有延误或不报者,格杀勿论。'今常伯大叔,私闯军营,又无申报,按军法论处,可否诛杀?这并非株连。"

黄帝听罢,思绪万千。心想若不按军法办事,没有律条如何管理千军万马?如若要杀常伯,如杀心腹,怎能忍心?

玄嚣说:"我将宣布,执法处治。"黄帝说:"且慢!待我再思。"稍停片刻,黄帝掉着眼泪说:"你常伯大叔并非一般大臣,自幼和我一道,为济天下百姓脱苦难,足迹踏遍全国,血汗洒在疆土,功高如山,万民敬仰,若杀他,如同杀我。看我情面,还是饶他这一次吧!"

玄嚣说:"先辈功业,后生铭记在心,有功论功,有过论过,若功过不分,何以执行法律?无论庶民,无论高官,法律既定,都应执行。若为官者违法不究,为民者如何服气?无法可依,何以治国?既然父尊把治国之权交予儿子,我只能顾全大局,执法如山,才能使万民拥戴。"

黄帝听他讲的句句有理,又舍不得爱臣,还是讲情不止。

玄嚣也甚感为难,父尊大人和常伯大叔都是功勋齐天之人,万民敬仰,如诛杀常伯,实在于心不忍。若不诛杀,以后这军纪律条还咋执行?思前想后,为保江山,为千秋大计,还是要执法的。想到此,他对黄帝说:"按公理人人都得执法,为千秋大业,使天下民众有法可依,我只得处治常伯大叔他们父子了。"

黄帝再次讲情,问是否能从轻处理。玄嚣、昌意双双跪在他面前说:"父尊大人若再为他们讲情,我们愿辞去职位,请父尊另选高明。"

黄帝万没料到,两个后生如此果断。静下来又一想,他们顾全大局,以法示众,为保千秋大业,确有深远意义。要国还是要情?自然以保国护法为重。想到此,他只好掉着眼泪把二人请起,然后走到常伯跟前说:"怨我们老者教子不严,又想庇护,才落到这等地步。"

常伯流着眼泪说:"二位后生言之有理,我虽身死,杀一儆百,不使律法受践踏,治国治军都有益处,请莫为我过于悲痛。"

常伯言罢,他们父子被处斩。台上台下无不哭泣,黄帝、玄嚣、昌意也同样流泪不止。玄嚣命人将常伯安葬,并令仓颉撰文,把其功绩镌刻在石碑上,功过分明。

处治罢常伯父子,玄嚣又说:"父尊大人匆匆闯入练兵场,正当点兵之时,也无禀报。以我之见,将您所骑赤色老马斩首示众,意下如何?"

黄帝先是震惊,后是高兴。王子犯法,一律同罪,只有这样扶正祛邪,上下同心,人人执法,国家才能治理好。黄帝只好忍痛割爱,把跟他多年的老马砍头示众。

众将士一看玄嚣、昌意铁面无私,执法如山,哪里还有敢违抗者。此事传遍天下,万民称颂,赞我中华,后继有人。从此,国泰民安,路不拾遗,夜不闭户,盗贼匪徒隐踪匿迹,出现了真正的太平盛世。

(选自蔡柏顺著《炎黄二帝研究》,华龄出版社1992年5月版)

【点评】

本篇是作者根据部分史料和传闻编写的关于黄帝儿子玄嚣继帝位后执法以严的通俗文本。它距离民间口承神话有一定距离,文字也缺乏生活气息,文言白话交杂出现,明显表现出知识分子语言的特点。

其中的重要史料价值在于:①原始社会国家制度,法律条文制定的民主程序已初具规模。②原始社会帝王传承的"公天下"的特点,如黄帝选贤者继位和亲身遵守军法。③历代开国重臣,恃功傲视国法者大有人在,但历代执法的最高统治者能如玄嚣者,却为数寥寥。此篇亦可为后来执法不严,违法不纠,情大于法,势大于法,财大于法者戒。

309. 风 后 岭 [新郑市]

新郑县西南四十里,有一座险峻挺拔的圆顶山,人们叫它"风后岭"。据说,它原叫具茨山,因帮助轩辕黄帝开发中原的宰相风后曾在这山上修炼,才改了名。

风后本来是天上的金川星。黄帝来到人间后,王母娘娘怕他只身孤单,治理天下有困难,便派金川星下来做他的助手。风后降生在具茨山一个农夫家里。他长到七八岁时,农夫见他十分聪明,村里的孩子没一个比得上,想让他成为一个有出息的人,便叫他跟道人华盖童子在具茨山顶修炼。这华盖童子身材高大,鹤发童颜,对人十分严厉。风后来到山上,华盖童子把他从上到下打量一番,见他一副聪明相,暗自高兴,先把他带到藏书室,指着一大堆书册说:"要想成道,得把这万卷书读完,特别要精通用兵之法。"随后又把他带到练功场,指着一块大石头说:"还得练就一身武艺,举动这千钧之石。"风后一看,场上摆着百十来块石头,最大的足有三人高。华盖童子说:"修炼之道,贵在专心致志,持之以恒。若存丝毫邪念,便会半途而废。"风后牢记华盖童子的教诲,每天鸡叫头遍,就起身练武,天亮便诵读书文。

不知不觉半年过去了。风后看那么一大堆书册,自己连一个角也没看完。再看看那一堆石头,才只能举到第五块,心想:照华盖童子交代的,真不知要练到何年何月呢!我何必吃这么大苦? 这天,他趁华盖童子不在家,就偷偷从东坡走下山来。走到山半坡,看见一个老太婆抱着一根大石条在一下一下地磨。他上前问道:"你磨这石条干啥?"老太婆说:"给俺孙女儿磨根针。"风后又问:"这么大的石头条子,啥时候才会磨成针啊?"那老太婆又说:"功到自然成嘛!"说罢,又认真地磨起来。风后见此情景,只觉得脸上热辣辣的,心想:自己身强力壮,竟不如一个老人。于是折回山上,发誓不把功夫练成决不再下山。从此,他每天专心致志,勤学苦练。不知过了多少年,他把华盖童子交代的书全部熟记在心中,不费多大劲就能把那千钧之石举起来。华盖童子见他功夫练成了,就放他下山,向东去了。

那时刚好黄帝治理天下,急需要得力助手。他听说风后文武双全,神通广大,就跋山涉水,历尽艰辛,在东海之滨找到了风后,把他请回到中原。

有一年,蚩尤带领四方盗贼突然向黄帝发起进攻。黄帝就让风后挂帅迎敌。风后让士兵在山上扎营寨,在水上造战船,平地摆开连环阵,布下了天罗地网。他作战时常施展华盖童子传授的法术,让空中飘满五色云气,射出万道霞光,形成"华盖"。这霞光使蚩尤的士兵眼花缭乱,心惊胆战。风后带领轻骑,一马当先,亲自击杀了蚩尤。从此,黄帝对他极为赏识。因为风后生在具茨山,早年又曾在这里修道,黄帝就把具茨山改名为风后岭,并把山岭和周围的土地封给了他。为了和风后议事方便,黄帝还在风后岭上设了避暑宫、种花处,每年都要到这里住一个时期。后来,风后从黄帝的《神芝图》中得知,那磨针老太婆是王母娘娘所变,是特意来开导他的。为了纪念王母娘娘,他便在岭东见到她的地方,建了一座庙,叫做王母娘娘庙。直到今日,该庙还保存在风后岭上。

讲述人:蔡英生,75岁,教师
采录整理:蔡柏顺

图10.309.1　新郑风后岭(1983年11月程健君摄)

【点评】

本篇流传在河南新郑(有熊),是关于黄帝重臣风后功业的神话遗存珍品。它对研究炎黄文化和战争有重要参考价值。

其中的重要文化价值包含:①原始社会先民的观念受天神影响,人间的事皆受天帝的主宰,这就是"天人合一"。黄帝、风后都是天上的星宿下凡。王母往往起重要决策的协助作用。②风后的本领来自华盖童子的传授,学习期间,风后曾有畏难逃走思想,因受王母磨针点化,才坚持下来(与李白的这个故事相近)。③黄帝因风后出生和学习皆在具茨山,就把此山名改为风后岭,类似的功臣封地的遗迹,在这一带很多。此类地名都直接来自神话传说。

值得注意的是,本篇的道教化色彩也很浓。

310. 力 牧 台 [新密市]

有熊国都西北有一座岗,岗坡上有一座高约十五米、长宽约一百二十米的土台。传说这个台是轩辕黄帝当年拜力牧为征讨大将军的拜将台,当地老百姓称它为"力牧台",也叫"熊台"。

原先黄帝曾到崆峒山(新郑西南具茨山西)拜见广成子,得到指点,先后访得了大隗、大鸿、常先、具茨、武定几员大将。尽管这些大将个个武艺高强,有带兵打仗的本领,但是要从根本上对付蚩尤还缺乏统领将士的帅才。

黄帝又去拜访广成子。广成子说,东海有力牧,此人可担大任。于是黄帝去东海大泽访得了力牧。力牧自幼放牧牛羊,有一手养马驯兽的本领。他身躯高大,力气超人,单手能将大牛撂个筋斗,双手能举起一只大黑熊。但是,他皮肤黝黑,相貌丑陋,寡言少语,一些人都对黄帝一开始就封他为中路大将军很不服气。因此,在战场上有人不听力牧调遣,致使多次失去打败蚩尤的机会。有一次,蚩尤把常先的一千多个士兵困在摩旗山上,断绝了常先的粮草和水源。常先的许多士兵和马匹饿得站都站不起来。为解救常先和一千多号人马,力牧命黄帝的长子昌意和大鸿带领五千人马前往解救。昌意和大鸿对力牧的调遣置若罔闻。力牧只得亲自带领人马,冲出蚩尤的重重包围圈,杀开一条血路,将困在山上的常先和士兵解救下来。黄帝知道了这件事很生气,决心严惩儿子昌意和大鸿,以正军纪。黄帝从兵营中抽调五百名士兵,在具茨山北云岩宫附近的练兵岗上,修建一座大土台,在台顶上立了一块"拜将台"大石碣,在石碣下又摆了个将墩,然后又调集兵将集合在台下。待各路兵将到齐后,黄帝登上拜将台,先封常先接替力牧为中路大将军,再封武定、具茨为左右大将军,又封风后与大隗为左右军师。最后,黄帝把脸一沉说:"昌意和大鸿抗命不遵,不服力牧调遣,应以严惩,推出斩首示众。"黄帝即令侍卫将昌意、大鸿绑了,拉出去斩首。众将士大惊,急忙给黄帝跪下,为昌意、大鸿求情。力牧也急忙请求黄帝赦免昌意、大鸿,要他们二人将功补过。昌意和大鸿也悔恨自己违抗军令,昌意说:"儿子已知罪不可赦,父亲快动手吧!不杀子无以正军纪,不正军纪无以安天下!"

黄帝见全体将士都跪下求情,又见昌意、大鸿有悔改之意,再说如今蚩尤大兵压境,正是用人之际,就把众将扶起,然后对昌意、大鸿说:"昌意与大鸿这次违抗军令本应斩首示众,以正军纪,然念其初犯,过去又曾立过战功,就暂将二人之罪记下,今后不管什么人,只要抗令不遵,一律斩杀不饶!"黄帝让侍卫为昌意、大鸿松了绑,然后宣布道:"力牧指挥有方,有勇有谋,屡立战功,今封力牧为征讨大将军,统率全军。昌意居功自傲,打仗不力,降为兵勇;大鸿降为末将,留守具茨山。"黄帝宣布后,请力牧坐到将墩上,亲自跪拜授印。其他将官、士兵见黄帝给力牧跪拜,也都纷纷跪下。力牧见此情景,急忙从将墩上下来,给黄帝和众臣将跪倒下拜。黄帝又把他扶起,推到将墩上。力牧说啥也不往将墩上坐,来到台前说:"我力牧本是平常一个牧羊人,如今得到天下仁义之君轩辕黄帝厚爱,委以征讨大将军,我誓与全军将士一起奋勇杀敌,不平定蚩尤,决不回还!"

将官们见黄帝如此器重力牧,一致表示今后在征讨大将军的指挥下,齐心杀敌,早日打败蚩尤,收复失地。从此,黄帝军营精诚团结,上下齐心,加上力牧作战指挥又十分得力,很快就把蚩尤赶回黄河以北涿鹿。在涿鹿大战中,力牧又生擒了蚩尤。后人为了纪念力牧的功绩,把轩辕黄帝拜力牧为征讨大将的拜将台,称为"力牧台",把力牧的练兵场叫作"台儿岗"。

讲述人:李老四
采录整理:高力升

图 10.310.1 新密力牧台(1983 年 11 月程健君摄)

【点评】

本篇流传在河南新密市云岩宫一带,是关于黄帝与大臣力牧在此练兵讲武,拜力牧为大将的神话传说遗存。它是著名的新密市风物传说,对研究黄帝时期的炎黄文化有重要价值。

其中包含的信息为:①黄帝战蚩尤屡败,退居云岩宫练兵讲武。他寻访到风后、力牧等大将,为未来大战做人力准备,意义深远。②唐代的云岩宫风后八阵兵法图碑的发现,对证明这段历史的真实性具有权威作用。③在摩旗山演练过程中,由于黄帝长子昌意、大将大鸿对力牧失敬,不听指挥,致使受挫。黄帝为保证军纪严明和使力牧指挥权落实,就在此筑拜将台,亲授印信,同时对昌意、大鸿予以降职处分。这是中国历代帝王对军事主将的态度的肇始。④此篇的云岩宫遗迹犹存,完全可以作为黄帝辉煌业绩的佐证。

311. 鸟　柏 [新郑市]

相传,很早以前,具茨山上轩辕庙里有一棵鸟柏。所谓鸟柏,就是说若将树干、树枝锯开,板材上的纹理呈有规则排列的鸟形。若问这棵柏树的树纹为什么会是鸟形呢？这里有一个爱情故事。

还是在轩辕庙未建以前,山门里那地方就有一棵合抱粗的大柏树,柏树的北边是一个很大的墓冢,据说那是轩辕黄帝的大将常伯的坟。后来人们怀念轩辕黄帝肇造中华文明的功绩,就在这里建了轩辕庙。庙里除了供奉有轩辕黄帝的塑像外,还有他的大臣和将军们,也有玄女。自从这庙建成以后,庙周围十里八村的百姓都知道,每天晚上有一只金丝鸟飞到那棵大柏树上唱歌,歌声十分欢乐,长夜不息。人们都说那棵大柏树是常伯的血肉长成的,而那金丝鸟,则是庙里玄女的魂灵所化,他们夫妻趁夜间在谈情说爱呢。金丝鸟在这棵柏树上也不知唱了多少年月的歌,后来一天不见了。这天早上,有人看见一只大雕撞死在柏树上。据说那夜雕来捕捉金丝鸟,被常伯一枪扎死了。常伯拥玄女入怀,夫妻二人融成一体。

说起常伯和玄女成夫妻,还是轩辕黄帝做的月老,那是涿鹿大战以后的事。

涿鹿大战中,玄女使出飞刀,刺瞎了蚩尤的双眼,为战胜蚩尤、统一华夏出了大力。轩辕黄帝十分赞赏玄女,就将玄女的形象画下来,贴在宫室。常伯是轩辕黄帝宫中的常客,看见玄女画像,不知不觉产生了爱慕之心。有一天,常伯又到轩辕黄帝那里去,轩辕黄帝说:"昨天夜里做了个梦,梦见玄女,常伯你去召她来见见我。"凑巧的是,这天夜里常伯也梦见了玄女,他又不明白轩辕黄帝说梦中事的用意,就问黄帝:"莫非你要娶玄女为妾吗？"黄帝笑笑说:"哪里的话,玄女说过要认我为干爹呢,况且我有嫘祖贤妻！"说罢,看看常伯,心里好像也明白了些什么,又觉得常伯跟随自己多年,南征北战,功高如山,至今尚未娶妻,就说:"我要叫你和玄女成亲……"没等黄帝说完,常伯就拱手谢恩了。黄帝说:"那好,你召她来,我做月老。"

就这样,后来常伯和玄女结成了夫妻。

后来,有一年的三月三,轩辕黄帝庙大会,来赶会拜祖的人很多。几个卖席子的人用席子围住那棵柏树,高声叫卖。第二天,那棵柏树不见了。这时人们才恍然大悟:盗宝贼把柏树盗走了！

采录整理：王雅湘

【点评】

本篇流传在河南新郑，是关于黄帝大将常伯功业及其与玄女爱情故事的动人风物传说珍品。它接近口承神话形态。

其中透露出的神话信息：①玄女在黄帝与蚩尤大战中立功，黄帝将玄女嫁与常伯。②鸟柏由常伯的骨血所化，金丝鸟为玄女所化，夜里鸣叫，是在与常伯谈情说爱。常伯与玄女的神话形象感人，充满神话意识。③当恶雕来扑金丝鸟时，为常伯射杀。④庙会上，盗宝贼盗走鸟柏。盗宝传说在此时已经出现在中原，可见其古老。

值得注意的是：①本篇中的玄女与《玄女救黄帝》，《玄女飞刀救驾》同为一人，乃王母所派遣。而在涿鹿之战中，战胜蚩尤和风伯、雨师的玄女，则是东夷玄鸟族团首领的女儿，可见玄女不止一人。②在《玄嚣执法的传说》中，常伯之子因违犯点兵军纪，要被斩首，常伯却一再为儿子讲情，因此也被杀。黄帝因为常伯求情，他的马也被斩首。于此，可见当时玄嚣治国之严。

312. 素女与大鸿［新密市］

轩辕黄帝有个妹子，名叫素女，她嫁给了黄帝的大臣大鸿（其实，那时候还是群婚制，成年的男子一批批地到别的部落，与那里的女人结婚，这里是为了叙述方便）。大鸿跟随黄帝到涿鹿去灭蚩尤，一去三年不回。素女日夜思念着自己的丈夫。用尖底瓶去提水，她猛然看到河水中晃动的不光是自己美丽而忧伤的影子，还有大鸿手提石斧，十分威武地站在自己身边。回到屋里，部落每天分给她的肉食果子什么的，她总留着些，想等大鸿回来吃。晚上她总做噩梦，常常从梦中惊醒，呆坐着说胡话："这一仗败了，大鸿叫蚩尤杀了。"只有一次的梦她很满意，她正在梳理自己黑油油的头发，大鸿走来，悄悄地站在她身后，看着这个山花一样好看的姑娘……素女日思夜想，只盼着黄帝早日战胜蚩尤，使天下人都能过上安宁日子，也盼着大鸿早日回来团聚。她盼呀，想呀，不知流了多少相思泪。

这一天总算盼到了！黄帝骑在高头大马上，气宇轩昂，很多士兵扛着金戈、金斧，握着金刀，神气十足。素女挤在欢迎的人群里，急切地在队伍中搜寻着大鸿。风后、力牧、应龙都回来了，唯独不见大鸿。素女急了，好像有些发疯，拦住走向大屋的黄帝，问大鸿哪里去了。黄帝低下头，停了一会儿说："大鸿到别的地方执行任务去了，随后就回来。"但是素女总忍不住心扑扑地跳，她觉得哥哥在哄她。

原来，大鸿跟随黄帝去作战，一直十分勇敢，每次上阵都挥舞着石斧左右砍杀，蚩尤的人马无人敢抵挡。这一天,天下着大雨,双方还在交战。黄帝命应龙借助水力摆一个水阵,抵挡蚩尤的进攻,谁知蚩尤的士兵全是南方人,他们水性好,一个一个冲过了水阵。大鸿看到这种情形,抡起石斧就和蚩尤战在了一起。应龙、力牧也各和蚩尤的一个大将拼杀。这时,蚩尤的两个大将风伯、雨师也冲过来围住大鸿血战。大鸿十分勇敢地挥舞着石斧,以一当十,左砍右挡,不退一步。黄帝率领大军呐喊着冲过来。忽然,风伯的金刀削过大鸿的肩头,大鸿负伤了!可是他仍然拼力砍杀。风声、雷声、雨越下越大,大鸿一斧下去,蚩尤不及招架,滚了开去。大鸿转身架住雨师的金斧,冷不防,蚩尤从背后砍来……

黄帝告诉了素女大鸿牺牲的情况。素女哭泣着,声音哀婉悲凄,谁听了都要跟着落泪。

举行葬礼的这天,素女没有哭。天近黄昏,部落前面的空地上,燃起了三堆大火。素女双膝跪在大鸿的尸体旁,双手抱成拳贴在额前,虔诚地替丈夫祈祷。来到墓地,人们把死者头西脚东安放进土坑里,一个人把陶壶里的酒倒在手上,向死者身上弹洒。素女噙着泪把自己亲手做的食物,连同平时为大鸿留下的果子一个一个装进陶罐,放在大鸿的右手边。黄帝从身上取下自己的长梢大弓,轻轻地放在大鸿的左手旁……

回到屋里,素女才想起了哭。她双肩抽动着,哭呀,哭呀,声音细细的,长长的。一钩残月挂在夜空,素女凄凄切切的哭声传得很远。

黄帝用铜造了二十面大镜,送给素女安慰她。素女对着镜子,更感到自己形单影只。她的眼睛明显地凹了进去,目光也呆滞了,脸色发黄。

伶伦造出乐器后,黄帝要求每个女人都得学会演奏。轮到素女了,她披散着头发,穿一身白色衣服,鼓瑟。那声音哀不自胜,在座的人都跟着瑟声流泪。素女越弹越悲伤,黄帝也觉得太悲哀了,就将五十根弦的瑟破为二十五弦。

素女怀念大鸿,眼泪流干了,声音哭哑了。一天,她高兴地对看她的人讲,她梦见大鸿活了,在南山替黄帝放马,大鸿叫她去哩。素女终于随大鸿而去了。黄帝为了纪念素女的钟情和大鸿的功绩,就模仿素女的哭声,亲自制作了一种乐器,因为是两根弦一张弓,就取名为"二胡"。以后,每到夜晚,无论谁拉响二胡,人们听到那凄凄婉婉的声音,都说是素女在哭大鸿哩。

(选自《袖珍陕西名胜故事丛书·轩辕黄帝传说故事》,陕西人民美术出版社1986年1月版)

采录整理:李延军

图 10.312.1　传说中大鸿山的黄帝花园（1983年程健君摄）

图 10.312.2　1983年中原神话调查组在大鸿山考察途中（程健君摄）

【点评】

　　本篇流传在新郑,是关于黄帝的大将大鸿一生的战绩、功勋及黄帝妹妹素女对丈夫的深情的神话遗存。

　　其中反映的信息:①本篇反映了黄帝与蚩尤大战的一个侧面:蚩尤请风伯、雨师作大风雨,使黄帝失利。②当时素女祭大鸿的礼仪,反映了当时的婚俗、葬俗,带有狩猎时期的特色。将大鸿土葬尚无棺木,要将死者生前的武器、衣物以及陶罐装的食品、果类等随葬。③素女弹瑟,太过哀伤,黄帝把瑟的五十根弦改为二十五弦,其后黄帝又模仿素女的哭声制作二根弦的二胡。

值得注意的两点是:①应龙去雷泽与素女取兽骨的神话中的素女,与本篇的素女并非一人。当时,叫玄女、素女好像是一种时尚。②大鸿的功绩很高,死后,黄帝曾将新密市的具茨山西部中段命名为大鸿山(一作大鸿寨),以作纪念。此遗迹至今犹存。

313. 贾鲁河的传说[新密市]

很久以前,有一年蚩尤要攻打中原,在黄河北布兵。黄帝调兵遣将在摩旗山一带练兵准备迎敌。

这时,正是六月天,骄阳似火,大地如蒸笼,士兵们在烈日下布阵操练,一个个热得口干舌燥。老天又与人作对,一连旬月不下雨,地裂苗枯,一片焦黄。这摩旗山一带本来水源奇缺,远近的沟壑坑塘早已断水干枯,人丁马匹因干渴死亡不计其数。轩辕黄帝心如火焚,担心此时蚩尤发动突袭。

这天,轩辕黄帝坐在摩旗山议事台前一棵黄楝树下,一筹莫展,望天长叹说:
"天皇天皇睁眼瞧,
五谷禾苗都枯焦。
沟壑井塘见了底,
黎民百姓受煎熬。
雷公雷公快下雨,
救救苍生和禾苗。"

黄帝刚说到这里,只觉一阵轻风拂面,有人口中念念有词:"贫道本姓贾,嵩山是我家。道号一字鲁,云游遍天下。水、水、水,渴、渴、渴……"

黄帝闻声望去,见那道人身穿黄袍,鹤发仙颜,手持拂尘,从山上飘然而来,立马站起恭敬地说:"不知道长光临,有失远迎,恕罪恕罪,快快请坐。"

那道长也不客气,就坐在黄帝对面的一块石头上,喘着粗气说:"贫道姓贾名鲁,道号圣溯,在嵩山紫云观净修,今日云游至此,天气炎热,口渴难耐,想讨口水喝。"

黄帝即令手下为道长端来一瓢清水。那道长接过瓢来喝了一口,就把水倒在地上说:"这瓢水不干净,再给我舀一瓢来。"黄帝皱了皱眉又令手下舀来一瓢,那道长喝了两口,又把水倒在地上,并且要黄帝亲自为他再舀一瓢。黄帝起身亲自为他舀了一瓢,递给他。那道长接过来这瓢水,连嘴唇也未沾就倒在地上。黄帝生气地说:"道长这是何意?摩旗山一带水源奇缺,兵丁马匹因干渴而死者甚多,蚩尤又重兵压境。为解水荒,士兵们每天三个人只分得一瓢水,你却连倒我三瓢水。"

那道长听罢却仰天大笑道:"有水,有水,这里水多得很呐!"

黄帝惊奇地问:"这里有水?水在哪里?你看……"黄帝指着被骄阳晒得快要冒烟的山坡:"这山山岭岭,沟沟洼洼,河水断流,坑塘干枯,我千军万马全靠鸡络坞崖缝中淋下的一点水维持生命。你说有水,水在何处?"

老道长止住笑,往南一指念道:"三千六百步,泉水地下储,刨土松树下,大水自然出。"说毕将拂尘一甩,手捋长须飘然而去。

黄帝目送道长走后,犹豫了一会儿,似信非信地低着头往南慢慢走去。当他数到三千六百步时,抬头一看,只见前面是一个四面环山的盆地。靠盆地东坡根,果然有一株郁郁葱葱的松树。黄帝走到松树下,抽出随身佩带的宝剑,在松树下刨土挖石,干了起来。刨啊,刨啊;挖呀,挖呀……挖了七七四十九天,他挖出来的石头和黄土足有一个小山那么高,可就挖不出水来。他泄气了,把宝剑往地下一扎,背着手一边转,一边想:一定是那个疯老道骗人,干脆回摩旗山继续练兵吧。于是拔出宝剑,扭头绕道朝摩旗山走去。

黄帝翻过一个沟,被面前一道高崖挡住了去路。他抬头一看,只见那个名叫贾鲁的道长坐在山崖上,汗流满面地用斧头劈山凿石,斧头落处,火星迸飞。黄帝不解地问:"喂,请问道长,你这是忙活啥呀?"

贾鲁道长用袖子擦着汗说:"我在劈山开河,等你把水挖出来以后,好让大水从这里流出来呀。"

黄帝说:"哎呀,我的老道长,你快别在这忙活了,你说的那地方根本没水,让我白白忙了七七四十九天,连一滴水也没有挖出来。如今你又在这劈的什么呀?再说,山石这么硬,你到何时才能把它劈开?"

贾鲁笑道:"山崖再硬是死的,人的力量虽小却是活的,事在人为,只要决心不动摇,铁杵也能磨成针。"

贾鲁道长又说:"轩辕氏,你既然想在人间成就大业,为民造福,办事就得有决心,只要你的功夫用到了,自然就会成功,你还是回去继续挖吧,大水很快就要流出来了,等你挖出水来时,我也就把这座崖头劈开了。"

黄帝遵照道长之言,又返回松树下继续挖泉了。当他挖到九九八十一天的时候,遇到了一块巨石,宝剑被巨石的缝隙咬住,再也拔不动了。他费尽了九牛二虎之力,左撬右刨,只听轰隆一声,巨石终于被撬翻了一个个儿,大水顺着宝剑涌出来了。黄帝见大水汹涌澎湃地翻滚上来,扭头就跑。他跑得快,水涨得快,眼看大水溢满了盆地要淹没良田。这时,贾鲁道长挥起斧头,用力向山崖劈去,只听轰隆一声巨响,山崖劈开一道大缝,丢掉斧头,领着水头就向北跑去。

贾鲁道长领着水跑到黄河边,引水头入黄河时,正遇上蚩尤军刚刚渡完黄河,准备向黄帝发动大进攻。贾鲁道长心想:得想法拖住蚩尤大军,好让黄帝有个准备。于是,道长又转身向东急奔,引大水向东滚翻而去。大水挡住了蚩尤大军。黄帝赢得了时间,调兵遣将,一举击败蚩尤,安定了中原。后来,黄帝为感谢贾鲁道长施水相助之恩,把这条河封为贾鲁河,将这条河的源头封为"圣溯峪"。后来人们把"圣溯峪"念转成"圣水峪",流传至今。

讲述人:白天宝
采录整理:高力升 高帆

【点评】

本篇流传在河南新密市摩旗山一带,是关于黄帝开发贾鲁河的神话遗存珍品。它比较接近口承民间神话形态,有重要研究价值。

其中的重要文化信息有:①贾鲁河是流向东南的重要河流之一,其源头就在新密市的"圣水峪"(圣溯峪)。②黄帝在摩旗山练兵,缺水。嵩山道长贾鲁指点黄帝找水源,开水道。它说明:科技发明最早都要经过神话阶段,以神幻形式出现。③贾鲁道人引水头向北入黄河,正遇蚩尤过来黄河,进犯中原。此时,贾鲁道人又引水东去,阻挡蚩尤,让他被黄帝击败。这里正是河南巩义、汜水一带的"浊陆"(黄水滩)。它有力地证明:黄帝擒杀蚩尤就在这里,而不在河北等地的涿鹿。④道人的教诲寓意深远。

总之,本篇被采录意义深远。

314. 杀身祭天的传说[新郑市]

黄帝十分重视对农业的开发,经过多年的垦荒耕耘,开出的田地越来越多,谷物桑麻,应有尽有。不料,一年夏季,天不作美,百日大旱,田禾干枯,大地龟裂,鸟兽隐迹。河水干涸了,人们连饮水也难以找到。仰望苍天,仍烈日高悬,不见一丝云彩,百姓们呼天叫地,焦急万分。

黄帝更是心急如焚,他让祭司重登祭台,祭天求雨。

祭司说:遵照天意,需十只牛头、十只马头、十只猪头、十只虎头奉献天神,缺一不可,并限五日之内,天黑之前备齐,不得有误。

黄帝听祭司说完,即刻召集就近盟员商议捕获野物之事。太乙氏、大隗氏、有鸢氏等，各自带领着青壮男子分头而去。

黄帝自己也承担了捕虎的事，最后一只虎头尚未分妥，余下这一只交给谁呢？

黄帝的辅臣常伯自告奋勇说："这只虎头就包给我吧！"

黄帝望着常伯，感慨万千，心想：多年来他们朝夕相处，情同手足，常伯处处身先士卒，从不计较个人得失。这次因事关要紧，就只好让他去了。黄帝亲自为他挑选出七名精干的青壮男子。

常伯领着七个年轻汉子，带上箭囊弹丸、棍棒竹矛和一匹马就出发了。

一路上，常伯交代大家如何寻找虎的踪迹，如何进洞穴擒虎。特别是当他讲到如何用棍棒戳进老虎的咽喉，或插进老虎屁股眼，搅得老虎在地上直打滚时，后生们个个摩拳擦掌，跃跃欲试。

常伯带领众人边走边四处寻找，不知不觉两日已过，仍不见虎的踪迹。年轻人心中焦急，怎知常伯更是心急如焚。

转眼间，四天四夜已过。常伯毕竟经验丰富，在山坡上终于发现了虎的蹄迹。他令后生们暂且隐身等候，自己循迹追去。百步之外，他果然发现一个洞穴，虎的蹄迹就在此消失。常伯喜出望外，小心翼翼地向洞口移去，并扶着洞壁向里窥视，果见一只卧虎，双目眈眈，如若灯盏，便急忙抽身后退。

他把众人叫到一块，进行严格分工。他令每人持一木棒，教他们撒绊绳、捣虎口、戳肛门、棒击头等，便和大家一齐猫腰蹑脚，向洞口悄悄移去。

不料，事有万变，当常伯带领后生刚到洞口时，那虎从洞中突然跃出，猛一下把一个后生扑倒在地。众人还未弄清该如何对付时，那后生便被虎咬破了头颅，脑浆溢了一地。那老虎得势更如猖狂，又跃身向常伯扑来。常伯毕竟老练机敏，只将身子一闪，使那老虎扑了空。常伯正欲跃步上前，以棍棒直捣虎口。不料，年轻人复仇心切，一拥而上，都想一下子打死老虎，以解仇恨。有的打头，有的击腰，乱了手脚。常伯一看，大喝一声："小心！"话音未落又一个后生被咬伤。常伯示意捣虎口、戳肛门，后生们手忙脚乱，又有两个倒在血泊之中。剩下的三位后生咬牙切齿，眼冒金星，使尽平生力气，一个死抓后边双爪，一个人死拽虎尾，一个把棍棒猛插进猛虎肛门。几乎同时，常伯也把木棍捣入虎口，立捅咽喉。常伯和后生们使尽力气猛搅木棒，直疼得那庞然大物在地上打起滚来。眼看那猛虎要毙命，猝不防，它猛一掀动，三个后生被甩下绝壁。常伯一见此景，七窍生烟，咬得牙齿咯咯作响，使尽全身力气，拼命搅那猛虎，直搅得那猛虎翻眼伸腿，再也不能动弹。他刚松一口气，也不由自主，倒在老虎身边，昏死过去。

常伯从昏迷中醒来时，太阳已偏西。他双手按地，想站起来，突然触到毛茸茸的虎背。这时，他才豁然想起：虎！老虎！他不顾浑身疼痛，忙从地上爬起，双腿叉开，抓起棍棒，准备拼搏，仔细看时，老虎嘴边淌了一片血，它已死了。他这时已完全醒来,把四具尸体抱到一块儿,抓起虎口边的血土向每人脸上抹了一把,后又探身望着悬崖,"扑通"一声跪在地上,连磕几个响头,以敬那三个死难者。

常伯见天色已晚,必须在天黑之前赶回去。他把死虎放在马背上,嘴里不停地自语道:"死难的后生们,回头再来接你们。"说罢,牵着驮虎的马往回走去。刚刚绕过崖壁,从山坳里跑来一群人拦路,接二连三跪了黑压压一片。老者年逾花甲,少者乳齿刚退,一个个磕头作揖,哀求不止。常伯被这突如其来的情景弄得迷惑不解。这时,一个老者喃喃说道:"部落亟待祭天,时辰已到,只缺猛虎一只,求勇士开恩,赐予俺,以济大难。"

常伯听罢,实在为难,这可咋办?具茨山下的千万民众也在期待着祭物啊!

男女老幼见他犹豫不决,便放声哭泣,哀求不止。他不觉眼泪夺眶而出,都是臣民,同属一类,他怎能忍心这样走呢?若是不走,回去又如何交代?这时,他已顾不得这些了,心一横,把老虎从马背上卸下来,交给了那老者。他又返回山坡,把那四个后生的尸体搬上马背,急忙往回赶路。

再说具茨山脚下,千万民众每日照例聚集在祭台下,以期捕获野兽的人归来。那别处人马早已先后返回,并按照吩咐交了野物。唯独常伯一行,眼看时辰已到,却不见踪影。万一缺一虎头,就要耽误大事,民众们望眼欲穿,心急如焚。

正当大家猜疑不定、焦急等待之时,常伯终于回来了。众人一看,大失所望。祭台下一片骚乱,哇哇乱叫:"杀了他!杀了他!"几个青壮男子已跳上祭台,正欲动手杀常伯。

黄帝制止众人,要常伯把话讲清再说。

常伯挥把泪水,讲明猎虎并送给别的臣民的经过。黄帝和众人听罢,认为他舍己为人乃是人的本性,又赞扬不止。可济了别人,自己的部落该怎么办呢?大家又是一阵焦急。

突然间,常伯大吼一声:"父老乡亲,缺一只虎头,不必犯愁,用我的头顶替。"说罢,抢起石斧,就要自刎,忽听轰隆一声巨响,从天际传来雷声。黄帝和众人把常伯的石斧夺下,仰望天空,只见狂风骤起,乌云四合,不一会儿,雨点从空中落下。

轩辕黄帝跪下了,祭司跪下了,常伯跪下了,万千民众都跪下了,一个个泪挂脸颊,仰望苍天,任雨浇下。大雨连降数日,人们欢呼不止。

(选自蔡伯顺著《炎黄二帝研究》,华龄出版社1992年5月出版)

【点评】

本篇流传在新郑、新密一带,是关于黄帝部族祭天祈雨神话的遗存,距离口承民间神话的原形较远,但它却反映了当时狩猎文化及原始先民狩猎生活的艰辛。

其中的重要文化信息有：①中原地区旱灾严重,生活无保障。洪荒时期,兽群出没,更不安全。②当时民间的原始信仰是旱天就要祭天祈雨,而祈雨仪式很独特:由祭司宣布"天意"规定的"祭礼",必须用牛、马、猪、虎的头各十只。特别是虎头最难得到,本篇常伯猎虎的经过尤为艰险,七个青年丧生虎口,可知当时狩猎生活的艰难危险。③其中反映的打虎经验和方法都是长期积累的宝贵财富。④常伯公而忘私,宁可以自己的头代虎头,其行动感人肺腑。⑤它保存了远古民俗信仰文化。

315. 黄帝修城(一)[新密市]

每年二月二有大会,香客很多。云岩宫好。有一句话说:"南京到北京,都不如云岩宫。一百(柏)一十(石)一所庙(河中间有松柏树,石上一所庙三间房),老龙叫唤不绝声(上面叫扬水台,哗哗作响),王母娘娘坐空中(东面有王母洞)。"

以前,轩辕黄帝准备扎京都,周围有四个土堆:庙岗、大岗、台儿岗、西南黄路坡。黄帝用麻秆挑两箩头土,遇上一个妇女,妇女看见说:"麻秆能挑动?"她一说,黄帝挑的土扑哧掉地下了。这就是庙岗、大岗、还有破鞋岗(倒鞋里的土,成后两土堆)。城也没修成。

云岩宫有三门,东边是轩辕门,西边是讲武门。有钟鼓楼,初一、十五老道击鼓撞钟。庙后有老道坟。有人说是轩辕黄帝坟,圆坟,不叫道士坟。实际上是黄帝坟最早,叫圆坟。后来,埋道士,叫道士坟。

黄岭坡(黄陵寨有黄帝墓),也叫黄路坡,黄帝出云岩宫走这里。力牧台(台儿岗)也叫熊台寺(雄台寺),原有寺院。养马庄,黄帝喂马。

(南)场沟,养马。

草场岗,储藏牲口饲草。

仓王,黄帝放粮处。

云岩宫山门东边有三皇庙。三间房。天皇、地皇、人皇,身披葫叶。

黄路坡、马骥岭中间有武定河。禹治水后,蚩尤出来了。一说关爷破蚩尤。

讲述人:周河,77岁,私塾师
录音:张振犁 程健君
采录时间:1983年12月1日
采录地点:新密市养马庄

【文献选录】

黄帝时为五城十二楼。

（《史记·封禅书》）

黄帝筑城造五邑。

（《史记·轩辕本纪》）

帝又令筑城邑以居之,始改巢居穴处之弊。又重门击柝以待暴客,以取诸《豫》,备不虞也。

（《轩辕黄帝传》）

【点评】

本篇流传在河南新密市,是关于"黄帝修都城"的神话珍品。它简明、生动、接近口承民间神话形态,对认识炎黄时代的文化有重要价值。

其中透露如下文化史信息:①原始社会末期,已开始营造城市的建筑。而一开始,并不清楚城是什么样子,只是试探构想雏形。②当时,黄帝虽为帝王,却事必躬亲,率先从事艰苦的劳作,这与后世帝王截然不同。③黄帝勘测好城址,自己用麻秆担土,往返辛苦。这种带魔法性的超自然的神力,一旦被说破,便失去效应。这是原始民间信仰禁忌观念的反映。它具有原始宗教信仰的因素。④黄帝超人的神力,在担土和鞋中藏土可成一座座小山岗的情节,是神话幻想,也是对黄帝神圣崇拜的物化。现存的小岗丘遗迹是此神话的见证。

316. 黄帝修城（二）［新密市］

传说,黄帝打败了炎帝,很想在一个既隐蔽又容易守的地方再修一座城,以防蚩尤来攻打。一日,黄帝一个人坐在宫中想心事,想着想着,就昏昏入睡了。突然有一个身子像狗,头脸像人,披着长发,两只耳朵上挂着两条蛇当耳环的怪物来到黄帝面前,说:"都城,都城,跟我西行!"黄帝说:"你不是屠龙吗?不在天宫看守门户,到这里干什么?"屠龙点点头,又说:"都城,都城,跟我西行。"说罢,趴下身子让黄帝骑。黄帝骑在屠龙身上,见屠龙昂首翘尾,四蹄踩着一片红云,奋力西行。黄帝只觉两耳生风,呼呼作响,向下观看,下边的轩辕丘、黄水河、双岭岗、桑园沟等眨眼即过,不一会儿在一个岗丘四环的地方,徐徐降下。黄帝一看,连声称赞说:"中!

中！中！这真是一个好地方。"黄帝再看看四周，只见这里依山傍水，四面岗丘耸立，中间恰似一个盆地。这盆地的正中央隆起一块高地，这高地的周围有一条河水环绕。远看山岩，瀑布飞流，淙淙震桑林，近看岛上，松柏成荫，群鸟飞翔。黄帝看着连声喊叫："好！好！"嫘祖听到黄帝大声喊叫，急忙走过来叫黄帝，说："主公醒来，主公醒来！"黄帝听见有人呼喊，立即揉眼一看，见是嫘祖在自己身边，再看看周围，原来刚才是做了一个梦。

黄帝高兴得不得了，嘴里不住地说："好地方！好地方！"嫘祖感到莫名其妙，说："你怎么啦？"黄帝也不答话，只是说："好地方！好地方！"就走出宫去，骑上马，向西奔去，跑了四十多里路，就来到他梦中的境地。黄帝跳下马来，还是连声说："对！对！就是这儿，跟我梦中见到的一模一样！"说着，就将马拴在东北角一棵大树上，看见周围有许多荆棘，随手折了些荆条，编了两个筐。有了筐，可是没有挑筐的扁担。黄帝转了几个圈，见地上有根小拇指头粗的麻秆，就拿起来折了折，没折断，心里说，就用麻秆挑吧！可是挑哪里的土呢？看北边，不是山地，就是石头。黄帝往南走了走，见有一个黄土台，蹲下用手刨刨，就用麻秆挑荆筐，挑起土来。挑啊！挑啊！大约挑了一个时辰。这时，有一位仙姑从外地巡游回来，看见黄帝在用麻秆挑荆筐，运土修城，心里说："不能叫他在这修城，要是把城修在这里，那我们这些仙家往哪住？"这位仙姑就住在这北边不远的仙姑洞里，她已有五百年道行。仙姑想了想，心里说就给黄帝个信吧，于是变成了一只花山鸡，站在山头上对着黄帝叫："麻秆挑筐，不折也伤！麻秆挑筐，不折也伤！"黄帝听见有人说话，扭头一看是只山鸡，心想真晦气，放下筐，随手在地上捡了个土坷垃，投那山鸡。那山鸡在山头上跳来跳去，一直叫："麻秆挑筐，不折也伤！"黄帝见撵不走山鸡，心里说："我只管挑，看你把我怎么样！"于是就又挑起来。仙姑见用这办法不灵，就又变成一个送饭的妇女，向黄帝走来，问黄帝说："这位壮汉挑土做什么？"黄帝说："我想在这修座城！"妇女说："那你用什么挑土啊？"黄帝拍了拍麻秆说："你看看，就用这！"妇女故作大惊地说："啊呀，你怎么用麻秆挑土呀？"那妇女的话刚落音，只听"咔嚓"一声，麻秆断成两截，两筐土也落到地上。黄帝泄了气，一屁股坐在地上，再也站不起来。那妇女朝黄帝笑了笑就不见了。

黄帝骑马跑出来快一天了，朝中大臣谁也不知道他去哪儿了，很着急。风后听嫘祖说黄帝骑马往西走了，也骑马往西找，正往前走，听见有马叫声，就循着声音往前继续走，在一个山坳里见到黄帝骑的黄膘马拴在一棵大树上，就将自己骑的马拴在黄帝的马的西边。风后下得岗来，见黄帝一个人垂头丧气地坐在那里，就上前将黄帝扶起来，问他来这干什么。黄帝把修城的事前前后后说了一遍。风后又看了看这周围的地形，说："我说主公，在这没修成都城也甭后悔。这里美是美，这是仙家居住之地，不是帝王建都立业之所。你没看，这里到处是仙气，一点帝王气都没有。你看,西边山岩上那个山洞,白云缭绕,很是神秘,当地人都叫它'云岩宫',就是仙家居住的地方。你说的那个妇女,恐怕就是仙人,点化你不要在这修城。咱要建立都城,还是另选圣地吧。"

黄帝在云岩宫修城失败了。

传说,他和风后拴马的两个地方,就是后来的东马庄、西马店。黄帝最后挑的那两筐土,西边的那堆,就是现在的庙岗;东边的那堆,就是现在的台子岗。黄帝气得一屁股坐在地上,从鞋子里倒出来的那两堆土,就成了后来的破鞋岗。黄帝在东南边挖土的那个土台子,人们都叫它黄帝岗。当地人说话图省事,干脆叫它"黄台(儿)"。

采录整理:刘素洁

【点评】

本篇流传在河南新密,是关于黄帝在云岩宫修城的异文之一。它对研究黄帝政绩有重要参考价值,从中可以看出它流变的特点和规律。

其中主要地域文化内涵是:①黄帝是为抵御蚩尤之患才修城的。②修城的地址是在梦中由天神屠龙带黄帝去云岩宫确定的。他梦醒后,亲自去云岩宫修城担土。③当地仙姑为阻止他在这里修城,才变作一妇女,说破用麻秆担土而导致失败。④风后说服黄帝,说云岩宫有仙气,是仙人居住之地,没有帝王之气,不能建城。这种仙气胜于王气的观念,明显是道教化的典型。它反映神话演变宗教化的特点和规律。⑤正是本篇中在云岩宫建都城失败,才有了后来在新郑轩辕丘建都城决策的实现。

值得注意的是,在云岩宫修城的资料说明宗教色彩由淡而浓,也有文人化痕迹。

317. 黄帝修城(三)[新郑市]

黄帝没有防备弟弟会攻打他,结果被弟弟打败了,很不甘心。他决心重整旗鼓,从头干起,一定要打败炎帝。为此他想找一个既隐蔽又能屯粮蓄兵的风水宝地。有一天,他从新郑轩辕丘出发往西巡游,意外地来到云岩宫。黄帝见云岩宫依山傍水,山清水秀,是个屯兵讲武的好地方。这里地势险要,十分隐蔽,真是个再好不过的风水宝地了。于是,黄帝就打算在这地方建一座城,屯粮聚兵,传道讲武,积蓄力量准备讨伐炎帝。可是,云岩宫这地方,地势险要,高低不平,要建成一座城,可不容易。黄帝带领人马大干了一年多连个城角也没弄成,很不高兴。为这事,他吃饭不香,睡觉不甜,成天愁眉苦脸。这件事不知咋让老天爷知道了。老天爷很可怜黄帝,就在天上召集各路天神,问道:"下界轩辕黄帝叫他弟弟打败了,现在想在云岩宫修一座城,他要在这里练兵讲武。我想帮助他,你们谁愿意替我前去?"

老天爷话音一落,只见在众天神中站出来一员身材高大,脸上长着三只眼的大汉,说:"我杨戬愿替玉帝前去,请您恩准。"

老天爷见杨戬威风凛凛,身体健康,一定力大无比,就批准他到人间帮助黄帝修城!杨戬离开南天门,驾着云来到了下界。当时正是人间半夜时分。杨戬降落云头,站在五指岭上往东南云岩宫方向一看,果然那地方真是人间一块宝地。杨戬睁大三只眼在身边搜寻了一会儿,顺手在脚下拔了一根荆条,穿在两个小山丘中间担在肩上,一溜小跑地向云岩宫奔来,不巧鸡叫天亮,路边有一个起早犁地的老头,他见杨戬汗流满面,用荆条挑着两座小山丘往前急跑,心中很奇怪,就说:"这个小伙子力真大,用一根荆条,就能把两个小山担起来!"老头这句话道破了天机,杨戬泄了元气,再也挑不动了。他不高兴地坐在路边长叹一口气,倒了倒鞋里的土,然后架着云回天上了。可是,他担的两个小山,却留在了离云岩宫不远的路上,后人称它庙岗和大岗。杨戬从鞋中倒出的土,也化成了一个小山岗,就是今天的破鞋岗。

讲述人:周河,曾为私塾先生,73岁,养马庄人
整理:高力升

【点评】

本篇流传在河南新密市云岩宫一带,是关于黄帝修城神话的异文。其中虽接近民间风俗,但道教色彩明显超越时代界限,带有创作成分。

其中反映如下问题:①修城是为了练兵抵御、战胜炎帝。②增加玉帝命杨戬下凡帮助黄帝修城。用荆条担土的是杨戬而不是黄帝。③一个起早犁地的老汉说破天机,不是云岩宫的仙女不让在这里修城。④炎帝被移位为黄帝的弟弟,与事实不符。⑤玉帝为首的道教尊神主宰人间世事,在中原神话中是普遍的现象,但应鉴别其与民间口承神话的性质不同这一问题。⑥黄帝在云岩宫建城,是因为这里是块风水宝地。

值得注意的是,本篇的讲述人与《黄帝修城(一)》的讲述者同为一人。其中之所以出现差异,可能是由于讲述时间不同、场合不同产生的。但更重要的是,由于采录者"加工",掺进了自己编造的成分,从而使之变形,失去了民间风味。

318. 黄帝城(一)[新郑市]

自从轩辕黄帝决定把国都建在有熊之后,就亲自在轩辕丘上实地考察,决定把黄帝城筑在轩辕丘的东段。为了方便用水,把双洎河围在城中,东西约二十里地长,南北约十里地宽,也就是在原来建国有熊的旧址上扩建城池。

正当黄帝划定地点,开始动工建城时,一天夜里,人们都已入睡,突然轩辕丘上灯火通明,山神领着山鬼、虎精、罴怪、猴妖等,成群结队;地神领着小鬼、小判等,熙熙攘攘;河伯领着鱼鳖虾蟹、蛤蟆、长虫各路精气,都一起来到这里。各路精鬼都变作人形,各持工具,挖的挖,抬的抬,推的推,拉的拉,整的整,打的打,好像蚂蚁一样,密密麻麻,你呼我叫,喧喧闹闹。号子声和打夯声响成一片,叽哩咣啷,到天色微明,鸡子一叫,神鬼悄然离去,一切归于平静。人们起来一看,一座巍峨的城池拔地而起,非常壮观。城墙正好是按黄帝规划所建的,方圆五十多里,"天心石"在城的中央。从此,人们代代传说是鬼打黄帝城,只因天明鸡叫,没有来得及干完,使城的西南角缺了一个豁子。现在看来,是河谷宽,城墙接不起来的缘故。

再说,黄帝城建成以后,轩辕大帝心想:国都位居天心地央,四方归顺,地利人和,于是,就正式把名字定为"中国"。从此,黄帝专心领导大家开辟荒原,种植农桑,养蚕抽丝,织帛做裳,学文造字,占卜吉凶,并判测阴阳、日月,整音律以作歌乐,又染五色服以定贵贱,制帽袍以尊朝仪……如此,朝野有序,人民安居乐业。氏族制彻底改变,形成了各个家庭,人类开始出现了伦常道德,开创了天地间独具文明的繁华之地。人们都自豪地把自己看作是日光月华独钟的民族,所以称自身叫作"华人"。

从此,"华人"的后代皆称自己是炎黄子孙,代代相传。

讲述人:薛文灿,55岁,干部
　　　　赵国鼎,53岁,干部
采录整理:李新明

【点评】

本篇流传在河南新郑黄帝故里,是关于黄帝修筑都城的神话遗存珍品。它接近原始民间口承神话形态。这篇作品无道教思想渗入痕迹。

其中传递出的文化史信息有：①黄帝正式建立都城，是他统一中原之后的第一件治国大事。②从勘测、选择都城之址到规划双洎河流经轩辕丘城市中间，全由他一人设计。这说明当时的创业者才是真正的人主。③黄帝修都城，上合天心，下顺民意。这个认识通过山神、地神、河伯所率领鬼神精怪变化的群众，一夜之间筑成都城的惊人奇迹体现得极为深刻。④黄帝用发展生产，改革社会制度，发明文字、音律、衣服、宫室、历法等措施，文治武功，大展宏图，影响深远。

特别应指出的是，黄帝结合天文与地理、人文的对应关系，首先明确提出有熊国地居天下中，在都城中心立"天心石"，庄严提出有熊国是"中国"的国名。还确定族姓氏族制度，组成家庭，人伦道德有序，称炎黄部族"日光月华"的民族为"华人"。这正是五千年来形成中华民族"炎黄子孙"极具精神凝聚力的伟大开端的重要文化历史源头。

319. 黄帝城（二）[新郑市]

现在新郑的郑韩故城，过去当地人叫它"黄帝城"。说起这座城，在新郑一带流传着一个天上九龙下凡修黄城的故事。传说，原先黄帝打败炎帝之后，为防蚩尤进攻，就想修一座大的都城，因为把地址选错了，没修成。黄帝打败蚩尤之后，心想，现在天下统一了，不修一座大的都城，普天下的诸侯和臣民来朝贺怎么办？一天上午，黄帝正在想心事，风后来了。黄帝把这个想法告诉风后，风后说："这件事咱俩想到一块了。咱还是出去看看把城址选在何处好！"说罢，风后前头带路，黄帝随后，就出有熊国都向西北的轩辕丘走去。他们站在轩辕丘上，四下观看，风后指着说："主公你看，这里整个地势是西高东低，南边、西边、西北边有陉山、具茨山、西太山和梅山环绕，中部丘陵起伏，沟壑纵横，东边是大平原。臣近观天象，咱这头上天空，位居中宫的轩辕星（北斗星）最亮，而咱站的这个地方也正好位居地的中心。真是上有轩辕星，下有轩辕丘，天地合一。这里帝王之气蒸蒸日上！"黄帝听着看着，连声称是。

第二天，黄帝带领群臣，在轩辕丘东，洧水和黄水交汇处上边设立了个祭坛，摆下供品、香案，还在这里竖立了一通四尺高、三尺宽的青石碑，上刻龟纹形"天心石"几个大字。黄帝在前，群臣在后，跪拜天地。风后在香案前用手在空中比划来比划去，嘴里念念有词，说："玉帝，玉帝，请听仔细。天下一统，定都有熊。具茨山下，天地正中。肉鱼香烟，供你享用。保佑子民，万世昌盛！"风后说罢，黄帝和群臣也都同声呼喊："保佑子民，万世昌盛！保佑子民，万世昌盛！"这祭祀玉帝的香火，化作一缕青烟，直上云天，到达天庭。玉帝和天上的各路神仙正在朝议，突然，闻到从凡间传来的一股香烟味,就拨开云头往下看,见是黄帝正和大臣们祭罢天地,要修黄城。玉帝说:"我们不能光受人间香火,今夜大家是不是也帮帮轩辕修起这座城?"大家早就想到人间看看,自然都很高兴。

这天晚上,玉帝看凡间人脚已定,就悄悄带上太白星、紫微星、南极星、太微星、金川星和文昌星等化作八条龙下凡。他们刚离开天宫,王母娘娘追来了,说:"你们下去修城,也不言一声,谁给你们烧水做饭?"说着也化作龙形下凡了。这九条龙徐徐降落到轩辕丘的东端。土地爷知道了,不敢怠慢,立马通知四方的仙家、鬼神前来修城。只见天上的神和地上的仙家及鬼,有的挖土,有的担土,有的推土,有的往木板斗里装土,有的用木柱子打夯,像蚂蚁一样,忙忙碌碌,热热闹闹,高高兴兴地修城。

地上修城的喧闹声传到了天庭,惊动了岁星。他往人间一看,啊呀!原来是玉帝带领各路神仙为黄帝修城,顿时火冒三丈。这岁星为啥这样恼火?原来,当年他曾化作苍龙下凡做了蚩尤部落的首领,被黄帝杀了。现在见玉帝帮黄帝修城,岂不恼火?于是,岁星立马叫来他手下的小神句芒说:"你快去凡间,要想个法子将他们赶走,不能叫他们帮助黄帝修这座城。"句芒听了,立即下凡。句芒也是天上一位十分了得的神。他的样子是鸟身人面,身上长着红羽毛,头上和脖子上的羽毛整天像公鸡斗架时的样子抖擞着,两只翅膀传说能遮住半拉天,腰间以下缠得像女人的裙子,露出两只长长的腿,看上去像一只大红公鸡。行走时,老是脚踩着两条小龙。句芒在天空飞来飞去,最后落在有熊国的南边(今信阳地区)的一座山上,伸长脖子,学起公鸡叫。玉帝和各路神仙正忙着修城,隐隐约约听到有鸡叫声,就着了慌。太白金星说:"您别慌,让我去看看。"说着驾起云头来到西南具茨山北边的一个岭上,四方环视,见南边很远处有一个山上立着一只大红公鸡,正伸脖叫。太白金星说:"大事不好!"就要回去禀报,可是已经来不及了。他还没离开山头,那只大红公鸡又叫出声来。这公鸡一叫,整个中原大地所有的公鸡都叫了起来。太白金星来不及去见玉帝,就只好先回天宫了。再说玉帝和各路神仙,听到公鸡叫,以为天快亮了,就丢下手中的工具,失急慌忙地回了天宫。可是,这城墙还有西南角没修成。传说玉帝走时,气得掉下两滴眼泪,还说:"这个该杀的鸡。"王母娘娘刚给各路神仙做好玉米蜀黍面疙瘩,气得将锅一掀,面疙瘩滚了一地,也说:"这个该杀的鸡。"

玉帝和天上的神仙,地上的鬼怪都归了位。天亮时,黄帝和群臣来到轩辕丘东,准备要修城,一看,城已经修好了,只缺西南一个角。黄帝和大臣围绕城墙转了一圈,连声称赞说:"了不起,了不起,整整四十五里见方,样子像个牛角,咱就叫它四十五里牛角城吧!"

传说,黄帝和大臣们,以及当地老百姓知道是天上的玉皇大帝和王母娘娘修的这座城,为了纪念他们的功德,就在城南关给他们修了一座天爷庙和一座娘娘庙。

因为这座城是天上的玉帝和娘娘等九位天神化作龙下凡来人间修的,当地人就把这个地方叫做九龙口或九龙滩。太白金星到具茨山北,看鸡叫的那个岭,当地人叫做太白岭。句芒在信阳山头学鸡叫的那座山,人们都叫它鸡公山。传说,玉帝给黄帝修城的那天晚上是农历腊月二十七。因为鸡叫,气得玉帝和娘娘都说"该杀的鸡",所以当地人流传说:"二十七,杀小鸡!"每年腊月二十七日,家家户户杀公鸡,以泄心头恨。当地人还传说,当年玉皇大帝为黄帝修城还缺一个角,鸡子就叫了,气得掉下两滴眼泪,当时这两滴泪滚到一座青龙桥的两条青龙的口中,成了两颗夜明珠。因为这里有夜明珠,每年冬天下大雪,其他地方下几尺厚,唯这青龙桥上不见一片雪。因此,这里成了新郑一景,人们称为"南桥风雪"。后来,南蛮子来新郑盗宝,趁五月十三城南关古会,用竹竿将青龙桥围起来,将青龙口中的两颗夜明珠盗走了。从此,人们再也看不到"南桥风雪"这一景致了。还传说,王母娘娘掀掉的那一锅饭,滚了一地,变成了烈礓,从此南关那个地方就叫烈礓坡。还传说,后来郑国要往东边迁,请人看了风水。风水先生说黄帝城这个地方有帝王之气,于是郑国就在黄帝城的遗址上又修了郑国城,以后韩国灭了郑国,也把国都迁到这里。现在,官方都称这座城为郑韩故城,可是当地老百姓说这座城最早是老祖宗黄帝修的,所以仍叫它"黄帝城"。

采录整理:刘文学

【点评】

本篇流传在河南黄帝故里新郑市,是关于黄帝修都城的同题异文。它的原形已不存在,基本上是被改造过的传说。它是研究中原神话道教化问题的典型。

其中,所反映的突出问题有:①修有熊国都城,是战败蚩尤、统一中原大地之后的建国大计。②黄帝在轩辕丘设坛祭天之后,不是黄帝率领臣民修建,而是完全由玉皇大帝带领天界、地界的神鬼进行的,所谓"九龙下凡修都城"的传说便由此而起。先由玉帝率八座星神及追上来的王母修城,后来地界神鬼都参加了,有天人感应、天人合一观念,值得肯定。但把炎黄时期的天神、地神、河伯等完全置换为两千年后的道教神国的活动,这个神话就发生了质的变化。因为用"人为宗教"改造原始神话,违背了历史时代的本质特征。已不是原始神话意识的本质属性了。③从修城又引出岁星因曾为蚩尤族首领,被黄帝杀掉而派生的神国恩怨纠葛,而进行对修城干扰破坏的报复活动,就更背离了本篇的主旨。④至于进一步利用鸡叫天亮的禁忌观念,让句芒变公鸡在鸡公山学鸡叫、太白星察看以及关于九龙滩、烈礓坡、青龙桥、夜明珠的来历,乃至后来引出盗宝等一连串地名传说,等等,就更是添枝加叶的后人附会的产物,实际本篇后半部分基本脱离主旨。

总之,本篇只可作新郑早已流行的《黄帝城》异文处理。

320. 黄帝城的来历[河北涿鹿]

相传,黄帝刚到涿鹿的时候没有城,住在一个大土丘上。但过了不久,炎帝和蚩尤也来到这个地方。他们一来,就和黄帝争地盘。这样,双方就打起来了。

黄帝和手下的人住在大土丘上,说不清人家什么时候来攻,就日夜防守着。牲口还得打个盹呢,何况人呢?时间一长,黄帝手下的人就顶不住劲了。黄帝一看这个样子,可上愁了,再叫人没明没夜地防着,别说人家来攻,就是不来攻,自己也拖垮了。怎么办呢?他走里磨外,就是想不出个办法来。一天,心中闷闷不乐地来到竹鹿山上,想着散散心,可登到山顶往四下里一瞧,压在心头的愁云顿时散开了。为啥呢?有养兵御敌的办法了。啥办法?就是筑一座城。这办法从哪里来的?就是在竹鹿山顶上看风景看出来的。啥风景呢?这就有讲头了。

竹鹿这地方,四周高,都是山,中间洼,是块盆地。黄帝看了这景,就琢磨开了:如果把手下人放到各个山口上,住在盆地里的人就安全了,还可以休息。可他手下没那么多人,支撑不了这么大的场面,怎么办呢?俗话说,心有灵犀一点通。他从这风景和地形上悟出一个道理:那就是世上的事以小比大。反过来也可以以大比小。如果搬石挖土,也照这形状垒个去处,不就也可以养兵防敌了吗?主意一定,他景也不看了,心也不散了,就下山回到他自己住的那个大土丘上了。把众人一召集,大家都说主意好。可谁也没见过这东西,墙垒多厚,修多高,在哪留口,又上起愁来了。

这时候就看出黄帝的本事了,要不咋叫他当头呢?他听大家七嘴八舌地议论了一顿,就又琢磨开了。别看现在一说修城,觉得很容易,可世上没有城的时候,第一个修城的人可就难了。他想呀想呀,不知想了多少天,最后决定照着神仙赠给他的行兵布阵图修城。

那图分天、地、风、云、龙、虎、鸟、蛇八个阵。天、地、风、云为外四阵,虎、龙、鸟、蛇修成各式各样的营盘,这就是现在街和院的来历。为了进出方便,黄帝还在四个土墙相接的角上留四个门,这样做是为了出门迎敌方便,两个门出去的人马好互相接应。

有了这座去处,黄帝的人马能接替着休息,不久就把炎帝和蚩尤打败了。因为修建这些建筑都是用土垒成的,黄帝就给它起了名叫"城"。

（选自涿鹿县志编纂委员会新编《涿鹿县志》，河北人民出版社1994年出版）

采录整理：李怀全

【点评】

本篇流传在河北涿鹿县，是关于黄帝战蚩尤的战场上筑城的神话传说遗存。它反映的不是修城，可供参考。

其中包含：①黄帝战蚩尤的部分情况。蚩尤兵强屡战屡胜。黄帝驻的土丘，防御不易。②当时还没有城。他从竹ީ山顶看四面风景时，悟出修城的想法。以四面有山，中间低，可守四边山口即可。从此用行军布阵的八卦图，筑起墙，留有口子，可出入接应。中间也有了街院。于是，最初的城出现了。因为这城是土垒成的，所以叫"城"。这对研究城的建筑史，有重要参考价值。

值得指出的是：①文献上的涿鹿地望太多、太乱，不宜在此确定是修黄帝城。②经近人研究，涿鹿之战不一定在河北。因此，此黄帝城的位置就不一定有足够的可信性。况且，一般都认为黄帝修的是有熊国的都城，而不是涿鹿之战时临时修的战备城。特别从近年中原考古的发现看，黄帝城确定在有熊国（新密市古城寨）的事实，就说明此篇的"城"无意义了。

321. 黄水河的传说［新郑市］

新郑县城北十里铺村村后有一条河，河水从西北沟壑丘陵之间流出来，正东折转南下，正好环绕郑韩故城半周，在故城的东南角双龙寨村与双洎河水汇流。这条河就叫黄水河。当地流传一个黄帝凿石寻泉的故事，又说这条河在古时叫作黄帝河。

很早很早以前，这条河水势很大。正常年景，河水川流不息，河滩土地肥沃，可种植农桑，引水灌溉；岭上林深草茂，飞禽走兽很多，可供猎取肉食，又没有水患之忧，是个非常好的地方。所以，轩辕黄帝就安排自己的一些部落住在这里。不料，有一年，一连几个月不下一滴雨，种的庄稼都旱死了，河水也干涸了，养鱼的池塘水干鱼飞，池底干裂的缝子像乌龟盖那样，人们连吃的水都没有了。轩辕黄帝看到这种情况，心里非常焦急。他组织一些人，到远处运水，自己亲自沿河谷向上游考察寻找水源。一日，来到一个山涧，突然发现一块岩石周围有一片湿地，还有渍水返光,岩石地质松脆多孔,上面布满青苔。黄帝一见大喜,一路小跑转回住地,马上召集一些部落首领商议,决定组织人力,开掘这个水源。

众首领正在为水发愁,一听说有了水源,个个高兴万分,立即挑选精壮劳力,在黄帝带领下来到山涧。大家一起掘土凿石,挖了一个方圆近亩大的坑。到了农历三月初一这天,凿到了岩底,几个石缝向外冒出泉水。黄帝用粗木头做成两根尖桩,相距约二三尺远距离,分别用石头把木桩打入水穴,再指挥大家用一根粗长的树杆别在两根木桩当中,一声令下:"堆!"只听"嘣!"的一声巨响,石底开裂,泉水从两个斗粗的泉眼里奔涌出来,水注两丈余,活像两条白龙从石缝窜出来。霎时,大坑成了大潭,清泉翻卷,泥沙俱下,顺着河床,哗哗啦啦向东南流去。

旱天得水了,水流成河了,大家齐声欢呼起来。从此,这条河奔流不息,再没有干过。每年三月初一,群众都到这双泉潭集会庆祝,后世人又建了一座玉皇庙,成立了三月初一大会,一直延续到今。为了纪念黄帝的功德,这条河起名叫黄帝河,后来,又演变成"黄水河"了。

讲述人:贺根,72岁,农民
采录人:白长岭
采录整理:李新明

【点评】

本篇流传在河南新郑市,是关于黄帝发现水源,开发河流,增加生产的动人故事。它比较接近民间口承神话遗存,它对研究黄帝时期的政绩和水利事业有参考价值。

其中所透露的文化信息:①黄帝有熊氏部族的活动中心,就在以新密为中心的溱、洧流域。②黄水河的开挖,形成郑韩故城一带(今新郑市)土地肥沃的生态环境,正是中华民族文明发祥地的基础。黄帝开发中原,功业盖世。③由于黄水河的流向与贾鲁河相近,并与新密市的溱水接近,因此,近来新郑有人以为黄水河即是溱水的看法,是错误的。

十一、黄帝、仓颉与文化创造

322. 木杵石臼的传说 [新郑市]

你从村头走过来,看见村头大白果树下的那个碓碓窑儿(石臼)了没有？那个碓碓窑儿可有些年月了。那可不是唐宋元明清时候才有的,也不是春秋秦汉时候才有的,据老辈人说,那是有我们白果树村时就有了那个碓碓窑儿,那是轩辕黄帝时候留下来的东西！

老辈人传下来说,有一次轩辕黄帝东巡回来走到那棵白果树下,听到哭泣声,人马停住一看,白果树北边的山坡上有一所茅草庵,哭声是从那里传出的。轩辕黄帝跳下马不论分说,就朝那个茅草庵走去。来到茅草庵里一看,见一个半大孩子正在撅着屁股屙屎,屙不出来,一个老婆婆一手揽住他的腰,歪着头正在给他往外掏。那孩子哭,那老婆婆也哭。轩辕黄帝看着眼前这情景,心里已经明白了几分。问那老婆婆,老婆婆述说了她家生活的艰难：儿子到黄河北去打仗,死在山外了；媳妇害病死三年了；家里只剩祖孙二人相依为命。家无陈粮,打下什么就吃什么。近几天就吃谷稷,谁知这孩子吃多了就屙不出来……轩辕黄帝听了,不由得流下了两行热泪！说话间,嫘祖和黄帝的其他随从大臣也都来到了茅庵。黄帝问什么药能治这屙不出屎的病,谁也说不出什么好办法。无奈,轩辕黄帝只得好言相劝,安慰了老婆子一番,带领众臣走出了茅庵。

也不知又过了多少日子,轩辕黄帝带领众臣又来到了白果树村。他把山前山后居住的山民都召集到白果树下,对大家说："谷子稷子不要带壳吃。谷子稷子去了壳就变成了黄米,黄米煮饭又香又好吃。"说着,他把一段一头磨圆的木棒举过头顶,继续说道："这叫木杵,要是在石头上挖个窑儿,把谷稷放里,就能舂成米。"说完,他放下木杵,举起石斧就在脚下的石头上挖窑儿。人们都围来看,不大一会儿工夫,他就凿成了一个盆样大的窑儿。他叫人拿些谷稷放在碓窑儿里,就举起木杵捣起来。他捣着,给大家讲着,说谷稷的壳皮一捣就脱落了,捧起来一扬,壳皮就随风飘走了,剩下的就是黄米。大家看着窑儿里黄灿灿的米,都很信服。

山坡茅草庵里住的那个老婆婆祖孙俩也站在人群里,走出来给轩辕黄帝叩头,千恩万谢说了好多感恩的话。这天中午,轩辕黄帝在她家吃了一顿香喷喷的黄米饭。

轩辕黄帝总是叫人敬叫人爱,就因为他心里总想着老百姓的事。俺这庄那小孩吃了稷子屙不出来的事他就没忘。后来他又外出巡察民情,遇到了一个叫契父的老人,他会用木杵舂米,轩辕黄帝就把这技术学会,来教了俺庄的老百姓。事很平常,可叫人难忘。

从轩辕黄帝到现在,不知经历了多少朝多少代,经历过多少次兵荒马乱,可兵匪贼盗,他们只抢劫金银财宝,没人要这搬不动砸不烂不值钱的石臼,所以它能一直保存到今天。你叫我讲黄帝的故事,今天先讲这一个。

讲述人:白果老
采录整理:陈瑞英

图 11.322.1　中原地区的石臼(2007年程健君摄)

【文献选录】

有臣黄雍父始作舂。所谓断木为杵,掘地为臼,以济万人。

(《云笈七籖·轩辕本纪》)

【点评】

　　本篇流传在河南中部新郑一带,是关于黄帝发现并推广原始社会粉碎器具木杵、石臼的神话传说珍品。它对研究中原农用科技史,有重要参考价值。

　　其中所透露的科技信息有:①远古中原白果树村的石臼、木杵遗物传留至今,说明此神话的可靠性。历经六千年,这些器具却依然存留,价值极高。②黄帝制造臼,是为解决谷稷带皮吃后拉不出大便的实际需求。这是黄帝高贵品格的体现。③黄帝从后稷发明的杵臼技术并亲自参与推广,从而形成黄帝时代的科技成果。④世界科技史证明:任何科技发明,逐步完善并加以推广,从而走向精度发展,都要经过许多人的实践、实验才能达到。本篇的杵臼脱皮技术恐怕在黄帝后稷之前,是由许多平常人创造的。

323. 黄帝造车轮[新郑市]

　　大家都知道,黄帝战蚩尤时,造了破雾指方向的指南车,可这车轮是咋造的呢?这还得打王母娘娘点化黄帝那儿说起。

　　传说那天玉帝和王母娘娘云游中天时,远远看见黄帝一个人闷坐在风后岭的山坡上。玉帝问:"夫人,你看那不是贤弟么?"王母道:"正是,他正在为指南车跑得慢上愁呢,待我点化点化他吧。"说着王母娘娘冲着风后岭方向打起哈欠,吹起仙气来。

　　的确,黄帝和蚩尤交战时,眼看快胜了。蚩尤喷出漫天雾气,使黄帝的兵马迷失了方向,乱了阵营。黄帝想法儿造了个指方向的,就是后来人们所说的指南车。说是车,当时形状是一块长方形木板,上面有一木人,右手总指南方。打仗时,这木板绑在一只训练好的熊精身上驮着跑。有了这器械,黄帝就不怕蚩尤喷雾了,接连打了两次大胜仗。可就在第三次交锋时,驮着指南人的熊精被敌方乱石打死了,几个兵士抬着木板急跑时,你拥我挤太慢了,使这次战役失利。黄帝正为这事大伤脑筋。所以一个人坐在那儿,闷着头想啊想啊,也没想出个好办法来,急得他出了一身汗。

　　这时,黄帝忽觉背后凉风呼呼地吹来,怪舒服哩。风越来越大,"嗖"地一下,黄帝戴着的那树枝扎成的帽子被吹落在地上,顺着风,骨骨碌碌地朝山下滚去。黄帝一看,急忙追过去,帽子越滚越快,如同精灵的飞环,比人跑得要快得多,黄帝怎么撵也撵不上。撵着撵着,黄帝顿时开窍了:"这圆圆的帽子滚得这么快,要是在指南人的板下也安上两个轮环转动起来,不也跑得快了吗？对!"想到这里,帽子也不追了,他急忙跑回营寨,马上命令工匠截了两个木轱辘,加工设置,安在板下。果真,人推也好,兽拉也好,灵活方便,跑得又快,黄帝站在上面,顺向指挥,一时军威大振,再和蚩尤交锋时,这指南车立了大功。

后来,人们模仿着指南车的轱辘,安在其他木板上就有了最原始的车。

讲述人:杨周氏,86岁,女,苏张村人

采录整理:侯松平

【点评】

本篇流传在河南新郑,是关于黄帝造指南车车轮的神话遗存珍品。它反映远古交通、作战原始工具诞生的过程。对研究科技发展史有重要价值。

其中所包含的文化史价值有:①指南车车轮像指南车一样,都是由一次偶然的机会和现实斗争的需要,才启发了文化科技的创造性思维,而取得了成功。②科技民俗的"溯源性"特征,车轮始于黄帝。③文化创造,在原始人看来都是神的智慧启示的结果。知识由天神掌握。④把普通生活中的偶然事象加以神化,是原人思维的特点。本篇像指南车发明一样,都是受西王母点化的结果,道教色彩较浓。⑤黄帝战蚩尤不利后,在具茨山受启发造车轮,并立即回军营制造。它说明主战场在中原腹地,而不在千里之外的北国燕赵、冀州、幽州、彭城、运城等地。

324. 常先造鼓［新郑市］

传说,黄帝身边有一个大臣名叫常先,他在实践中不但发明了很多狩猎工具,而且还发明了第一面战鼓。

常先一生英勇善战。他不但打仗勇猛,而且喜爱在森林里打猎。他常常能捕猎到很多野牛、野猪等非常凶猛的动物。他把猎回来的野兽肉吃了以后,就把这些兽皮蒙在木墩上晒,一些空心的木墩上的兽皮被太阳晒干后,紧紧地抱在木墩上,坐在上边有弹性,很舒服。有次部落打了大胜仗,回来庆祝,跳呀唱呀,不知是谁用木棍摇了一下这木墩,木墩便发出雄浑的声音,令人振奋。大伙都来摇,跳呀唱呀非常痛快。常先觉得这个声音能催人奋进,就找来一个磨盘大的空心树桩,制成了第一面战鼓。

传说,在涿鹿大战开始时,黄帝在阵前准备了八十面战鼓。凶猛的蚩尤攻到阵前,八十面战鼓一齐擂响,震得山崩地裂,震得蚩尤军队人仰马翻,耳聋眼花,溃不成军。而黄帝的军队则在战鼓声中奋勇向前乘胜追击,打败了蚩尤。从此,鼓就成为我国古代战争中不可缺少的用具,人们称之为"战鼓"。

(选自任化民,王谦编《荆山黄帝陵》,1994年印刷)

【点评】

本文流传在中原腹地,是关于黄帝大臣常先发明战鼓的传说。它具有研究远古战争器具史的重要价值。

其中告诉人们:①最早的战争器具,是由最初在树墩上晒兽皮,到用空心树蒙上兽皮后击打的响声来庆贺狩猎胜利,最后用在壮军威的鼓的渐进过程。它符合事物的发展规律:一是生活实际需要的功能性,二是偶然的生活中事象的启示,三是制造过程的实践。实践和创新正是推动历史前进的动力。②文化科技发明,直接与参加者的生活实际、经历、职业有关。只有从自身在具体工作的需要出发,才有产生发明、改善、总结、推广和发展这些文化科技的客观条件。

325. 兄弟献弓 [新郑市]

相传,很久很久以前,黄水河北岸有个刘庄。庄上有一户人家,兄弟二人和母亲相依为命。哥哥刘忠和弟弟刘勇都是当地有名的猎手,还制得一手好弓。后来,在西山打野猪时,哥哥刘忠被野猪咬断了一条腿,本来不富裕的家庭,从此生活越发艰难起来。

哥哥刘忠每看到弟弟刘勇拖着疲倦的身体打猎回来就心里难受,背地里不知流了多少眼泪。一日,哥哥对弟弟说:"弟弟呀,我的腿不能走路啦,可我的手还能干活呀。黄水河边有柳树,你伐些柳椽来,咱家有兽皮,让我张些大弓,换点野物和食物补助下生活吧!"第二天,刘勇就到河边伐了些柳椽扛回家交给哥哥。哥哥刘忠就把兽皮制成弓弦,将柳椽经过修整、熏烤,制成弓背,造出好多弓来。天长日久,刘忠的弓在附近十里八村出了名。

这一年,黄帝在具茨山下拜风后为将练兵,要开往涿鹿去打蚩尤。消息一传十,十传百,也传到了刘庄。弟弟刘勇决心奔赴战场去杀蚩尤,哥哥刘忠因一条腿残废不能上战场,十分懊丧。弟弟见哥哥伤心落泪,就对哥哥说:"哥呀,现在轩辕在具茨山下练兵准备去同蚩尤打仗,打仗是要用弓箭的。你做的弓,远近有名,咱咋不多做些弓,献给轩辕,不也算是为战蚩尤出了一份力量?"弟弟的一席话,拨开了满天乌云,兄弟二人立即动手,制造强弓,献给轩辕。

刘忠、刘勇兄弟很快制成了强弓三百把。送弓这天,刘家母亲特别高兴,从地里采来野花缚在弓上。乡亲们套起三辆牛车,分装了那三百把大弓。刘忠、刘勇带着三辆大车和村上要参战的青年人,浩浩荡荡向具茨山走来。

轩辕正站在高岗上看风后指挥将士们练习风后阵法,忽听报说有人献弓,就亲自下山迎见刘忠、刘勇兄弟。轩辕询问家庭情况,刘忠一五一十作了禀报,并说要送弟弟刘勇参战。黄帝听了非常感动,说道:"为保咱有熊国安危,你们千辛万苦制了这么多弓献来,还要送弟弟刘忠参战,足见你一片爱国忠心。但刘勇一腿残废,尚有年迈老母,我看就不要上阵打仗了吧,留在家里,一来照顾母亲和刘忠,二来多制造些弓,供应战场使用。今奖赏你兄弟黄牛十头,皮可制弓,肉可补充家里食物。你们兄弟也可将制弓之法教给乡民,让他们制出更多的弓供应战场。"刘忠、刘勇兄弟听罢,再三叩首拜谢而去。

在涿鹿大战中,刘家兄弟供应了许多强弓硬弩,刘庄弓也从此闻名于世了。

采录整理:袁玉生

【点评】

本篇流传在河南新郑,是关于黄帝战蚩尤时,猎户兄弟献弓帮助作战的传说。它可帮助了解弓箭使用的历史,弓箭在古代战争中具有较大的远射程杀伤力。从而使战争的技术大大跨进一步。

其中告诉人们:①弓的发明远在黄帝之前的狩猎时期。②弓箭用于战争始于黄帝时期战蚩尤的实战需要。③刘忠、刘勇兄弟献弓是在刘忠狩猎受伤以后,为生计所迫始造弓以糊口。战争促使二人造弓、献弓,从而立下军功。④献弓是在具茨山练兵场。可见,战蚩尤的地点离具茨山不远。

326. 陶正宁封[新郑市]

远古的时候,人们没有锅碗盆盘这些炊具,打来的野兽只能架在火上烧着吃,收获的谷物也只能放在石片上烤着吃。人们常常吃生、硬的食物,胃肠大都患有疾病。人们也没有打水的器具,只能依水而居,一到天旱的时候,人们可就惨了,往往要跑到很远的地方才能喝到水。据说到了黄帝做中央天帝时才发明了烧陶的技术,解决了这些生活难题。

有的书上说是黄帝发明了烧陶技术,也有的说是宁封发明的。宁封原是隐居在蜀地青城山中的仙人。青城山是由五座高峰组成,五座高峰连绵起伏,像一座天然的大屏风。宁封修炼得道,擅长龙蹻飞行之术。黄帝曾专程到青城山向宁封请教龙蹻飞行之术。交谈中还提到了烧陶的事情,原来他们都已经在长期使用火的实践中发现了黄泥用火烧过会变得非常坚硬的特性,并且不约而同地想借黄泥的这个特性烧制各种器皿。黄帝非常高兴,就邀请宁封到他朝中做了陶正,并封青城山为"五岳丈人",宁封后来也就自然成了宁封丈人。

　　陶正就是专门负责烧陶的官吏。宁封作了陶正之后,就日夜琢磨、试验,可是总掌握不好火候,不是火急了,就是火小了;不是时间长了,就是烧得时间不够;烧出的陶器不是裂了缝,就是一层层地爆皮掉渣。宁封急得坐卧不安,日夜守在窑边。这一天,宁封朦朦胧胧看见一个长得非常奇特的人向他走来,向他一五一十地讲述烧窑的方法,并亲自替他掌管炉火。炉灶中居然慢慢地冒出五色烟雾来,烧出的陶器又光滑又结实。宁封惊喜万分,回头再看那位仙人,早已不知去向。宁封从此就按照那位仙人所教的方法烧窑,烧出许多精美的陶器,也教会了许多徒弟,但他还总是亲自掌火。有一次,架火烧陶,宁封仍像往日一样跳进火中随着五色烟雾飘飞上下察看火候。但火熄灭之后,宁封早已不见了。人们在柴火的灰烬中发现了几块宁封的骨头,就将宁封的骨灰安葬在宁北山中。人们说"宁封"这个名子就是由此而来。宁封,就是埋葬在宁北山中的意思。这显然是在宁封去世后人们给他起的名字。人们又在宁封原来隐居的青城山下为他修建了一座丈人观,每年人们都来祭祀为了烧陶而献身的"宁封丈人"。

　　也有的说,不是宁封自己跳进火中。而是宁封上窑顶添柴禾,窑顶忽然塌下,宁封落在火中,宁封并没有被烧死,因为他会龙蹻飞行术,人们看见宁封随着五色烟火升上天去了。

(选自马清福主编《秦汉神异》,辽宁大学出版社1991年版)

【文献选录】

(黄帝)乃命宁封为陶正,赤将为木正,以利器用。命挥作盖弓,夷牟造矢,以备四方。

《路史》卷十四

赤松子者,黄帝时人也。世传为黄帝陶正。有人过之,为其掌火,能出五色烟,久则以教封子。封子积火自烧,而随烟气上下,视其灰烬,犹有其骨。时人共葬之宁北山中,故谓之宁封子焉。

《列仙传》卷上

【点评】

　　本篇是作者根据道书《列仙传》的文字加以改编的通俗文本。它基本上失去了民间口承神话的形态,道教化特别严重。

　　其中反映的内容与问题:①《路史》中仅提到黄帝命宁封做陶正之官。《搜神记》记载的是宁封在研制炊具、陶器的烧窑过程中被烧死(和其他类似传说如禹县《金火圣母》等相同)。人们把宁封的骨灰埋起来,才叫宁封的,比较朴素、简明。②本篇则将黄帝时代的陶工技师的神话完全道教化。将民间陶业技术家的身份完全变成"青城山仙人"修道飞升成功的作为。而这种仙化了的道人绝不可能是黄帝时代的人的形象。③关于"投炉"与人们当时的人的血肉之躯可以使烧窑技术飞跃观念有关。类似的如钧瓷烧制中就有此现象。

　　值得注意的是,本篇提到烧陶原是黄帝发明的技术,这比较可信。黄帝向宁封学习的过程中,发现宁封的发明成果,然后加以总结、推广,从而成了黄帝名下的科技发明。黄帝命宁封做烧陶的官,就是很好的证明。而本篇在改编后,宁封丈人的业绩完全归功于道教修炼成功的结果。它明显是道教炼丹成仙的手段。这样就歪曲了原始宁封发明陶器神话的原始形态,尤其在渲染仙化气氛上更加突出。

　　本篇所说宁封陶正辛辛苦苦研制烧陶技术,甚至献身的精神,则应是民间神话的内涵。因此,总的看问题在于编者不应合《列仙传》于民间神话之中。

327. 来集与牛集［新密市］

　　黄帝打败蚩尤之后,国家统一,天下太平,百姓安居乐业。黄帝在风后、力牧等大臣的辅佐下,把国家分为九州,州下设师、都、邑、里、朋、邻、井等,分派官员去进行管理。同时,要求地方官员带领百姓开荒耕田,种植五谷,植桑养蚕,饲养家畜,发展石、陶手工业。黄帝还把战争年代使用的马匹、牛驴及驯养的野兽分给缺少耕畜的部落。这样,不到十年,有熊帝国是粮满仓,畜满圈,衣服穿不完,石陶工具用不尽,真个像人们说的路不拾遗,夜不闭户。有一年的一天,黄帝和风后、力牧等从国都出来,顺着洧水河往西走,一路查看民情,来到一个离国都三十里的地方。老百姓听说黄帝和风后来了,都从几里远的地方跑来,想看看黄帝、风后到底是啥样。他们见了黄帝又是磕头,又是作揖,感谢黄帝给他们带来好日子。黄帝和风后问老百姓还有啥要求,其中一个种粮食的村民说:"阵者儿(土语:现在)这日子啥都好。就是有一点儿不方便,比如说,我是种田的,打的粮食多,可是缺肉吃。"另一个男的接着说:"是哩,我们住在山里,有的是禽畜,可是少粮食。"又一个男子说:"我也是山里的,山上多的是石头,我打了许多石斧、石铲、石镰……要是有个地方,把它换成粮食、布匹该多好。"旁边一个女子接着说:"中,中,我们家织的布穿都穿不完,要是拿出多余的换成粮食呀、鸡呀、鸭呀的,那我们就啥都不缺了。"大家你一言我一语,七嘴八舌地说得很热闹。黄帝听了说:"这直巴老中!"扭回头对风后说:"你看是不是在这儿给他们找俩得劲地方。为不耽误生产是不是每天日出采集,日午而散?"黄帝说罢,把风后留下建集,就同力牧又西巡去了。

黄帝、力牧走后,风后叫百姓叫来里、朋、邻、井的头头,在一起商量划地方的事。大家商量半天,就在附近划了两个地势较为广阔平坦的地方(今新密市来集村和牛集村)。从此,人们每日天不明,推车的推车,挑担的挑担,手提的手提,背的背,拉的拉,鞭赶的鞭赶,从四面八方来到这两个地方交换粮食、牛、马、驴、羊、猪、鸭、兔、石铲、石斧、陶器等,非常热闹。这件事在有熊帝国传开了,一些州、师、都、邑等也都仿照这里的弄法,兴起"集"来。

上古时候,人烟稀少,居住分散,那些住得离"集"远的往往误集。当他们带着粮食,或牵着牲畜赶到集时,天早已大半晌了,还没卖着东西,天已经响午了,落个白跑腿。风后把这情况反映给了黄帝,黄帝又下令把半晌集改为全天集,也就是两天一集。这样大大方便了百姓。黄帝叫给这两"集"起个名字,风后想了好久,就把首先兴起的这两个集点叫"来集"。意思是"大家都来赶集"。天长日久,赶集的人们常把两个"来集"弄混淆。风后就又把东"来集"定为牲畜主要交换点,而牲畜又以耕牛最多,所以人们干脆叫它"牛集"。而西"来集"主要是交换五谷杂粮、生产和生活用具,所以人们仍叫它"来集"。

集日兴得久了,赶集的越来越多,慢慢地出现了一些专为给交换双方牵线搭桥的经纪人。他们干脆就在这两"集"点修房盖屋长久地住了下来。这样,就逐渐形成了村庄。

由于东"来集",主要交换牛、驴等牲畜,取名为"牛集",所以住在这里的人也就随了牛姓,传说这就是后世牛姓的来源。而居住在西"来集"的人就以"来"字为姓。至今,"牛集"居住的大多数人仍为牛姓,"来集"居住的多数人仍为来姓。传说这两个"集",就是中国几千年历史上农村集日的开始。

采录整理:高力升

【点评】

本篇流传在黄帝有熊氏之墟河南新密市,是关于黄帝组织群众兴起发展原始集市贸易的珍品。它以地名的遗存证明我国最早集市贸易兴起事实。

其中反映的主要文化信息有：①新密市是溱、洧二水流域的黄帝族居住、生活的中心。②集市的贸易原始形态的出现,是由于生产力发展的自然需要交换的结果,"来集"之名即由此起。③商贸交易中介"经纪"的出现很早,同时又逐渐制度化。④村庄的形成,许多都与集贸发展要求固定地点有关。⑤姓氏的来历之一,就是与地名密切相关,有的集贸内容形成姓氏。

328. 牛庄与马庄的故事［新郑市］

新郑山包嶂山的西北角,有两个小村,一个叫牛庄,一个叫马庄。说起这两个小村村名的来历,还得从人文初祖轩辕黄帝讲起。

相传,轩辕黄帝被尊为天子后,正逢盛世,百业俱兴。那时,山包嶂山有一支狩猎队很是有名。他们的首领叫辛勤,带领着四五十人的队伍,活动在山包嶂山、黄水河一带的山丘河谷之间。这辛勤性情直率,办事公道,很受众人尊敬。他们每天得到的猎物,总是当天剥皮分肉,每人一份,辛勤从不多分。

有一天,他们所获猎物很多,还捉到了一只小牛崽。因为当日天已经很晚了,来不及宰杀分肉,就交给了辛良、辛善兄弟看管。辛良辛善兄弟把猎物都搬到屋里,将牛崽拴到门前,就睡觉了。第二天起来一看,不知从哪里跑来一只大母牛,安详地站在小牛身边,正给小牛喂奶,见了人也不离去。过了一会儿,众人都来杀兽分肉。辛良、辛善兄弟说:"勤叔,这头小牛无奶吃,叫声实在可怜;这头母牛不顾生死跑来给小牛喂奶,可见野物也有母子亲情。我们兄弟二人情愿这次不分肉,将这两头牛领回喂养。小牛会长大,母牛明年会再下崽的。"辛勤想了想对大伙说:"反正我们每天猎到的野物也不少,若每次都杀死分肉,肉吃不完也会烂掉的。捉到活的养起来,到哪一天猎物少时再杀分肉,也是个好办法。辛家兄弟愿意养这两头牛,就牵回去养着吧,以后再捉到活马活牛,也给你们养起来,肉仍一人一份分给他们。"众人也都很愿意。

从此以后,辛家二兄弟就在门前搭起栅栏,养起牛马来。他们春天给牛马拔来青草,夏日为牛马搭起凉棚,秋天为牛马驱赶蚊蝇,冬天为牛马垒墙御寒。他们棚圈里的牛马越来越多,还个个长得体壮膘肥。

再说始祖爷黄帝虽被尊为天子,从不坐享其成,仍然经常亲事农桑,外出狩猎,深入民间,体察民情。有一天,黄帝带人狩猎,来到山包嶂山下,远远就听到一阵牛哞马叫声。黄帝等人寻声来到辛家兄弟门前,见一大群牛马被圈在栅栏中,还有两个中年汉子带领几个妇女、儿童正给牛马棚里分放青草,十分惊奇。黄帝问那两个汉子:"你叫什么名字? 是怎样得到这么多牛马的? 这些牛马为何能这样驯服?"辛家兄弟认出是黄帝,就忙叩首下拜,回话说:"我们叫辛良、辛善,是兄弟二人。我们捉到活牛、活马都喂养起来;母牛母马还不断下崽生子,不断繁衍,所以现在有这么大一群。它们受人喂养,与人共处,时间长了,性情就慢慢温顺起来。"黄帝听了,当即夸奖说:"这种办法太好了。我要告诉各部落,以后凡是猎到活牛、活马,或是幼牛、幼马,都不要当即杀死,要喂养起来,叫它们繁衍生息。"又对辛家兄弟说:"你们看,这牛马虽然都吃草,它们所吃的草又不尽然相同,马牛的性情也不一样,你们不如将牛马分开喂养。一个饲牛,一个喂马,慢慢驯化。牛可耕地拉车,马可供人骑坐。"黄帝说完,又命从人将他们猎到的一匹母马也留给辛家兄弟喂养。

黄帝走后,辛家兄弟感到黄帝说的有道理,就将牛马分开来喂养。辛良立一栅栏饲牛,辛善在不远处另立一栅栏养马。随着时间的推移,人口繁衍,慢慢就发展成了两个村庄,饲牛的那个叫牛庄,养马的那个叫马庄。

采录整理:袁玉生

【点评】

本篇流传在新郑市,是关于黄帝发展驯养牲畜的神话传说珍品。它对探讨黄帝时代狩猎文化,有重要参考价值。

其中透露的文化信息:①黄帝时代的天子是君王,也是普通劳动者,是生产技术的发明者、研制者;也是对新发现的文化科技的经验总结者、改善者和推广者。②驯养牲畜的形成是从狩猎生活中遇到的问题促使发展起来的。任何新的科学技术知识都存在这样的过程。③原始狩猎需要储存活的猎物,以使之长久为人们所用,这是规律。④地名、村名、姓氏的起源,从人们从事的职业命名,是重要的原因之一。本篇的村名的存在证明:此传说真实可信。

329. 娄底村的来历[灵宝县]

阳平镇有个娄底村,过去不这样叫,而是叫"漏底村",时间长了,人们便把它演变成娄底村。

传说在很早很早以前,这一带山穷地薄,十年九旱,民不聊生,又有瘟疫疾病的传染,百姓常家破人亡,妻离子散。在昆仑山上修炼的黄帝听说后,赶来这儿解救百姓,准备在荆山铸鼎炼仙丹为民治病。他从首阳山弄来了铜,一切就绪,但没有水。

有天,黄帝提着一个高五尺、粗三尺的罐子,到离荆山很远的西湖去汲水。据说西湖水清澈见底,甘甜如蜜,人喝了不但可以治百病,而且养人。在汲水回来的途中,走到一个只有几户人家的小村,碰见一个白发白胡须的老翁坐在块大青石上,手握一根长杆烟袋吸烟。这烟袋大得出奇,烟袋杆长五尺有余,烟锅大似小碗,烟嘴像小娃胳膊。他吸烟的样式很特别,对着天一袋接一袋,吐出的烟雾也很特别,直直地升到天上。

白发老翁看着劳累的黄帝很热情地说:"歇歇吧!来吸吸烟提提神。"黄帝见老翁盛情难却,便放下罐子走到白发老翁跟前。老翁边给他递烟袋边说:"你吸这烟啥味道?"黄帝接过烟袋抓了一把又黄又亮的烟叶按在烟锅上,又拿起火草点燃,然后长长吸了一口说:"不错不错。"黄帝边吸烟边和老翁攀谈,谈的全是天上的事。黄帝手中的烟吸呀吸呀,不知吸了有多少时候。

黄帝吸完烟走的时候,提罐子时才发觉罐底已经掉了,罐里水也已漏尽,就随口说了一句"漏底",长长叹了一口气,待他转过身来那白发老翁已不见踪影,黄帝很是诧异。正纳闷时,从罐子曾经放过的地方喷出一股清泉,清泉像桶那么粗往上涌。这时黄帝便想起他和老翁说话时老翁一个劲在地上敲,原来老翁是来点化的。

从此以后,这个村便叫做"漏底村",后来又被叫成"娄底村"。

(选自任化民,王谦编《荆山黄帝陵》,1994年印刷)

【点评】

本篇流传在河南灵宝县阳平乡,是关于黄帝为百姓找水神话遗存珍品。它反映黄帝为民治病炼丹制药,为民找水消除旱情的全心为民的品德和行为。

其中透露的文化信息:①黄帝在荆山采铜,在铸鼎原炼铜、炼丹,而不在豫中襄城。②黄帝时的冶金炼铜术已很成熟。③黄帝炼丹是为民治病,而不是求长生。这是同类记录中的"非道教化"倾向。④黄帝在上神的巫术帮助下,以黄帝的水罐底掉为由,使地上涌出泉水,解除了他炼铜缺水和百姓需要水的重大问题。⑤篇中用超自然的神力,解决现实生活中的实际问题。这正是原始社会人们的神话意识的功能性特征的反映。⑥娄底村村名流传至今,证明了此神话的真实性和神圣性。

330. 造物神种玉荄[新密市]

盘古有四个儿子,一个女儿。他开天辟地后,叫他的大儿子司管九霄,为方神之尊,人称"玉帝";叫他的二儿子司管九州,为人间始祖,人称"黄帝",三儿子司管物种走兽,人称"造物神";四儿子司管水族,人称"龙王";小女儿司管百花,人称"花神"。

盘古开天辟地劳累过度,伤了元气,将死的时候,他把三儿子叫到跟前说:"你生性懒惰,至今大地荒凉,草木不生,禽兽无影。我死后希望你勤奋起来,使草木茂盛,禽飞兽走……"

盘古死后,造物神遵照父亲的遗嘱,很快使草木生长起来。有了草木,鸟兽也活跃了,大地一派生机,这时,造物神又懒惰了,整天待在他的安乐宫中,啥也不管了。

一天,黄帝来到安乐宫,对造物神说:"人类急需食物,赶快去造。"

造物神懒洋洋地说:"野果足够人吃了。"

黄帝说:"人越来越多,野果已经不够吃了。你必须马上再造一种食物,供人食用。"

黄帝走后,造物神想到了父亲盘古的话:往南走四万四千四百四十四里有座藏种山,山上有一个藏种洞,洞里有四粒种子。两粒是白色的种子:一粒可生长成白玉石,一粒可生长成高大的白玉茭树。另两粒是黄色的种子:一粒可生长金属,一粒可生长成高大的黄玉茭树。白玉茭树和黄玉茭树结的果实,都可供人食用。

造物神坐上麒麟车,从五月到八月走了三个月,才到了藏种山,取出两粒玉茭树种。所以现在的玉茭,五月种上,到八月才熟。金和玉的种子,造物神懒得拿,仍留在山中。所以现在金和玉只有从山里才能找到。

有了玉茭树种子,要培育成高大的玉茭树还很麻烦。首先要把种子播种在净土里。而这净土只有净土园里才有。净土园在北方,需走三万三千三百三十三里才能找到。其次要浇生长水。而生长水在东方二万二千二百二十二里的"生长泉"中,还要浇千穗水。而千穗水在西方一万一千一百一十一里的"千穗潭"里。玉茭树的种子只有埋在净土里,发芽后浇上生长水,开花后再浇上千穗水,才能长成高大的玉茭树,树上结满累累的果实。造物神很懒,他取回种子后,顺手埋在垃圾堆上。发芽后没浇生长水,开花后没浇千穗水。结果玉茭又小又矮没有长成高大的树,上边只结一两个玉茭棒子。

采录人:冯胜利

【点评】

本篇流传在河南新密市轩辕丘一带,是关于黄帝推动造物神种玉茭(玉米)的神话遗存珍品。它接近民间口头神话形态。它对研究中原上古农业良种史有重要价值。

其中透露如下文化信息：①我国的良种玉荛的种植，远在黄帝时期就出现了。玉荛又叫玉米、玉蜀黍，在原始社会的食物中具有极重要的价值。我国也如此。②玉荛种子在藏种山藏种洞里。要从五月到八月走进山洞得到种子，还要取各方神水。造物神懒，才使玉荛长不高大。这是原人神话意识的集中体现，实际带有解释性质。③盘古世系直接与黄帝衔接，中间不见伏羲、女娲，而将黄帝与玉帝、龙王并列，花神与龙王等同属盘古之子，明显道教化。

331. 凤凰台和凤台仙大米［新郑市］

郑州市东南有一个小村庄，叫凤凰台村。这里种植的凤台仙水稻穗大粒饱，角质透亮，碾米煮饭，米粒颗颗竖立，满室飘香；吃起来，更是清香可口，回味无穷。说起凤凰台和凤台仙米的来历，也真不平凡！

相传，那一天始祖爷轩辕黄帝给各部落送嘉谷种子行至邙岭，看到邙岭以东的土地平平坦坦，一望无际，心想："我有熊国，有如此平坦的土地，都种上五谷，何愁万民不富！"想罢，他就顺黄河岸往东行走，想看看这片平坦的土地上都种植些什么。他来到一个小村庄，一群百姓正垒堤阻水种禾。他走过去，对一老人施礼问道："老人家，这平坦的土地，没有积水的地方能种植五谷。这积水的地方，就不能种些什么吗？"老人长叹一声说："唉，我们也想在水中种上庄稼，可就是撒下的种子不几天都烂掉了。没办法，我们只好辛劳些，阻水种禾……"轩辕听后，把手中的嘉谷种子分一些给他们，并拉住老人的手说："老人家放心，我轩辕一定找到能在水中生长的种子，让大家多收粮，吃饱饭。"众人听说轩辕黄帝送嘉谷种子来到了民间，都跪伏在地上，感谢黄帝的大恩大德。

轩辕黄帝忙扶起众人，正要转身离去，忽听得天空一阵大风刮来，抬头一看，见一只七彩大鸟，鸣声如琴，从西北方向飞来。老人高兴地说："凤凰，凤凰，这是祥瑞之鸟呀！一定会给我们百姓带来福气！"凤凰飞到头顶，轩辕黄帝看见凤凰的嘴里衔的正是一枝稻穗。凤凰从头顶飞过，轩辕不顾一切地追赶凤凰而去。凤凰在天上飞，轩辕在地下追，凤凰飞得快，轩辕追得急。蒺藜扎破了脚，他顾不得拔；荆棘刺伤了腿，流出血，他顾不得擦……

后来，凤凰飞到一个高台地上落了下来，轩辕黄帝也跌跌撞撞地追到高台地前倒下。黄帝伸出双手说："凤凰呀凤凰，我们有熊国的许多旱地都种上了嘉谷和穈子，但我们还有许多水田没有种上稻谷，我们的许多百姓不得温饱，你就做点好事救救他们吧！"凤凰听了轩辕的话，十分感动，就放下稻穗，点了点头，似乎在说："你是一位有道圣主，为民甘愿吃苦受累。这稻谷种子就是送给你的……"轩辕黄帝一眨眼睛,凤凰已经飞走了。

轩辕黄帝站起来,走到高台地上捡起稻穗,叫来当地百姓在水中种下。不久,好稻谷果然长出了禾苗。秋天,这里的稻米获得了丰收。为纪念凤凰衔种之功,轩辕黄帝把这块高台地定名为凤凰台,把这种稻谷米,定名为凤台仙大米。

采录整理:袁玉生

【点评】

本篇流传在河南郑州市,是关于黄帝推广稻米良种的神话遗存珍品。它接近民间口承神话的形态!对研究我国北方水稻种植的历史有重要价值。

其中透露出来的原始文化信息:①我国北方中原地区种植水稻的历史从黄帝时代就开始了。②优良稻种像一切科技文化知识一样,最早都掌握在天神手里。原人心态中都认为人类的知识都是天神授予的。仙台米也不例外。③黄帝是人主,更是天神。他的思想和行为都体现了"天人合一"的观念。凤凰神话化的送仙米即是一例。④北方原属黍麦作物的地区,但中原也有低洼水域不适于种旱地作物。因此,种优良水稻就成了新的农业开发项目,而这个文化是由黄帝开发的。⑤凤台与仙米的遗迹和作物存在,证明此神话可信,幻想与现实达到完美的统一。

332. 杜康献酒[新郑市]

黄帝战胜了蚩尤,降服了炎帝,平息了战争,统一了天下,建都有熊,结束了野蛮时代,人类开始进入文明社会。就在这时,部落里连连发生"抢婚"的事。黄帝认为这是一种极不文明的现象。为了制止这种事情的蔓延发展,黄帝专门挑选了面貌丑陋、品德贤淑的丑女(封号嫫母)为妻,还到处传扬,让群臣百姓们都知晓。举行结婚庆典这天,具茨山特别热闹。山上搭了彩棚,插了各色旗帜,山上山下到处是前来恭喜祝贺的人群。彩棚里,黄帝和丑女坐在上首,两边列坐着风后、大鸿、力牧、常先等群臣,嫘祖、方雷氏、彤鱼氏也在坐。还有其他部落前来贺喜的部落首领。

结婚典礼就要开始了,忽听太乙氏来报,说西陵氏部落有个名叫杜康的前来献礼祝贺。话音未落,只见一壮年汉子怀抱一只大罐子跪倒在黄帝面前,哭诉了他不远千里前来献礼祝贺的缘由。

原来这名叫杜康的汉子,家居嵩山西南的伊水河畔,自幼和本部落里的一个叫桑榆氏的姑娘很要好。他们俩同年同庚,幼年一同玩耍,长大一起渔猎,感情非常深厚,后来就定下了终身。桑榆氏姑娘貌美,又贤淑。十八岁那年,他们定了日子,要办喜事。就在办喜事的那天夜里,突然有几条大汉闯入了他们的洞房,将桑榆氏抢走了。杜康本是个守本分的人,后来几经寻找,虽说找到桑榆氏的下落了,也没有能要回来。那方要强婚,终因桑榆氏不从,被活活打死了。杜康呢,因思念桑榆氏,非桑榆氏不娶,至今没有婚配。这是十八年前的事了。

杜康哭诉完那件往事,从地上爬起来,将怀里的那个罐子高高举上头顶,对众人说:"我在家听人说,为制止抢婚,黄帝选丑女为妻,率先做出榜样,就抱着这罐老年陈酒,翻山越岭,走了七天七夜,赶来祝贺……"没等杜康说完,人们便惊异地交头接耳议论起来。"酒"这东西那时由杜康初次酿造,部落里尚未流行,人们还都不知道酒是啥东西。看到大家惊异的目光,杜康走向前,把酒罐子放到黄帝和丑女面前的石桌上,回过头来向大家说明了他发现酒的经过、酿造方法和喝酒的好处。说完,他打开罐口,倒了两碗,献给黄帝和丑女,祝贺他们新婚。

黄帝接过碗来一尝,觉得绵甜可口,芳香扑鼻,就命嫘祖、方雷氏、彤鱼氏拿过碗来,分给众人品尝。丑女也站起来给大家敬酒,一时间,具茨山热闹非常。

采录整理:张永林

图 11.332.1 汝阳杜康酒厂酒窖一角(2014年程健君摄)

【点评】

本篇流传在河南新郑市,是关于黄帝抵制当时出现的抢婚现象,而与丑女结婚的神话传说珍品。杜康献酒正是抵制抢婚的典型。它基本符合民间口承神话形态,有研究婚俗演变的价值。

其中反映以下几方面的社会、文化问题:①黄帝时代,中原出现抢婚的野蛮习俗。在进入文明社会之后,落后婚俗还流行。②黄帝作为中华文明先祖,自然抵制抢婚:自己与丑女嫫母结婚。提倡不因女色而抢婚。③黄帝与嫫母的关系仍为夫妻(原在西方)。在神话中已易位王母(嫫母成了天后)。④黄帝时代,中原伊川(或汝阳)杜康已造出美酒。这又是一个科技信息。⑤杜康献酒是为了向抵制"抢婚"的黄帝、嫫母结婚表示祝贺,同时,也是他抗拒抢婚的实际行动。

333. 黄帝的长寿秘方[新郑市]

史书上说,轩辕黄帝活到一百一十一岁。他能如此长寿,据说是他得了崆峒山仙人的长寿秘方。

相传,轩辕十岁那一年,得了一种很厉害的传染病,吃了许多草药也没治好,身体十分虚弱,全身的毛发全脱落了,手指脚趾也变了形,眼看病情越来越重,都快要不行了。一天,他对家人说:"我恐怕要死了,你们不如趁我还有一口气,把我送到野外去,免得死在家里,再传染别人。"

他的家人知道这种病的厉害,又觉得轩辕说得有理,就准备了些吃的东西和用具,把他送到了具茨山西的一个山洞里。轩辕一个人住在山洞里,不见父母和兄弟姐妹,又想着自己活不长了,情绪非常低落,整天流泪不止。

一天,有一位崆峒山的仙人从这里经过,听到哭泣声,走进轩辕住的山洞。仙人看见轩辕的这个样子,很是可怜他,就问他为什么一个人住在这里。轩辕看看进来的老人,心里想,虽然他年纪很大了,头发胡子都白了,可他红光满面,精神抖擞,走路说话如同年轻人,一定不是个普通人,于是,就把自己为什么一个人住在山洞里的原因,一五一十地告诉了老人,最后,还哀求老人能搭救自己。

仙人听说轩辕病成这个样子,心里还想着别人,觉得他这个人心眼很好。好人应当得到好报。于是,仙人就从怀里掏出一个葫芦,打开盖,倒出许多药丸送给轩辕,又交代了这种药丸的吃法,就走了。轩辕想说句感谢的话都没来得及说。

按照仙人的指点,轩辕服完了仙人所送的药丸,身上的病便不见了:毛发慢慢地长了出来,脸上泛出了红润,皮肤也恢复了原来的平滑和光泽,像常人一样了。

轩辕刚想要回家,仙人又来到了他住的那个山洞里。轩辕叩谢了仙人的救命大恩,又乞求仙人说:"我住的那边山上,还有这种病人,你要是能传给我这种药丸的配方,我就可以自己配制,再去救别人的性命,而不必再麻烦你老人家了。"

仙人非常赏识轩辕小小年纪总想着别人的为人,就对他说:"这药丸是松脂炼成的。这一带的山里松树很多,松脂很容易得到。你把它采回来经过提炼,就能治病。松树越老,树脂越少,树脂越少,药效越好。井泉河水服药只能治病,不能收到长生不老的药效,要长生不老,得用黑龙涎送服……"然后,那位仙人又教给他提炼松脂的方法,最后还再三嘱咐不得外传。

轩辕谨记仙人的嘱咐,进山采了一些松脂,便离开了山洞,回到家里,谁知这一去竟是十年。他的父母都已过世,哥哥榆罔也远走他乡。村人都以为他已经死了,见他站在面前,以为是鬼,都惊讶得说不出话来。他把得到仙人搭救的经过告诉了大家,村人才转惊为喜。

此后,轩辕把带回的松脂进行提炼服用,从不间断。他到什么地方有害他这种病的人,便送药去医治。提炼的松脂用完了,他就再到山上去采,再提炼,自己吃,也给别人医病。

轩辕服药的日子长了,感到自己的身体越来越轻,力气越来越大,爬山过岭,连着走三五天的路,不吃不睡,一点也不觉得劳累。七十岁时,头发不白,牙齿不落;九十岁时,耳朵不聋,眼睛不花;过了一百岁生日,面无皱纹,白里透红,像孩子一样;直到一百一十一岁那年九月,一条黄龙才驮他上了天宫,人们都说轩辕成仙了。

据说,轩辕在涿鹿大战擒杀蚩尤之后,一天在具茨山避暑洞闲暇无事,想起了崆峒山仙人的话来:"井泉河水服药只能治病,不能收到长生不老的药效;要长生不老,须得用'黑龙涎'送服。"这"黑龙涎"到哪里去找呢?他想着想着就睡着了。

他在具茨山上每天所饮用的水,都是从黑龙潭里吸取来的。人们都说这黑龙潭里的水都是从黑龙嘴里吐出来的,他不知道这黑龙潭里的水就是黑龙涎。

采录整理:张永林

【点评】

本篇是作者根据部分文献记载编写的关于黄帝炼丹求长生的通俗文本。它不属于民间口承神话,而是道家方士的传闻,可作为研究黄帝道教化的参考。

其中所反映的是道教神仙佚事:①把道家方士炼丹神秘化,实际是不可求得的幻想。②黄帝小时得的传染病既得不到医治,用松脂炼的方法秘而不传,治传染病的原理亦不知。可见其科学价值亦极为有限。③黄帝治病救人的爱民之心受人尊敬,他炼丹济世报人是他的人主道德的体现。传长寿秘方是如此,在灵宝铸鼎原炼丹也是这样。这和许多道教书籍所宣扬的黄帝炼丹成仙升天自然有本质的不同,像本篇所体现的"非宗教化倾向"的神话传说是宝贵的。

334. 黄帝与节节草［新密市］

仓颉受人祖爷黄帝指派，在造字台造字多年了。老仓颉年事已高，积劳成疾，总感到身体不适，胸闷气喘，头晕恶心，胸口像压了一块大石头，有时候还如刀绞一样疼痛。人祖爷黄帝听说了，就同风后、常先等一起，带着鹿胸、鲜果等物来看望他。人祖爷详细地询问了老仓颉的病情，决心治好他的病，让他好好造字。

人祖爷从老仓颉那里回来以后，总留心寻求治老仓颉病的药草和方法，每有所得，就送给老仓颉。可是，一月过去，送去的草药没治好仓颉的病；一年过去了，送去的草药没治好仓颉的病，人祖爷非常焦虑。一天，人祖爷西巡走到一座大山下，看见山上走下一位老人，鹤发童颜，健步如飞，边走边歌。歌曰："无叶草，真神奇，能治胸痛气闷疾。"人祖爷黄帝立即赶上前去，施礼问道："老人家，何处有这种无叶草？"老人停住脚，看到眼前的汉子十分诚恳，就说："这种无叶草只生长在黄河源头的一个深涧里，山口还有一条独眼恶蛇看守。此前去采无叶草的人，多被这恶蛇吞食。你莫去白白搭上一条性命！"老人说完就下山去了。人祖爷黄帝目送老人下山，自己暗下决心：山高路远我不怕，一条恶蛇有何惧，我要斩蛇取草，拯救百姓。

人祖爷黄帝背上他的千年藤弓，竹杆鱼骨箭，不分昼夜向黄河源头那个深涧走去。他走了九天九夜，翻过了九座大山，涉过了九条大河，终于走到了黄河源头，找到了长有无叶草的那条深涧。黄帝伸手就要去采无叶草，那条独眼恶蛇向黄帝扑来。黄帝一个箭步，躲闪到一块巨石后边，搭上竹杆鱼骨箭，拉开千年藤弓，射向恶蛇，正中独眼。恶蛇喷出毒雾，正待逃跑，黄帝腾身骑上蛇身，两手死死卡住蛇脖，任恶蛇左右上下翻滚，只是不放。大约一个时辰，恶蛇终于气绝身亡。人祖爷这才松了一口气。

人祖爷黄帝看看地上的无叶草，被恶蛇拍打得一节一节散落在地上，感到实在可惜就把它一节一节地捡起来放到背篓里。他想到老仓颉的病就要治好了，心里非常高兴！他又想，独眼恶蛇虽然被我杀死了，但这里距中原路途遥远，山高水阻，再来采集，实在不易。他就尽量多采取一些，带回去。

人祖爷黄帝回到具茨山，把无叶草配成药方，很快治好了老仓颉的病。余下的，他就细心地把它一节一节地接起来，栽植到姬水河边、沟沿、山坡上，让它繁衍生长，如果百姓们有谁再得了仓颉这种病，便可随处采摘医治。不信，你到河边、沟沿、荒坡上去找找，随处都生长着这种人祖爷栽植的无叶草。由于这种无叶草是人祖爷一节一节接起来栽种成活的，百姓们都叫它"节节草"。

采录整理：袁玉生

【点评】

　　本篇流传在河南新密市,是关于黄帝发现、采集和推广医药的神话遗存珍品。它对研究中草药药物学有重要价值。

　　其中透露出如下文化信息:①黄帝时代药物的发现既是现实医疗的急切需要,又有一定的偶然机遇。而这种机遇又有两种来源,一是民间医疗人员的实践创造,另一个是"奇人""仙人"的指点。在黄帝原始时期,多属后者。②黄帝为救人,不畏艰难险阻,远去黄河源头战恶龙始得到这种奇药。③黄帝作为一代君王,自然济民之困,救民之疾,更重要的是推广、种植药草,把经验传留后世。这一点,黄帝与神农氏在太行山百草洼种植药草的行为有相似之处。这是中国药学史上的普遍事实。没有济世之心,哪里会有《本草》问世。

335. 山药改名[沁阳市]

　　在神农坛百草洼西南不远的地方,有一条山谷,名叫山药沟。提起这个名称,还得从黄帝说起。

　　古时候,黄帝和蚩尤打了很多年仗,费了好大劲,最后总算把蚩尤逮住杀了。然而由于劳累过度,自己也得了大病,浑身肿胀,虚弱不堪。医官虽百方调治,仍不见效。后来,黄帝到太行山疗养,就住在神农坛的百草洼附近。黄帝吃饭不香,睡觉不稳,成了一块心病。有一天,他去后山转游,碰到一位砍柴老汉。老汉看看黄帝脸色,问问病情,然后把他领到一个山沟里,指着一种野生草药说:"你把这草根刨出来,煮煮吃试试看咋样。"

　　黄帝找来家具一刨,见这草药根根茎膨大,扁翅凹腰,形状各异,掰开一看,白腻腻的,粘糊糊的。放在锅里煮熟,面面的,甜生生,麻酥酥,怪可口。一碗吃下,顿觉周身清爽,力量倍增,于是,他就每天到山沟里刨些煮熟吃。不到一个月工夫,黄帝的身体就复原了。他去问老汉这是啥药,老汉说不知道。黄帝又问老汉叫啥名,老汉说叫"薯蓣",于是黄帝就把这草药叫薯蓣。

　　到了唐朝,因为唐太宗名叫豫,豫和蓣同音,为了避讳,就改名薯药。宋朝宋英宗名曙,因薯与曙谐音,薯药只得再次改名。因为这种药草产在山里,就改称山药。盛产山药的那条沟,也就称山药沟了。

　　在这当儿,医圣孙思邈太行山采药,教怀川人把山药刨下来种植,能提高产量。随后,怀山药成了著名的四大怀药之一。

采录人:秦祥军　王新成

【点评】

本篇流传在河南沁阳县,是关于黄帝采药神话遗存珍品。它接近民间口承神话形态,对研究中草药发展史有重要意义。

其中透露出如下文化科技信息:①太行山是神农尝百草、种植药草的胜地。②黄帝来"百草洼"采药,治他的沉疴疾病,但真正的治病草药是从民间采药的有实践经验的智人那儿来。③药草名称的由来,并非一次性的。山药最早在民间叫"薯蓣",后经变化为"薯药""山药""怀山药"。不仅与王朝更迭"避讳"有关,而且和著名医师孙思邈推广药物有关。④黄帝治重病生效,进一步推广药物治民疾才是帝王的胸怀——关心民瘼。⑤"怀山药"之名与药物产地关系极大(如禹州、百泉)。

336. 门神的传说[新郑市]

每年过春节,家家门上都要贴上两张门神画。你可知道贴门神画的来历?

传说在远古时候,黄帝打败了蚩尤,在有熊国(今河南新郑)做了天子,成为中央大帝。他为了使天下太平、百姓安居乐业,经常带领大臣们四方巡访,了解民情,为百姓除灾解难。有一年,他带领后土到东海巡游,来到丸山海滨处,正在听渔民讲述海上风情,突然从海中跳出一只白色怪物。这怪物人面蛙身,长有尾巴,前两肢略短,后两腿稍长,爪上有蹼,浑身雪白,闪闪发亮。这时渔民们惊呼起来:"白泽兽!白泽兽!"黄帝问渔民这是何等怪物。渔民说:"这就是传说的白泽兽。老辈人说这种兽是神兽,常年生活在海里,白天在海底周游,夜晚爬上岸来,到山川树林访查,哪里发生了什么事情,哪里出了什么东西,哪里住着什么神,哪里住着什么鬼怪,它都一清二楚。"渔民还说:"听说白泽神兽几百年才出来一次。白泽神兽出海必是贵人驾到。"黄帝和后土等感到奇怪,就向那白泽神兽走去。白泽神兽一跳一蹦地来到黄帝面前,点了三下头,然后竟说起人话来:"小神闻知天子驾到,出海迎接来迟,望天子恕罪。"黄帝高兴地说:"免礼,免礼!我听说你知道天地间人神鬼怪的事情,是真的吗?"白泽兽说:"小神略知。"黄帝说:"你可说与我听。"白泽神兽说:"这东泰山深谷密林中有魑魅魍魉,丸山之中有山精水怪,这梁山上有人魂神魄,这雷泽之中有神兽……"那白泽神兽一气讲了一万一千五百二十种怪物。黄帝听了心中又是喜又是惭愧,喜的是白泽神兽竟然告诉他这么多人神鬼怪的名字和事情;惭愧的是自己做为天子还没这海中神兽知道得多。于是他就令后土将白泽神兽说的这些人神精怪都一一画下来,并在画像上加上注释,以昭示天下百姓,教他们都知道哪里有什么鬼怪,注意免遭祸害。黄帝叫后土画记这些鬼怪之后,又问白泽神兽:"是否有什么神或人能将这些鬼怪管起来,不再危害百姓?"白泽神兽说:"有,你可让神荼、郁垒二人监管,天下方可太平。"黄帝问:"不知这神荼、郁垒现在何处?"白泽神兽说:"他们弟兄二人,就居住在东海桃都山上。"白泽神兽说完,扭头跳回海去。黄帝和后土一再道谢。

再说,黄帝、后土晓行夜宿,一路风尘来到这桃都山下,抬头一看,只见山势险峻,峰入云端,树林茂密,郁郁葱葱。他们顺着山间小道绕来拐去,约走了两个时辰才登上桃都山顶峰,只见这山峰之上长有一棵奇大无比的桃树。这桃树树干盘曲,枝叶茂盛,覆盖方园三千里。树冠之上站着一只金鸡。这时,正当天明,金鸡看见东方露出一束亮光,就张开翅膀伸长脖子鸣啼起来。金鸡一叫,只见天上的神仙,地上的鬼怪急急慌慌,纷纷来到桃都山这棵大桃树下。这桃树西边的枝叶间有个门,是世间神仙出入门户,门前站着一个汉子,这汉子头如柳斗,鬓发倒竖,怒目圆睁,口若血盆,个子又高又大,手持一把木剑,站在门口,监视各路神仙进入门户。他发现哪个邪仙恶神在人间做了坏事,就用木剑将他的头砍下来,扔到山谷喂毒龙。在桃树的东北角的枝叶间也有个门,是阴间鬼怪出没的门户,门前也站着一个汉子。这汉子个子又粗又矮,也是头如柳斗,鬓毛倒竖,怒目圆睁,口若血盆,手里拿着一根苇绳,一手牵着一只猛虎,专门监视鬼怪,发现哪个鬼怪在人间做了恶事,不容分说,就用苇绳将他们捆起来,扔给那只猛虎吃掉。那些神仙鬼怪都战战惊惊地接受这两个汉子的检查。黄帝看罢对后土说:"咱们有熊国能有这二人,就再也不用发愁天下不太平了!"后土说:"是啊,何不将二位请到有熊国中令其掌管天上人间神鬼事情?"黄帝说:"正合我意!"黄帝和后土等神鬼都进了神鬼门,就走上前去。二位汉子见了黄帝立即跪下,齐声禀告说:"小神神荼、郁垒未能远迎,请天子恕罪!"黄帝说:"快快请起!"神荼、郁垒站起。黄帝说:"听说二位神人很有本事。我想请你们到有熊国都,专管天上人间的神鬼事,为百姓除害,不知肯否?"神荼、郁垒说:"小神受玉帝派遣,专门供天子驱使!"黄帝和后土很是高兴,就带领神荼、郁垒回到有熊国都。

黄帝回到国都之后,根据白泽神兽讲述的天地人间神鬼情况,亲自写了祝文,奉劝天地人间鬼神多行善事,积阴德,为百姓造福除灾;还奉劝那些恶神厉鬼,停止作恶害民,否则将受到严厉惩处。同时,封后土为神鬼国国王,封神荼、郁垒为神鬼大吏,监视和统领天上人间神仙、鬼怪。神荼、郁垒忠于职守,尽心尽力,如查到恶神厉鬼,不是将他们砍头喂虎,就是把他们打下十八层地狱,受尽折磨。从此那些作恶的神鬼再也不敢胡作非为了。但是,天上人间神鬼众多,有时难免会照看不过来,有些小神、厉鬼趁神荼、郁垒不注意,伪装一副慈善面孔,偷偷摸摸去干坏事。

黄帝就叫人们在大门口雕刻两个桃木像，一个是神荼，放在门右边，一个是郁垒，竖在门左边。或者干脆在门上画上神荼、郁垒画像。那些恶神厉鬼，一见就吓得屁滚尿流，远远地躲开了。有熊国的老百姓，见这样也有效，就家家仿做起来，在每年腊月二十八就摆出木塑像或贴门神画以求来年的吉利平安。

采录整理：王金岭

【点评】

本篇是作者依据文献资料改编的通俗文本，不属于民间口承神话遗存，可供研究采录与改写文字资料的研究对象之用。

门神的文字记载甚多，多为重复或详略稍异的转引。唐以后，门神则为秦琼和尉迟敬德，二人因太宗惊梦，而伺帐前避邪之由。后传至民间，乃成为年节之俗。神荼、郁垒遂不复见。

值得注意的是，由于黄帝请门神守国之门户的原始神话，在《山海经》《论衡》中都严重充满仙界阴司的气氛和情节，莫不以道教的宣扬奖善罚恶的因果报应观念为主题，已脱离原人的意识特点。

337. 门　神 [社旗县]

很早的时候，黄河边儿有座度朔山，山上有一片野桃林，桃林里住着弟兄俩，哥哥叫神荼，弟弟叫郁垒。弟兄俩的力气大哩很，连那狮子、老虎、豹子都听他们使唤。

弟兄俩的心眼儿好，又勤劳，成天在桃林里浇水、施肥、整枝、逮虫。那桃子年年都结得又多、又大、又甜。特别是中间那棵大桃树，几个人搭手都搂不住。上边结的桃子据说是仙桃，人吃了能延年益寿，长生不老。

这度朔山西南有座野牛岭，岭上住着野王子，手下有一帮子人马。这野王子心狠手毒。又有一把笨力气，常常领着人祸害乡里。四乡人们恨死了他，可也没有法儿。

野王子听说度朔山上有仙桃，就领着人马来抢占桃园。神荼弟兄俩人少，不好打呀！弟兄俩就唤来好多狮子、老虎、豹子，把野王子的人马冲得七零八落，逃走了。

野王子不死心哪！他想了几天几夜，想出来一个孬点子。一天夜里，他带了好些人,都扮成鬼怪的样子,摸到桃林里,想把弟兄俩吓走。谁知道神荼弟兄俩身正不怕影子斜,不怕鬼。哥哥在前边抓,弟弟在后边捆,都把野王子和他带的那些人逮住喂了虎豹。

这事儿传开以后,人们都说神荼、郁垒弟兄俩能降鬼捉鬼,说那桃枝儿也能避邪,家家都用桃木做俩板儿,上面刻上弟兄俩的名字,挂在门口,以示驱灾避邪,保家平安之意。后来有了纸,人们又把弟兄俩的像貌画在纸上,贴在大门上,这就是门神的由来。

讲述人:赵光华,男,53岁,汉族,县志办干部,高中毕业
采录人:徐东,男,37岁,汉族,文化馆干部,高中毕业
采录时间:1980年2月
采录地点:社旗县文化馆

图 11.337.1　卢氏木版年画中的神荼、郁垒(程健君供稿)

【文献选录】

《黄帝书》说:东海有度索山,或曰度朔山,伪呼也。山有神荼、郁垒神,能御凶鬼,为百姓除患,制驱傩之礼以象之。

(《云笈七籖》卷一〇〇)

【点评】

本篇流传在河南社旗县，是关于门神的神话传说珍品。它接近口头神话形态，也是文献记载的门神的重要异文，有重要研究价值。

其中的重要特点和文化内涵为：①门神的产生和形成，基于原人对狩猎英雄品德和技艺的崇拜和敬仰。②神荼、郁垒捕捉、降服虎豹，使之成为除恶人的助手，贴近生活。③本篇的兄弟二人所除的"鬼"是野王子所带的鬼魅。因此，人们就用度朔山上的仙桃树木刻画兄弟之像以避鬼邪，使年节平安吉祥，世俗化特点明显。其非宗教化倾向明显，比较有价值。

338. 异草计历

（黄帝）以五芝为芳，谓有异草生于圃，则芝英、紫芝、黑芝、五芝草生，皆神仙上药。

时有水物洋涌，山车满野，于是德感上天，故有黄星之祥，谓之异星，形态似月，助月为光，名曰景星。又有赤方气与青方气相连，赤方中有二星，青方中有一星，凡三星。

又有异草生于庭，月一日生一叶，至十五日生十五叶；至十六日一叶落，至三十日落尽。若月小，即一叶厌而不落，谓之蓂荚，以明于月也，亦曰历荚。帝因铸镜以像之，为十五面神镜，宝镜也。

（选自《轩辕黄帝传》）

《异草计历》评论

本篇是文献中记载的关于黄帝发明计算历法的民间原始神话遗存珍品。它的科技文化史价值不容忽视。其简明、朴素，虽篇幅不长，却极富民间乡土风味。

其中告诉我们：①我国最早的历法就在对民间"异草"特点的发现中出现。此虽属神奇的事象，自然物亦常有规律可寻。正如天体运转中，从日月升落人们发现一年的季节一样，是巧合，也是实际存在。黄帝从异草的叶子生长和脱落循环过程中，悟出一月计历的规律，正是原人智者的重大贡献。

历法属于原人为了适应天体运行规律和生产、生活的必需而产生的早期科技知识。

339. 黄帝访仓颉的传说［新郑市］

轩辕黄帝一心为民办事，倍受百姓拥戴，天下贤才志士前来投奔的越来越多。

一日，一个叫沮诵的人来见黄帝。他说："听众多百姓都讲，黄帝大人广罗天下贤才，处处为民着想，愿尽微薄之力。我的朋友仓颉造出一套简单的文字来，记事记物，方便许多，愿意奉献出来。"

黄帝听罢，十分高兴。他知道，臣民为了记事，曾想出许多办法，像结绳记事，用绳子作记号，大事打一大结，小事打一小结，若有特大要事就打一个特大的结。还有的在竹子或木板上刻豁口，有大有小，有深有浅，以此符号记事。虽然这些方法也可取，但不尽如人意。今见沮诵说好友仓颉造出一套文字来，真是太好了。黄帝欲见仓颉，又想看文字，便问沮诵，仓颉在哪里。

沮诵说："仓颉因劳累过度，卧床不起，等病情好转，一定来见。"

黄帝一向求才心切，他令常伯备好鞍马，当即和沮诵一道前去拜访仓颉。

仓颉住在山脚下的小村庄里。黄帝他们一进村，就见墙上、屋山上，到处都画有羊头马头和各式各样的符号。当他们走进一间草屋时，只见一个中年汉子躺在炕上，手还在肚子上比比划划。沮诵向他介绍说："黄帝大人不辞辛苦前来看你。"仓颉早闻黄帝大名，忙侧身想坐起来。黄帝上前把他按下，并连连说他要保重身体，还把带来的饮用之物交给了他。

仓颉被黄帝的真诚所感动，把所创的文字全盘交出来。仓颉让黄帝看他在墙壁上画的符号，黄帝看着满墙密密麻麻的符号，听着仓颉有趣的解释，一把抱住他说："你为百姓真是立了一大功啊！"当即封他为史官，请他一道共事。仓颉欣然同意。

黄帝觉得仓颉能造出这一套字来，实在了不起，也不知费了多少周折，非让他讲讲造字的经过。

仓颉谦虚地说："这造字的事并非我一个人的功劳，我只不过多留点心，把大家的符号集到一块罢了。"接着他讲述了以往的做法。

他说："渔夫所用网罟，取法于蜘蛛；打仗所用阵法，取法于蚂蚁。有一天，我看见河上泛起一个大龟，龟背赤色，却有一些青色花纹。我忽然悟道，那背上的花纹，莫不是文字，于是，我就起了造字的念

图 11.339.1 鲁山仓颉祠内的仓颉铜像（2013 年程健君摄）

头。有一天,见一玩童用一木棒在墙上左画一只羊,右画一只鸡,还有一头牛没有画成。我忽然想起,若取羊、鸡、牛头划下来,不就可当文字了吗。又有一天在山中遇一长者,在地上寻找什么。我走上前去才知道,这是位老猎人,他说,一看蹄迹,就能辨别出是虎,是狼,是牛还是马。老猎人一席话使我猛醒,造字也要注意找特征。于是,我观察日月星云,山川湖泊,飞禽走兽,取其特征,画以符号。光靠我一个人,即便奋力造字,毕竟力量单薄。若千万民众,都来留心,共同造字,必然能造出更多更好的字来。"

黄帝称赞道:"你为民造字,功高如山,若能把这些文字推广开去,使天下百姓都能懂得,记下万事万物,就能流芳千古。"

仓颉说:"多日来,我一直在琢磨,咱们的字,笔划有多有少,都可组成方块,要想写好就得常常习练。"

黄帝带仓颉一道,召集各部落酋长,把仓颉造出的文字传播开去。

(选自蔡柏顺著《炎黄二帝研究》,华龄出版社1992年5月出版)

图 11.339.2 鲁山仓颉祠(2013年程健君摄)

图 11.339.3 洛宁的仓颉造字台

【文献选录】

(黄)帝服斋于中宫,于洛水上,坐玄扈石室,与容光等观。忽有大鸟衔图置于帝前,帝再拜受之。是鸟状如鹤,而鸡头鸢喙,龟颈龙形,骈翼鱼尾,体备五色,三文成字。首文曰"慎德",背文曰"信义",膺文曰"仁智"。天老曰:是鸟麟前鹿后蛇颈,背有龙文,足履正,尾系武。有九苞,一曰包命,二心合度,三耳聪达,四舌屈伸,五采色备,六冠钜锐钩,七金目鲜明,八音激扬,九腹大。一名鸱,其雄曰凤,其雌曰凰,高五六尺,朝鸣曰登晨,昼鸣曰上祥,夕鸣曰归昌,昏鸣曰固常,夜鸣曰保长,皆应律吕,见则天下安宁。黄帝曰:"是鸟遇乱则去,居九夷矣!出于东方君子之国,又出丹穴之山。"有臣沮颂,仓颉观鸟迹以作文字,此文字之始也。

(《云笈七籤·轩辕本纪》)

【点评】

本篇流传在河南新郑、新密一带,是关于黄帝时代仓颉造字的传说珍品。它接近民间口头传承原始形态,对研究我国文字发展史有一定价值。

其中说明文字产生的信息:①上古的结绳记事不适应社会发展的需要,形势迫切要求新的记事符号和方法出现。象形字应运而生。②最初造字是仓颉自发的行动。他受生活中群众画事物的象形符号的启发而造出一批字来的。③黄帝请他作史官记事,推动了造字向全面、系统的方向发展。④黄帝协助仓颉发动群众造字,由仓颉总理。说明任何文化科学的发明创造,都是许多人长期实验、创造的结果,而不是某一个人的力量所能承担的。

340. 仓颉造字(一)[新郑市]

新郑市城南关有座风台寺,寺塔高耸。相传,古时候的仓颉就是在这里造字的。

古时候的人,用结绳记事。大事打下大结,小事打个小结:横绳表物,竖绳记数。轩辕黄帝在统一中华之后,感到这种记事方法不够用了,就命令大臣仓颉造字。仓颉不敢怠慢,就在洧水河南岸的一个高台上造屋住下,专心造字。可他造了好长时间,也没造出字来。

一天,黄帝和常先等大臣来看他,见他愁眉苦脸,闷闷不语,就安慰他,要他不要着急,慢慢造,只要有恒心,终久是会造出字来的。黄帝走了,仓颉坐在茅屋前,两眼望着天空出神。忽然,他看见天空飞来一只凤凰,到头顶上鸣叫一声,飞过去了。凤凰嘴里衔着的一片什么东西,飘飘悠悠地落下来。仓颉拾起来看看,见是一片树叶,上面有一个明显的蹄印。他辨不出是什么兽的蹄印,正要扔下时,见台下走上来一个老猎人。这猎人是仓颉的老邻居,伸手接过树叶,看了看说:"这是貅的蹄印。熊、罴、貔、貅、虎、豹、豺、狼,它们的蹄印都不一样。我一看蹄印,就知道山上有什么野兽在活动。"

仓颉听了,很受启发。他想:世界上的万事万物都不一样,它们都各有各的特征。如能抓住特征,画出图像,不就是字吗?打这以后,他就注意观看各种事物,日、月、星、云、山、河、湖、海,天上的飞鸟,地上的走兽,取其特征,画出图像,造出许多字来。

黄帝听说仓颉造出字来,就同常先、风后等大臣一起来看他。他见仓颉积劳成疾,卧床不起,就命雷公取来草药,亲手煎熬,治好了仓颉的病。仓颉病好了,拿出他造的图像叫黄帝他们看。黄帝看了非常高兴,说:"你真是聪慧过人,劳苦功高啊!"仓颉把凤凰衔树叶、老猎人辨蹄迹的话说了一遍。黄帝听了说:"这是上天在帮助我们造字呀!"

后来,黄帝就召集各部酋长,把仓颉造的字像传授给他们。这样字像很快就在各地应用起来。

后人不忘仓颉造字的功劳,把仓颉造字的高台起名叫"凤凰衔书台"。宋朝人还在这里建了寺,筑了塔,人称"凤台寺"。

采录整理:张永林

【点评】

本篇流传在河南新郑市,是关于黄帝时代仓颉造字的珍品。它对研究中国文字的发展史有重要价值,比较接近原始形态。

其中透露的原始文化信息和价值有:①仓颉造字是黄帝官方交付的任务,也是客观需要创造新的记事手段,而非自发性活动。②中国象形文字的出现从黄帝时代开始。③仓颉只凭苦思冥想造字行不通。④凤凰口衔来的树叶上的蹄印,启发仓颉要走向生活中访问有实践经验的人,如猎人可识各种蹄印的特征。抓住这种事物的特征,大量观察自然、鸟兽、山川万物,创出文字的大量符号以表示事物含意,从而启开人类文明社会的大门,把历史推向前进。它体现了实践出真知的道理。

341. 仓颉造字(二)[虞城县]

虞城县王集乡有个村庄叫仓颉村。村西北角小学校的后面,有座很大的坟墓。墓周围有十几棵柏树,枝叶茂密,郁郁葱葱。据说坟墓里有一口井,井里悬着一口棺材,棺材里盛殓的就是我们中华民族文字的创始人——仓颉。

传说仓颉一生下来脑袋就特别大,如簸斗一般,人们都说他是个怪物。他的母亲却视如珍宝,精心哺养。小仓颉很聪明,思维敏捷智慧超群,小伙伴们都听从他的指挥。他长大成人,被推荐给黄帝。黄帝见他记忆力极强,敏锐过人,就让他做主管祭祀的官。

那时候,人们敬天敬地敬神仙,祭祀是一件极重要的事件。春天要举行春祭,夏天要举行夏祭。每逢春节,还要举行一次最隆重的大祭。单凭脑子把这些活动记下来也实在不容易。仓颉就想了个办法:用草拧成绳,打结记事。小祭结个小疙瘩,大祭结个大疙瘩。还在结上涂抹不同的颜色,用以表示不同的季节。如:冬天发生的事涂上白色,夏天发生的事涂成绿色。但是,时间长了,绳疙瘩也越来越多,怎么也搞不准确。仓颉苦苦思索,想找个更好的办法。

一天,他见人人在捉鱼。有一条鱼落在地上,留下了一个印印。他不由灵机一动,心想:如果把鱼的形状画下来,不就可以表达鱼的意思了吗? 画个人形代表人,不也是同样的道理吗?

他急忙跑回家,把自己的想法告诉妻子。他妻子也是个聪明人,听仓颉一说很高兴,就帮助仓颉研究起文字来。仓颉又多方听取众人的意见,便把许多象形文字搜集起来,认真作了记录。

仓颉的妻子几乎每天都用各种办法试验他,有时甚至故意画得很复杂,叫仓颉说她写的是什么字。仓颉只要稍一思忖便猜着了,不仅能很快说出是什么字,而且还能讲出它的意思。于是,他的妻子下决心要想个点子难为仓颉。

这一天,仓颉不在家,他的妻子捉了一个屎克螂,放在一块铺平的沙子上,再用碗盖住。屎克螂在沙土地上爬了个横七竖八,不像个字形。仓颉回到家,妻子叫他认这是什么字。

仓颉左看右看,也看不出个名堂来,急得他满头大汗。他不由伸手擦了一把额头上的汗水。突然,脑门上又长出一对眼睛来,只见他睁大四只眼仔细一瞅,惊喜地说:"这原来是屎克螂爬的!"

仓颉说完这句话,就累死了。要不怎么能说仓颉是四只眼的仓王呢?

他的妻子很悲痛,后悔自己不该出难题难为丈夫。黄帝为了纪念仓颉的大功,就下令挖一口大井,把仓颉厚礼安葬,并封他为仓王。从此以后,我们中华民族便有了自己的文字。

讲述人:王永福,男,50岁,文盲,农民
采录人:陈谷,干部
流传地区:虞城一带

图 11.341.1 虞城仓颉祠(张建国摄)

图 11.341.2 虞城仓颉祠纪年砖(张建国摄)

图 11.341.3 虞城仓颉墓(张建国摄)

【文献选录】

仓帝史皇氏,名颉,姓侯冈,龙颜侈侈,四目灵光,实有睿德,生而能书,及授河图禄字,于是穷天地之变,仰观奎星圆曲之势,俯察龟文鸟羽,山川指掌,而创文字。天为雨粟,鬼为夜哭,龙乃潜藏。

(《春秋元命苞》)

【点评】

本篇流传在河南虞城县,是关于仓颉造字神话遗存珍品。它比较接近民间神话形态,尤其它未受道教改造的"非宗教化"特点,更加可贵。

这对研究中原神话流变有重要意义。其中的文化价值在于:①仓颉的生平具体生动,现实生活气息很浓,没有神仙、方士意识的渗透。②仓颉产生造字的动机,是由于他从事祭官工作遇到的困难和问题,要改革记事办法。③他造字的开始是受鱼落在地上的印记的启发,开始造象形字,愈造愈多,而不是受玉帝、文曲星、凤鸟衔书等的天神的启示。极为可贵。④妻子出难题让他指出字和字意。因急累,脑门憋出两只眼,才认出难字,造字是人的实践的智慧创造。⑤本篇反映当时祭祀记事之详尽,有研究价值。⑥仓颉死后,黄帝让用井盛棺材葬仓颉,可能与尸体不腐有关。

值得注意的是,仓颉的造字之功,由于打开了中华民族文明史的大门,所以才赢得后人修庙祭祀,纪念活动长期举行,成为当地的盛典。从民俗文化的盛典方面验证了这个神话传说的神圣性和可信性。

342. 仓颉造字(三)[项城市]

古时候,有一次黄帝率军和蚩尤军打仗,直战了三天三夜,不分胜负。黄帝准备改变原来的战术,叫仓颉把作战图拿来。仓颉一摸身上,作战图早已丢了,急得黄帝没有办法,只好收兵。

黄帝对仓颉说:"你是我手下最精明的一位大臣,为啥在紧要关头把作战图丢失?你这次是多么大的过错啊!"仓颉镇静地说:"如今人多事杂,还要打仗,用结绳记事的办法实在是不方便,照这样下去,还会出更大的乱子哩!"黄帝就问仓颉说:"你说咋办?"仓颉说:"最好造一种图,让天下的人看了,都能知道是什么意思,用这种图把你要说的话画出来,人们都会照你的意思去办,用它记事,再也不会忘了。"黄帝觉得也怪有道理,就说:"好吧!今后你不用再随军去打仗了,专门留在家里给咱们画图、造字吧!"

至于图和字到底怎么个造法,这下真把仓颉难住了。他整天苦思冥想,坐立不安。半年过去了,还没有想出造字的办法来。

冬天到了,有天夜里下了一场大雪。仓颉早上起来去散步,突然发现前面山坡上有两只山鸡在雪地上找食吃。当山鸡走过以后,雪地上留下了两行长长的爪印。接着又见一只野鹿从山坡那边出来寻食,雪地上留下了鹿的蹄印来。仓颉看得出神,忘记了寒冷。他把两个足印一对比,发现两个动物的足印不一样。仓颉想:如果把山鸡的爪印画出来叫鸡,把鹿的足印画出来叫鹿。世间的任何东西,按它的形状画出来不就是字吗?他想到这里非常高兴,赶忙回去把造字的想法告诉了黄帝。黄帝听后非常高兴地说:"我早说你是个聪明的人,今天果然想出了造字的办法。好吧!你就把天下的山川日月,飞禽走兽,都画出来,我再颁布天下。"从此以后,仓颉每日观察日月星辰、鸟兽山川,创造起字来。不多久,人、手、口、日、月、鸡、羊、犬等这些字都造出来了。

可是象形字越造越多,写到哪呢?写到石头上拿不动,写在木头上太笨重,这事又把仓颉难住了。有一天,有个人在河边捉到一只龟,找仓颉给龟起个名字,造个龟字。仓颉仔细看了这个怪物,发现龟背上有很整齐的方块格子,他按形状,造了个龟字,又把这个字刻在龟背上的方格里,这只龟由于背上刻字划得很疼,一跃跳进了河水里。三年过后,这只背上刻有字的龟又在另一个地方被人捉住了,人们告诉仓颉,这只背上刻有字的龟,上面的字不但没有被水冲掉,还长大了。字迹更明显了。仓颉从这件事上得到了启示,命人大量捉龟,把龟盖取下来刻字,把自己创造的象形字都刻在龟盖上的方格里,送给黄帝看。黄帝看了很满意,就命人把龟盖用绳子全部穿起来,好好保存,并且给仓颉记了一大功。可见,我们中华民族的象形字和甲骨文从黄帝时期就开始了。

讲述人:苏国安,男,38岁,项城县贾岭乡文化站专干
采录人:凡风翔,项城县贾岭乡马店村业余作者
采录时间:1986年5月
采录地点:项城县贾岭乡文化站

【点评】

本篇流传在河南项城县,是关于黄帝与仓颉发明文字及甲骨文产生经过的神话遗存珍品。它接近民间口头传承神话形态,对研究我国上古文字发展史有重要价值。

其中透露如下原始社会文化信息:①仓颉产生造字念头(象形字),是因为与蚩尤作战时丢了作战图,只靠结绳记事已不适应大量记载复杂事物的要求,黄帝才让他造字,用画图代替结绳记事。②仓颉造象形字是从山鸡、野鹿在雪地上留下的爪、蹄印子受到启发,并在黄帝促进中,造出山川、草木、日月、鸟兽等字来的。③仓颉造甲骨文是因为要造"龟"字,从龟背的方格花纹便于刻字保存而引起的。而龟的产地,在中原主要是以淮阳为中心的文化区(项城、沈丘、西华等)内。这里伏羲、女娲神话多以龟为保护神。另外,太行山区安阳的龟文化意识特别突出,都与甲骨文产生有关。

343. 仓颉造字(四)[开封市]

很久很久以前,我国的华夏族在中原地区的黄河两岸,过着刀耕火种的部落生活。他们的首领是黄帝,仓颉就是黄帝部下的一名史官。有一年,华夏族和异族之

间发生了一场战争,黄帝派仓颉去向敌方下表。不料,却被异族当做人质给扣押在一个土洞里。战事紧急,立待复命,仓颉心急如焚。他在阴暗的土洞里苦思冥想着:怎么才能逃出去呢?用什么办法将眼前的情况告知黄帝呢?眼看时已过午,也没有想出什么办法,就靠在一棵树干上陷入昏睡之中……突然他感觉有谁在碰他的手,猛睁眼一看,原来是他随身带来的爱犬,不知啥时候也钻进洞来。仓颉轻轻抚摸着它的脖颈,顿时心生一念:何不让这条犬去报信呢?可是转眼又想,它不懂人语,又如何传送信息呢?仓颉一时又愁闷起来……这时,天都快黑了,如果时间再拖,必将延误战机。想到此,急得仓颉搓手顿足,用拳头只捶着树干。只听"啪"的一声,一块树皮脱落在地。仓颉凝视着那块树皮,猛然急中生智,想出了一个绝妙的主意。只见他忙从地上拾起树皮和一根炭木,飞快地在树皮背面描画起来,"嚓"的一声又撕下一条衣襟,将那树皮捆在爱犬的脖子上。引着它趁机从洞口栅门间钻了出去……当天深夜,异族营寨突然大火遍布,杀声四起。一场夜袭大功告成,仓颉也被营救出洞。

这究竟是怎么回事呢?原来,是多智的仓颉,用能表达人意的图像,将"我被敌禁,深夜来袭"的机密情报画在树皮上,让他的爱犬带到了黄帝面前,黄帝识图解意,及时出兵,连夜偷袭了敌寨,取得了战斗的胜利。

从此以后,仓颉深切地感到,用文字表达人们的思想、感情和意图是多么得重要。于是他下决心一定要创造出一批文字。他不辞劳苦,跋山涉水,四处奔波,处处留心,反复琢磨大自然和各种生物的种种现象、变化,用图像记载下来。不知花费了多少心血,用了多少个日日夜夜,终天在造字台上,构画出能用于表达人意的文字来。所以,后人都称他为造书六祖、史皇。

据说,今开封北郊刘庄林场所在地,有一高台基,上有殿堂建筑的遗墟,那就是仓颉当年的造字台。距台一里多路,有一大土冢子,那就是仓颉的墓。约在三四十年前,还有不少文人游客曾在仓颉墓前的两座碑上拓片描迹。可惜这块石碑如今不知丢置何处了,但有关仓颉造字的故事,一直流传至今。

讲述人:曹文芳,男,48岁,汉族,龙亭区文化馆干部,已病故
采录人:韩顺发,男,46岁,汉族,大学毕业,开封市博物馆陈列部主任
采录时间:1979年夏
采录地点:开封市延庆观

图11.343.1 开封仓颉墓(2014年程健君摄)

【文献选录】

仓颉墓,在城东北二十里时和保,俗呼仓王冢。旁有仓王城,世传仓颉所筑。

(清代周城著《宋东京考》)

今开封之祥符,故浚义县,即春秋之阳武高阳乡也,或曰利乡。

(《路史·史皇氏》)

开封县东北二十有仓垣城及庙墓。

(《地记》)

【点评】

本篇流传在开封,是关于仓颉造字的神话遗存珍品。它比较接近民间口承神话形态,对研究古代文字发展史有一定参考价值。

其中透露的文化信息有:①黄帝的大臣史官仓颉,曾在对异族战争中被派遣作送战表的使臣。②仓颉被敌方扣作人质。他在困难的情况下,在树皮反面画上图画,作为情报,让他的狗回有熊国给黄帝送信,并于当晚夜间偷袭敌营,打败敌人。图画代文字(象形字)传递情报。这是客观上被逼造出字来。这是仓颉造象形文字的契机之一。这是原始文字产生的重要动机之一。

值得注意的是：①开封历来为中原政治、经济、文化中心，也是重要战争地区之一。这里不仅有仓颉造字台，而且有仓颉城。此地产生仓颉造字神话传说有可信性。②篇中所说黄帝与异族作战，这个异族在当时只能是蚩尤族。其他战争是没有的。黄帝与蚩尤作战，先后达五十多年，中原是主要战场。③仓颉大量造字是在黄帝统一中原以后。因此，本篇应是仓颉造字的酝酿时期。

344. 仓颉造字（五）[武陟县]

黄帝杀了蚩尤，功绩昭彰。为了让后代知道自己的丰功伟绩，就叫仓颉当史官，给他记载下来。

可是当时没有文字，怎么记载呢？仓颉感到十分为难。黄帝说："什么不是人创造的？没有文字，你不会创造文字吗？"

仓颉听了黄帝的旨意，就创造起文字来。他仿造物的形象，造的都是象形文字，如日、月，就仿照太阳、月亮造成。没几天，他造了许许多多文字，天被惊得下起米面，狼虫虎豹也被吓得咆哮嚎叫。

仓颉把黄帝的丰功伟绩用造的字刻在骨头上，当刻蚩尤两个字时，因为蚩尤是人，没有形象可仿，字造不出来，他作了难。黄帝说："蚩尤虽是人，但脸似黑炭团，右颊上还长了个肉瘤，左腿短，没脚，右腿长，脚还往上翘，狰狞丑陋，像条虫。我杀了他，把他压在太行山下了。你根据这个意思，不会给他造两个字吗？"

仓颉听了顿时大彻大悟，根据黄帝所说的意思，就造出了蚩尤这两个字。蚩字，不就是山下压一条虫吗？尤字，不就是一个脸颊长个肉瘤，左腿短，没脚，右腿长，脚还往上翘的大人吗？

讲述人：王百贞
采录整理：王广先

【点评】

本篇流传在黄河北岸武陟县，是关于仓颉造字的神话传说遗存。它的语言距民间口承神话较远，可作研究古代文字起源的参考。

其中反映如下几个问题：①仓颉奉黄帝之命，为了记载黄帝的事迹功德，才造字的，目的明确。②他对自然、山川、万物都依其形象造出一套象形文字。③"蚩尤"二字不好造,黄帝启发仓颉照蚩尤最丑陋的形象及其被杀后压在太行山下的意思,仓颉造出"蚩(山下压一虫)尤(头脸上有黑点,左腿短,没脚,右腿长,脚上翘)"。这是仓颉造字时的一件趣闻。它说明,造人字的特殊情况。

值得注意的是:蚩尤失败后的下场,说法不一。一说蚩尤被杀,此说占多数。另一说是蚩尤投降后,黄帝见他时,把他封为大将军,专管炼铁、制铁器。此外,也有说蚩尤亦属风姓,懂得伏羲先天八卦,所以曾在黄帝国内任制历法的官职。从本篇黄帝亲口所说,把蚩尤杀了压在太行山下,永世不得翻身再作乱(实际说是压蚩尤的灵魂,恐未必可信),根据最近研究蚩尤投降任职,从民族融合观点看,亦有道理(蚩尤为炎帝后代)。

345. 仓颉造错字[清丰县]

仓颉为了造福于人类,呕心沥血,费尽毕生精力,制造出十万八千字。这些字无论是以字形还是字义上说,字字在理。于是,普天下人们都为此而兴高采烈,赞叹不止。正在这时,却有人向仓颉提出了异议,说他造错四个字。一是好字,一女一男(子)合为一个好字,不确切,应该念为奸字;二是奸字,三个女人在一起,怎能成奸?应该念成"好"字,不应该念奸;三是出字,山,本来就是很重的,却又加上一个山,应念成"重"字,不应念"出";四是"重"字,它是由"千里"两字组成的,出外离家千里之遥,应该念为"出"字较切,不应念重。仓颉听了,恍然大悟,连连说道:"有理呀!有理。"认识到自己确实造错了四个字。

尽管仓颉嘴里说错了、错了,可是心里却很有气。认为自己费尽了千辛万苦造出了十万八千字,字字在理,功劳很大,唯独这四字有错,让人们提出了异议,很是生气,几乎要把肚皮气崩。

后来,人们认为仓颉造字著书,功绩很大,于是,就盖庙塑像纪念他。庙里的仓颉塑像肚子特别大,还箍有三道铁箍子,这是人们怕把他的肚皮气崩了,才在他肚皮上箍了三道箍子。

讲述人:付孟经,男,55岁,汉族,高中毕业,清丰县政协干部
采录人:仪朝江,高中毕业,清丰县政协主席
采录时间:1987年3月
采录地点:清丰县政协办公室

【点评】

　　本篇流传在河南濮阳地区清丰县一带,是关于仓颉造字神话的衍化轶闻。它不是原神话的本体,属后人派生的民间叙事文本。

　　其中所反映的问题有:①仓颉造出十万八千字,形、义皆符合,功高齐天。②本篇所指出的四个错字,貌似有理,其实经不起推敲。"好"为何只能解为"奸"?"出"字山上加山,峰高雄险,更加耸高,为何不能叫"突出"?"重"字"千里"相加任重道远,为何不可?由此可知此四字并无错处,仓颉当然不服,气得几乎要炸破肚皮。③此篇纯系后人作文字游戏,嘲笑仓颉也不是圣人。考虑不过如此罢了。这自然纯粹是后人无聊之徒的恶作剧制造的笑料!

　　值得注意的是,后人对此亦抱不平。因此,对仓颉倍加尊敬。在仓颉庙里塑仓颉像时故意在仓颉腰间加一大铁箍,为的是不让仓颉肚皮气炸了。这虽近戏谑,却体现了人民对仓颉的爱戴、敬仰之情。正如沁阳神农庙里的神圣像的左臂上都有一花蕊鸟一样,都是为纪念圣贤生前的功德、行为牵动后人心的象征性举动罢了。

346. 仓颉四只眼[新郑市]

　　传说,中华民族开始造字的人——仓颉原是天上文曲星投胎凡间。

　　当年,玉皇大帝为帮助轩辕黄帝治国安邦,想派文曲星下到凡间。这个消息被蟠桃园一个仙女知晓。这仙女对文曲星早有爱慕之心。为表别离之情,她摘下一对并蒂仙桃来给文曲星送行。正在这时,玉皇大帝又传来圣旨,令仙女归园。文曲星慌忙将并蒂仙桃往嘴中一填,算是藏入脑壳,就下凡人间了。

　　这文曲星踏破九重处,正是轩辕丘砚池之地。这里一户姓侯冈的农家夫人正要分娩。当时只见砚池上空一道金光咔嚓一闪,一男孩儿在侯冈氏家哇哇落地。侯冈一家人欢喜异常,祭天,祭地,随取名叫仓颉。

　　原来这侯冈家和洧水河湾渔家早订有约,要作"胎里媒"。今侯冈家先生一男,只等着渔家能生一女,好做亲家。事有凑巧,也是老天有眼,正当人们议论纷纷的时候,忽然报来喜讯:洧河湾渔家与侯家同日同时生下一女孩儿,赛若天仙,随取名仙姑。

　　人间怎知天上事,哪知那天蟠桃仙女摘桃送别文曲星的事被王母看在眼里,说她触犯天规,打下凡世。

　　侯冈家男,渔家女,胎里有媒约,又是同年同日生,真是前世姻缘,天生一对。

仓颉天生一副怪相，头大如斗，大耳方面，天庭饱满。少年聪慧，成人后思维敏捷，智慧超群。黄帝看中他的才华，封为史官，主管祭祀。

那时候世上还没文字，是用结绳记事的。每年的春夏秋冬都要祭天、祭地、祭神仙，得打出许多的绳结来。仓颉想，时间长了，谁能记得这许许多多的绳结来？我得想个更好的办法代替这种记事的方法。他把这个想法告诉给妻子仙姑，仙姑很赞成他的想法，并答应帮助他。

一天，仓颉经过洧水河边，见一渔夫正挑两篓鱼回家。忽一条鱼跃出鱼篓，落在沙滩上。渔夫走过去了，鱼在沙地上蹦跳，留下许多鱼样的模印儿。仓颉心想：若将鱼的形状画下来，人们看到不就知道了这是"鱼"的意思吗？要是能知道，这不就是一种记事方法吗？回到家里，他先在地上画出个鱼的形状，问妻子这是什么，妻子说那是一条"鱼"。仓颉高兴得跳了起来："我找到新的记事方法啦！"随后他把他的想法告诉了妻子，夫妻俩不一会儿，造出许多字来。

仓颉在造字过程中，意识到，世上的事物千种百样，不能都用"象形"的办法来表达，还得有别的方法造字。他把这个想法告诉仙姑，仙姑当即在地上画出三个字样：人在一上为上，人在一下为下，人在口中为囚。仓颉看罢，这三个字正属指事一类，心中大喜，连声夸赞妻子聪慧！

仙姑在家每天都作字。有些字样，画得很繁杂，可仓颉回来一看，都能认出是什么字来，于是想出个点子难为他一下。

这一天，仓颉不在家，仙姑从南河湾掏了一只螃蟹回来，放到平铺的沙土上，用盆盖住，螃蟹在盆里的沙土上左右横爬，爬出乱七八糟的许多爪迹来。仓颉回到家，仙姑问他这是什么字，仓颉上看下看，右看左看，说不出什么名堂来。一会儿，急得头上汗如泉涌，肌肉乱跳。他伸手去擦额上汗珠，突然，脑门上又长出两只眼睛来！四只眼睛盯住地面，大声说道："啊呀，这是螃蟹留下的爪迹！"

原来，仓颉生下来就头大如斗，正是因为里面藏有两个并蒂仙桃。脑门上突生的这两只大眼睛，正是显仙桃之灵而生。

所以，后世传说：仓颉四只眼，站着不动就能上观奎星圆曲，下察龟文、鸟羽、山川、指掌而造文字。

采录整理：王耀斌

【点评】

本篇流传在河南新密、新郑洧水河岸，是关于仓颉造字的神话遗存。它对研究我国古代文字史有一定的价值，但其道教仙话化程度较大，不属原始民间神话。

其中透露如下文化信息：①仓颉不是一般史官，而是天上文曲星奉玉帝之名帮助黄帝治国的。他的妻子是蟠桃园仙姑。二人相爱，违天规，被罚下人间转生结婚。这实质是道教仙话演义，并非造字本体。②仓颉夫妻因受鱼掉沙土上留的鱼印启发，开始共同造出山川、日月等文字。③仓颉妻子给丈夫开出难题，让螃蟹乱爬，为难丈夫。仓颉为此被逼急出两只眼，才看出是螃蟹二字的。此虽离奇、古怪，也是说明发明文字不容易。④其中含有神幻（天赐造字之人）与现实观察的二元对立的统一内涵。

值得注意的是：①本篇中除用"象形"方法造字之外，经仙姑提出"指事"方法，打开了造字的新思路：（如"上""下""囚"）。造字之功尚有仓颉妻子（仙姑）的智慧和功劳。实际，仓颉既是文字发明者，又是发动群众造字，加以总汇和推广应用者。②本篇虽道教化色彩较浓，但就其本体属性而论，并未因此丧失原始神话的本质特征。对此类似问题，亦应这样对待。

347. 仓颉奶奶 [南乐县]

传说，仓颉造字废寝忘食一生辛苦，却连一个妻子也没讨上，但，在他的庙后殿楼中，为何又塑着一位品貌端正的仓颉奶奶呢？

传说在盛夏的一天，吴村村里的数名姑娘在田间挖菜，骄阳当空，酷热难当，于是就躲进庙内乘凉。其中一名少女名叫玉秀，独自望着仓颉塑像出神，想仓颉立下这么大的功劳，为人类做下这么大的贡献，现在却这样凄凉孤单，无人陪伴，不禁深表痛惜。此时有的姑娘提议说，用菜篮子往仓颉头上套，谁套中谁为仓颉妻子。结果半天无一人投中。最后玉秀一投，正套中仓颉脖子。大家一阵嬉笑，齐称玉秀为仓颉奶奶。

大家欢笑一阵就回家了。事后也都忘了，谁知玉秀回家后一病不起，终日昏昏沉沉，百医无效。父母问起发病原因，玉秀就把庙中戏言说了一遍。父母好言解劝，仍请医生治疗，但终没治好，玉秀就死了。全村人就筹措钱款在大殿后盖了座楼阁，为玉秀塑了金身，并敲锣打鼓张灯结彩，让玉秀与仓颉成亲，葬于庙东仓颉陵。

玉秀怀念这一方百姓，凡是缺吃少用的人家，只要在前一天夜里祷告一番，把筐放到庙院中井内，第二天清晨提出，筐内就应有尽有了。特别是婚丧嫁娶需用的碗、碟之类，器具精巧，令人爱不释手。时间久了，取多还少，慢慢的仓颉奶奶就不借给他们了。

讲述人：任占，男，65岁，汉族，大专毕业，南乐县文化馆长
采录人：魏发军，大专毕业，干部
采录时间：1989年9月

采录地点：南乐县城

图 11.347.1　南乐仓颉庙匾额（2009 年程健君摄）

图 11.347.2　南乐仓颉塑像（2009 年程健君摄）

图 11.347.3　仓颉庙壁画（2006年孟宪明摄）

图 11.347.4　仓颉庙壁画（2009年程健君摄）

图11.347.5 南乐仓颉墓(2009年程健君摄)

图11.347.6 仓颉庙内藏甲楼(2009年程健君摄)

图 11.347.7 仓颉造字台遗址(2009年程健君摄)

图 11.347.8 仓颉庙内三教之祖石刻(2009年程健君摄)

图 11.347.9 仓颉庙内万圣之宗石刻(2009年程健君摄)

图 11.347.10　仓颉庙内故宅井(2009 年程健君摄)

图 11.347.11　众人祭拜仓颉(2006 年孟宪明摄)

图 11.347.12 仓颉庙舞龙（2009年程健君摄）

【点评】

本篇流传在濮阳南乐县，是关于仓颉传说的衍化轶闻。可从中理解后人对仓颉的真挚感情和敬爱心态：

① 古代凡有功的杰出人物，总要受到后人的崇祀和祭典，形成习俗、信仰。② 南乐县仓颉陵的传闻，正是这种心态的表现。本篇玉秀姑娘的戏言，虽属一时对仓颉无妻子的同情，却也可看出其内心向往仓颉的纯洁少女真情。③ 这类轶闻往往带有随意性。因为在别处都认为仓颉不仅有妻子，而且还和仓颉一起造字，解难字。各地可根据自己的看法，生发出各种各样的理解。④ 仓颉陵在仓颉庙一旁。从塑像情况看，未塑仓颉妻子的像，并不一定是仓颉无妻子。例如中岳庙后的寝宫塑天中后卧像就有类似情况。（原无此"天中后寝宫"）

348. 黄姑仙岛的传说[新密市]

相传，在溱洧二水交汇处，有一个黄姑仙岛。传说这里曾是黄帝三女儿修身学道的幽栖胜地。

在一个春光明媚、风和日丽的日子,三姐妹出洞游春观景。黄、兰二妹采花捉蝶,漫岛追逐,欢喜欲狂;而红姐只是站立高坡,不言不语,远观近瞩,心思重重。黄、兰二妹看见了,走过来戏闹。红姐正色道:"妹妹不要调笑。自从嫘祖娘娘植桑养蚕,抽丝织帛制裳以来,天下人虽说有了衣衫,可那色彩单调,老少难分,男女无别。你看那山花,五光十色,万紫千红,光彩夺目!我在想,要是能将我们所织的麻匹丝帛也染成大自然的五颜六色,然后再裁制成衣裙,那该多好啊!"兰妹抢先说:"我早就穿厌了这灰素色衣裙,早想穿红绿色衣裙……"红姐打断妹妹的话,折了一枝花说:"就这枝花说吧,青枝、绿叶、红萼、黄蕊,一枝花四种颜色,这可怎么往麻匹、丝帛上染呢?"黄妹接着说:"天下无难事,只怕有心人。只要我们想做这件事,我想早晚总是能做成的。车、船不是造出来了吗?陶碗、陶罐不是造出来了吗?只要咱三姐妹下决心,一定会将麻匹、丝帛染上鲜艳的色彩,画上艳丽的花朵。"

第二天,三姐妹就动身上具茨山西山去找大隗真人。因为三姐妹听父亲说过,大隗真人十分智慧,他定有将麻匹、丝帛染上颜色的办法。她们翻了六六三十六架山梁,走过七七四十九条山沟,有一天,终于来到了具茨山西山。她们站在山巅一望,山连着山,沟接着沟,山野茫茫,不见人烟,这大隗真人可到哪里去找呢?三姐妹正在发愁,忽听山崖的丛林里传来劈柴声。三姐妹寻声走去,见一樵夫正抡斧劈柴。红姐施礼问道:"请问长老,往大隗仙洞的路怎么走法?"那樵夫停了斧头,脸也不转,说:"万物土里生,路从脚下走。"说罢,擦一把额头上的汗水,脱掉身上衣袍,朝树杈上一挂,又抡起斧头劈起柴来。三姐妹不解其意,兰妹顶撞道:"你这长老,太不知礼,俺问东,你答西,若误了俺的大事,我可不依你……"黄妹怕得罪了樵夫,忙解释道:"长老不必介意。我们是为染色制裳要造访大隗仙师,请您指路径。"樵夫听了,抬手向西一指,说道:"去吧,心诚则灵,顺其自然……"

三姐妹顺樵夫指示的方向再往前走,却是悬崖,哪里有路径?三姐妹一时气冲斗牛,正要返回责问那樵夫,回头一看,却不见了那樵夫,只有那衣袍仍挂在树杈上。三姐妹认定是那樵夫躲了起来,不敢照面,就取下了他的衣袍,回到了黄姑仙岛,心想等他来取衣袍时,好好数落他一番。

等了三五日,也不见那樵夫来取衣袍。红姐心里有些悔愧,心里说虽然那樵夫疯疯癫癫,不肯指出路径,也不该将人家衣袍带回。思想间,她随手展开衣袍来看,忽然见那衣袍上有红、黄、蓝三个相套的色环,色环中写着"神色图"三字。红姐急忙唤二位妹妹来看。三姐妹看罢"神色图",才从梦中醒来,知道那脱下衣袍的樵夫,正是大隗天师,这"神色图"正是他指教的色彩调配法。

红、黄二位姐姐正欢喜若狂时,兰妹却十分愧疚,说:"这都怪我说话不中听,得罪了大隗天师,如若不然,他为什么只给个"神色图",而不给我们些颜料呢?没有颜料,我们怎能将麻匹、丝帛染色呢?"黄姐说:"你没听他说吗,万物土里生,路从脚下走吗？这颜料天底下自然有，只不过得靠我们自己去找。只要我们肯去找，自然会找到的。"红姐兰妹都觉得这话说得有理。

从此以后，三姐妹费尽了千辛万苦，终于找到了三原色，调配出了红、黄、蓝、绿、青、橙、紫等七种颜色，染制成了鲜艳的麻匹、丝绵，裁制成了美丽的衣裙。

采录整理：王耀斌

【点评】

本篇流传在河南新密市，是关于黄帝的三个女儿发现并研制染色衣服的神话遗存。它虽有道教思想因素，但从主体上看，仍保持原始神话意识的文化发明创造的内涵，对研究科技史有一定参考价值。

其中透露出如下文化信息：①我国上古染制色彩丝、麻布匹，制作彩色衣服，源自黄帝时代。②彩色衣服的契机来自大自然的花木景色的感悟。③当时三个女儿虽潜心修道，但仍热爱生活的美好，而与道教的超尘脱俗的观念相背离。因此，带有一定的"非宗教化倾向"。④科技最早都要经历一个神话阶段。原始社会人的心智特点之一，便是一切知识、智慧无不从神国天神那里得来。

十二、黄帝访道

349. 黄帝修德观问道的传说 [新密市]

很早以前,在有熊国都以西四十多里的地方有个观寨村。观寨村里有个修道观,修道观里塑有黄帝和嫘祖像。传说黄帝和嫘祖当年曾在这里修过道。

黄帝打败蚩尤之后,天下太平,百姓也都过上了安居乐业的日子。黄帝想,自己征战、操劳了大半辈子,现在老了,身体和心力都不济了,应该早早叫年轻人干。于是他就把国君的位置传给儿子昌意,与妻子嫘祖周游天下,求仙访道去了。

黄帝与嫘祖离开有熊国都往西走。当时正是五黄六月天,天空的太阳像一团熊熊烈火,大地热得像一个大火盆。黄帝和嫘祖走啊,走啊,从早上一直走到天正午,走得浑身直流汗,饿得肚子咕噜噜响,渴得张口喘粗气。在太阳偏西时候,他们爬上了一座小山头,见小山头上有一块平地,平地上长着一株大兖树,大兖树的下边有一块大石头,大石头上一个白胡子老头和一个灰胡子老头专心致志地在下棋,他们的旁边放着两碗茶。黄帝和嫘祖怕惊扰他们,就蹑手蹑脚地来到他们跟前,想等他们下完这盘棋再打扰他们。黄帝和嫘祖等啊,等啊,足足等了两个时辰,眼看太阳快落山了,那两个老头还在一个劲地下。黄帝和嫘祖又饥又渴,实在忍不住了,向两位老头作了个揖说:"老人家,打扰你们了,天气老热,我和妻子嫘祖实在口渴得慌,想向两位老人讨口水喝,还想问问这离神仙洞有多远,怎么个走法?"

那白胡子老头抬头看了下黄帝和嫘祖,没有说话,只管下棋。那灰胡子老头连头也没抬。黄帝见他们不搭理,只好再打躬作揖讨扰。这一次那个灰胡子老头抬头看了他们。嫘祖有些按捺不住了,想数落他们几句。黄帝急忙拦住她,就又上前打躬作揖,说:"实在对不起,不该打扰您老人家下棋,向您陪礼了。"说完,拉着嫘祖就往回走。

黄帝与嫘祖走出二三十步远时,身后有人喊:"那不是轩辕和嫘祖吗?既然来访道为何又要走呀?"

黄帝听见身后有人喊,就扭回头来看,只见那个下棋的灰胡子老头,捻着胡须对着他们笑。

黄帝与嫘祖见喊他们,就急忙拐回来,再次打躬作揖说:"轩辕、嫘祖给您老人家施礼了。"那白胡子老头把手中的棋子放到棋盘上说:"你们不是老渴吗?这里有两碗清茶,你们喝吧。"那灰胡子老头将两碗清茶端过来,黄帝和嫘祖接过来一饮而尽。灰胡子老头从怀中掏出两个又大又红的桃子给他俩吃,黄帝与嫘祖有些难为情。白胡子老头说:"吃吧,这是你们俩的造化。"黄帝与嫘祖实在太饿了,也顾不了许多,将桃子在身上蹭了两下,就大口大口地吃了起来,几口就把桃子吃完了。说也奇怪,黄帝和嫘祖一吃下桃子也不渴了,也不累了,觉得浑身清爽、有劲,似乎有种说不出来的飘飘然感觉。

那白胡子老头说:"你们俩不是想去神仙洞吗?这里是鸡山,由此往西,顺小河走二里地,前面那架山脚下,风景最优美的那个地方就是神仙洞。"

黄帝和嫘祖按照白胡子老头指的路,顺着小河往西走,大约走了半个时辰,来到一座山脚下,果然这里百花盛开,洞府清幽。黄帝见洞外草坪上有两个道童在玩耍,就作揖说:"请问道童,这可是神仙洞?你家洞主可曾在府?"其中大一点的道童点点头说:"请跟我来。"说着将黄帝与嫘祖往洞中引去。黄帝与嫘祖跟着那道童,走过一个个又窄又矮的石洞门,跨过一条条哗哗流淌的小溪,绕过一块块巨石,穿过一道道小径,终于来到一个人间仙境。只见这里春光明媚,万紫千红,乳燕啾啾,龙飞凤舞,尤其是道旁,各种花草树木,叶黄叶绿,花开花落,像一个万花筒,使人眼花缭乱。黄帝、嫘祖无心观景,紧跟道童来到一座殿前。那道童让黄帝、嫘祖稍等,先进内通禀。一会儿那道童出来向他们招手,引黄帝与嫘祖走进殿内,只见殿中几案上,香烟缭绕,一个老道手执佛尘,坐在一个金光闪闪的蒲团上说:"人仙各异,互无理通。意薄之人,求仙难成。人间至尊,富贵幸荣。仙界清淡,终生平庸。劝你速归,莫误前程。回去吧、回去吧,送客!"那老道又说了些什么,黄帝与嫘祖没有听清。二人正在发愣,只听那道童催促说:"施主请吧,洞主送客了。"黄帝和嫘祖无奈,只得跟着道童走出洞来。他二人又顺着来路走到鸡山那棵大冗树下棋盘石前,忽然听空中传来一个声音:"心诚则灵。求道并不难,就怕志不坚!"抬头看时,却不见人影,黄帝无奈,只好顺着原路回有熊国都。

黄帝与嫘祖回到国都,哪知有熊国君君位已传给孙子颛顼。黄帝与嫘祖这才想起在神仙洞内所见树叶黄绿变化和花开花落的情景,原来那就是年代的更替,感叹人生是多么短暂。

黄帝与嫘祖在宫中休息了三日,不顾子孙劝留,就又离开了国都,往西行四十里在一处风景幽美的地方,搭起一座庵棚,每日里在这个庵棚里修身、静心、养性,反省一生中的功过得失。三年以后,黄帝与嫘祖又到神仙洞求道,终于被神仙收为门徒,修成了正果。

宋真宗三年,当地官绅为纪念黄帝功德,就在黄帝和嫘祖搭庵棚修德问道的地方建了一座观,取名"修德观"。金代,密县县令刘文饶重修道观,亲自撰写的《修德观问道碑记》流传到今。

采录整理:高力升　李高强

图 12.349.1　记载黄帝问道之事的新密大隗镇《修德宫碑记》(程健君供稿)

【点评】

本篇流传在有熊国新密市,是关于黄帝晚年访道求长生的神话传说珍品。它接近民间口承神话形态,对研究黄帝晚年思想,有重要参考价值。

其中说明以下一些问题:①先秦时代道教"无为而治"和求长生的思想盛行。②黄帝晚年思想上倾向原始道教的"出世"、护体长生求修养的活动。③先秦道教徒在有熊国附会编造出一些有关传说,群众中逐渐产生关于黄帝访道求仙的遗迹。

"修德观"亦属此类风物传说遗迹。④修炼求仙是先秦道教的活动,实际和黄帝时代相去遥远,原始社会的宗教意识有明显不同。其中类似本篇修道必须心诚的道规,自然不属原始社会思维形态和行动规范。⑤修德观(今观寨)神仙洞遗迹和传闻,历史悠久,有一定可信性。两个不同时代的文化,不应混同。

350. 黄帝炼仙丹［新密市］

　　传说黄帝在具茨山西麓的神仙洞跟广成子修道三年。有一天,广成子对轩辕黄帝说:"轩辕氏,你在这里整整三年了,已经修成正果,可以回去了。"

　　黄帝说:"先师,我已修成正果,可是我有熊国百姓,虽然丰衣足食,但是经常发生疾病,不知先师有何灵丹妙药解救百姓疾苦?"

　　广成子说:"这也不难,你可到密岵山采来晶洁玉花,将它放进炼丹炉,用你丹田之气,向丹炉发功九九八十一天,将那玉花炼成仙丹,不仅可治百姓病,还可益寿延年。"

　　黄帝又问:"请问尊师,不知丹炉在何处?那密岵山又在何方?"

　　广成子说:"那丹炉你可到银汞峪藏宝洞去,那里自会有人指点于你。由此往南二十里,过去马岭山,再过洧水河,就见一座山,那就是密岵山。"

　　黄帝拜谢广成子,向南而去,一路春风拂面,脚下飘然生风,不到两个时辰,就来到密岵山下。黄帝抬头仰望,只见这里山势陡峭,林木葱郁,杂草丛生,百鸟飞鸣,果然是一座奇山。黄帝想快点采得玉花,爬过一座峰又一座峰,越过一道涧又一道涧,只见满山红的岩、青的石、绿的水、黄的花,就是不见那晶洁的玉花。他顺着山峰找啊找啊,发现一条石缝,那石缝中白光闪灼,对!那就是玉花。黄帝心情特别激动,他不顾山高峰险,只管手抓藤条,脚蹬石板,一步一步地往山上爬。手被藤条磨破了,鲜血直流;脚被石棱划伤了,疼痛难忍。一百丈、五十丈、三十丈、十丈、五丈……眼看就要爬到山顶时,他突然踩掉一块石头,一步踏空,就轱轱辘辘地滚下山去,一下失去知觉。大约停了半个时辰,他醒了过来,只见摔得遍体是伤,腿上还往外渗血。他想爬起来,再去爬那座山峰,可是身子刚一动,就痛得昏了过去。黄帝在恍惚中看见一匹背上生翼的黄鬃烈马,咴咴叫着朝他走来。那马边叫、边跑,还对他说话。黄帝心想:"这是哪来的怪物?马怎么会说人话?"

　　突然那黄鬃烈马来到他的身边,对黄帝说:"轩辕莫怕,我是玉皇大帝的天马。玉皇大帝见你在受苦,叫我帮你采那密岵山上的玉花。"说罢就卧在黄帝面前。黄帝就爬起来,骑在天马的背上。说也奇怪,黄帝一坐上马背,身上的疼痛一下子全消失了。那天马站起身来,就地一跳,飞上了半空,眨眼间就到了密岵山的顶峰。

黄帝在石缝中采了一袋晶洁玉花,背在身上,又骑上天马,下山而去。这时,黄帝闭上双眼,只觉得耳边生风,突然间那天马尥了个蹶子,自己从马背上掀了下来,在空中翻了几个筋斗,跌落在平地。黄帝心想：这下可完了。大叫一声,原来是个梦。可是黄帝觉得背上沉甸甸的,用手一摸,袋子鼓囊囊的,装着东西,取出来一看,正是晶洁玉花。黄帝抬起头来一看,他跌落的这个地方,正是广成子指的那个藏宝洞——银汞峪。这时从峪口走来一个道童,将黄帝带到炼丹炉前。

炼丹炉中烈火熊熊。黄帝从袋中取出晶洁玉花,投入炉中,然后按照广成子的指教面对炼丹炉,将那丹田之气注入炉内。黄帝在炼丹炉旁,整整发功九九八十一天,终于炼成了仙丹。

黄帝带着仙丹又回到神仙洞,去见广成子。广成子见仙丹炼成,十分高兴,就问："这仙丹有多少？"黄帝说："整整八十一粒！"广成子又问："这些仙丹,你如何使用？"黄帝说："全部发给有病生灾的黎民百姓,不知先师有何指教？"广成子点点头说："善哉,善哉！你真是一代仁君。不过这仙丹,你可留两粒,你和嫘祖服用,其他七十九粒交给你子昌意。你和嫘祖吃了仙丹,那时,自有人前来接你。那七十九粒,每遇疾病流行,将它放于水中一粒,病人一饮丹水,病即可愈！"黄帝听罢广成子教诲,又是打躬又是作揖,再三感谢先师之恩,就辞别广成子,带着仙丹,下山回国都而去。

黄帝走到一个叫鸡山的地方,正好碰上嫘祖、昌意和风后一班大臣赶来寻找黄帝回都。黄帝说："我离开宫中已经三年了,在广成子先师那里修道炼丹。这仙丹共九九八十一粒,按照先师吩咐,我与嫘祖各服一粒,其余七十九粒有昌意保管,若有疾病流行,可取一粒投入水中,得病之人饮丹水,即可病愈。"黄帝说罢,臣民山呼黄帝圣德。

黄帝与嫘祖服下仙丹。这时嫘祖从怀中取出一个石匣说："这石匣乃是人间珍宝,可容纳天下每日发生大小事情。今后大家不管有什么要求,只须敲击石匣,就可以如愿以偿。"嫘祖还没把话说完,忽听响起阵阵天鼓声。人们抬头望去,只见一朵五彩祥云自西天飘来,云端站着南极仙翁,手持佛尘说："轩辕星君与锦衣公主,赶快启程到玉帝那里领旨去吧！"南极翁话音刚落,又听见东边具茨山处一声巨响,只见从黑龙潭中腾起一条"八翼黑龙",慢慢地飞到黄帝和嫘祖身边。黄帝与嫘祖骑到黑龙背上,那黑龙腾空而起。嫘祖趁机将她的上衣脱掉,投下山坡。黑龙驮着黄帝与嫘祖越过鸡山山峰,向东而去。

古人为黄帝骑龙升天,曾在神仙洞留下诗章：

"一别鸡山再徘徊,

八翼腾飞去复来。

轩辕乘龙陟王屋,

广成信步卧龙台。"

且说嫘祖抛下的上衣,飘啊,飘啊,最后,飘落在神仙洞顶的山梁上。当臣民们赶到时,那上衣早化成两个形似双乳的山峰。在那山峰上有两股淡乳色的泉水,从乳头流出,真像两股乳汁,在山下汇成一条潺潺小溪流进洧水河中。从此,人们就将嫘祖上衣化成的两个山头叫"奶头山",把嫘祖留在奶头山坡上的那个六角八棱石匣叫做"灵石"。直到如今,那些寻求爱情的青年男女,求子求孙的爸爸妈妈、爷爷奶奶,仍不辞劳苦地爬上奶头山,去敲击"灵石",乞求得到满足。

讲述人:慎广建
采录整理:高力升　高帆

【点评】

本篇是作者根据《山海经》《黄帝内传》等文献及部分民间口承传说资料,改编的黄帝炼丹济民的传说通俗文本。它带有较多的小说创作色彩。但就其主体文化内涵而言,对研究黄帝文化有重要价值,道教思想渗透严重。

其中的文化信息有:①黄帝修行、炼丹成仙升天,属先秦道教思想的集中体现,而非黄帝时代的思潮。②从河南濮阳西水坡四十五号墓蚌塑龙的考古发掘实证来看,已有升天的观念。有德之人死后升入天界,是六至七千年前已存在的原始宗教观念。本篇所说是升入玉皇大帝的道教神国,则不属于黄帝时代的宗教认识。③汉代以后,道教所建构的以玉皇大帝为主的天国神殿已取代了原始社会的天帝神界的观念。神谱也更加庞大,杂乱。性质已变。④本篇所讲的道教炼丹术已很成熟,且全由像道长广成子之类的人所掌握。黄帝炼丹主要是为了治病,关心百姓疾苦。不专为个人的长生。这一点与在灵宝的黄帝铸鼎原炼丹目的一致。⑤黄帝炼丹的原料玉花,取自新密市密岹山(见《山海经》),地点也在附近。黄帝在灵宝炼丹则在荆山(阳平乡铸鼎原)。升天之处,一在灵宝,一在新密市浮戏山。

值得提出的问题:①本篇黄帝向广成子求炼丹药是在新密浮戏山神仙洞,而非具茨山。密山也叫密岹山,在登封,新密市交界处的具茨山西与荟萃山接界。禹州境的崆峒山与浮戏山皆有广成子道观,但不能混为一处。两处访问,目的不同。②本篇的小说创作倾向使之失去民间口承神话本色,是一个不足之处。

351. 玉皇大帝强占修道洞 [新密市]

轩辕黄帝的大太子轩武,在封地风后岭深受老百姓的爱戴,黄帝决定让位给他。黄帝先派赵、王二令官召轩武下山,轩武婉言谢绝了。后来,黄帝又亲自出马,轩武还执意不肯继位。为了避开父亲,轩武决定出家修道,脱离凡俗。他在风后岭东侧半山腰,凿了一个山洞,还在洞下开了一块平地,白天在洞外诵经修行,夜里在洞内歇息。

这件事传到玉皇大帝的耳朵里,他觉得轩武人材难得,凡间的天下应该让轩武掌管。这天,玉皇大帝借出游的机会,带着王母娘娘,来到风后岭,想会会轩武。正巧,轩武访友不在家。玉皇大帝望着石洞,计上心来。对王母娘娘说:"你看这地方咋样呀?"王母娘娘站在洞口,向东望去,沃野千里,直至东海,非常高兴,说:"这洞真好,我要有这样一个行宫,闲时住住,就心满意足了。"玉皇大帝大喜,立即宣旨:"往后,这洞就叫王母娘娘洞吧!"并传令在洞外建一座玉皇宫,作为自己的行宫。其实呢,他们夫妇强占轩武洞,是为了挤走轩武,让他乖乖地接住黄帝的帝位。

轩武云游归来,见玉皇大帝和王母娘娘占了自己的洞,非常生气,可又不能说什么,只得离开山洞。去哪儿呢?找父亲去,黄帝必然还让他继位,他说啥也不想下山。无奈何,只好来到风后岭山顶,另建修道住处。在山顶搬石头时,由于心里生气,狠狠地跺了一脚,吐了一口唾沫。巧啦,这一脚正好跺在原来修道的山洞顶上。洞的上方立刻裂开了一条长缝。唾沫顺着裂缝直淌到洞里。

后来,人们只得把轩武原来修道的山洞,改叫王母娘娘洞;洞外那座宫殿,叫老天爷庙。王母娘娘洞顶上至今还有那条裂缝,不管雨天还是晴天大日头,裂缝经常往下淌水,人们说那是轩武的唾沫。

讲述人:史丙辰,46岁,干部
采录整理:张宝锁

【点评】

本篇流传在有熊国新郑市,是关于黄帝长子轩武与父亲在入世执政与出世修道之间矛盾意识的表面化传闻。它比较接近民间口承原形,可作为研究黄帝文化多重性的参考。

其中反映:①黄帝欲传位与轩武,而轩武却坚持入山修道。两种思想冲突,产生本篇传闻。②道教的神国至尊玉帝与王母借占修道洞为行宫的名义,逼轩武继帝位。这是当时入世与出世思想冲突的表面化。③现存的风后岭山洞的遗迹可作传说见证。这个风物遗迹的变迁,使后人产生此两种思想多层次范围冲突的外化认识。④道教玉帝、王母所代表的为入世的倾向,因而多方施展影响,使之入世理政、用兵,而这是与先秦道家"无为"不相容的。

352. 黄帝寻访大隗真人［新密市］

传说大隗真人有智有谋，神通广大，是黄帝战蚩尤时的一员名将。

当年，蚩尤占领中原大片土地。黄帝与他作战屡战不胜，一筹莫展，后来为寻求战败蚩尤之策，到崆峒山（今新郑西南具茨山西麓）拜访广成子。广成子叫他上具茨山拜访大隗真人。

黄帝从崆峒山回来，一天，来到一座松柏成林、花草茂盛、翠竹蔽天的山前，正往山上攀登，突然被一块巨石挡住。黄帝觉得奇怪，就左绕右转，可是转来转去，总是被那巨石在前面挡着路。黄帝正在为难，忽然听到巨石背后传来歌声：

"天皇皇，地皇皇，

行路之人莫慌张。

大隗真人在此候，

专等轩辕求安邦。"

黄帝听到歌声，就坐在草坪上，闭目小憩，大约过了半个时辰，睁开眼睛一看，大吃一惊：眼前的巨石不见了，自己坐在一个松软的蒲团上，四周金碧辉煌，香烟缭绕。黄帝不知这是来到哪家神仙的洞天府地。他正在莫名其妙，见一个身着黄色锦衣、眉清目秀的童子，手托茶盘来到他的面前，轻声说："请先用茶。"说着将一杯香茶递了过来。黄帝又饥又渴，接过香茶，一饮而尽，然后用衣袖擦了擦下巴问道："请问仙童，不知这是哪家神仙的洞府？"

锦衣童子笑了笑也不作答，只是说："师傅知道今天轩辕君到此，令我在此候迎。"

说话间，一个黑发披肩、容光焕发、手持拂尘的中年汉子走进厅来施礼说："贵客可是轩辕君？"

黄帝答道："在下正是有熊氏轩辕。遵照广成子指教，前来这具茨山寻访圣仙大隗真人，不料迷路到此。请问仙道尊姓大名？"

那汉子用拂尘指了指黄帝身后笑着说："我是何人，请看看背后便知。"

黄帝扭转脸去，只见身后一块木板上写着"大隗真人修道洞"。黄帝一看，眼前这位就是自己要寻访的大隗真人，就忙起身施礼说："在下不知真人在前，恕罪恕罪。"

大隗真人请黄帝坐下，自己坐在黄帝对面一个蒲团上，问黄帝说："不知轩辕君来此有何贵干？"

黄帝说："我与蚩尤作战，眼看几载，屡不能胜，今日奉广成子指教，特来寻访圣仙,求战胜蚩尤之策,请圣仙赐教。"大隗真人想了想说:"蚩尤作乱,搔扰天下,违反天意,理应剿除。只是那蚩尤异常勇猛,且又善施法术,变化无常。要想战胜蚩尤,必须到东海捉住夔牛,抽筋、剥皮、剔骨。将其皮制成大鼓,用其骨作成鼓捶,擂鼓助威,方可擒获蚩尤。"

黄帝听了十分高兴说:"多谢圣仙指教!前日我在崆峒山受广成子指点,让我求访真人和风后、力牧。今日有幸得到圣仙真言,还求圣仙出山,助我一臂之力!"

大隗真人说:"既是广成君所言,我当义不容辞。不过要想彻底平除蚩尤,还需拜求三个人。"

黄帝问:"哪三个人?"

大隗真人说:"这三个人就是大鸿氏、武定和常先。轩辕君再得此三人,将是如虎添翼!"说到这里,大隗真人对锦衣童子说:"黄盖童子,将我《神芝图》拿来,交于轩辕君。"

黄帝如梦初醒,原来身边那身着锦衣的童子就是久闻大名的仙道——黄盖童子。黄帝起来要给黄盖童子施礼。大隗真人制止说:"轩辕君是一代明君,既然我等辅佐于你,就不必客气了!"

黄盖童子将《神芝图》取来。大隗真人交给轩辕黄帝说:"这《神芝图》是我集百年日月星辰精华,生死轮回奥秘,写成的文韬武略,对今后治国平天下大有用场!"黄帝接过《神芝图》,心中更是高兴,又是一番道谢,遂告别大隗真人,回有熊国去了。

传说,黄帝平定蚩尤之后,封赏众将,将具茨山北一片地封给了大隗真人。那大隗真人拒绝黄帝分封,只求有一块净土,继续修仙行道。黄帝只好在这里为他修了一道观,作为修仙行道之所。这个地方,就是后来的大隗镇,大隗真人原来修道的具茨山,当地人又称它为大隗山。

讲述人:许鹤亭
整理:高力升 李高强

【文献选录】

大隗氏见于南密,记谓大隗氏之居,即具茨也,或曰泰隗。昔黄帝访泰隗于具茨。

(《路史》卷三)

(敏山)又东三十里,曰大隗山。又次十一有大隗山。

(《山海经·中山经》)

河南郡有大隗山,盖压禹、密、新三县也。

(《汉书·地理志》)

黄帝将见大隗于具茨山。

（《庄子·徐无鬼》）

大隗即具茨山也。

（《水经注》）

【方志选录】

（大隗山）在县东南四十五里，溟水出其阿。流为陂，谓之玉女池。今其山有轩辕避暑洞。巅有风谷，下有白龙湫，每旱致祷辄应。

（《河南通志》）

大隗山在县（密县）东南五十里，本具茨山，黄帝见大隗于具茨之山，故亦谓大隗山，溟水出于此。

（唐代李吉甫《元和郡县志》）

具茨有大隗者，即上世之泰隗氏也，能设于无垠之宇，而游于泰清。

（清乾隆《新郑县志》）

【点评】

本篇是作者根据文献中的关于黄帝等七人寻访大隗真人的记载和民间传说编写而成。他们在新密市东南大隗镇古窑沟迷路，秦时修有七圣庙。

它是通俗文本，不属民间口承黄帝传说范畴。

353. 轩辕黄帝拜三皇［新密市］

黄帝战败蚩尤，平定中原以后，建都有熊。他政务有暇，就与妻子住在云岩宫。

他和嫘祖每月逢三、六、九，都要去距云岩宫四十里洧水河谷的天爷洞（灵崖山）祈天拜祖。

当黄帝带嫘祖头一次去天爷洞时，因为路不熟，沿着洧水河走到一个岔路口时，不知道走哪条路。正迟疑时，忽然水边飞来一只白鹅，边飞边叫，给黄帝、嫘祖引路，黄帝很高兴。后来人们就把这里叫"鹅沟"，以后就又叫成"莪沟"了。

当时，黄帝和嫘祖，走了几里地，又遇上了一个岔路口。正当二人犹疑观望时，从旁边山坡上跑来一只山羊，边跑边叫给黄帝引路。

黄帝和嫘祖走到洧水河上游的空桐山（也叫栲栳山）天爷洞，这里有山有水，景色很美。他们兴致勃勃地爬上天梯,钻过龙眼洞,穿过层层悬岩,最后登上天爷洞的峰顶"三皇殿"。

三皇殿里敬的是天皇伏羲、地皇神农、人皇女娲。三皇是炎黄二帝的先祖。

黄帝和嫘祖祈天拜祖之后,当天就又回云岩宫去了。

天爷洞的祭祀活动,一直持续了五六千年,就是从黄帝拜三皇开始的。至今每年的正月初九天爷生日、暑伏会时的庙会,人山人海,十分热闹,人们都要来敬天拜祖。

讲述人:李富裕,男,62岁,原密县文化馆馆长,退休
采录时间:1990年11月29日
采录地点:密县县委招待所

【点评】

本篇流传在河南古有熊国新密市洧水河流域,是关于黄帝祭天拜祖的神话遗存珍品。它属于民间口承神话原始形态,对研究我国神话有重要科学价值。它是中原神话的明珠。

其中所蕴含的原始文化信息有:①黄帝去天爷洞("龙岩洞")祭拜的"三皇"明确指的是天皇伏羲,地皇神农,人皇女娲。这就有力地纠正了历史上众多学者的各种异说(如:伏羲,燧人,神农;伏羲,神农,黄帝;伏羲,燧人,祝融等)。因为三皇应是创世大神,而不是一般的"人君"。②黄帝祭天拜祖,应是天下大定,建国之初的盛典,它带有敬谢天地、先祖的隆盛国典性质。③天爷洞也叫"灵眼洞",这座山叫"栲栳山"(见《山海经》),确系有熊国古老的名山。据最近考古发掘,轩辕丘确是黄帝的出生和有熊国建都之地。因此,黄帝从云岩宫(轩辕丘西南邻地)去天爷洞拜三皇顺理成章。④在黄帝之前,有熊国祭拜三皇早已成公认的习俗和圣地。⑤黄帝时代,洧水溱水流域的有熊国仍属荒凉、人烟稀少的地带,因此,道路不通畅。白鹅、羊为黄帝引路,具有浓重的反映民意的幻想神话意识。鹅和羊的神话化、人格化,是典型原人思维的特征。⑥鹅沟(莪沟)、羊台(杨台)地名至今犹存,便是此神话的真实性和神圣性的见证。

值得特别指出的是:①新密(原为密县)莪沟北岭上裴李岗文化遗址的发掘,证明这里在七八千年前,就是原人生活、生产、聚居的地带。因此,产生黄帝拜三皇的神话,就有了坚实的生活基础,而不是猜想或附会的假象。②黄帝出生和建都在轩辕丘,并且有了古城寨的遗迹;当时已造了文字;又在天爷洞举行原始宗教仪典活动;黄帝又能炼铜铸鼎,就完全证明黄帝时代的文明社会雏型已经具备。总之,本篇的科学价值之高是引人瞩目的。③天爷洞的祭天拜祖庙会传至今天,意义重大。

这是西方神话学者仪典派观点的中国化的验证。首先,先有三皇神话在中原(中国)的普遍流行,才有天爷洞"三皇殿"的构建和仪典的兴起。也可以说是典型的神话产生仪典和仪典解释神话的理论体现。尽管有神话的地方不一定都有仪典的盛行,而本篇的仪典与神话的关系却是不可分离的。④随着祭祀仪典的日益隆重,便自然有庙会文化的形成和发展。天爷洞庙会也不例外。中原庙会虽多,但像天爷洞庙会(正月初九,暑伏会,也有说是三六九月,或三月三)如此之古老,却是罕见的。

总之,本篇是关于黄帝文化(宗教)的活化石。它具有实际验证古有熊国文化存在的科学佐证作用。

354. 黄帝拜三皇[新密市]

有熊国的洧水河上游,有一个嵩林山,这里有个"龙泉"村(在今新密市境)。在村南面的崖壁上,有排溶洞群,人称"天爷洞"。传说这里是黄帝拜天祭地的地方。

很久以前,黄帝与蚩尤为争夺中原这块宝地打起仗来。

蚩尤是天上黑牛星下凡,身高丈八,头如柳斗,脸似火盆,眼如灯盏,头上还长着一双大犄角,说起话来嗡声嗡气好像打雷,性格凶狠残暴。开始黄帝与蚩尤打仗,由于准备不足,连吃败仗。蚩尤旗开得胜,自以为得计,就向中原长驱直入。眼看黄河以南大片土地沦于蚩尤之手,黄帝十分着急。有一日,他在国都召集谋士和大将们商议反攻蚩尤、收复失地良策。大臣们纷纷献计献策,意见各不相同。最后,大臣风后说:"以前几仗失败的原因,是对付不了蚩尤的邪门妖法。要想打败蚩尤,除了访求有神法的武将外,还得求助于上天神人的帮助。"

黄帝说:"我也是这么想,只是不知道去什么地方祈祷上天的帮助。"

风后说:"过去您曾求助崆峒山神人广成子大法师指点帮助,何不再去拜见他,让他再给咱们指点迷津。"

黄帝说:"我已经去过崆峒山,听道童说广成子去云游四海了,半年以后才能回来。到那时候,我们一切都完了。"

风后想了想说:"听说洧水河上游有一个天爷洞,那里是玉皇大帝在人间的行宫,不妨我们去朝拜一次,也许老天爷会帮助我们。"

黄帝点点头,决定到天爷洞去拜天。

第二天正好五月初一,天气晴朗,万里无云。黄帝一大早就与嫘祖、风后以及手下几位文臣武将,离开国都,顺洧水河寻天爷洞去了。

古时候,这个地方人烟稀少,到处是森林和沼泽。黄帝带领手下一群人,披荆斩棘,一路西行,大约走了二十多里,见一条深沟出现在面前。沟内河水潺潺,杂树丛生。黄帝一伙人发愁找不着道路,忽然听到芦苇丛中传出扑楞楞一阵响声,一会儿见一对白鹅来到黄帝面前,一边摇摆着长脖颈,一边"嗯啊、嗯啊"的大叫。那白鹅用嘴叼住黄帝的衣服,向芦苇丛中走,大伙就跟着白鹅分开芦苇丛往前走去。

大家跟着白鹅走了一个时辰,见河岸边有一条弯弯曲曲的小道,就顺着小道一直走到一个山势陡峭、绿树成荫、河水清澈的地方。来到这里,只见那对大白鹅向崖壁上甩着头,叫个不停,然后顺原路展翅飞去。黄帝抬头向崖壁上望去,只见洧水南岸的石壁上,烟云缭绕,洞穴有致,果然是一处神仙居住的洞天福地。黄帝回头看,那对大白鹅已飞向蓝天。黄帝为感谢这对大白鹅的带路之功,就把白鹅引路的那条沟封为"鹅沟",就是现今超化镇的莪沟村。

黄帝目送白鹅飞走后,就带领大家沿石阶而上,对每座洞穴中的神仙一一跪拜,最后登上岩壁最高处那座岩洞。

只见这座岩洞中有香烟云雾飘出,迎门坐着三位神仙。左边那尊神仙穿着兽皮兽衣,手托日、月、星、辰;中间一尊身披"胡叶",头上生角,手中握着人间众生;右边坐着一尊女神,乌发披肩,人首蛇身,左手拿块闪闪发光的五色石,右手掌中站着肤色各异的小人儿。黄帝进洞跪下就拜,其他文臣武将也都一一跪拜。黄帝、嫘祖、风后一边磕头、一边祈祷,请求玉皇大帝和诸位神仙保佑黄帝部落人丁兴旺,战胜蚩尤。祈祷完毕,黄帝正要起身,忽听左边那尊神仙开口说:"面前跪的可是有熊氏轩辕黄帝?"

黄帝一惊,说:"正是轩辕。"

那神仙又说:"都起来吧,我是天皇,是玉皇大帝跟前的护法神,分管日、月、星、辰。人间的每个大人物都有一个星辰照耀,只要照耀他的星辰一落,他也就不久于世了。"

接着中间那位神仙说:"我是替玉皇大帝掌管地上人间各种灵性生辰寿日、生老病死轮回的星官,人们叫我地皇。"

最后那位人首蛇身的女神说:"我是补天的女娲娘娘,专替老天爷繁衍生灵,人们叫我人皇奶奶。"

他们三个一起说:"轩辕带领你的妻子和群臣前来朝拜,一定是遇到了什么不顺心的事吧?"

黄帝急忙说:"感谢天皇、地皇爷爷和人皇奶奶恩德,弟子轩辕与蚩尤作战失利,中原被侵占,部落黎民百姓遭蚩尤涂炭。我身为部落首长,不能平蚩尤救黎民,实在惭愧,特来拜求众神灵传授克敌之策。"

三位神仙听罢,哈哈一笑说:"这乃是小事一桩,现在就可教你克敌之策。"

天皇爷说:"我送你天书三卷,《八阵图》一张,你等可回去细心研读,照此法布阵用兵,自可取胜。"

地皇爷说:"我将蚩尤魂灵迷住,不久他的星辰就可陨落。"

人皇奶奶说:"我将蚩尤部落人丁收天一半,再将你黄帝部落人丁增长一半。"

黄帝听罢三尊神仙的指点后,跪拜再三,方才离开天爷洞。黄帝与风后采用"八阵兵法"与蚩尤作战果然连连取胜,不久又将蚩尤赶回涿鹿,困在八卦阵中,将他活捉斩首。

平定蚩尤叛乱之后,天下太平,黄帝部落日渐兴旺。为了感谢三位神仙的帮助,黄帝下令每年农历三月三、六月六、九月九为朝拜"三皇祖"的盛日。黄帝每逢这一日都要带领妻子和文臣武将到天爷洞朝拜。这一风俗沿袭至今,每逢农历三月三、六月六、九月九,前来天爷洞拜祭的人,络绎不绝,香火极盛。

讲述人:魏洪基,58岁,小学毕业,龙泉村人

采录整理:高力升

【点评】

本篇流传在新密市龙泉村,是关于黄帝拜三皇神话遗存的异文。它虽有参考价值,但距离民间口头传承原形较远。它是作者参考部分文献及民间传承资料加以改编的通俗文本。其中有许多编造的不合理成分,有的是近于作家的语言色彩。

其中的信息和问题有:①把黄帝拜三皇与战蚩尤联在一起,且三皇都会说话,各用自己的特长帮助黄帝战蚩尤,就不尽合理(如伏羲用八卦阵法助战;神农迷住蚩尤灵魂;女娲让蚩尤的人死一半,黄帝的人多一半)。显然是胡编乱造,决非民间传承的神话遗存。

值得注意的是:①本篇竟让道教至尊玉皇大帝居于三皇之上,就颠倒了历史的实际顺序。②把原始神话道教化的最终目的,是为了替玉帝树碑立传,从而达到为封建统治阶级帝王服务的目的。这就是人为宗教化的典型事例。③构思凌乱,语言粗俗。

355. 黄帝登嵩山拜华盖[登封市]

嵩山太室最高峰峻极峰西北有一山峰,叫华盖峰。传说黄帝曾经来游,并拜华盖为师,制订历法。

华盖,传为居住在那个峰上的一个能人。因为他经常观测天象,了解日月星辰的运转规律,琢磨出春夏秋冬的四季变化,对人类生活和植物生长有很大帮助,所以远

近闻名。后来,人们根据天文四象中天宫华盖星名,就叫他居住的山峰为华盖峰了。

黄帝战败蚩尤以后,为了部族人民的生活,为了在炎帝教人种植五谷的基础上,发展农业生产,他亲自率领大臣登上嵩山拜访华盖。当时山上树木茂密,狼虫虎豹很多。他们一边用弓箭扎枪驱逐野兽开路前进,一边互相呼喊在林中采集各种果实。他们往返周转好多峰峦沟壑,最后找到了华盖老人。那是个鹤发童颜的一百多岁的老人,非常健谈,听说黄帝到来,不胜荣幸之至,把长期观察到的日、月、金、木、水、火、土星的七政和二十八宿、四象、三垣、十二次分野等分别加以叙述,并说到它们和人们生活以及植物生长的关系。黄帝听得津津有味,并不时插话提问,或提些自己的看法。他让随去的大臣仓颉将重要的都记下来。华盖老人非常高兴,黄帝也非常满意,再三拜谢,下山而去。

黄帝回到有熊国都,立刻安排制订历法的事,让羲和占日,让常羲占月,让臾区占星气,让大挠作甲子,以干支记日,让容成综六律而制订历法,将一年分为春夏秋冬四季,再分十二个月,再分二十四节气。这样,根据四季、气温、降雨和物候的变化,进行植物种植,发展农业生产,对人民生活的改善和提高起了很大作用。

采录整理:耿直

【文献选录】

(黄帝)北到洪堤,上具茨山(在于阳翟),见大隗君(密县大隗神也)。又见黄(华)盖童子,受《神芝图》七十二卷。

(《云笈七籤·轩辕本纪》)

【点评】

本篇是作者根据部分文献记载和当地传说改写的有关黄帝访名人制历法、历政的传说遗闻通俗文本。它对了解中国的古代历法历史,有一定参考价值,但其中的华盖老人也属道教修炼有道行的异人。

其中说明:①中国历法远自黄帝时代,已有潜心长期观察、测定的实践者。②黄帝在华盖老人观测到天体运转的基础上,根据日、月、金、木、水、火、土星运转规律,将天体分为四象,一年四季,十二个月,二十八宿,干支纪日等规律,定出便于农业生产的历法。这是历法的源头。③黄帝命大臣分别为掌管历法之官,应该是进一步完善并以政府官员的名义加以总结、推广。④中国历法形成有漫长的过程,历经各朝代,都有丰富、改进和实际运用。

356. 黄帝访广成子［新密市］

　　黄帝在云崖宫建城的想法没有成功,心里结了个疙瘩。但是他打败炎帝重整河山的决心没有改变。为了国富民强,黄帝叫全部落的百姓垦荒种地,发展畜牧。还在云崖宫南的台岗上,挖了一个摩旗穴,竖起了招兵大旗。十年以后,黄帝存了不少粮草,就在云崖宫西北五六里的地方建了个大粮仓。后来这地方成了一个大村庄,就是如今的刘寨乡仓王村。在云崖宫东边,又建了养育军用马匹的大马场,就是今天的养马庄村。为了储备草料,黄帝在离养马场不远的地方,建了个草料场,就是现在的草场岗。黄帝见他的兵强马壮、草足粮多,可以打败炎帝了,正要出兵去打炎帝,一位白胡子老道云游来到云崖宫,对黄帝说:"听说你要打炎帝?"

　　黄帝点点头说:"不错,我要报他打我的仇!"

　　老道士笑了笑说:"如今你虽然兵强马壮,可是你手下兵多将少,兵没良将,怎么会打胜仗?"

　　黄帝见这个老道容光焕发,一脸正气,讲话很有道理,就问他:"以老道长的意思,我可以到啥地方求将呢?"

　　老道士用拂尘朝南一指说:"从这里往南有个崆峒山,山上有个道观,叫逍遥观。观里有人指点你。"老道士说完话,一阵清风不见了。黄帝这才知道,原来这是仙人指点他。于是,他就打点了行装,前往崆峒山访道去了。

　　崆峒山风景很美。山青水秀,紫气盈盈,逍遥河源出崆峒山的半山腰,飞流直泻,好像一道帘子,从空中降下来,好看极了。逍遥峰悬崖峭壁,怪石成行成林。逍遥峰顶上有一片树林,在树林的绿叶枝蔓中,可以看到一个红墙绿瓦的道观。观门上写着三个大字"逍遥观"。黄帝来到观门口,被两个小道童拦住了。黄帝说明来意之后,一个道童忙进观中禀报。停了一会,那报信的道童出来把黄帝领进观内。经过九曲十八转,绕过太极殿、大雄宝殿,在一个写着"养心斋"的小殿门前停住。黄帝偷偷往养心斋里观看,见屋里灯烛明亮,香火冒着股股青烟。一个鹤发童颜的老道双手在胸前合掌打禅。他两眼塌朦着对门外说:"门外站的可是轩辕有熊氏吗?还不赶快进屋来,愣着干什么?"

　　身边的小道童拉了拉黄帝的衣裳襟,说:"师父让你进屋哩,快去吧!"

　　黄帝赶忙进屋。老道抬起头来,指了指身边的一个蒲团说:"请坐!"

　　黄帝坐下后忙问:"请问道长尊姓大名,道号怎么称呼?"

　　老道说:"吾乃广成子是也。"

　　黄帝闻听广成子的名字,急忙跪拜说:"久闻道长大名,今日才得见面,受弟子一拜!"黄帝给广成子作了个揖,磕了个头,又说:"这次,我承蒙一位仙人指点,前来求教老道长,指点打败姜氏炎帝的办法,望您示教。"

广成子听罢,微微睁开双眼,从眼缝里看了看黄帝。然后点了点头,慢慢地说:"炎帝姜氏与你本是一母同胞。弟兄之情亲如手足,本应该和睦相处,不可乱动杀机。不过炎帝不讲仁义先打了你,应该得到惩罚。这样吧,你把手伸过来。"

黄帝将左手伸给广成子,广成子看了看,然后在他手掌心里划了个八卦,说:"炎帝有九九八十一个孩子,手下良将不下数十人。你要想打败他,必得风后、力牧相助。我在你手掌心里划了个八卦,今后可保你免祸去灾,你就大胆地去吧!"

黄帝听罢很高兴,又礼拜了一番,问道:"这风后、力牧二将现在什么地方?让我到啥地方去找哇?"

广成子说:"东海边上有风后,北楚云梦泽畔有力牧。铁梁磨成针,不负有志人,你就去吧!"广成子说罢,一甩拂尘回静心轩而去……

道童将黄帝送出观外,他只好回云崖宫来。为了求得这两个大将,黄帝第二天就上路了。他餐风露宿,历尽了千难万苦,步行了七七四百九十个日日夜夜,终于找到了风后和力牧。

黄帝将风后与力牧请到了云崖宫中。封风后为宰相,力牧为大将。将过去的练兵场又扩大了很多,把摩旗台命名为力牧台。黄帝又将云崖宫改建了一番,增盖了殿堂和山门。东边山门称轩辕门,西边山门叫讲武门。从此,黄帝、风后、力牧白天在台岗(力牧台)练兵习武,晚上在云崖宫中讲兵法,又制出了"风后八阵图"阵法。经过几年的苦心经营准备,黄帝下令讨伐炎帝。这次炎帝遭到了惨败,又逃回到冀州阪泉去了。从此,中原的老百姓又过上了太平日子,男耕女织,繁衍子孙,使中原地带成了中华民族的摇篮。

讲述人:张造

采录整理:高力升

【文献选录】

《抱朴子》真源云:黄帝地皇九年正月上寅,诣首阳山,宰牧从焉。次驾东行诣青丘,紫府先生授三皇籙及天文大字;次西入崆峒礼广成子;回驾王屋,启石函,发玉笈,得九鼎、飞灵神丹诀。

(《路史》卷十四)

黄帝立为天子十九年,令行天下。闻广成子在于崆峒之上,故往见之。

(《庄子·在宥》)

【方志选录】

　　崆峒山,州西六十里,上有丹霞院,即广成子修道之处。今有墓存山下,有峒。相传洞中有白犬常常外游。故号小冢为玉狗峰。上有广成庙及崆峒观。下鹤山有广成城。

(民国《河南省汝州府志》)

　　火门山东八里曰崆峒山,一名大仙山,逍遥河出焉。《庄子》:黄帝为天下十九年,令行天下,闻广成子在崆峒之上,往见之,即是山也。溯逍遥河盘旋而上,中有逍遥观,一名大仙观,清雍正十年敕修。河北悬崖有洞,为黄帝问道处,颜曰"得道庵"。

(《禹县志》民国二十八年刻本)

【点评】

　　本篇是作者根据部分史料的有关资料编写的关于黄帝造访当时道教名师请求战胜炎帝方略的传说。它对研究黄帝神话道教化问题,有重要参考价值。

　　其中存在的问题有:①黄帝访风后、力牧事,最早见于《庄子》。本篇移植于广成子道士。明显把黄帝作战治国的大计和人才的发现,全部归功于先秦时期道家学说的功劳。②崆峒山的地望不在甘肃,而在中原。这一历史旧案得到解决。③黄帝与风后演八卦阵,一说是风后从伏羲八卦而来。本篇却安在广成子头上,不可信。④本篇只是依旧说构思,粗疏。⑤语言有文学化倾向。

357. 散 驾 村 [禹州市]

　　禹县浅井乡有个散驾村。提起这个村庄,倒引出一段有趣的故事。

　　相传四千多年前,轩辕黄帝平定蚩尤之乱,使老百姓过上了安居乐业的生活。帝妃嫘祖娘娘教民养蚕织布,使老百姓都穿上了舒适的衣服,因此百姓都很爱戴他们。黄帝到了晚年,身体衰老,做事感到力不从心,于是便辞去帝位,带着爱妃嫘祖娘娘同赴崆峒山拜见古神仙广成子,领授修仙之道。黄帝是个有道明君,满朝文武都很尊崇他。听说他要离位,纷纷上书挽留,可是他决意要去。群臣无奈,只得恋恋不舍地为他送行。

　　君臣上路后,不觉半月光景,来到阳翟地面。这天君臣一行刚渡颖水二里路,便遇到狂风暴雨,泥泞之中道路难走,君臣强行了五里多路,天就黑了,这晚就宿在附近的小山村里。在茅草屋内,君臣点起柴火,边烘衣服,边谈路上的趣闻,直至三更方睡。

次日,君臣们继续北行。愈走道路愈狭窄,愈走林木愈浓密,渐渐地车辇不能通行,后来,连马也过不去了。轩辕黄帝传下圣旨,命大家原地休息。森林里稀稀落落地住着几户人家,他们听说黄帝圣驾光临,纷纷前来参拜。有送牛羊的,有送果蔬的,问寒问暖,甚是亲热。轩辕黄帝一一谢绝,他说:"还是留下大家用吧!"轩辕黄帝又站在石头上向群臣招手说:"送君千里,终有一别,众卿速回!"群臣自是难分难舍,定要再送,黄帝坚决不依,群臣无法,只好站在原地一直看着黄帝与帝妃的身影消失在密林中,方才散驾。

村民们为了纪念轩辕黄帝驾临此地,辞别群臣,于此散驾,就把此处唤作散驾村。这个村名世代相传,直到今天。

讲述人:田旺,60岁,小学毕业
采录人:田丰采
流传地区:禹州浅井乡

【点评】

本篇流传在河南禹州市崆峒山一带,是关于黄帝晚年赴逍遥观访广成子修行求长生的传说。它对了解黄帝道教思想有重要参考价值。

其中反映如下问题:①黄帝统一中原建国之后,治理国家政务繁忙,立了不朽功勋。②黄帝晚年,求长生的欲望甚强。退居后往访当时崆峒山逍遥观的广成子,问道与修行之术。另一说法,此次访广成子求战蚩尤的战法,不符合实际。③据大量资料证明,崆峒山在甘肃之说不可信。④黄帝与大臣在散架村宴别,从此,黄帝入山求道,结束从政生涯。⑤关于黄帝被奉为原始道教之主,自然是顺理成章。但道教的发展到魏晋南北朝的人为宗教之后,就成了麻痹人民的鸦片。这个界限必须严加区别。

358. 娘娘蛋儿坡 [禹州市]

在浅井乡逍遥观的北山坡上,有很多又圆又滑的石头蛋儿,那就是娘娘蛋儿坡。

在很早的时候,轩辕黄帝在黄河上游一带率领子孙开荒造田。不知是为啥,他来到逍遥观这儿,见这儿的山怪灵,风景不错,就给娘娘商量,决定在这儿修道成神,超脱凡俗。娘娘心疼他,但也指望轩辕帝修道成神后,能跟他升天享福,也就同意了。

黄帝和娘娘分居了,娘娘就住在逍遥观北山坡上。因为修道成神不能与凡人见面,所以,娘娘想出一个办法,找一根长长的绳子,拴在一个铜铃上,系在丈夫修道的观宇下,每到吃饭的时候,就把做好的饭菜盛好,然后拉响铜铃,唤丈夫来吃,自己却远远地躲起来,等丈夫吃好离开了,才出头露面。

就这样,一天天地过去了,娘娘总是做好饭,再拉响铃。

一天清早,一只小鸟落到了娘娘扯的绳子上,绳子一晃,观宇下的铜铃响了,黄帝正闭目养神,听见铃响,睁开眼睛,看看时候还早,虽有疑虑,但还是按约定行事。

这时,娘娘还正在灶火里,刚把搅好的面疙瘩下到锅里,听见脚步声,扭头一看,见是丈夫来到门口,两人一见面,黄帝感到奇怪,娘娘也不知道是咋着哩。心里埋怨丈夫没有志气,饭不中,就来吃。娘娘知道,这一来,丈夫再不能修道成神了。越想越气,就把一锅面汤掀翻在地,面疙瘩滚了一地,出门走了。

黄帝看着娘娘走了,还没有弄清是咋回事儿,一眨眼,满地面疙瘩却变成了一粒粒圆滑细腻的鸭蛋石,后来,人们都叫这个山坡为娘娘蛋儿坡。

讲述人:李新才,56岁,小学毕业,农民
采录人:宋国栋
流传地区:禹州西北部

【点评】

本篇流传在河南禹州市崆峒山后山,是关于黄帝修道求长生的神话珍品。它对了解黄帝晚年的思想和生活有重要参考价值。

其中的民俗文化、信仰价值是:①在先秦时代,道家修炼求长生的观念和信仰已很普遍。②黄帝被奉为原始道教的领袖,他未来的归宿,自然要修炼求长生,进入仙界。而这个归宿却不是黄帝时代的观念形态的东西。因此,不能把先秦的"黄帝"和六七千年前的黄帝混为一谈。③本篇所说的修炼盼道的人不能与妻子见面的道规,恰恰是一个讽刺的趣闻。黄帝误听小鸟碰了铜铃,提前吃饭,遭到妻子斥责。这实质是对不食人间烟火的道规的辛辣嘲讽,也是对道规的摒弃。这才是人民的声音!

十三、黄帝祭天升天

359. 黄帝祈天 [新密市]

黄帝与蚩尤在涿鹿大战,大获全胜。班师回有熊国途中,百姓载歌载舞,夹道迎接,时鲜水果、鹿脯兽肉,摆满路旁。黄帝骑在高头大马上,高兴异常,频频向百姓招手致意,并一路传下命令:"不准踏坏百姓庄稼!百姓财物,秋毫无犯!"

一日,大军行至有熊国云岩宫,天下起毛毛细雨来。黄帝传令三军,就此驻扎休息。哪知雨越下越大,至次日傍晚才停。黄帝出营观看天气,忽见东南方一缕青烟冉冉升起,直接天际。力牧见黄帝看得出神,就说:"轩辕黄帝,我们何不去到跟前看个究竟?"轩辕说:"正合我意。"说罢就策马扬鞭而去。力牧、风后、常伯、巨灵氏骑马紧随在后。约半个时辰,他们来到洧水河畔,只见松柏环绕中有一高台,那青烟正是从这高台上升起。黄帝问风后这是什么地方,风后说:"洧水河畔祈天台!"

轩辕黄帝听风后一说,心中才忽然明白:这不是上天启示要我在此祈祷有熊国风调雨顺、五谷丰登、国泰民安吗?黄帝随即传下命令,在此斋戒三日,祈祷上天。黄帝一声令下,从人即在高台东、南、西、北四面各树起青、红、白、黑旗帜一面,力牧、风后、常伯、巨灵氏各率二十名兵勇护住旗帜,高台中央树一黄色令旗。黄帝沐浴罢,缓缓登台,面北而跪,意虔心诚,祈祷上苍。忽然,祥云开处,喜乐齐鸣,只见玉皇大帝和王母娘娘端坐天宫龙椅上,朝轩辕黄帝微笑,紫微星手捋长须从云端缓步向轩辕走来,对轩辕说:"你到人间数十载,历尽艰辛,斩杀蚩尤,统一万国,功劳昭卓。你种五谷、训百兽、植蚕桑、制器皿、造文字、记音律、作舟楫、置商市、立货币……开创了人类文明,玉帝、王母知你为国为民一片诚心。有熊国人杰地灵,物华天宝,上天保佑你风调雨顺、国泰民安。玉帝、王母嘱托:兵符深藏息干戈,采集草药救众生,疏通河道防水患,惩治邪恶不徇私。奖励农桑是根本,教化百姓习文明。待你百年功满,自有黄龙驮你升天。切记,切记!"紫微星说罢,将手一挥,祥云四合,玉皇、王母俱回天宫。轩辕黄帝望天叩首,表示一定铭记教诲!

轩辕祈天之后,即回到云岩宫带兵将凯旋。后世就将轩辕黄帝在洧水河畔祈祷上苍的高台叫"黄帝祈天台"。

采录整理：袁玉生

【点评】

本篇流传在河南新密市有熊国洧水河畔，是关于黄帝祈天求丰收、平安的神话遗存珍品。它对研究黄帝文化的宗教原始形态有重要参考价值，尽管其中也渗入了道教思想因素，但从其本体属性来讲，仍保留了比较原始的信息。

其中的重要文化价值在于：①黄帝来洧水河之前战败蚩尤，统一中原大业已经完成，面临如何治国安民、发展生产、促进文明发展的历史转机时刻。有了征兆，祈天成了必然的宗教活动。②黄帝来洧水河的祈天台祈天之前，这里已是有熊国祈天之所。它证明新密、新郑是有熊国的祖居地，说明黄帝生于此，建都于此。③本篇反映的七千年前的原始宗教祈天仪式已比较完整。青烟升空，是天帝预示祭天征兆及如何祭、祈天的议程和操作实践要求。④篇中后半，玉帝、王母现身部分显然是道教观念渗入的结果。

360. 长　水［洛宁县］

人们都承认，文字的发明，是人类文明史上一件"惊天地，泣鬼神"的大事。但很多人并不清楚，这件大事的发生地，就在洛宁县的长水。

长水在洛宁县西部的洛河北岸，是长水乡政府所在地。玄沪水在这里汇入洛河。相传远古时期，轩辕黄帝见四海宁静，风调雨顺，便率领一班大臣到中原游幸。当他沿洛河西上，来到长水这个地方时，见这里群山环抱，河流纵横，山川秀丽，气候宜人，不禁感慨万千。为感谢上帝缔造天地万物的不朽功德，他传令让大臣在玄沪水入洛河处搭设祭坛，他要代民祭天。

祭坛搭成后，黄帝选择良辰吉时，沐浴更衣，在大臣的簇拥下登上祭坛，焚香礼拜，虔诚祷告，忽然间，阵阵仙乐自天际响起，朵朵祥云向祭坛飘来，缕缕清香在空中散发，伴随着哗哗作响的水声，一只筛子大的灵龟从玄沪水中缓缓爬了出来。它向黄帝点头致意后，便把头缩进肚内，将龟背转向祭坛的人群。

人们细看那龟背，见上面的斑点排列令人惊奇：正中五点，脖子处九点，尾巴处一点，左侧三点，右侧七点，左肩二点，右肩四点，后左腿处六点，后右腿处八点。纵横斜向相加,均为十五。黄帝看后,虽然说不出其中的奥妙,但他想到这只灵龟是伴随着阵阵仙乐、朵朵祥云和缕缕清香,从洛河支流玄沪水中出现的,就认定它和黄河里负图的龙马一样,都是天授神物。于是,他把灵龟的出现,称作"洛出书"和"灵龟献书",并令随从的史官仓颉认真加以研究。

黄帝祭天的仪式结束之后,仓颉便遵照黄帝的指令,根据灵龟背负的图案,在河边建台造字,经过无数个日日夜夜的细心钻研,终于发明了象形文字。从此结束了长期沿用的结绳记事。

现在这里还有当时遗存的"龟窝"和"仓颉造字台"。人们为了铭记这一方土地在中华民族文明史上的重要作用,就把"洛出书"那个地方的村叫"长水",寓"山高水长,百代流芳"之意。

采录整理:王照吉

【点评】

本篇流传在河南西部洛宁县长水镇,是关于黄帝祈天、神龟负书、赐以"洛书"图像制造文字契机的神话遗存珍品。它接近民间口承形态,对研究中国文字发展史有重要价值。

其中有如下问题:①远古时期,中原河洛流域是中华文明的发祥地。关于"龙马负图""神龟负书"的神话原系伏羲的圣迹。而其传说地点有多处,洛宁长水为"神龟负书"处之一,"龙马负图"在孟津雷河。而黄帝以下的"河图""洛书",则多为"国典"祭礼中神龟负书再现。②长水镇似乎禹也曾遇到过。③这里仅是传说之一,变异甚多,但不一定是原产地。④本篇所讲的仓颉依"洛书"造象形字,似与史实不符。所谓遗迹"龟窝""造字台",虽可传述,但应属附会,与事实不符。

361. 洛出书[巩义市]

古代的时候,黄河流域有一个有熊国。有熊国的君主姓姬,号轩辕。据传说他是我们中华民族的始祖。轩辕生着四张脸,八只眼睛,八个耳朵,能眼观四路,耳听八方,洞察一切。

轩辕对他的子民非常关心,常常帮助人们解除困难。当时人们靠两条腿步行,不能到很远的地方去。轩辕从风吹落叶在地上滚动得到启示,就教人们砍伐树木,用直木做车架,用曲木做车轮,制成能日行百里的双轮车。人们外出的时候,一遇上江河湖泊便无法渡过,住在水旁对岸的人们,彼此隔绝,无法往来。轩辕从树木能在河中漂浮得到启示,就教人们砍伐大树,把树身挖空,制成独木舟。这样,就给人们往来交通带来了极大的方便。

轩辕同蚩尤打仗,适逢连日大雾,士兵无法辨别方向,不能取胜。轩辕从北斗星固定在北方得到启示,命人造指南车,辨别方向,终于杀了蚩尤。轩辕聪明、能干,各个部落的首领就推选他当了黄帝。

轩辕黄帝五十年七月秋南巡,来到了洛水注入黄河的地方。这里背依嵩山,面对黄河,景色十分秀丽。他决定在这里修筑一个高大的祭坛,祭祀天帝。祭坛建成后,轩辕黄帝登坛祈祷天帝降福。祭罢又沉璧于洛水,以祈吉祥。这时,只见祭坛下洛水上面,五彩缤纷,霞光四射,隐隐有仙乐之声。还听见从空中传来了呼唤声:"洛水金龟,背负天书赐予轩辕,解民疾苦。"霎时间,洛水中出现一只斗大的神龟,缓缓地爬向岸边。那神龟来到轩辕黄帝面前,恭恭敬敬点了三次头,然后就伏在地上,一动也不动。轩辕黄帝和群臣细看神龟背上密密麻麻尽是赤文绿字,就叫仓颉用木炭原样画在一块平滑的大石上。仓颉刚刚画完,那神龟一滚,进入洛水,霞光也慢慢散去。

轩辕黄帝对空遥拜,谢过天地后,让人把大石抬到祭坛上,命石匠照仓颉画的样子刻下来,称它是"天书"。轩辕黄帝和群臣就住在祭坛上,日夜潜心研究"天书"。经过九九八十一天,轩辕黄帝从"天书"上悟得很多东西。据天书的启示,他发明了甲、乙、丙、丁、戊、己、庚、辛、壬、癸十种符号,与子、丑、寅、卯、辰、巳、午、未、申、酉、戌、亥十二种符号相互配搭起来,按次序来纪年,前者叫"天干",后者叫"地支",相配轮环,每轮环一次正好是六十年,便称一个"甲子"。这就是我国最初的"历法"。他还根据天书的启示,发明了人们居住的房屋,煮饭用的锅,等等。他的大臣仓颉,从天书中得到启示,发明了象形文字。隶首从天书中得到启示,发明了算数。嫘祖从天书中得到启示,发明了养蚕织丝。这一切对人们的生产、生活有了极大的帮助。

至今,巩县洛口村北寨门上还嵌着"古洛"的匾额,刻着"休气荣光连北厥,赤文绿字焕东周"的对联。据说,这里就是当年轩辕黄帝祭天、沉璧而得"天书"的地方。

(选自《中原神话》,海燕出版社1988年1月出版)

采录整理:周得京

【文献选录】

(黄帝)与天老五圣游于河洛之间,求梦未得。帝遂沉璧于河,乃大雾三日,又至翠妫之泉,有大鲈鱼,河中溯流而至。杀三牲以醮之,即甚雨,七日七夜,有黄龙负图而出于河。……黄帝曰:此谓河图书。是岁之秋也,帝既得龙凤之图书,仓颉之文即制文章,始代结绳之政,以作书契,盖取诸夬,夬,决也,决断万事。

(《云笈七籤·轩辕本纪》)

【点评】

本篇是作者根据文献及部分"洛口"传说编写的关于黄帝于此祭天、"神龟负书"的通俗文本,可作研究黄帝时代原始宗教及历法的参考。

其中反映的问题有:①巩义洛口("洛汭")是中华文明肇始的传说。②"龙马负图""神龟负书"神话遗存,原为伏羲的创八卦、文字的神话,一说在孟津、长水,而大量资料证明应在巩义市的神都山下的河洛交汇处的"洛汭"。③此后从黄帝开始,历代帝王多于此举行祭天,神龟负书呈瑞,传达天意:或禅让帝位,或讨伐恶君征战,或治水,等等,莫不在国家面临重大历史抉择的关键时刻,帝王亲临洛汭,等候"洛出书",研究重大行动的决策。④洛汭的文化历史地望地位(在中国上古的政治、经济、军事、文化等)极其重要。它是远古中华文明的策源地。因此,"河洛文化"有中华文明发祥地之称。本篇亦具同样意义。

362. 黄帝升天[新郑市]

黄帝活到一百一十一岁时,一天,老黄龙带着王母和玉帝的聘帖来请他,说:"王母和玉帝十分想念你,这次下凡,天下大治,功劳显赫,该回天宫了。"黄帝又把天下看了一遍,这才答应回去。黄帝要升天的消息一传开,老百姓都从四面八方纷纷赶来,把黄帝和黄龙团团围住了。男男女女、老老少少都含着眼泪呼喊着,不让他走。一群老年人有的拽着衣裳,有的抱着腿,依依不舍。黄龙离开地面要腾空了,人们还拽衣抱腿不愿撒手,黄帝也恋恋不舍地安慰众百姓。黄龙腾空而起了,黄帝无奈,只得脱掉身上的龙袍。不知谁把他的鞋子也拽掉一只,刚好落在桥山上。

后人就把他的遗物葬于陕西黄陵县城北二里的桥山上,树起巨碑,铭记功业,以传后人。轩辕丘的人民,也为他盖起了祖师庙,庙前树起了一通高大的石碑,上面书写着"轩辕故里"四个大字。至今县城黉学内还有一块石碑,上面镌刻着:"新郑是轩辕故里,文明肇始之地。"新郑县风后岭上有黄帝避暑宫、御花园。县西自然山寺有黄帝饮马泉,唐户村南有黄帝口。

讲述人:孙大离,68岁,农民

采录整理:蔡柏顺

【文献选录】

黄帝铸宝鼎三,象天地人。

(《史记·封禅书》)

八月既望,鼎成死焉。葬上郡阳周之桥山。

(《路史·疏仡记》)

【点评】

本篇流传在河南新郑市,是关于黄帝升天的神话传说,比较接近口承原形,对研究黄帝时代的原始宗教观念有参考价值。其中道教因素为后世的添加物,不属当时的观念、信仰。

其中的文化信息说明:①黄帝是人也是神。他治世、平定战乱,皆天帝所派遣。大业完成,自当回归神国。②原人升天的观念是天神互通、天人合一观念的反映。凡有重大业绩和贡献的人,死后灵魂回归天国。③这一观念早在炎黄之前就已普遍流行。濮阳西水坡四十五号墓地的蚌塑龙及骑龙升天图像就是有力的证据。其时间与黄帝时代相吻合。④本篇玉皇大帝、王母要请回黄帝归神位,这是先秦战国时期始出现的道教神谱中的安排,不是黄帝时代的神国观念,这是道教将原始神话改造后的产物,目的在构建道教神国仙境。

363. 黄帝岭 [灵宝市]

灵宝县阳平乡北面不远,有一道大岭,当地人叫黄帝岭。

传说在很早以前,黄帝岭一带山穷地薄,种一葫芦打两瓢。人们缺吃少穿不说,还三天两头害病,寿限不长。黄帝得知以后,就从昆仑山上来到这里看灾情。

黄帝一来到这里,就想法先给这里的人治病。治病需要药呀,黄帝没有药。咋办呢？黄帝就想起了原来在昆仑山上炼仙丹的事。早在那个时候,这种仙丹叫玉膏。用它浇灌树木,过五年树木就能开五样颜色的花,结出五种味道的香果。据说,人们吃了他炼的仙丹以后,不仅能治百病,还能叫人长生不老。黄帝来的时候,没有带来炼丹的炉子。他就先跑到南面的荆山上找铜,准备炼丹的炉子。荆山上的铜神,一听说黄帝爷来找铜炼丹,就赶紧把黄铜献了出来。

黄帝有了铜,用了七七四十九天时间造成了炼丹炉,然后经过三百六十天又炼出了仙丹。黄帝随即高高兴兴地把金光闪闪的仙丹散给老百姓。

有病的人吃了仙丹,病就好了。这一带老百姓都说黄帝给大家办了一件大好事。

后来,天帝知道了黄帝炼丹为民治病的事,就派黄龙下凡来接黄帝到天上去。老百姓说啥也不让黄帝走开,大家就一齐向黄龙求情。

黄龙说:"请黄帝到天上去是天帝的旨意。黄帝炼丹救民有功,到天上以后,还要让他管大事儿哩!"

不管黄龙咋说,人们还是死活不依。黄龙一看升天的时辰到了,不管三七二十一,带着黄帝就要升天。这一来,人们慌了,有的去拽黄龙,有的去拉黄帝。拽黄龙的人,没有拽住,扒下一些龙皮。这些龙皮,后来就变成了黄金。拉黄帝的人,拉住了黄帝的脚,结果把一只靴子拽了下来。人们就把这只靴子,埋在黄帝炼丹的山岭旁,叫葬靴冢。

人们不忘黄帝的恩情,把他炼丹的山岭起名叫黄帝岭。又在黄帝岭上修一座黄帝庙,年年祭祀。

采录人:贾同然 程建军

采录整理:程建军

图 13.363.1　明梓行本《通俗演义列国前编十二朝》(孟宪明供稿)

图 13.363.2　1984 年 11 月中原神话调查组在灵宝黄帝陵（铸鼎塬）废墟考察（程健君摄）

图 13.363.3　20 世纪 80 年代初期的灵宝黄帝陵（铸鼎塬）（程健君摄）

图 13.363.4 1984 年 11 月中原神话调查组在灵宝黄帝陵（铸鼎塬）废墟考察发现的"黄"字残碑（程健君摄）

图 13.363.5 "轩辕黄帝铸鼎碑铭"残碑头（1984 年 11 月程健君摄）

图 13.363.6 残存在灵宝大字营小学内的唐代石碑"轩辕黄帝铸鼎碑铭"（1984 年 11 月程健君摄）

图 13.363.7 修复后重新立在铸鼎塬的"轩辕黄帝铸鼎碑铭"（2014 年程健君摄）

图 13.363.8 灵宝黄帝铸鼎塬山门(2014 年程健君摄)

图 13.363.9 铸鼎塬始祖殿(2014 年程健君摄)

图 13.363.10 铸鼎塬之天鼎
(2014 年程健君摄)

图 13.363.11 铸鼎塬黄帝像
(2014 年程健君摄)

图13.363.12　铸鼎塬黄帝群臣像(2014年程健君摄)

图13.363.13　铸鼎塬黄帝群臣像(2014年程健君摄)

图 13.363.14 铸鼎塬黄帝陵(2014年程健君摄)

图 13.363.15 襄城县首山乾明寺明代砖雕照壁《黄帝采铜图》(2012年程健君摄)

【文献选录】

有司皆曰:闻昔泰帝兴神鼎一,一者壹统,天地万物所系终也。黄帝作宝鼎三,象天地人。禹收九牧之金,铸九鼎,皆尝亨鬺上帝鬼神。

(《史记·封禅书》)

儒书言:黄帝采首山铜,铸鼎于荆山下。鼎既成,有龙垂胡髯下迎黄帝。黄帝上骑龙,群臣后宫从上七十余人,龙乃上去。余小臣不得上,乃悉持龙髯,龙髯拔,堕黄帝之弓,百姓仰望黄帝既上天,乃抱其弓与龙胡髯呼号。故后世因其处曰鼎湖,其弓曰乌号。

(《论衡·道虚》)

【点评】

本篇流传在河南灵宝(旧阌乡),是关于黄帝在荆山炼铜铸鼎、炼丹药为民治病的神话遗存珍品。它是民间口承神话原始形态,对研究黄帝时代冶炼技术及原始宗教文化有重要价值。

其中说明的文化史问题:①黄帝铸鼎炼丹传说,文献早有记载,但炼丹药是为了求长生。而本篇却是为民治病。因此,带有非宗教化倾向,极其可贵。②黄帝时代,原人的升天意识,从濮阳西水坡墓葬考古发掘的人骑龙升天蚌塑形象可证明是客观事实。有德之人,死后归回天国。据此证明,本篇决非虚构。③黄帝时代的炼铜技术已成熟,加之当时已有城建、文字,足证明已进入文明社会时代。④黄帝因晚年有求道思想,炼丹治民疾有功,黄龙承天帝意旨接他回归神界。这一主题鲜明,反映"天人合一""神人互通"的传统观念已相当普遍。⑤群臣不能升天,神人仍有界限。留下遗迹是民意所向。

364. 阌莲九孔 [灵宝市]

黄帝在荆山铸鼎完成后,在铸鼎塬(黄帝陵)骑龙升天。这一日,臣子、百姓嚎哭,不想叫黄帝离开,依依不舍。

当时,有的就上前抓住龙须,有的抓住黄帝的靴子。谁也不肯放手。可是,时间一到,龙还是要驮着黄帝离开人间,向天空飞去。

这样,有的拽下了黄帝的靴子,就埋在黄帝岭上,这便是如今的葬靴冢。

有的拽下了龙须,放在湖县(今天的阌乡城所在地)水中,就成了一片莲池。这里的莲藕很稀奇,里面是九个孔眼,而别的莲藕却是八个孔眼,特别好吃。据说汉武帝曾因吃了阌莲而神智格外清醒。从此阌莲就古今闻名了。这就是这里九孔阌莲的来历。

讲述人：王生民，男，57岁，西阎乡乡志编辑室工作人员
采录：河南大学"中原神话调查组"
录音：张振犁　程健君
采录时间：1984年12月5日
采录地点：灵宝西阎乡达紫营

【点评】

本篇流传在河南灵宝县，是关于黄帝升天神话遗存的风物传说珍品。它反映黄帝受民众尊敬、崇仰的心态。

在灵宝县的湖峪鼎湖，黄帝骑龙升天时，群臣、百姓欲上天不能，拉下黄帝的靴子、龙须、龙鳞掉下来，留下了许多遗迹。灵宝阳平乡铸鼎塬上有葬靴冢（黄帝冢）；荆山一带因龙鳞落下变成金矿；龙须落在鼎湖变成莲花，结的莲藕上有九孔，别处的八孔，以表示黄帝功德的灵贵。这种遗迹对表明神话的魅力有重要意义。同时，风物传说对印证神话的真实性和神圣性也有重要作用。类似现象在名人神话中具有普遍性。它说明，文献上的有关记载，其素材多来自民间。

365. 黄帝乘龙升天［郏县］

小时，听外公讲黄帝升天的传说，至今记忆犹新。

黄帝打败了蚩尤以后，把蚩尤的肉用来祭祀玉皇大帝，玉皇大帝知道了，非常高兴，就派大青龙下凡接黄帝上天去享受长生之福。黄帝听说了，就领着左右大臣在一个高台上祭祀玉帝。黄帝站在高台上，仰天面向西方，念祷着感思玉帝的话，大臣们伏在地上，不敢抬头，大气不出一声，这时，只见风雨都来了，原来青龙率领的天兵天将接黄帝来了。青龙伏在地上，让黄帝坐在身上，正要起头，这时，一个大臣看到黄帝走了，心想：我何不到天庭也去享清福呢！就拉住了青龙的胡须。青龙飞起来了，几位大臣一看一个大臣抓住了胡须，就抱住了大臣的腿，下面的大臣一看，也抱住了挨着的大臣的腿，青龙越飞越高，下面的人也越来越多，青龙的胡须支持不住了，就断了，大臣们都摔了下来。

至今，在郏县西北有个大土岗，据说，那是黄帝祭祀玉皇大帝的高岗。

讲述人：朱木正
采录人：贾建，河南大学中文系学生

采录时间：1985 年

采录地点：郏县白届乡贾坡村

【点评】

本篇流传在河南中部郏县，是关于"黄帝骑龙升天"神话的异文。其中道教化倾向严重，是经过"人为宗教"改造的传闻，可作为研究黄帝神话道教化问题的参考。

其中反映的问题有：①接黄帝升天享长生之福的是玉皇大帝，而不是上古的天帝。道教化是主要倾向。②派的青龙，而不是黄龙或黑龙。③玉帝接黄帝升天，是因为黄帝杀了蚩尤之后，用蚩尤的肉祭玉帝。可见当时尚存在人祭的仪礼（同样在《杀人祭天》中亦有此俗的反映）。④黄帝确实杀了蚩尤，而不是让蚩尤作了大将冶铁。⑤玉皇大帝像一切神祇一样，对人间供奉香火、供品是很苛求的。不少传说都记载因人间不供奉玉帝而被带来灾难的，神的胃口也就如此可笑、可悲。⑥郏县轩辕黄帝祭天台的存在，也可佐证神话的可靠性。

366. 轩辕黄帝骑黑龙升天［新密市］

黄帝在浮戏山住下来，平时没有事情，就经常与一位仙人在神仙洞东边的一座小山上下棋。后来人们就把这座山叫"棋盘山"，附近的村子叫"棋盘村"。

黄帝下棋的棋盘石，人们一直保存着。天旱时，人们就来这里对着棋盘石求雨。

黄帝住了一年，广成子见黄帝求道心诚，就在神仙洞里，授道给黄帝。黄帝悟道之后，就登上神仙洞东边的鸡山（也叫鸡冠山）上的引龙台，骑黑龙升天去王屋山访西王母去了。

讲述人：慎之建，男，乡文化站站长

采录时间：1990 年 11 月 29 日

采录地点：浮戏山神仙洞

【点评】

本篇流传在古有熊国新密市，是关于黄帝骑龙升天的神话遗存珍品。它是原始口承神话形态,对研究黄帝晚年的原始道家思想脉络有参考价值。无道教改造痕迹。

本篇说明以下问题:①黄帝骑龙升天有多种原因。本篇是黄帝在新密市北境的浮戏山神仙洞修道圆满后,骑龙升天去王屋山登天坛山祭天的,并未进入天国神界。②从《黄帝内传》可知,在王屋山祭天是从崆峒山(禹州市境)访广成子后,又来浮戏山修道,最后去王屋山的。③此次是骑黑龙升天。当地神仙洞附会的黄帝受道遗迹及骑黑龙升天的鸡山和棋盘石等,都可作此神话衍化的传闻。

367. 奶头山［新密市］

黄帝从黑龙潭带着妻子嫘祖,来到浮戏山神仙洞访问广成子求道。广成子不见,黄帝为了表示求道的诚心,就在浮戏山住了三百六十五天。时间一长,妻子嫘祖就得病死了。嫘祖死后,就在神仙洞西边不远的地方变成了一座山。山有两个山头就像两个奶头一样。后来人们就把它叫"奶头山"。据说:奶头山就是嫘祖的奶头变的。神仙洞里流出来的水,就是嫘祖的奶头流的乳汁。这乳汁哺育了中华民族。

奶头山正顶,有几块石头,据说很灵。谁的婚事如果不成时,只要去用手敲敲这几块石头就成婚了。人们说这是嫘祖庇佑显灵了。

讲述人:慎子建,40岁,男,密县尖山乡文化站站长
采录时间:1990年11月29日
采录地点:浮戏山神仙洞

【点评】

本篇是关于黄帝与妻子嫘祖来神仙洞求道留下的风物传说。

据说,黄帝与嫘祖从新密的黑龙潭来神仙洞访广成子不见。二人就住在神仙洞一年,等候广成子接见。这一年间,嫘祖因病去世,埋在神仙洞西的地方,变成了两个山头。因山头像乳头,就叫奶头山。

这个风物虽属传闻,但可作研究黄帝晚年的生活、行踪的参考资料。

另有异文,说嫘祖的衣服从黄帝与她骑的龙身上飘下来,变成了奶头山。二者无大差别。不过是不同人的感受和附会罢了。说嫘祖变的奶头山流出的水哺育了

中华儿女,是尊祖观念的体现。

368. 龙 须 草 [安徽西部一带]

现在黄山到处生长着一种野草,这种圆杆儿草长得葱绿葱绿的,一把一把的,细长细长的。黄山人说,这是轩辕黄帝的胡须,叫"龙须草"。这又是怎么回事呢?

原来,黄帝在黄山炼丹,炼了好些日子,他和当地老百姓处的很好,老百姓也都亲近他,尊敬他,黄帝把炼得的丹药吃了以后,心里又高兴,又发愁。高兴,是因为吃了神丹便长生不老,并且马上就要飞升上天;发愁,是他舍不得老百姓,老百姓也舍不得他,但毕竟还是要分手啊!他便把老百姓招来,向他们告别,许多老百姓齐声喊着:"黄帝,黄帝!带我们一起走吧,一起上天堂吧,那里太好啦!"黄帝说:"你们没有吃过神丹,飞不上去……"说着说着黄帝的两只脚离开了地面,这时有几个老百姓跳了上去,一把拽住黄帝的胡须,黄帝急得连声说:"这怎么行啊,怎么行啊!"就在这说话的当儿,黄帝的胡须被拽断了,那几个老百姓从空中落了下来。

黄帝的断须被大风一刮,吹得到处都是,落在山峰上、悬崖上、岭头上、山坡上……说也奇怪,看着看着,胡须落到的地方很快就长出了又细又长的圆杆儿的绿草,哦,黄帝的胡须变成草了。是啊,黄帝是"真龙天子",当然这种草应当名叫"龙须草"!

讲述人:李木匠
采录整理:吕挺琳
采录时间:1989 年 11 月
流传地区:安徽西部地区

【点评】

本篇流传在安徽省西部黄山一带,是关于"黄帝升天"神话遗存的珍品。它接近民间口承神话原形,对研究黄帝文化有重要参考价值。它语言古朴、生动,民间风格明显。

其中的文化史信息有:①黄帝在名山黄山炼丹为民治病,与灵宝流传的黄帝炼丹目的相同。②黄帝不是由玉帝让黄龙接入天国神界归位,而是因炼丹为民治病,百姓感恩,他服了丹药自然升天。受道教神谱约束不明显,因此,有"非宗教化"及民俗化色彩。③黄帝非骑龙升天,应是中原神话多元体系的典型事例之一。④黄山的龙须草为黄帝的胡须被拉下后所变,与灵宝的龙须变九孔莲具有同样怀念黄帝勤政爱民圣德的象征性的神话意识,意义深远。

值得注意的是:①在文献记载和民间传承的神话遗存中,存在着黄帝炼丹为民和为己成仙的两大动机的矛盾。从道教看来,后者是第一义的。而在民间百姓看来则是黄帝为了防治疾病流行。这便是多元体系的既对立又统一的思想意识的反映。②升天,在黄帝时代,虽已有骑龙升天神国的观念,而民间也有不需天帝派龙驮黄帝升天的。对龙的崇拜和信仰并不明显。这仍是对此问题的二元论的反映。③本篇无大臣要随黄帝升天,而是黄帝与百姓一道炼丹,感情密切,才想随黄帝升天长生。④本篇对研究黄帝文化意义重大。⑤黄帝服仙丹升天很像嫦娥吃不死药升入月中。

369. 黄帝坟的传说[新郑市]

新郑市城关东北八里有个能庄,能庄的东边有一座墓冢,形状像馒头,六尺多高,周长六丈有余。当地人说,世世代代传下来,都说这是黄帝坟。说起黄帝坟,当地人讲了一连串的动人故事。

传说黄帝在有熊帝国治理天下,把国家治理得道不拾遗,夜不闭户。黄帝活到一百零八岁那年,对妻子嫘祖说:"嫘祖啊!近年来我的身体和精神大不如从前了,恐怕是阳寿不多了。我想趁现在还能走动,到四处再看看老百姓生活得究竟咋样,这样我到了阴间也就瞑目了。"嫘祖说:"你恁大岁数了,还是叫风后、大鸿他们去吧!"黄帝说:"不行,他们出去回来专拣好话说,还是我亲眼看看心里才踏实。"嫘祖知道劝说不顶用,只好说:"要是那样,我也陪你去吧,风寒路宿的,也好有个照应。"黄帝点点头说:"也好,那就又叫你跟我吃苦了。"嫘祖装出生气的样子说:"看你说的哪门子话。"黄帝笑了笑。第二天,嫘祖将宫中之事交给西宫娘娘嫫母,就同黄帝一起上路了。传说,黄帝这次坐的是两条龙驾的华盖车,嫘祖坐的是赤豹,由一团红云紫绕向北而去。他们走着走着,见地上到处是雪,天地之间白茫茫的。嫘祖说:"这是什么地方?"黄帝说:"这里不是涿鹿山吗?当年就是在这里与蚩尤打了九年仗。"说到这,黄帝突然指着前方说:"你看,那是涿鹿城,当年我们就是在那座小城里住着,同蚩尤打仗的,可惜现在,这里太荒凉了。"他们说着正往前走,嫘祖突然高兴起来,说:"你看,前面不远有炊烟,像是有人家,咱们不如去看看!"说着他们来到一个叫平谷的地方,只见这里家家都是住在山丘的窑洞里,有的居住在半山坡上,在外面行走的人,都是用两块毛皮裹着手,捂着耳朵。黄帝和嫘祖很奇怪,就问一个男子说:"你们这里人,怎么都是捂着耳朵?"那男子摇摇头,不答话。黄帝和嫘祖将他们的坐骑停在一个山丘旁,突然从山洞里走出许多人。他们有的说:"这是什么坐骑,我们从来没见过。"有的说:"这两个人这样华贵,是不是天上的神下凡了?"他们既敬仰又害怕。说也怪,从窑洞出来的人个个都是用裹着皮毛的手捂着耳朵。黄帝和嫘祖走进一家窑洞,问一个老太太,这究竟是怎么回事。老太太说:"我们住在天的最北边,每年这个时候刮大风、下大雪、结大冰。出门在外的人,要是耳朵保护不好就冻掉了,你在外边见到那些人,有的是冻没了耳朵,怕外人看见不好看,有的是怕冻掉,将耳朵捂起来。"黄帝听了心里很难受,停了一会儿对嫘祖说:"看咱能不能帮他们想想办法?"嫘祖想了想说:"这个也容易。咱们那里不是戴帽子吗?我想把帽子改造改造兴许成呢。"黄帝听了很高兴,说:"好,那就快点改造吧!"嫘祖从老太太那里要来一块羊皮,又要了一把石刀和一根骨针,想了想就做起来,一会儿一顶皮帽子就做成了。只见这顶帽子是一个比头大一圈的圆壳,里外都是毛,帽子两边缀着两条一尺多长、上宽下窄的羊皮。黄帝说:"先叫我戴戴。"黄帝戴上去将头罩得严严实实的,帽子两边那两条羊皮垂到胸前。黄帝说:"帽子怪暖和,要这两条羊皮做什么,怪碍事的。"嫘祖笑笑说:"碍什么事?这是专用来盖耳朵的。"说着拉起那两条羊皮,在黄帝下巴下打了一个结。老太太一看说:"好!好!既保暖,又好看。"黄帝和嫘祖做帽子的事,在这里一下传开了。老百姓听说是天子和娘娘来了,给他们做帽子,都跑来了,跪下磕头说:"天神保佑,天神保佑。"从此,北方的老百姓在冬天都戴上了皮帽子,再也没有人冻掉耳朵了。传说,后来匈奴族戴的皮帽子,就是照着当年嫘祖娘娘做的那个帽子做的。

  第二年春暖花开,黄帝又坐着华盖车,嫘祖还是骑着那头赤豹,驾着一团红云向西北而去。他们走啊,走啊,也不知越过几架山,也不知飞过几条河。一天来到一个叫桥山的地方,只见这里一架山接着一架山,一道岭连着一道岭,一道沟接着一道沟。在山沟之间有一条小河,那山岭上光秃秃的,一根毛草也没长,只有那小河湾处才长了一些柏树什么的。黄帝和嫘祖见这里很荒凉,人烟又少,就顺着那条小河往上走,走着走着,见几个姑娘在河边,有的洗头发,有的洗脚。她们身上穿着蓑衣似的树皮衣,肩上披一道,腰间围一道。她们一弯腰,或一抬胳膊,身上的皮肉在外边看得清清楚楚。这时,姑娘见来了两个衣着华贵的陌生人,又是惊奇,又是害怕。黄帝和嫘祖走上前去,和蔼地问:"你们是哪里人?"姑娘说:"我们就住在这桥山下,沮水河边。"黄帝问:"你们是哪个部落的人?"一位姑娘说:"我们这是桥国,我们的酋长就住在桥山的半坡上。"黄帝说:"我是咱们有熊帝国的黄帝。她……"黄帝指着嫘祖说:"她是我的娘娘,叫嫘祖。"姑娘早就听说,他们桥国也是属于有熊帝国,见眼前到来的就是天神一般的天子和娘娘,唰地都跪下了,齐声说:"不知天子、娘娘驾到,请天子、娘娘恕罪。"嫘祖见这些姑娘怪可爱的,赶忙上前将她们一个一个扶起来,对黄帝说:"这桥国的子民,倒是很懂礼貌的。"黄帝叫这些姑娘领他去见酋长。他们走了几道湾,来到半山坡,就到了酋长的家。酋长是一位身材高大的人,身上也是披着蓑衣一样的树皮衣,见黄帝和嫘祖来到,立即跪下说:"不知天子、娘娘驾到,有失远迎,请天子、娘娘恕罪。"黄帝和嫘祖上前把酋长扶起来,说:"免礼!免礼!"他们就一同坐下。那些姑娘见天子与酋长说话,一个个嘀嘀嘀笑着要走。黄帝说:"你们先甭走,我还有事给你们商量。"那些姑娘乐得在这里,又是一阵嘀嘀笑声之后,就坐下来听黄帝和酋长说话。黄帝说:"这里这么多山,都是光秃秃的怪可惜的。我见河边有许多柏树,能不能拉些水,将它们栽到这山上?我见这里人都穿着树皮衣,"黄帝说到这又看了一下那群姑娘,接着说,"我见这山坳里不少桑树,上面长满了青叶,是否叫嫘祖教教这些姑娘养蚕抽丝、织布、做衣裳?就像我和嫘祖穿的这样。"酋长和姑娘一听都高兴得差点跳起来,齐呼:"万岁!万岁!"传说,黄帝在桥山教桥国老百姓栽种了许多树,其中有一棵是黄帝亲手栽的,一直活到现在。嫘祖教这些姑娘从采桑、养蚕、抽丝到织锦做衣裳,整整教了七七四十九天。最后,临走时,黄帝还留下一件衣服给了桥国酋长,留作纪念。桥国酋长舍不得穿一直保存着,想留给自己的子孙!

又一年的秋天,中原的西部(今河南灵宝一带)发生瘟疫,许多人得了瘟疫病丧了命,有些人逃往他乡。黄帝闻报,吃不下饭,睡不着觉,听说用首山(在今河南襄城县境)的铜,在荆山(在今河南灵宝县境)铸鼎熬药可治瘟疫病,就命人去首山采铜,在荆山铸起鼎来。传说,黄帝在这里炼铜整整炼了七七四十九天,才炼成了天、地、人三鼎。这鼎高一丈,直径八尺。又用了六六三十六天,才将中草药在鼎里炼成了仙丹。这药还真灵验,病人一吃就好了。这样许多逃到外地的百姓听说黄帝炼的仙丹灵验,都纷纷回到家乡。有一天,黄帝去给一个瘦弱的病人送药,走到半路上,突然见前面出现一只兔子,一跳一蹦地在前面跑。黄帝想,何不捉住它给那个病人熬汤补补身子?就随手脱下一只鞋,向那兔子投过去,谁知正好投在兔子头上。那兔子不知是什么东西,吓得顶着那只鞋一个劲地跑。兔子在前跑,黄帝在后追。兔子跑着跑着头上那只鞋盖着了眼,就一头撞在一棵大树上。这时,恰好树边有两个妇女在挖野菜,丢下篮子就去捉兔子。谁知一捉,兔子不见了,抓到一只鞋。一个妇女捡起来,左看看,右看看,对另一个妇女说:"你看这是啥?我看像条船。"另一个妇女说:"不像船,像个车。"那个妇女说:"不像车,是车怎么没车轱轮?"另一个妇女说:"说的也是,这到底是个啥家伙?"二人正在猜,黄帝上气不接下气地跑了过来,问那两个妇女见没见一只兔子顶着只鞋跑过来。妇女说:"兔子不见了,你说的那啥,是不是这?"说着将那只鞋递给黄帝。黄帝说:"就是这,就是这。"说着将鞋穿在那只赤脚上。两个妇女惊奇地问:"这位老伯,你是哪里人?脚上穿的这是啥?"黄帝说:"我是有熊帝国的黄帝,来这里炼仙丹给百姓治病,我脚上穿的是鞋子。"那两个妇女听说是黄帝，就扑通一声跪到地上，齐声说："我们早就听说天子来给百姓治病，就是没见过，多谢天子保佑！"黄帝将她们扶起来，说："免礼，免礼。"黄帝见她们都赤着脚，就随手脱下了两只鞋，给那两个妇女说："这是鞋子，在咱们有熊帝国国都，人人都穿鞋子，穿上这鞋子走起路又舒服又保护脚。这一对送给你们，回去以后，根据每个人脚的大小照着样子做就是了。"黄帝说罢赤着脚就走了。那两个妇女千恩万谢。传说，打这以后，有熊帝国的西部地区开始有了鞋子。黄帝送的那双鞋子，那两个妇女一直保存着，逢人就拿出来给大家看，说是天子送给他们的。

第二年，也就是黄帝一百一十岁这年秋天，正是有熊国都附近大枣成熟的季节。一天，黄帝对风后说："风后，咱们到城东看看大枣收成怎么样！"风后看黄帝已年迈体弱，就说："天子，还是让我去看看吧！"黄帝说："不，我自知来日不多了。听说今年大枣特别好，老百姓又是一个好收成，我要亲眼去看看。"风后说："那好罢，你要非去不可，我就陪你一起去。"黄帝和风后，一路步行，走一会，坐下歇歇。他们走出都城，过了黄水河，来到一地方。只见这里枣林茂密，红枣像玛瑙似地垂满树枝，诱得一只像斑鸠似的鸟在叼一个红枣。这鸟见黄帝走来，停下叼枣，脖子一伸叫了起来："枣了，枣了！"风后扬起胳膊撵那只鸟。那鸟也不飞，仍然看着黄帝叫："枣了，枣了。"风后又从地上拾起一块小土坷垃，投那鸟。鸟还是不走，一个劲地叫"枣了，枣了"。黄帝说："不用撵了，叫它叫罢，我们再往前走走。"他们走着走着来到一个叫"一座岗"的地方。这里枣林更密，隐隐约约听到有人说话。他们寻声过去，只见"一座岗"顶上坐着两个白胡须老头，正在下棋。一个老头拿起一个棋子走了一步，说："九九归一。"另一个老头也拿起一个棋子走了一步说："九九归一。"风后见状，对黄帝说："天子快走，这里不是久留之地。"说着拉着黄帝的手就往回走。黄帝扭回头看那两个老头，他们都不见了。

黄帝和风后回到都城。黄帝问："我很想看看那两个老人下棋，你怎么拉我走？"风后迟疑了一会儿说："天子，你没听那鸟叫？那鸟叫声是'枣了，枣了'，意思是叫你早早了却人间世事。那两个老者说'九九归一'，我们去的那个地方叫'一座岗'，是'一'，一是大，是天，意思是九月九日那一天，天子你功德圆满，就要归天了，将来归天，就归在这'一座岗'上。昨晚我观天象，见轩辕星暗淡无光，怕是……"风后说着哭了起来。风后不说破倒还罢了，一说破，黄帝突然一下子感觉衰老了。黄帝慢慢地说："归就归罢，我也该给玉帝交旨了。"传说，黄帝自己选择九月九日午时升天。在升天的前三天，他进行了沐浴。九月九日这天，风后和群臣们将黄帝装在一个大棺椁里，送到那"一座岗"下葬。群臣和黄帝的妻子嫘祖、嫫母、方雷氏、大彤鱼氏，黄帝的儿子玄嚣、昌意等以及各部落酋长和许多百姓，跪在黄帝坟前嚎啕大哭。正在此时，轰地一声，黄帝坟裂开了一条几尺宽的缝，从缝里飞出一条黄龙。

黄龙背上坐着一个影影绰绰像是黄帝模样的人,由一团黄云裹着,飞向天空,随即那坟墓裂缝又合住了。黄龙升天的时候,大臣和黄帝的妻子儿女以及许多百姓在后边跟着追,他们追啊撵啊,直到黄龙飞上天……黄帝归天之后,传说,风后叫黄帝的近亲一家叫有熊氏的给黄帝看守陵墓。后来,这家有熊氏发展成一个大家族。这家有熊氏居住的地方叫熊庄。再后来,过了几百年,他们觉着姓有熊听着不好听,就将熊字下面的四点去了,改成姓能,自然他们居住的这村也改成能庄。就这样,几千年过去了,能庄的能氏家族世世代代给黄帝看陵墓。

再说,黄帝去世的消息传出以后,有熊帝国各部落都是哭天嚎地,哭声传到天宫,玉帝和王母娘娘以及天上的各路神仙,也都感动得哭了起来,流下许多眼泪。这眼泪化作倾盆大雨,整整下了七天七夜。河北平谷一带的老百姓就将当年黄帝给他们制做的那顶羊皮帽子埋在桥山,修了一座黄帝陵;陕北桥国的老百姓将黄帝赠送给他们的那件衣服也埋了在桥山,也修了一座黄帝陵;河南灵宝县的老百姓将黄帝赠送给他们的那一双鞋埋在一个叫阳平镇的地方,也修了一座黄帝陵。

采录整理:刘文学

【点评】

本篇是作者根据各地有关黄帝陵墓的传说,进行改编的传闻通俗文本。其文人创作成分较浓,有些也与史实不符。因此,只可作研究民间神话改编的参考,远非实地采风得来的原始记录。

其中所出现的问题有:①黄帝建都并不在新郑市新城,此黄帝坟便不在这里。②黄帝升天是天宫下来的神龙,而非从坟墓裂缝中飞出的龙。③不论是灵宝的"葬靴冢"或陕西桥山的"衣冠冢",都是因黄帝骑龙升天时被大臣、百姓拉下来的衣帽、靴子埋在墓里而称作"黄帝陵"(坟)的,而不是黄帝送给各地的衣、帽、鞋子在坟内。这种编造与史实不合,也与当时的观念、信仰不符。④作者随意编造这篇故事,无非在突出黄帝坟在新郑。实际,黄帝既骑龙升天为神,何需棺材?

十四、黄帝神话遗迹

370. 天仙庙与白松楼[新密市]

传说黄帝有三个女儿。大女儿叫天仙,二女儿叫地仙,三女儿叫人仙。姊妹仨因为是嫘祖一胎所生,所以长得一模一样,既聪明又漂亮。黄帝跟前有二十五个儿子,可是就数这三个女儿讨他喜欢。

按说天仙、地仙、人仙同是一母所生,本应脾性、爱好相同,可是不然。她们生性差异很大。大女儿天仙,生性温柔典雅,不爱多说闲话,经常跟随母亲嫘祖,植桑养蚕,抽丝织锦,大门不出,二门不踩,是一个地道的温顺女儿;二女儿与姐姐相反,生性粗犷,爱跑爱跳,更爱舞枪弄棒,经常偷偷跑到军营中骑马射箭,跟随风后、力牧、常先、大鸿等学习文韬武略;三女儿人仙与她两个姐姐更是不同。她既不随母亲植桑养蚕,也不跟风后、力牧、常先、大鸿舞枪弄棒。她生性孤僻、文静,看到人们经常为争夺地盘,抢夺财物,东砍西杀,死于非命,就要求父亲让她出家修道,为那些死亡的人祈祷,祝愿他们的亡灵早日归天,得到超度。黄帝和嫘祖为了不使三女儿伤心,就答应为她修了一个庵堂,让她在那里修行。可是这个修道庵建在哪里呢?黄帝带着人仙从有熊国都出发,顺洧水河朝西走去。他们走啊走啊,翻过一道山又一道山,越过一道岭又一道岭。从早晨走到中午,又从中午走到黄昏,一连找了几天也没有找到一块适合修道庵的风水宝地。到了第四天太阳落山时,他们走到云岩宫西北一个地方(新密市杨寨村),突然见对面走过来一个白胡子老翁。黄帝上前打问:"请问老公公,我们父女想在这找块风水宝地,修观建庵,跑了许多天也没找到合适的地方。眼看天就黑了,我们又饥又渴。请问附近可有人家居住?"

白胡子老翁抬起头来,瞟了黄帝和人仙一眼,口中念道:"由此向南行,有个滴水棚,泉水有五味,苦辣酸甜腥,行人饮一口,解饥除寒冷,旁边修庵堂,保你能成功。"那老翁说罢,捋髯而去。黄帝与人仙往前走了百余步,果然见有一石棚,有泉水从岩缝中滴嗒流出,由小到大,百步以外汇成一条涓涓溪流,然后聚成一个清澈的小潭。黄帝与人仙上前饮了几口,只觉甘甜无比,疲劳和饥饿顿时减轻了许多,再看石棚两岸,到处是绿树红花,蜂飞蝶舞,归鸟鸣啼。黄帝和人仙看了连连称赞这里是建庙修庵的好地方,就地画了一个图形做出标记,就连夜返回国都。第二天黄帝调来兵丁,在原来画好的图形上修建了一座庙庵。庙庵修好之后,人仙就到庙庵中修行了。

不久,蚩尤从河北涿鹿发兵中原。黄帝为了平定蚩尤,亲自带领风后、力牧、大隗、常先、大鸿等奔赴战场。二女儿地仙见父亲带领将士去攻打蚩尤,就要父亲答应她随军去征战,黄帝说啥也不答应。当黄帝带领大军来到黄河岸边时,地仙偷偷地骑上一匹红马,挎着弓箭赶来了。黄帝十分生气,命令她赶快回去。地仙说啥也不回去,又哭又闹,还哀求说:"女儿自幼喜爱兵器战马,跟叔叔们学得一身武艺,还从九天玄女那里学得法术。如今正是国家有难用人之际,如不让女儿上战场,我学艺十年,学它何用?又如何为父亲分忧,又如何为黎民解难。如不能为国分忧,为民解难,我还有何脸做父亲轩辕黄帝的女儿?"她越说越激动。黄帝和众将见她讲话情理真切,都感动得流下了泪。黄帝十分高兴,为有这样的女儿感到自豪,就答应她跟随征战,只是反复交代,要听从指挥,注意保护自己。

传说这次同蚩尤的战争,打得十分激烈。蚩尤借助妖法,祭来天妖,用大雨、迷雾淹没和迷惑黄帝。黄帝也令力牧、大隗、常先请来风婆、雷公迎战蚩尤。双方打得难解难分。这时,地仙来到阵前,先与天妖真枪实刀地战了九十个回合,然后互显法相,展开了一场恶杀。天妖放出魑魅魍魉,用熊熊邪火将她围着,用火烧。地仙先用避火诀罩住自身,然后念动真言,使乌云滚滚,大雨倾盆,扑灭了邪火。蚩尤见他的法术被破,只得落荒而逃。可惜地仙一头秀发却被蚩尤的邪火烧光了。从此,她再也不愿在人前露面,要求父母也将她送到修道庙庵出家。传说,几千年来的出家人都要剃光头就是从地仙开始的。

自从人仙、地仙出家后,天仙感到十分寂寞,终日思念俩妹妹,饭不思,茶不饮,身体日渐消瘦。母亲最了解女儿心,黄帝和嫘祖只得将天仙也送到修道庵。

从此,姊妹仨就在修道庵潜心修行。传说后来天仙、地仙、人仙姊妹仨都成了正果,升天成仙。她们三人成仙以后,黄帝将她们的身体就地合葬在一起,封了一个大冢。第二年在这个大坟冢上长出一棵干高三丈,上生三枝的大白松树来。那白松树身挺直,皮如傅粉,用手轻轻一掐,就会溢出芳香的汁液来。人们说这株白松是天仙、地仙、人仙姊妹仨的化身。后人为纪念黄帝三个女儿,还为白松盖了一座楼,人称"白松楼",白松楼前边又修了座庙堂,就是人们说的天仙庙。后来,虽然天仙庙和白松楼相继遭到破坏,但是关于黄帝三个女儿的故事却在这里广为流传着。

采录整理:高力升

【点评】

本篇是作者根据有关黄帝三女儿在河南新郑市的神话传说改编而成的通俗文本。它比较接近口承民间叙事的风格，对研究黄帝及其家族世系有一定参考价值。

其中主要反映：①黄帝家族子嗣、子女的关系和活动情景。②修道是先秦、两汉时期我国道教形成后的普遍企求，即求长生。而本篇却是为了替世上受难人祈祷（非宗教倾向）。因此，本篇不应是黄帝时代即六七千年前原人的思想、信仰和观念，而是后世思想渗入的结果。③白松从坟头上出现，是神话意识的幻化产物。而白松楼、天仙庙则是后人的信仰、观念和崇祀的纪念物。

371. 仓 王［新密市］

有熊国都西北四十五里，有个仓王村（在今新密市境）。仓王村里有个仓王庙，庙里敬着仓王神。不知啥时候仓王庙倒塌了，仓王金身也不见了，可是仓王的故事却在民间流传着。

传说仓王是黄帝的大将力牧部下的一个储粮官。黄帝当初与炎帝打仗失败了，就在云崖宫附近屯粮练兵，决心与炎帝再战，收复失地。俗话说："兵马未动，粮草先行。"黄帝根据风后的建议，让手下的臣民在具茨山下开荒种地，发展畜牧。没多久，黄帝部落打的粮食吃不完。黄帝想把粮食屯起来，等打仗时再用。那时候人们还不会盖房子，住的多是岩洞。岩洞虽然冬暖夏凉，能避风雨，可是又潮又湿，屯集的粮食放不了多久就霉烂了。黄帝为这事很发愁，就与大臣风后和力牧商量储存粮食的办法。他们仨商量来商量去，也没商量出个好办法来。最后还是力牧出了个主意，在第二天操练时，把这件事告诉给士兵讨论，看谁能想出一个办法来。第二天，在操练之前，黄帝让风后把头天晚上商量的事对大家讲了一遍。兵士们你看我我看你，大眼瞪小眼，谁也拿不出个办法来。黄帝见大家不吭声，只好作罢，就下令开始操练。就在这时，从队伍中站出一个小伙子，走到黄帝面前，行了个礼说："我有一个办法，不过要给我五十个强壮士兵，再划给我一片地方，让我带领他们去建屯粮仓。"风后听罢，问道："你怎么建屯粮仓？"那小伙子如此这般说了一遍。黄帝、风后和力牧一边听一边点头，觉得有理。黄帝当时就叫力牧给了他五十名强壮士兵，又指划给他一块高坎地，让他领着去建屯粮仓。

那小伙子接受任务之后，就领着五十名兵士来到附近一个山岗上采石块，在高坎地上把石块垒成一座座二尺来高、直径一丈多大的圆石台，然后在圆台周围垒一堵四五尺高的围墙,最后用黄泥把石台和围墙抹平。这样屯粮仓就算建成了,等粮仓晒干后,就可以把粮食倒进去。为防止雨淋,小伙子又带领大家割了许多茅草,拧成苫子。天一阴,就用草苫把粮仓盖起来,天晴了又把苫子拿掉。这样粮食总是晒得干嘣嘣的。从此,黄帝的屯粮就再没霉烂了。

数年之后,黄帝部落兵强马壮,粮足草丰,就向炎帝发动了反攻,结果把炎帝打败了。黄帝念那个小伙子屯粮有功,就封他为仓王。后人为了纪念他,就在他修建屯粮仓的地方,给他修了一座仓王庙,还为他塑了金身。后来居住在这里的村民,就给自己的村庄起名"仓王村"。

采录整理:高力升　李高强

【点评】

本篇流传在河南新密市云岩宫一带,是关于黄帝练兵讲武、积草屯粮、战败炎帝的神话传说。它较接近民间口承神话形态,对研究黄帝作战历史有一定参考价值。

其中主要说明:①炎黄之战,久经曲折,始战胜炎帝,联合为一个整体,从而,开辟炎黄文化先河。②当时战争频繁,流动性大,储存军粮,经验不足。创造屯粮仓库的首先是有实践经验的下层群众。③当时粮仓简陋,但尚可达到粮食安全、不霉烂,已是很大贡献。④神话中神的原形,主要是来自生活中的智者。⑤群众修造仓王庙是为了纪念文化科技发明者的功绩。⑥科技最早发明者多为神话中人物。这是后人的观念:人神同体。

372. 黄鹿坡 [新密市]

有熊国都以西四十里的地方,有道马脊岭,岭的东头有道二里长的坡,人们都叫它黄鹿坡。说起黄鹿坡来,当地还流传着一个故事。

传说很久以前,黄帝在具茨山北云崖宫一带练武。有一年的夏天,一天中午,黄帝正在云崖宫歇凉,忽然听见云崖宫外传来几声虎啸,就赶紧挎上弓箭,跑出去看,一看原来是对面的马脊岭山坡上,有一只吊睛白额猛虎,在追捕一只黄色梅花鹿。那只梅花鹿没命地从对面山坡上向这里奔跑,跑着一瘸一跛的,像是受了伤。那只猛虎紧追不舍,一边追赶,一边呼啸。眼看那梅花鹿就要成为虎口食,黄帝急忙从肩上取下弓箭,嗖!嗖!嗖!向那猛虎连发三箭,只见那箭,箭箭射中猛虎。

那猛虎中箭受伤,调头向山林逃去。黄帝急忙跑上对面山坡,见鹿的后腿被猛虎咬伤,血流不止,就把它抱回云崖宫中,精心疗养。

一个月后,梅花鹿在黄帝的精心调养下,伤势逐渐痊愈,又能奔跑跳跃了。梅花鹿伤好之后,黄帝多次把它放回对面山坡上,让它回到山林中去,可是每次放它,它都又跑回来了。黄帝见它不愿离去,就把它留在云崖宫中,派专人喂养。可是它不吃不喝,只有黄帝喂它,它才肯吃。黄帝就天天喂养它。天长日久,黄帝与梅花鹿有了感情,一会儿不见,就好像少了点什么。而那梅花鹿也左右不离黄帝。黄帝走到哪里,它就跟到哪里,形影不离。

一天晚上,月明星稀,黄帝在洞中灯下观看《风后八卦阵法》,看着看着打起盹来,恍惚间看见梅花鹿从洞外进来,先是用头轻轻地抵了抵黄帝的腿,又用舌头舔了舔黄帝的手,就又卧在黄帝的身边,突然说起话来:"轩辕星君,我是玉帝的三女儿锦衣公主。当年玉帝叫你下凡时,我也想随你下凡,只是玉帝和我母亲王母娘娘不允。我给他们大吵大闹。他们一气之下,将我打下天宫,让我变作一只梅花鹿在凡间受罪。我在凡间已经十年,现在该回天宫了。我告诉你两件事:一是,我到天宫,三年以后仍将下凡托胎,成为西陵氏国(在今新郑市西五指岭山西)的公主。三年后的今日,你要去西陵氏国的西峰山找我。那一日,我在山上采桑,你要按照西陵氏国的风俗,带上五只大雁,五只虎皮,向我父亲求婚。我将助你成就大业。再一件事,今天追我的那只猛虎是天上把守东门的黑虎星,在天宫因为调戏我,触犯天条,被玉帝打下凡,变作一只猛虎流放山间。他见了我,要追杀我,幸亏被你救下。这黑虎星也界满十年,就要回天宫了。十年之后,他仍下凡,成为东方蚩尤部落的一个酋长。到那时,你和他将有一场很长时间的恶战,不过,你不必害怕,你有许多贤臣良将,你会胜利的。切记切记,三年后的今日,去西陵氏国的西峰山。我等着你。"梅花鹿说完,站起来,向黄帝点了三个头,一蹦一跳走出洞外。黄帝见梅花鹿走了,急忙站起来,追赶,正往前走,突然被绊了一跤。黄帝醒来,原来是一个梦,揉眼看看地上,见地上有一张黄色梅花鹿皮。黄帝急忙抱起来,大声呼叫:"黄鹿!黄鹿!"黄帝喊着,追到洞外,抬头一看,见一位仙女飘飘然向天宫飞去,扭回头来向他招手。从此黄帝再也见不到梅花鹿了,有时两眼盯着梅花鹿皮直发楞,有时坐到救梅花鹿的那个山坡上沉默不语。

三年以后,黄帝依梦中梅花鹿所言,带上五只大雁、五只虎皮去西陵氏国西峰山上娶回了嫘祖。十年后,果然,蚩尤从东方打到北方,又从北方攻打中原,与黄帝进行了长达九年、五十二次的大战,不过黄帝终于胜利了。

传说,人们把黄帝救黄色梅花鹿的那个山坡,叫做"黄鹿坡"。还传说,梅花鹿化作仙女升天之后,黄帝因为思念梅花鹿,经常在这个山坡上走来走去,时间长了,走出一条路来,人们又把这座山坡叫做"黄路坡"。

采录整理：高力升

【点评】

本篇流传在河南新密市，是关于黄帝家世的神幻故事。它是道教神国神祇之间的恩怨纠葛社会化的反映，也是了解黄帝神话化的典型。其中又有佛教的投胎转生、善恶报应的佛教思想的渗入。

其中反映出以下几点：①黄帝、嫘祖的夫妻关系与黄帝、蚩尤的敌对关系，追溯于道教天国诸神之间的恩怨，转化为人事、政敌。这无非说明人间现实不过是神国世界的继续。②把黄帝时代的部族关系、人事纷争放在道教诸神的控制之下，正是人为宗教改造原始宗教的目的，也是统治阶级的愿望。③当时婚姻习俗聘礼是五只大雁、五只虎皮，很有价值。④西陵氏国在新密市五指岭。

373. 黄鲤鱼报恩记［新密市］

有一天，黄帝出猎，在洧水河的转弯处水潭里捞到了一条黄色鲤鱼。因为这条鲤鱼的颜色奇特，黄帝喜欢，一时不忍心杀死它，就放到背篓里带回了家，交给了嫘祖。

嫘祖要做中午饭了，把它从篓里拿出来一看，鱼还活着，嘴一张一合、一张一合地吸气，两只眼睛一眨也不眨地望着她。她越看越觉得这条鱼可怜，不忍心把它吃掉，就动手在院子中挖了一个小池子，灌满了水，把鲤鱼放进池中。以后，她每天吃过晚饭的时候，就到小池边去看那条鲤鱼，黄颜色中透着红，十分可爱。这慢慢地成了她的一种乐趣。

一天傍晚，嫘祖又到池边去看，水池里忽然升腾起一片雾气，嫘祖也不知发生了什么事，正楞怔之间，那条黄鲤鱼已在雾气中跃出水面，飞上了天空，看不见了。倾刻间，水池里的水也枯干了。

第二天清晨，水池里的水又满了，黄鲤鱼也回到了池中。到傍晚，池水又升起雾气，黄鲤鱼又飞上了天空不见了。

看到这件奇事的人，都十分惊讶，以为是鱼精作怪，嫘祖也认为这件事不吉利，很后悔自己当初做这件事太轻率。黄鲤鱼又回到池中的时候，她就到池边祷告说："黄鲤鱼呀黄鲤鱼，我本来是一片善心可怜你，才把你养在水池里。现在你兴妖作怪，给我带来灾害，这就是恩将仇报了，你说是不是？"

嫘祖刚念叨完，那条黄鲤鱼便从水中跳了出来，带着风，驾着云，飞回洧水河里去了。

也不知道又过了多少年,嫘祖因为常年教民植桑养蚕,抽丝织锦,裁制衣裙,积劳成疾,得了一种腰痛病,躺不能躺,坐不能坐,十分痛苦。轩辕黄帝虽说常采草药,为民治病,可对他妻子的病,却没医治良方。

眼看疾病久治不愈,越来越重,在嫘祖和轩辕都愁得走投无路的时候,一天清晨,见院中的池里又清水涨满,黄鲤鱼飞回来了。嫘祖和轩辕黄帝听到声音,急忙来到水池边,只见黄鲤鱼吐出一颗珍珠留在池边就飞走了。轩辕拾起来放在手心里观看,眼前忽然一亮,珠子变成了一粒仙丹。轩辕心里立即明白,对嫘祖说:"这是黄鲤鱼送来的仙丹呀!"

嫘祖吃了,她的腰痛病不久就好了。

采录整理:张永林

【点评】

本篇流传在河南新密市有熊氏之墟洧水河两岸,是关于黄帝的轶闻。它是接近民间口承原形的神幻故事(或"幻想故事"),有助于了解轩辕黄帝为人品德和爱民心态。

其中反映了:①黄帝狩猎生活侧面及其爱惜生物性命的善良心理。②黄鲤鱼报恩属原始社会就产生的与神话同时出现的神幻故事。它为以后几千年中原流传大量幻想故事,开了好的源头。因此,它的价值很高。③神话与神的故事的转化和演变,在中国民间故事学的发展上,具有肇始理论意义。

374. 黄帝四十五里军马营[新郑市]

据传,轩辕黄帝为了战胜蚩尤,曾在具茨山脚下,建造了由西北向东南四十五里长的军马营。营的东南门是现在的唐户村(也叫黄帝口),西北门是现在的关口镇。军马营东北双岭岗一带的冢岗、许岗、黄岗,古称黄帝岗,许岗是军马营的中心点。

轩辕氏还在具茨山顶建造了观兵台。他经常在台上观察军马营的练兵情况。

轩辕氏拜风后为领兵大将,大兴风后兵法。命风后大造兵械器具,又研制了"指南器"装置战车,同时聚集兵将数十万,轩辕、风后、常先等人亲自训练。轩辕氏采用一跳火海,二摆刀山,三造指南器,安装记里鼓车,四造弓箭,五训猛兽,六摆八阵,七行军飞快,八爱护氏族人员等战蚩尤的八略。

轩辕氏说："要想战胜敌军,最重要的是行动迅速,做到出其不意,战时神兵四现,走时瞬间无踪。"轩辕氏和风后用三个月的时间,让将士们围绕四十五里军马营一天跑一圈。

轩辕氏和风后还让军队实行十字建制法,十人一组,十组一联(一联一车携带军饷),十联一道,十道一营,十营一路。共建四路(左路、右路、中路和先行路)。左路军由大鸿氏率领走西路,从洛阳过黄河,路过济源由太行北上。右路军由大隗氏率领走东路,从开封过黄河,跨平原北上。先行路军由常先率领,从邙山过黄河北上。中路大军由轩辕氏和风后压队,巨灵氏纵兽紧跟,沿太行东坡北上。计划日行二百里,十天到达涿鹿会师。各路军都配有指南车和记里鼓,按记里鼓的计算,按时开赴涿鹿山野。

讲述人:赵林阁,清末秀才,已故
采录整理:赵国鼎

【点评】

本篇属河南新郑县现存,是关于黄帝时期为准备与蚩尤作战而构筑的演练兵马、阵法的场地、规模、阅兵等的遗迹。这类地名传闻,多半来自有关黄帝在这一带活动的神话传说。

历来关于中外的风物传闻及遗迹,大多与一定的历史事件有关。希腊特洛伊之战后,发掘的器物、城址,也多与希腊神话《特洛伊战争》有关。因此,尽管其中难免有附会之处,但对印证这类神话的真实性,具有一定的参考价值。

375. 观 兽 台 [新郑市]

风后岭东南山脚下,千户寨沟南边,有一高出地面约五十米的土丘,古称"观兽台"。下边是一道深沟,古时称"千虎沟",现在叫"千户寨沟"。据传,这道沟是轩辕氏战蚩尤前,命巨灵氏驯兽的沟。观兽台是轩辕氏站在此台上观看驯兽的遗址。

据传,轩辕氏战蚩尤时,巨灵氏从西方部落来见,提出了"驯练野兽,引敌入阵,出其不意,突然袭击"的计策。轩辕氏听后大喜,连声叫好。可谁能驯化野兽呢?巨灵氏说:"我族身居深山,常与野兽较量,我有一班人可驯化野兽。"轩辕氏问:"你有多少驯兽能手?"巨灵氏说:"三千人左右。"轩辕氏说:"好!我把你的驯兽能手,全部安排到具茨山脚下,选择一道深山沟,各部族都去抓捕野兽,交你训练。"

各部落捕捉到的虎、豹、熊、罴、貔、貅等,按期交送到轩辕氏西南的天寿宫,夜晚从天寿宫秘密送到驯兽沟,交给巨灵氏。

巨灵氏开始让人用各种木料做成栏圈,这些栏圈大部被野兽啃坏咬断,只剩下槐木和楝木,原因是这两种木料味苦。后来巨灵氏就全部改为槐木和楝木制成栏圈。一兽一栏,一人负责一兽。

通过数月训练,虎、豹、熊、罴、貔、貅等野兽,逐渐驯服,行动整齐,听从号令。

然后三兽一组,对准敌人,前者咬颈,左者啃腿,右者咬手,使敌人丢下手中武器。三兽合力,即可咬死强敌。最后,巨灵氏将兽类编成队伍,即三兽一组,三组一群,三群一团,三团一队,三队一纵,三纵一路,三路一总。

轩辕氏带领大军征战蚩尤时,三路兽军由巨灵氏统一指挥,跟随中路大军,在征战中立下了大功。

讲述人:赵林阁,清末秀才,已故
采录整理:赵国鼎

【点评】

本篇存在于河南新郑市,是关于黄帝当时观看巨灵氏训练狼、虫、虎、豹作战的遗迹传闻之一。

其中告诉我们:黄帝时期,虽然已进入文明历史阶段,但大部分族人的生活观念仍停留在原始社会。巨灵氏是在有熊国西面的部落,其地仍处在野蛮的生活之中。因此,巨灵氏就在黄帝军中专管训练野兽,准备让野兽参加对蚩尤的战争(又如力牧也用驯兽练兵战败过炎帝)。可见,当时人兽杂处的生活相当普遍。

376. 自然山黄帝饮马泉 [新郑市]

新郑市城西二十五里的姬水河畔,有一座小山,山石窟窟窿窿的,就像蜜蜂窝,当地老百姓都叫它自然山。说是山,现在实在是不能算一座山,因为它太低太小了。山下有股清泉,日夜汩汩流淌,注入姬水河中。相传,这就是自然山黄帝饮马泉。

当初,黄帝在具茨山扎下营盘,训练兵马准备征战蚩尤,常常为具茨山少水饮马苦恼。这一天,为饮水事,部卒又发生了争斗。争斗的部卒分属常先和力牧两部,黄帝把常先和力牧叫来,狠狠训斥了一顿,说他们对部下教育不好,部卒不能礼让。送走常先、力牧,黄帝又自己责备起自己来:山上缺水,用水得到山下去取,部卒们已够为难的了。力牧、常先,忠心耿耿,又受自己训斥,真够委屈的了……左思右想,不知不觉就进入了梦中。黄帝梦见一条小青龙自云天呼啸而下,投向东南方云海。黄帝醒来却是一梦。心想天要下雨了,出洞来看看,一看晴天大日头,就坐在山崖上,又发起愁来。

"岭梅才吐秀,新竹高半竿,泉水潺潺细,绿满自然山……"一阵山歌传来,赶跑了黄帝心中的烦恼。他抬头向歌声传来的山坡一看,见一青年男子肩扛一根木竿,竿头挑一团绳索,正向山上走来。待那青年走到面前时,黄帝惊讶了,见他腰挎一只竹筒,头上插一枝梅花,那竹筒青青,梅花新开。黄帝忙上前搭话。那青年说,他家住在具茨山东南的自然山,山下有泉,泉溪岸边长满青竹,山崖原野到处是梅花,因爱这竹青梅红,舍不得砍作柴烧。今天上具茨山来,是为寻些枯枝朽木当柴烧锅……黄帝听罢,也不问那山离这有多远路程,就要那青年带他去看看。那青年也是个爽快人,答应他到山上砍一捆柴回来就带他去。

黄帝带着风后和大隗、常先、力牧等将领随那青年来到自然山,见这里确是一个好地方。山虽说不高大,却十分清秀。山下清泉汩汩,溪水淙淙,两岸青竹,满岭红梅。山阴紧靠一道岗岭,岭下是一片平原,岭上岭下野草青青,有草有水,真是个布阵练习兵马的好地方。黄帝当即就和将领们商定,将营盘搬下山来,在此扎下大营训练兵马,迎战蚩尤。

自从在自然山扎下营盘训练兵马以后,人有衣食,马有水草,部卒们的精神分外振奋。黄帝每天操练完毕,都同将士们一起到泉边饮马洗马,说说笑笑,欢快异常。这一天,黄帝饮完他的龙驹,见明月已爬上山头,正要牵马回营房,忽那青年跪到他面前,说:"天帝吩咐我的事已经做完,告辞了!"说完,化作一条青龙飞上云天,黄帝见青龙飞走,跪地对天盟誓说:"天帝助我,我定要剿灭蚩尤,安定天下!"

采录整理:张永林

【点评】

本篇存在于河南新郑市具茨山下,是关于黄帝练兵寻找水源传说的遗迹,比较接近口头传说原形,有助于了解黄帝日常生活和战争时期的情况。

其中说明如下问题:①有熊国,地处丘岭、山地,干旱严重。它不仅给人民的生活带来困难,而且对作战也不利。其他像《贾鲁河的传说》《黄帝泉》等,也都是同样问题。②黄帝找水困难,也总是有传达天意、民心的超自然物神奇的指点,克服缺水的困难。这正是典型的神话幻想意识,也是原人心态的映照:"得人心者得天下。"自古迄今,概莫能外。

377. 黄帝避暑宫[新密市]

风后岭西北坡半山腰,有一个宽敞的大石洞。相传,这个洞就是轩辕黄帝夏天住的地方,叫黄帝避暑宫。清凉的泉水从洞里流出来,在洞前形成了一个水潭,就是现在人们说的黑龙潭。

上古时候,这里树木丛生,鲜花遍地,潭洞相映,山青水秀,是一个僻静清爽的好地方。黄帝的大臣们看到夏季炎热,黄帝为大家日夜操劳,非常辛苦,就劝黄帝住在这里休息避暑。黄帝住下以后,一切都很满意,就是有一些蚊子、跳蚤、蝎子、老鼠等,搅扰得他心神不安。一天,黄帝对随从的人说:"谁能把这些小虫害除掉就好了。"这句话被洞前潭里的螃蟹听到了,它想为黄帝尽点心意。一天,黄帝外出巡视,螃蟹就大显身手了,一口气把所有的蚊子、跳蚤、蝎子、老鼠等全都给夹跑了。

黄帝巡察回宫,再没有那些虫害出没打扰了,他休息得舒舒服服,安安稳稳。他问随从:"这是谁的功劳?"随从禀报黄帝说:"这是碧潭螃蟹的功劳。"黄帝一听大喜,命人叫来螃蟹受赏。螃蟹来到黄帝面前,表示啥都不要,只需封赐多长两条腿,今后可更好地为黄帝效劳。黄帝听罢,就按螃蟹的要求,封它多长了两条腿。

直到如今,"黑龙潭"里的螃蟹还是十条腿,其他的螃蟹都是八条腿。

讲述人:赵林阁,清末秀才,已故
采录整理:赵国鼎

【点评】

本篇流传在河南新密市,是关于黄帝生活趣事的风物传说。它比较原始,有助于研究黄帝生活的侧面。

自然景物、虫兽被赋予人的感情和作为,代表一种人民的心愿和憧憬,是原人的社会心态的具体表现。对奇特的民俗事象给以人格化解释,正是原人心智的幻想。螃蟹变成驱除虫害的能手,黄帝又封它多两条腿,正是物我相通的特殊内涵。

地方风物的特殊形态,被赋予人的解释,带有一定偶然性,但从意识形态来观察,又是自然的(如灵宝鼎湖的藕九孔也是如此)。

378. 黄帝与白蝙蝠 [新密市]

谁都知道,天下的蝙蝠都是灰色的,就像老鼠。可具茨山天爷洞的蝙蝠是雪白的。你要是不信,请到俺具茨山天爷洞来看看,开开眼界。为什么具茨山天爷洞里的蝙蝠会是白色的呢？这得从黄帝在天爷洞修炼仙丹说起。

相传,黄帝打败蚩尤以后,定国安邦,励精图治,天下太平。慢慢的,黄帝年岁已高,就想引退。他和大臣们商议,把帝位禅让给了颛顼,自己就和妻子嫘祖一块到天爷洞修炼仙丹,专心养老去了。

黄帝初到天爷洞时,洞里倒还清静,谁知没过几天,洞里就来了成群结队的蚊子,嘤嘤嗡嗡的,搅闹得他不能静心修炼不说,还叮得身上、手上、脸上全是疙瘩,奇痒难奈,有几处都挠破了。他曾用艾草烟熏过,真算怪,人都呛得受不了,可蚊子却赶不走。无奈,有时只好躲到洞外。

这群蚊子,可不是一般的蚊子。

原来蚩尤被黄帝斩首之后,和黄帝结下了冤家对头。他命归阴曹地府还阴魂不散,时刻都在寻机报复。他听说黄帝让了帝位,和妻子一起来到天爷洞修炼养老,心中大喜,就召集他手下的喽啰,叫他们都变成蚊子,飞到天爷洞来叮咬黄帝。蚩尤的喽啰们受命,霎时间都变成苍蝇样大的蚊子,浩浩荡荡地飞到了天爷洞。

哪里有蚊子,哪里就会有蝙蝠。后来有一天,天爷洞里飞来一群蝙蝠,它们彻夜不停地飞来飞去捉蚊子,非常尽心地保护着黄帝静心修炼养老。

经过蝙蝠们的捕捉,那些蚊子少了很多,几只幸存的也只能东躲西藏,不敢露面。后来,一只蚊子飞回阴曹地府报告了蚩尤。蚩尤又叫它们也变成蝙蝠模样,来个鱼目混珠,伺机叮咬黄帝。

正在捕捉蚊子的蝙蝠,突然见连一只蚊子也没有了,洞里都成了自己人,心里纳起闷来:"咦！这是怎么回事呢？"

一只领头的蝙蝠飞到天宫去参谒无极天尊,叙述了天爷洞里发生的怪事。天尊听罢,就知道是蚩尤在那里作祟,就命九天玄女跟蝙蝠一起到天爷洞除妖。

九天玄女跟随领头蝙蝠来到天爷洞,把真蝙蝠们召集起来,念了几句天尊传授的咒语。真蝙蝠们立时都变成了雪白颜色。九天玄女最后说:"保护黄帝,你们立下了汗马功劳,变成雪白颜色是对你们的褒奖,以后也不必再恢复你们本来的肤色了。"

蚩尤的喽啰们变成的灰色的蝙蝠也想变成白色,却变不成。它们见阴谋被识破,不能再叮咬黄帝了,就纷纷逃窜。从此,黄帝才得以在天爷洞静心修炼养老。

后来,黄帝升天了,为保护黄帝变成白色的蝙蝠繁衍生息,一直留存至今。

采录整理:徐惠甫

【点评】

本篇流传在新密市,是关于黄帝晚年的生活趣事珍品。它接近原始形态,对了解黄帝生活和思想有重要价值。

其中透露出如下的文化信息:①此类风物传说属黄帝神话"衍化"的"传闻"。②它同《黄帝避暑宫》一样,都是黄帝与蚩尤战争结束后继续斗争的折射。灰蝙蝠与白蝙蝠和天爷洞蚊虫之间的纠葛,就是这种"衍化"的具体反映。③九天玄女使灰蝙蝠变白,是道教思想渗入的表现。④新密市天爷洞,不仅是黄帝与嫘祖拜三皇的祈天敬祖的圣地,也是晚年避暑的好地方。本篇又一次证明黄帝有熊氏族在新密市洧水河流域活动频繁。这里正是有熊氏之墟的权威佐证。

379. 白龙潭与黑龙潭[新郑市]

新郑市西南具茨山南坡和西坡有两个深水潭。南坡王家门外的那个叫白龙潭,西坡张家门外的那个叫黑龙潭。白龙潭又叫玉女池,有四五丈深,二三间房子那么大。黑龙潭有十来丈深,有四五间房子大。这两个潭,一年四季,流水哗哗,叮咚作响。

传说,那白龙潭,住着一条白龙。她是天上王母娘娘身边的一个宫女,名叫素女,爱上了轩辕星,就是奉玉帝之命下凡到人间的那个轩辕黄帝,就化作一条小白龙到这具茨山南坡白龙潭附近一户姓王的人家投了胎。这姓王的人家,老夫老妻,跟前无子,只有两个如花似玉的女儿。大女儿叫玉女,传说是天上那个叫素女的宫女托生的,二女儿叫玉姬。一家四口人靠种田、砍柴过日子。再说,天上有一个管水的神,很爱素女,见她下凡了,就也化作一条黑龙偷偷地来到人间,在具茨山西坡黑龙潭附近一户姓张的人家,托生为一个黑脸大小子。家里人给他起名叫大鸿。转眼十几年过去了。一天,玉女到白龙潭里去打水,因为天旱,打了好半天,才打到两个半桶水。玉女挑水正要走,突然有个小伙子上前施礼说:"大姐,这里有礼了。"玉女见是一个怪可爱的黑小子,急忙放下桶说:"礼从何来?"那黑小子说:"我叫大鸿,就居住在这具茨山西坡,在山上砍柴,实在渴得慌。"玉女吃吃地笑起来,说:"谁问你居住哪,姓什名谁啦,渴了只管喝就是。"说着用手指了指水桶。大鸿嘿嘿地笑了笑,蹲在地上,扳着桶,勾着头,咕咕咚咚喝起来,一会儿将半桶水喝个完。大鸿喝完了这半桶水,又抬头看了看玉女,意思是还想喝。玉女又指了指另一只桶。大鸿这次索性将桶捧起来,站着仰起脖子,咕咕咚咚一气喝个够。大鸿喝完水,放下水桶,用袖子擦着嘴说:"真甜!真甜!"玉女笑了笑,又用钩担挑着一只桶,往白龙潭里灌水,左摆,右摆,摆了好长时间,才灌到一丁点。这时,大鸿说:"这位大姐,我给你一样东西。"说着从怀里掏出一只小面鼓,递给玉女说:"你有了它,以后就再也不愁打不到水了。想要水了,就朝鼓面拍一下,拍一下水长一尺,拍两下,长二尺……要是嫌水深,想叫它往回落,就拍这鼓梆子,拍一下水落一尺,拍两下落二尺……"说完道了声谢就下西山去了。从此,这王家门外往白龙潭打水,再也不愁打不上水来。

一日,因母亲生病,玉女在家照料,叫妹妹玉姬去担水,将面鼓给了玉姬。玉姬挑着水桶,来到白龙潭,按照姐姐教的方法拍起面鼓来。一会儿,白龙潭的水就涨到潭沿边,玉姬毫不费力地灌了两桶水。当她挑起水桶要走时,忽然想到具茨山东十五里的董村婆家那里也很缺水,何不叫这白龙潭的水也流到那,明年自己过门了,就再也不愁没水了。想到此,她就又放下桶,拿起面鼓咚咚地拍起来,从吃过早饭,一直拍到快响午,玉女在家等着用水做饭,左等不回来,右等不回来,眼看天快响午了,还是不见玉姬回来,心想别是玉姬出了事,就急忙往白龙潭那里跑,谁知,跑到山头一看,白龙潭的水,像河水决堤似的顺着山坡往东流。具茨山东一带成了一片海洋,玉女吓坏了,跑着喊着,叫玉姬拍鼓梆子。可是水太大,哗哗响,玉姬没听见,还是一个劲地拍鼓面。玉女上气不接下气地跑到玉姬跟前,夺下那面鼓,一屁股坐在白龙潭的潭口上,用手通通通一直拍鼓梆。随着玉女拍鼓梆声,潭水慢慢落下去,玉女也随着水落到潭底。传说,那白龙潭与东海相通。玉姬拍鼓叫往山下流的水成了一条河,因为是玉姬造的河,当地人就叫它姬水河,又因为玉女是坐在海眼口上开了一条缝,从海眼里流到姬水河的水,一年四季不断流。

玉女怕给百姓造成水灾,就坐在白龙潭水头上,落进了白龙潭,大鸿知道了很悲痛。他听说,轩辕黄帝在有熊国都招兵买马战蚩尤,就离开具茨山从军去了,后来当上了大将军。黄帝还派他在具茨山南坡一座山练兵。后来,黄帝打败了蚩尤,统一了天下,论功行赏,因为大鸿屡建奇功,封他为"三公"之一。黄帝还把大鸿练兵的那座山封给了他。从此,人们就称这座山为大鸿山。大鸿封了"公",想着天下太平了,终日在朝中这事那事够烦的,一时想起玉女,就向黄帝辞了官,回到他的家乡大鸿山了。

自从玉女落水白龙潭之后,传说玉女经常在夜里拍着鼓面将潭水升起,坐在潭口水面上洗澡。暑天,洗罢澡,就躺在具茨山山峰上乘凉。早上,太阳刚露出地面时,人们站在具茨山下东坡往上看,就会看见一位美丽的姑娘,用手托着腮,头朝南,腿朝北,面向东,被一层轻纱罩着在睡觉,这是新郑"八景"之一。人们称它为"大隗晴岚"。等到太阳升起的时候,玉女就又回到了白龙潭。还传说,有人看见玉女经常变作一条小白龙,有时在具茨山黄帝避暑洞给黄帝吹风送凉,有时晚上在具茨山黄帝御花园,趁黄帝月下赏花时,偷偷躲在树荫下,尾巴插进白龙潭,头伸进花园给黄帝浇花。大鸿听到这些传说,有一天夜晚,趁着月光偷偷来到白龙潭,果然看到玉女坐在潭口水上,坐北朝南,一手握着长长的黑头发,一手往头上撩水洗澡。大鸿看呆了,不小心踩掉一块石头,那石头滚下山,发出咕噜噜的响声。玉女听见有响声,一个鲤鱼打箭,钻进深水潭。大鸿心想,我何不也到黑龙潭里去,这样,也许我们就可以相见了。于是他化作一条黑龙钻进了黑龙潭。因有人时常在黑龙潭见到有黑龙出现,所以当地人就把这个潭叫做黑龙潭。

再说,玉女落水的第二年,玉姬嫁到了董村。有一年,新郑这地方大旱,庄稼都枯死了,老百姓很着急。玉姬想:姐姐在世时,用鼓面在白龙潭拍拍,白龙潭就能跑出水来,何不也做一面鼓到白龙潭试试。她把这个想法告诉给村民。村里人都说,再也没有别的办法了,不妨试试看,于是就做了一面大鼓。这时有人说,白龙潭是龙住的地方,龙是神仙,神仙都喜欢供食香火,怕是光有鼓还不行。于是村里人抬着鼓,带上猪、羊、鸡、鸭和香火就上山了。他们来到白龙潭,先摆上供品和香火,然后一边拍打鼓面,一边祈祷。说来也巧,一会儿,天西南角的乌云黑暗暗地上来了。求雨的人,急忙下山,刚到山坡下只听一声炸雷,白壮子雨就下开了。这样,一传十,十传百,新郑、禹州、密县、许昌、长葛的老百姓,一到天旱就到白龙潭、黑龙潭摇鼓求雨,为此,《水经注》和旧《新郑县志》还记载说:"溟水(即姬水)出其阿而流为陂,俗谓之玉女池。今其山有轩辕避暑洞,又其巅风后岭,下有白龙湫,每遇旱致祷辄应。"

采录整理:刘文学

【点评】

本篇流传在新郑市,是关于黄帝大臣大鸿与素女相爱、治山治水的传闻。它实际是当地的泉水地名传说。它虽有创作因素,但其主体仍属优美的神话故事,可作研究道教徒对黄帝神话改造的证据。

其中透露出:①王母的侍女素女与姬女受王母派遣来帮助黄帝作战与治水。②大鸿山山名之由来直接与黄帝创业、统一天下有关。③具茨山的两个潭的起因,与大鸿、素女相爱之深有关。④中国神话中的龙与水实为一体的观念密不可分。⑤地名、风物传说的产生多半与神话中的人物之间的纠葛分不开。

380. 具茨山上黑龙潭［新密市］

具茨山上原先没有泉水，山民们饮水十分困难。雨水多的年月，山民还可挖地窨积存些雨水饮用，若是遇到干旱无雨的年月，可就难了，你得跑十几里山路到山下去饮水。因为争水，打架斗殴的事经常发生。当年轩辕黄帝在山上屯兵时，为饮水的事常常焦虑不安。又是一个干旱的季节，因为争水，常先和大鸿两部的士卒发生了争斗。轩辕刚处理完这件事，正在家里犯愁，听说门前来了一位讨饭老翁，围住家门不走，反复就说一句话："行行好，给碗饭，乐百年，成神仙！"

听到这反复的讨叫声，轩辕来到大门口，见这老翁，蓬头垢面，赤着佝偻的脊梁，胳老肘儿里夹了根讨饭棍，为遮羞胯腰里围了条破烂不堪的老羊皮，看上去少说也有八九十岁年纪。可怜他是个受苦受罪的老人，嫘祖已盛了一碗刚做好的玉米山芋粥端来叫他吃。轩辕接过来，递给他。可这老翁吃完了一碗，不走，还要吃第二碗。轩辕又盛了一碗给他。他一气吃了三大碗，吃饱了，对轩辕说："你们俩这样好心，叫我怎样报答您呢？"

轩辕听了，不觉好笑，说："我们看你老头可怜，给碗饭吃，不图报答。就是图你报答，你身上除了那根讨饭棍，一无所有，你拿什么来报答我们呢？走吧！走吧！"

"捡你最急需的东西！"老翁说。

"最急需的？"轩辕有些惊奇，"我最急需就是水，叫你下山去挑？你能挑得上山来么？"

"你不信，走，你跟着我走，我给你弄些水来！"老翁说着，用手中的讨饭棍指着门外，激励着要轩辕跟他走。

轩辕不相信他会弄来水，但想要试试他的本事，就说："走就走，我要看看你到哪里去给我弄点水！"

轩辕跟着这老翁来到具茨山风后岭，只见那老翁将手中的讨饭棍一举，那讨饭棍一下变得粗长起来，就像后世孙悟空的金箍棒，金光闪闪；又见他轻轻朝山头一扎，一下扎了个几丈深的大水潭，然后又向后一划，一股清清的泉水，立刻喷射出来，顺着他划的那条山沟向山下流淌。轩辕看着他拿讨饭棍插山头那个劲，就像拿竹筷子扎刚出锅的热馒头那么容易。

轩辕吃惊地看着那水流。转脸再看那老翁时，那老翁已没了踪影。

后世人相传，这位老翁不是别人，正是东海黑龙王，受玉皇大帝派遣，来给具茨山风后岭送水来的。人们都管黑龙王开的这口泉叫黑龙潭。

采录整理：张永林

【点评】

本篇流传在河南新密市，是关于黄帝得水源的神仙故事传闻。它有助于了解当时黄帝安民的情景和道教思想盛行的影响。此类故事，多半为后人附会而成。

其中主要文化内涵是：①原人将智慧、知识、技术发明，都保存在道教原始万物有灵观念之中。黑龙潭是龙王用乞丐讨饭棍戳出来的，这本身就具有道教最初的法术观念。②这种法术观念，后来便成了"人为宗教"道教的咒术、符箓伎俩来欺骗人民的工具。

381. 黄帝三女儿梳妆台［新郑市］

在新郑县城西南约三十里处的风后岭东侧，有一座突出的悬崖峭壁，它的上面有大约10多平方米的平台，当地群众把它叫作"黄帝三女儿梳妆台"。在这梳妆台的北面不远处有一块龟头石和一块青蛙石。尤其是那块龟头石，龟头好像刚刚伸出龟壳，贼头贼脑地窥视着四周，滑稽诙谐。梳妆台的南面不远处，还屹立着一块巨大的山鹰石，那锋利的鹰嘴和跃跃欲飞的姿势，给人一种神秘之感，有关这几块形态逼真的石头，还流传着一段神奇的故事哩。

相传，黄帝的三女儿叫灵秀，是轩辕氏和妻子嫘祖的掌上明珠。灵秀自幼聪明伶俐，丽质秀美。每当黄帝出游，总要把灵秀带在身边。不想灵秀长到十三岁时，那年跟着父母到风后岭的黑龙潭——黄帝避暑宫去消夏，突然得了一场大病，上吐下泻，浑身发热，肚子上还出了很多红点点。这可把黄帝和嫘祖急坏了，赶紧召集天下名医会诊。黄帝御医俞跗、雷公轮流切脉，只觉灵秀脉搏缓慢，轻轻触摸灵秀腹部，发现脾脏肿大。灵秀已三天水米未进了，舌苔潮红，脸色蜡黄，豆粒大的汗珠出了一头，最后被确诊为风寒热病。

黄帝马上传令名医巫彭、桐君等人，在风后岭上采集专治风寒热病的各种草药，像石蒜、毛根儿、山果儿、红刺儿菜和扁菊等十几种，有的用根儿，有的用杆儿，有的用叶儿，再加上新郑特产的鸡心红枣，用水煎成汁。灵秀喝下，说也神奇，病情就有了好转，连喝了三天，居然全好了，不吐不泻了，吃饭香甜了，脸也红润了。可谁知一波刚平，一波又起，灵秀的一头乌黑的秀发开始慢慢脱落，不到半个月的功夫，全掉光了。灵秀看到水影里自己秃秃的头顶儿，像个傻小子，伤心得又哭又闹，羞见他人，整天闷在宫里。黄帝和嫘祖看了，也跟着急。灵秀接着又吃了几十服长头发的药,也不见效。

一晃儿到了七月十六日那天晚上,月亮明晃晃地挂在山头的树梢上,各种野花散着浓浓的香气。灵秀正心烦,忽听几声鸟叫,清脆悦耳。她好奇地寻声追去,走着走着,便来到这风后岭东侧峭壁的平台上,向下一看,一条潺潺小溪,淙淙流淌,几只羽毛艳丽的山雀在溪边"叽叽喳喳"欢快地唱着。其中有一只幼鸟儿,用嘴一边啄一下溪水,一边梳理一下翅膀,一边嘀一口溪水,一边用水洒一下全身,不一会儿,光秃秃的身上,渐渐地长出了绒绒的羽毛。灵秀看呆了,心想:这溪水能使秃鸟长羽毛,会不会使秃头长头发呢?她静静地坐在崖头上悄悄地等着,等鸟儿"叽叽喳喳"地飞走了,就来到小溪边,捧起一捧捧清澈的溪水,往头上洒着,揉着,搓着。一会儿,她觉得头皮发热,又一会儿,便觉得头上毛茸茸的。她往水里一看,月亮婆婆笑眯眯地看着她。她头上的的确确长出了细细的头发。

灵秀高兴极了。她飞跑回宫,禀告父母。黄帝和嫘祖一看,也喜出望外。三人一起来到溪水边,尝一尝那水,甜丝丝儿的;看看那平台,干净净儿哩。灵秀说:"这地方真好,我们把家安在这里好了。"

以后,每年盛夏,灵秀都随父母到风后岭来避暑。每当皎洁的月色洒满平台时,灵秀就来到溪水边,蘸着清流,就着月光,细心地梳理那长长的秀发。灵秀的秀发油黑发亮,越长越长,据说散开来时,能一直拖到脚跟呢。

一晃又是几年过去了,灵秀也出落成了个天仙般的大姑娘了。有一天,灵秀正和丫环在平台上梳理秀发,溪流里忽然游来一只乌龟精和它的随从青蛙精。乌龟精一看见灵秀倒映在水里的倩影,眼都看直了,发誓非娶灵秀不可。这两个精怪鬼鬼祟祟地爬出水面,一抖浑身的水珠,变成了一个公子和一个书童,偷偷地向悬崖的平台上摸去。正在这时,黄帝手下大将风后的三公子山柱正巡山路过这里,一声断喝,那两个精怪立刻现出了原形,可也把灵秀吓了一跳。当她明白了事情的经过后,非常感激眼前这个英俊的小伙儿,便向他送去一瞥爱慕的眼光,说:"感谢将军救命之恩,小女愿随将军同生共死。"山柱感其诚意,便说:"承蒙公主厚爱,请让我的神鹰来保护你吧。"说着,一声口哨,天空中展翅翱翔着一只雄鹰,徐徐落在台南面。从此,灵秀在平台上梳头,神鹰便屹立在附近警卫。后来,黄帝和风后都知道了两个年轻人的心思,便让他们结成了百年之好。

天长日久,这神鹰、乌龟和青蛙都变成了化石。因为灵秀曾在这峭壁的平台上梳理过秀发,老百姓就把这个地方叫作"黄帝三女儿梳妆台"。不信,你到那里去看看,崖壁半腰的石缝里有一撮撮四季常青的山韭菜,山民们说那是灵秀梳头时掉的秀发。据说,如果谁不长头发或头发稀黄,在春季挖出这山韭菜的根儿,蒸煮后蘸红糖拌着吃,吃不了几次,准就会有一头秀美的乌发呢。

讲述人:杨秀花,女,72岁,溟水寨人,上过三年私塾
采录整理:侯松平

图 14.381.1　新郑始祖山远眺(2000年程健君摄)

图 14.381.2　新郑风后岭(始祖山)祖师庙(轩辕庙)(1983年11月程健君摄)

图 14.381.3 修复后的新郑风后岭(始祖山)祖师庙(轩辕庙)(2000年程健君摄)

【点评】

本篇流传在新郑市风后岭一带,是关于黄帝女儿治病、婚恋的风物传说珍品。它比较接近口承原始形态(尽管略有创作色彩)。

其中反映的文化信息:①黄帝的家世在有熊国的活动时间久,涉及面广,影响大。②黄帝女儿治病过程中的采药经验、治疗效果带有神奇色彩,从而成为本篇极为优美的神幻魅力。它证明了黄帝时期的神话与神幻故事并存的现象,同时又具有地方风物传说的味道。③风物传说多数属后人因自然景观赋予了人情化的内涵。本篇所涉及的药草、山崖、溪水等,就既有形似,又具有人民对黄帝夫妻及其女儿的崇敬之情。